未名·观点丛书

探寻胡适的精神世界

欧阳哲生 著

北京大学出版社

图书在版编目(CIP)数据

探寻胡适的精神世界/欧阳哲生著. —北京:北京大学出版社,2012.2
(未名·观点丛书)
ISBN 978-7-301-20276-0

Ⅰ.①探… Ⅱ.①欧… Ⅲ.①胡适(1891~1962)-学术思想-研究 Ⅳ.①B261.5

中国版本图书馆CIP数据核字(2012)第026782号

书　　　名	：探寻胡适的精神世界
著作责任者	：欧阳哲生　著
责 任 编 辑	：魏冬峰
标 准 书 号	：ISBN 978-7-301-20276-0/B·1034
出 版 发 行	：北京大学出版社
地　　　址	：北京市海淀区成府路205号　100871
网　　　址	：http://www.pup.cn
电　　　话	：邮购部 62752015　发行部 62750672　编辑部 62750673
	出版部 62754962
电 子 邮 箱	：weidf02@sina.com
印 刷 者	：三河市博文印刷厂
经 销 者	：新华书店
	965毫米×1300毫米　16开本　24印张　369千字
	2012年2月第1版　2012年2月第1次印刷
定　　　价	：45.00元

未经许可,不得以任何方式复制或抄袭本书之部分或全部内容。
版权所有,侵权必究
举报电话:010-62752024　电子邮箱:fd@pup.pku.edu.cn

代序　胡适的文化世界

在历史上,我们常常赋予那些在一个时代起着关键作用或导向意义的人物以特别显赫的地位,甚至以他的名字来命名一个时代。如果我们要选择一位代表"五四"以来中国文化发展趋向的历史人物,作为这个时代的代表或象征,胡适无疑是最具挑战意义的人选。

中国人文学术从 19 世纪后期开始酝酿新的突变,其变化更新主要出自二途:一是在继承中国传统学术的基础上,寻找新材料,拓展新领域,借用新工具,发展中国人文学术,使之获得新的生命力,此谓推陈出新。一是通过传播外来学术文化(主要是欧美科学文化),扩大国人的视野,给中国文化输入新的血液,所谓援西入中。两途并非判然有别,而是相互影响。外来学术文化为人们重新认识、整理中国传统学术和文化遗产提供新的借鉴,本民族习惯的思维模式和兴趣爱好又制约着人们对外来学术文化的选择和理解。它们构成推动中国人文学术从传统向现代转型的双重动力。

这一文化转型与几代中国学人的持续努力和辛勤劳作分不开。大致从 19 世纪八九十年代至 1915 年,西学传输已初步展开,国学(特别是经学、子学)研究渐露新机,是为新学之草创阶段。这一代学人的代表性人物有康有为、梁启超、严复、谭嗣同、章太炎、刘师培、孙诒让、夏曾佑、罗振玉、王国维诸人。如论其影响力,当首推梁氏;而以治学之邃密,成就最具创获性,则应认王国维。从 1915 年至三四十年代,西方各种新的主义、新的思潮纷纷涌入中国学术界,国学研究层面大为扩展,新的学科体系逐渐建立。中西交融,古今错落。此期大家荟萃,各有专精,如鲁迅的中国小说史研究,陈寅恪、陈垣、傅斯年、顾颉刚、钱穆的史学研究,董作宾、李济的考古学研究,郭沫若的甲骨文研究,钱玄同、赵元任、李方桂的语言学研究,欧阳渐、吕澂、汤用彤的佛学研究,冯友兰的哲学研究,金岳霖的逻辑学研究……他们学有所守,相互切磋,建构了中国现代人文学术的基本框架。平心而论,若论对此一时期学术文化之风气影响最巨者,则无出于胡适之右。

胡适属于通才型的大家。他常说:哲学是他的"职业",历史是他的"训练",文学是他的"娱乐"。其论学涉及文学、史学、哲学、语言学、民俗学、宗教等领域,在学科分工日趋专业化的现代,如以某一学科的具体成就而言,也许不难找到与胡适匹敌,甚至超越胡适者;但像胡适这样在诸多领域取得一流的成绩,或发生重要影响,确属罕见。

胡适一生的学术生涯可分为三个阶段:早年(1891—1917)、前期(1917—1937)和后期(1937—1962)。

早年是胡适学业的准备阶段。这时期他在家乡经历了九年的传统教育(1895—1903),在上海梅溪、澄衷、中国公学等处接受了七年不中不西的新学堂教育(1904—1910),然后赴美国康乃尔大学、哥伦比亚大学留学(1910年9月—1917年7月),受到西方现代学术训练。胡适的求学过程可谓中国学术文化从传统向现代急速转型的一个缩影。其中在美的七年留学生涯,又为他学业成长的关键阶段。正是在这七年,胡适不仅接受了系统的西方学术训练,亲身接触、体验了西方社会政治生活和文化传统;而且自觉地深入钻研本国的传统典籍,思考中国文化革新的路径,在文学、哲学等领域找到了新的突破口,从而奠定了其一生志业坚实的基础。一部《胡适留学日记》是他这段生活的自供状。只要把胡适的这部日记与当时中国国内的学术文化状况作一比较,即不难看出他思想超前的一面。后来亦留美的梁实秋先生曾感慨地说:"我读过他的日记之后,深感自愧弗如,我在他的那个年龄,还不知道读书的重要,而且思想也尚未成熟。如果我当年也写过一部留学日记,其内容的贫乏与幼稚是可以想见的。"①可以说,胡适的"暴得大名"自然有"时势造英雄"的因素,但与他本人优化的知识结构和思想的相对超前分不开。

胡适成为现代中国一个文化巨人,首先是因他的名字与具有划时代意义的新文化运动联系在一起。讲到新文化运动,多年来各派、各党之间曾就

---

① 梁实秋:《怀念胡适先生》,收入《梁实秋文学回忆录》,长沙:岳麓书社,1989年1月版,第138页。

这一运动的领导者发生过争议和辩驳。然证之于历史事实,以当时的作用和影响而言,蔡元培、陈独秀和胡适三人可谓举足轻重。新文化运动作为一场中国文化的革新运动,陈独秀创办《青年杂志》,为这一运动拉起民主(人权)、科学的大纛;蔡先生整顿北大,以"兼容并包"、"思想自由"、"教育独立"的治校方针为新思潮、新文化护航;胡适在这时期发表的《中国哲学史大纲》(卷上)、《尝试集》、《胡适文存》等著作,以其多方面的、创获性的文化成就为整个运动提供了典范。关于这一历史情形,陈独秀晚年曾有明白的交代:"五四运动,是中国现代社会发展之必然的产物,无论是功是罪,都不应该专归到那几个人;可是蔡先生、适之和我,乃是当时在思想言论上负主要责任的人。"①

胡适自谦"但开风气不为师",其实新文化运动作为克服民族文化危机的"文艺复兴运动",其职责即是创造新的文化范式(Pattern)。这种新的范式具体体现于新文化运动,一方面创造性地提出一套新的文化价值观念,建构新的学科框架;一方面又通过新的成果、新的人格精神,提供工作典范和道德模范。但既然是雏形,就相对粗糙,需要精雕细琢;既然是框架,就留下了许多需要解决的问题。尽管如此,它仍不失为一个伟大的开始。

新文化运动初期主要是在文学和道德两个领域取得突破。所谓提倡新文学,反对旧文学;提倡新道德,反对旧道德。胡适的先导作用亦是表现在此。在文学领域,他以一篇《文学改良刍议》,首先拉开了"文学革命"的序幕。继后一发而不可收,发表了《建设的文学革命论》、《文学进化观念与戏剧改良》、《谈新诗》、《论短篇小说》等一系列理论文章,为新文学的发展铺垫理论基础。他身体力行从事新文学的创作尝试,写下了新诗的第一部拓荒之作——《尝试集》。他最早推出用白话文翻译的外国文学作品集——《短篇小说》第一集,这在当时也是颇具影响力的外国文学翻译作品。一般论者认定,"五四"时期的新文学创作成绩以短篇小说和新诗两种体裁为最大,胡适的《论短篇小说》、《谈新诗》在指导当时的文学创作中几乎是短篇小说和新诗的金科玉律。他创作的《尝试集》和翻译的《短篇小说》一集在

---

① 陈独秀:《蔡孑民先生逝世后感言》,原载《中央日报》1940年3月24日。《陈独秀文章选编》下册,北京:三联书店,1984年6月版,第642页。

"五四"时期的新文学运动中也有着示范性的意义。

胡适主张建设新道德。他宣传易卜生主义,极力提倡健全的个人主义精神,主张给个人以充分的自由权,主张妇女解放,主张对旧的家庭制度进行改革,主张对陈旧的陋习进行革新,这些在当时都具有振聋发聩的作用,它是"五四"时期个性解放的思想动力。"五四"时期的一代新青年奉胡适为自己的导师,正是基于此。应当说明的是,胡适是个性解放的积极倡导者,但他的个人私生活又表现得相对严肃,以至成为各方面能够接受和容纳的新派人物。这也反映出胡适本人在新道德建设中较为成熟的一面。

在思想领域,胡适在《新青年》杂志上发表了《实验主义》长文,并借其老师杜威来华讲演的声势,大力宣传实验主义的根本观念,即"科学实验室的态度"和"历史的态度",提倡"重新估定一切价值"的怀疑精神,为"五四"时期的思想解放运提供哲学武器,这也是现代中美文化交流史的一段佳话。

胡适在新文化运动中的卓越表现与他的学术成就密不可分。胡适在学术研究中所创造的实绩,最引人注目的是《中国哲学史大纲》(卷上),这部书从内容到形式为中国哲学史提供了新的范式,现代学者公认其为中国哲学史学科得以成立的标志。此书的优长诚如蔡元培先生序中所言:"第一是证明的方法",包括考订作者时代、辨别著作真伪和揭示各家方法论;"第二是扼要的手段",即"截断众流,从老子孔子讲起";"第三是平等的眼光",对儒、墨、孟、荀各家的长短"还他一个本来面目";"第四是系统的研究",显示各家"递次演进的脉络"。① 《中国哲学史大纲》的这些特点恰好反映了胡适治学的两面,即继承清代汉学考证方法的一面,现代学术理念的自由意识、历史意识的一面。

胡适另一项引人注目的学术成就是中国古典小说考证。亚东图书馆的主人汪孟邹先生与胡适关系密切,胡适督促其整理、出版新的中国古典小说本子,其内容包括:一是给原文加上标点符号,二是给原文分节分段,三是在正文前写作一篇介绍该书历史的导言。② 这项工作胡适亲自动手,从《儒林

---

① 蔡元培:《中国哲学史大纲》序,收入欧阳哲生编:《胡适文集》第 6 册,北京大学出版社,1998 年版,第 155—156 页。

② 《胡适口述自传》第十一章"从旧小说到新红学",收入《胡适文集》第 1 册,第 397 页。

外史》开始,然后是《水浒传》,影响最大的是《红楼梦》。胡适为该书所作的前言——《〈红楼梦〉考证》,以大量的新材料周密论证了"《红楼梦》的著者是曹雪芹","《红楼梦》一书是曹雪芹破产倾家之后,在贫困中做的","《红楼梦》是一部隐去真事的自叙:里面的甄、贾两宝玉,即是曹雪芹自己的化身;甄、贾两府即是当日曹家的影子"。①首次提出《红楼梦》一书是曹雪芹的自叙传体小说,一时激起巨响,此文的刊发标志着新红学的崛起。胡适的古典小说考证这一工作的意义"是给予这些小说名著现代学术荣誉的方式;认为它们也是一项学术研究的主题,与传统的经学、史学平起平坐"②。将历来为正统文人所不屑一顾的古典小说提升到现代学术殿堂来研究,胡适当有开创之功。

长期以来,一般论者均强调新文化运动之创新的一面。殊不知这一创新与中国人文传统的演变有着密切的内在联系。胡适在这一运动中的创获对后来中国文化学术的趋向有影响者,如他拓展的中国古典小说考证,实为将乾嘉汉学的考证方法运用到不登大雅之堂的小说;他提倡的白话文也不过是长期流行于民间的口头话语;他的中国古代哲学史研究,亦大量采用清代汉学家的考证成果;他倡导的"整理国故"更是与乾嘉汉学——清末国粹派的活动一脉相承。因此对胡适和新文化运动的文化抉择不仅应看到其与外来文化的联系,亦当重视它与中国人文传统相联系和发展的一面。胡适将新文化运动的意义概括为四层:"研究问题,输入学理,整理国故,再造文明。"③他本人也是在这四个层面展开自己的活动。

"五四"以后,胡适曾发起并身体力行"整理国故"。关于这场运动,我以为至少有三点值得肯定:一是主张用科学方法来研究历史,强调历史科学的实证性;二是拓展历史研究的材料和范围,将历史研究延伸到广阔的社会生活;三是大规模地对中国历史文化进行系统的研究和清理,对前人所存在的一些误判和疑误重新予以研究。20世纪二三十年代,胡适先后撰写并出版了《胡适文存》(二、三集)、《胡适论学近著》(后改为《胡适文存》四集)、《白话

---

① 《〈红楼梦〉考证》(改定稿),《胡适文存》卷三。《胡适文集》第2册,第457—458页。
② 《胡适口述自传》第十一章"从旧小说到新红学",收入《胡适文集》第1册,第397页。
③ 《新思潮的意义》,《胡适文存》卷四。《胡适文集》第2册,第551页。

文学史》(上卷)、《中国中古思想史长编》、《中国中古思想小史》、《戴东原的哲学》、《章实斋先生年谱》等论学著作。其工作范围大致可归于"整理国故"。从知识增量的角度看,胡适这时期的学术工作进展主要表现在五个方面:

一是中国古典小说考证。胡适除先前对《儒林外史》、《水浒传》和《红楼梦》三书考证外,这时期还对《西游记》、《镜花缘》、《三侠五义》、《海上花列传》、《儿女英雄传》、《官场现形记》、《老残游记》、《醒世姻缘传》等书予以考证和评介。在《红楼梦》研究方面亦有一些新的研究材料发现。胡适的考证主要涉及这些作品的作者、版本源流等文本历史的研究,可以说是小说史研究的基础性工作,其小说考证颇受行家重视。1940 年 3 月,蔡元培先生逝世,中央研究院院长出缺,陈寅恪极力推荐胡适,他认为胡氏的中国古典小说考证和研究,在国外的学术界很有影响。①

二是文学史研究。胡适先是利用在国语讲习所讲课的机会,写作了一部《国语文学史》书稿,后又以此为基础进一步修改、扩充,写作了一部《白话文学史》(上卷),其中提出了双线文学的观念,即由民间兴起的生动的活文学和由御用文人写作的僵化的死文学。这成为他研究中国文学史的一个中心观念,亦是文学史研究中的一个革命性理论。

三是禅宗史研究。1924 年,胡适动手写《中国禅学史》稿,写到慧能、神会时有所怀疑,便决心搜求史料。1926 年在巴黎、伦敦他发现了神会的三种语录和《显宗记》,其后他层层挖掘、步步深入,发表一系列研究禅宗史的文章,如《禅学古史考》、《从译本里研究佛教的禅法》、《菩提达摩考》、《论禅宗史的纲领》、《白居易时代的禅宗世系》、《论〈牟子理惑论〉》、《陶弘景的〈真诰〉考》、《〈四十二章经〉考》、《楞伽宗考》、《〈楞伽师资记〉序》、《中国禅学的发展》(讲演)、《神会和尚遗集》等,胡适可以说是利用敦煌史料研究禅宗史的第一人,他的有些论断,如南宗"实自荷泽始盛",充分肯定神会在禅宗史上的地位,亦为同行们所公认。他提出的一些看法虽引起争议,并曾在禅学界引起广泛讨论,这一情形本身亦是对禅宗史研究的巨大推进。②

---

① 邓广铭:《在纪念陈寅恪教授国际学术讨论会闭幕式的发言》,收入《邓广铭学术文化随笔》,北京:中国青年出版社,1998 年 4 月版,第 214 页。

② 参见高振农:《胡适及其中国禅宗史研究》,收入氏著《佛教文化与近代中国》,上海:上海社科院出版社,1992 年版,第 207—219 页。

四是中国思想史研究。二三十年代以后,胡适的哲学史(思想史)研究逐渐推向中古和近世。这方面他的著述主要有《中国中古思想史长编》、《中国中古思想小史》和有关宋代思想家李觏、清代思想家戴震、费氏父子等。其中他所写的《淮南王书》(《中国中古思想史长编》的一章)和《几个反理学的思想家》最能反映他本人的思想性格。胡适中年以后有意想重新写一部中国思想史,以代替他原拟所写的《中国哲学史》的打算,故特将《中国哲学史大纲》(卷上)改名为《中国古代哲学史》,以便让其单独流行,①然因种种原因他的《中国思想史》直到晚年也未能如愿完成。《中国哲学史大纲》只有卷上,此事常遭人讥议,梁漱溟先生甚至说:"他的缺陷是不能深入,他写的《中国哲学史大纲》,只有卷上,卷下就写不出来。因为他对佛教找不见门径,对佛教的禅宗就更无法动笔。"②梁先生的这种说法值得商榷。胡适写中国哲学史的困难实为其学风所限。胡氏重视史事辨析,他与汤用彤等北大系的哲学研究者以为中国的哲学研究当从弄清哲学史入手,不可贸然建立哲学体系,他们与清华大学的冯友兰、金岳霖这一派人不同,其哲学研究均以哲学史见长。研究哲学史又强调哲学史料之辨析,故其所作哲学史往往又只能是断代的,或个案的。以这种做法写通论性的中国哲学史,自然是一件困难的事。

五是关于先秦诸子的历史考证。胡适自1917年发表《诸子不出于王官论》,向汉学界的最高权威章太炎提出挑战,③在这一领域崭露头角。其后写作的博士论文《先秦名学史》和在北大的讲义《中国哲学史大纲》主要是对先秦诸子的历史与思想进行研究,其中一些看法(如关于老子的年代)在学术界引起争议。二三十年代他继续花大力气研究先秦诸子,曾就《墨经》问题与梁启超、章太炎、章士钊等人讨论,就老子年代问题与梁启超、冯友兰、钱穆、顾颉刚等人展开辩论,就儒的起源对章太炎的说法提出不同意见,是子学研究中引人注目的一家。他的一些观点,如老子先于孔子,已被现今的考古新发现所验证。

---

① 参见胡适:《〈中国古代哲学史〉台北版自记》,收入《胡适文集》第6册,第158页。
② 参见梁漱溟:《略谈胡适之》,收入颜振吾编:《胡适研究丛谈》,北京:三联书店,1989年2月版,第3—4页。
③ 参见《诸子不出于王官论》,《胡适文存》卷二。《胡适文集》第2册,第180—186页。

胡适的学术研究至30年代中期,可谓步入了高峰。遗憾的是,此后随着国内外形势的变化,他的工作发生了异动,其学术发展势头也随之受到了抑制。

1937年抗战开始以后,胡适受命赴欧美做外交工作,开始了其人生的后期阶段。在这一阶段,胡适担负了一些重要公职,如国民政府驻美大使(1938—1942)、北京大学校长(1946年8月—1948年12月)、"中央研究院"院长(1958—1962年2月)等职。其中担任驻美大使这一职务,明显地消耗了他不少的精力,以至他积劳成疾。即使在他赋闲的两段时期(1942—1946年7月、1949年4月—1957年),胡适也是闲居在美,与国内的知识界关系不大,这亦使他失去了与国内学术界对话和相互切磋的语境。正是在这一时期,中国的人文学术经过多年的积累,由"五四"时期的初创向更为细密、更具独创意义和更具民族特色的高一阶段攀升,产生了一批经典意义的新成果。如冯友兰之"贞元六书",金岳霖之《知识论》,陈寅恪之《隋唐制度渊源略论稿》和《唐代政治史述论稿》。胡适工作异动的另一影响是使中国学术界失去了一个应有的重心。这一时期国内知识界发生的一个重大事件是蔡元培先生的逝世,蔡先生的去世使中研院院长一职空缺,这本是胡适回国的好时机,国内的许多人亦抱持这一希望。然蒋介石却以朱家骅补缺,这一任命不啻使国内知识分子失去一重心。朱氏与负责西南联大校务的蒋梦麟虽具行政才干,但因其与国民党关系过密,很难起到聚合自由知识分子的作用。本来北大与中研院既是学术研究的重镇,又是自由主义的堡垒,当局对其刮目相待。蔡先生去世后,以资望和学术地位衡量,胡适当是合适的替补人选,蒋氏无意安排胡适,意在将北大和中研院纳入"囊中"。[①] 故抗战八年胡适旅居美国,于其个人学术研究是一大损失,于中国知识界亦未尝不是一难以弥补的缺憾。

胡适卸任后旅居美国时的学术工作主要是从事历史考证,其中最为人乐道者是他的《水经注》考证,胡适研究《水经注》,其意是为其乡贤戴震翻案,即推翻近二百年来许多权威学者所认定的戴震抄袭赵一清、全祖望的校

---

① 参见耿云志:《胡适与补选中央研究院院长的风波》,收入《胡适新论》,长沙:湖南出版社,1996年5月版,第230—232页。

书疑案,这是一项几无思想活力的研究工作。故其无论是成是败,都不具学术前沿的性质。① 四五十年代,胡适倾其心力从事《水经注》研究,在大量的演讲中以宣传自己的《水经注》考证为主题,然这一研究与他的中国哲学史研究、中国古典小说考证相比,影响力却极为有限。此外,这一时期胡适在汉魏史事的历史考证、禅宗史研究、治学方法等方面,也留下了不少文字。50年代后期,胡适曾有意完成自己所未竟的"两三部大书",②但因种种原因而未果。

以今日眼光平心论胡适之学,其学问范围实为两目:一是考证本国历史史事,其小说考证、诸子考证、禅宗史研究等历史考证,均属此类。本来考证乃清代汉学家法,胡适吸取戴东原、章实斋、崔述诸人之史学思想精髓,傍依西方校勘学之法门,将实证与解释融为一体,将史事考证科学化,其成果真正称得上邃密。其能与章太炎、王国维等人比肩亦本于此。中国的历史材料丰富,作为历史研究一个必不可少的基础工作即是对历史材料的辨认、考证和梳理。这一工作在传统学术范围内实已展开,然将这一工作注入现代科学的理念,提升到方法论的高度加以总结,却是胡适之功。他的《清代学者的治学方法》、《治学的方法与材料》、《评论近人考据〈老子〉年代的方法》、《校勘学方法论》、《考据学的方法与责任》、《治学方法》诸篇可谓论述考证方法的经典之作。胡适历史考证的另一特色是其颇具人文色彩的叙述方式,胡适因受中国古典小说熏陶,采用说书的方法来写作历史考证,娓娓道来,引人入胜,故其考证文章读来也使人感到兴趣盎然,绝没有传统汉学的枯燥,这是同行学者颇不易做到的一点。20世纪中国史学的演进当在历史史事考证和历史学的社会科学化方面均获重大进展,前者因获得传统的底蕴在今日仍为人们不敢低估;后者因取自外域,尚属初创和尝试,难免不当。胡适成于考证,亦限于考证。

二是取外来观念与本国固有之传统相互映照,其思想史(哲学史)研究属于此类。胡适的中国哲学史研究强调史料辨析,不具道统观念(把孔儒

---

① 有关胡适《水经注》研究正、反两方面的评论,参见吴天任编:《水经注研究史料续编》,台北:艺文印书馆,1984年版。
② 参见1956年11月18日胡适致赵元任信,收入耿云志、欧阳哲生编:《胡适书信集》下册,北京:北京大学出版社,1996年9月版,第1291页。

与诸子平等看待),重视开拓传统视野中被忽略的一些有思想个性的哲学学派或哲学家,这是其哲学史研究的特点。他治哲学史(思想史)的一个突出特点是他鲜明的现代意识。早在自己的博士论文中,胡适就提出:

> 新中国的责任是借鉴和借助于现代西方哲学去研究这些久已被忽略了的本国的学派。如果用现代哲学去重新解释中国古代哲学,又用中国固有的哲学去解释现代哲学,这样,也只有这样,才能使中国的哲学家和哲学研究在运用思考与研究的新方法与工具时感到心安理得。①

他的思想史(哲学史)研究即是贯穿了这一宗旨,其晚年所作的《中国传统与将来》、《中国哲学里的科学精神与方法》等讲演,更是将这一取向表露无遗。

凭借自己多方面的成就和巨大的社会影响,胡适在"五四"以后的中国知识界逐渐取得"霸权"地位。但仅仅只有文化成就为依托,显然还不足以衬托一个知识领袖的地位,胡适对知识界的影响是通过多种渠道辐射而成。他在北京大学工作长达18年之久,担任过文学院院长、校长等职。北大作为中国的最高学府,对中国教育文化乃至社会政治有着重要的导向作用,胡适对校内重大决策和人事安排都享有极大的发言权和特殊的影响力,许多教授都经他推介进入北大。他参与了一些具有重大影响、甚至转移一时之风气的重要报刊的创办、编辑,如《新青年》、《每周评论》、《努力周报》、《国学季刊》、《现代评论》、《新月》、《独立评论》、《大公报·星期评论》、《大公报·文史》等,是公共舆论中引人注目的重要发言人。他实际影响了一些重要出版机构的运作,推动了一批重要出版物的问世。如商务印书馆作为国内规模最大的出版机构,胡适与之保持着特殊的联系,并影响其出版意向;亚东图书馆从一个名不见经传的小出版社,成为"五四"时期最具影响力的出版机构,是与印发《新青年》、《新潮》、《胡适文存》和一批由胡适重新整理的中国古典小说联系在一起的。他与最高学术机构中研院的关系极为密切。从1928年最初被聘为史语所特约研究员,到1935年担任第一届

---

① 胡适:《先秦名学史》"导论 逻辑与哲学",收入《胡适文集》第5册,第11页。

评议会成员,到1948年被选为第一届院士,再到1958年出任院长,胡适为这一学术机构的建设发挥了重大作用。"中研院"的第一大所——史语所,几被外人视为胡适派的阵地。① 他自1927年起长期担任中华教育文化基金董事会董事,并兼任秘书、编译委员会委员长、北平图书馆委员会委员长、驻美特设委员会主席、干事长等职,中基会在资助中国文化教育事业方面曾发挥了重要作用,胡适参与了该会大部分年会、常会和工作会议,对其决策具有举足轻重的作用。② 所有这些都显示了胡适在文教界的突出地位,反映出他对现代文化传播媒体的成功利用。胡适出任北大校长、中研院院长的时间并不长,但他以自己的实际工作,影响、领导了中国教育、科学。

胡适是现代中国自由主义的灵魂。他在这一思想流派中被奉为宗师式的人物,有着好几代追随者和敬仰者。胡适一生虽未参加任何党派,对政治亦不过是"不感兴趣的兴趣",但他却有自己的政治理想和政治思想。早在"五四"时期,他即极力宣传西方的个人主义思想,使新文化运动具有浓厚的自由主义色彩。二三十年代,他先后创办或编辑《努力》、《新月》、《独立评论》等刊,从主张"好政府主义",到发起人权运动,到关于民主与独裁关系的讨论,他恪守自由主义的基本立场,批判中国的现实政治,希望通过日积月累的进步,使现代性在中国获得长足发展。第二次世界大战以后,世界格局发生了新的重大变化,形成了民主与极权的两极对立,胡适开始转向对德、意、俄的极权政治的批判,为民主政治辩护,表达了一种与时代潮流不同的强音。他提出自由主义所应包含的四重含义:一是自由,二是民主,三是容忍反对党,四是和平渐进的改革。晚年他又特别强调容忍比自由还要重要。可以说,胡适一生笃守自由主义的基本原则,始终不渝地坚持维护人权、自由、民主,是现代中国最具诠释力的自由主义发言人。他对中国与世界命运的深切关怀,对人类前途的深刻认识,对民主政治的坚定信念,表现

---

① 有关胡适与中研院的关系,参见王志维:《胡适先生与中央研究院》,收入1978年《中央研究院成立五十周年纪念论文集》。欧阳哲生:《胡适先生与中研院史语所》,收入《新学术之路——中央研究院历史语言研究所七十周年纪念文集》上册,台北:"中研院"史语所,1998年10月版,第217—232页。

② 有关胡适与中基会的关系,参见季维龙:《胡适与中华教育文化基金董事会》,收入《胡适研究丛刊》第1辑,北京:北京大学出版社,1995年5月版,第186—209页。

了一个自由知识分子的睿智和良知。

这里有必要谈一下胡适与蒋介石的关系,过去人们论及胡、蒋之间的关系,一般习惯于从胡适这一方面来看待双方的交往。的确,在实际的政治生活中,胡适表现了一种学者式的谨慎和温和,这种态度使其与当局存在一种既抗争又合作、复杂而微妙的关系。但在整个政治生活中,蒋介石处于支配的地位,他上台后面临两大敌人:一是武的,如割据一方的军阀和共产党红色政权;一是文的,即独立不羁的自由主义。对于这一文化上的敌人,蒋介石也施展了传统政治术中硬软兼施的两手。杀害史量才、杨杏佛即是表现其冷酷、残忍的一面,对于胡适,蒋介石从人权论战时查封《新月》,组织党部对胡适围剿,逼迫胡适离开上海;到30年代中期,利用民族矛盾,整合各种异己势力,蒋氏对胡适本人的处理显然达到了目的,其征调胡适做外交工作,似乎是不可抗拒的理由,表面上看去是重视胡适,实则为调虎离山。中国与美国的外交联系实际上掌握在宋家兄妹(宋子文、宋美龄)手中,胡适实为蒋利用的一个花瓶而已。蔡元培先生去世,国内知识界属意胡适出任中研院院长,将胡适调回国内,本是顺理成章的一着,然蒋无意作此安排,闲置胡适,这不能不说是其控制知识界,隐含深意的一步棋。抗战胜利,北大复员,蒋又有意让傅斯年掌北大,这进一步表明了他对胡适的防范之深,只是在傅斯年的一再推辞和推荐下,才出现了胡适出掌北大的一幕。① 50年代胡适流寓美国纽约八年,由于大陆轰轰烈烈的"胡适大批判"运动"帮忙",才使寂寞一时的胡适重新引起外界的注意,台湾学术界呼唤胡适出山,胡适晚年得以回到台北南港任"中研院"院长,此时的胡适,照他自己的话说已到了退休的年龄(67岁)。在台四年,胡适与蒋的关系极不愉快,在处理"雷震案"中达到了极点。胡适在中西文化论争中所遭到的围剿,表面上看去是与新儒家的冲突,实则是与倾向保守的台岛内的主流意识形态的冲突,其中幕后真正的影子人物自然是蒋介石。②

通览胡适的一生,我们可以看出:胡适无论论学议政,贯穿他一生的职

---

① 傅斯年:《致蒋介石》1945年8月7日,《傅斯年全集》第7册,长沙:湖南教育出版社,2003年9月版,第285—286页。

② 有关胡适与蒋介石的关系,参见刘绍唐:《胡适与蒋介石》,牛大勇:《不打不成交》,两文收入李又宁主编:《胡适与国民党》,纽约:天外出版社,1998年1月版,第1—90页。

志和精神主要为二：一是学术独立。一是追求民主。如把五四精神概括为民主和科学的话，胡适一生的工作真正是围绕这两大主题而展开。

所谓学术独立，可从两个层面理解：一是个人的学术独立，即个人为真理而真理的精神，不将世俗功利浸染于学术之中。1944年沈从文致信胡适说："二十年中死的死去，变的变质，能守住本来立场的，老将中竟只剩先生一人，还近于半放逐流落国外，真不免使人感慨！"[①]沈从文所言"本来立场"即是学术独立。在近代社会激烈动荡，学术与政治难以分割的状态下，学者能否坚持学术独立，不仅是对其个人品质（人格）的考验，且是影响其学术成果质量的重要因素。即一个学者的学术成果质量不仅受制于专业素质，而且与他对社会政治环境的观察、把握密切相关。二是国家的学术独立，晚清以降，中国传统的文化价值体系解体，中国人不仅面临着一个文化整合的问题，而且还提出了重建国家独立的现代学术体系的问题。早在留美时期，胡适忧虑于中国留学政策之流弊，国内学术之不振，特作《非留学篇》。提出："吾国今日处新旧过渡青黄不接之秋，第一急务，在于为中国造新文明，然徒恃留学，决不能达此目的也。必也一面亟兴国内之高等教育，俾固有之文明，得有所积聚而保存，而输入之文明，亦有所依归而同化，一面慎选留学生，痛革其速成浅尝之弊，期于造成高深之学者，致用之人才，与夫传播文明之教师。以国内教育为主，而以国外留学为振兴国内教育之预备，然后吾国文明乃可急起直追，有与世界各国并驾齐驱之一日，吾所谓'留学当以不留学为目的'者是也。"[②]1947年9月，他又撰成《争取学术独立的十年计划》，提出中国学术独立必须具备的四项条件："（一）世界现代学术的基本训练，中国自己应该有大学可以充分担负，不必向国外去寻求。（二）受了基本训练的人才，在国内应该有设备够用与师资良好的地方，可以继续做专门的科学研究。（三）本国需要解决的科学问题，工业问题，医药与公共卫生问题，国防工业问题等等，在国内都应该有适宜的专门人才与研究机构可以帮助社会国家寻求得解决。（四）对于现代世界的学术，本国的学人与研究

---

① 《沈从文致胡适》，《胡适来往书信选》中册，北京：中华书局，1979年版，第574—575页。
② 胡适：《非留学篇》，原载《留美学生年报》1914年1月第三年本。收入《胡适文集》第9册，第684页。

机关应该和世界各国的学人与研究机关分工合作,共同担负人类学术进展的责任。"他深信:"用国家的大力来造成五个十个第一流大学,一定可以在短期间内做到学术独立的地位。""只有这样集中人才,集中设备,——只有这一个方法可以使我们这个国家走上学术独立的路。"①胡适晚年最后的演讲《科学发展所需要的社会变革》,其关心的中心问题还是现代科学如何在中国生根的问题。

  胡适另一个喜与人道及的话题是民主,他对民主的思想包含着建设一种"无限制文明"的可能。他尝与人说,"只有在自由独立的原则下,才会有高价值的创造"②。发展科学离不开民主,树人也离不开民主,"自由独立的国家不是一般奴才建造起来的"。立国更离不开民主,"只有自由可以解放我们民族的精神,只有民主政治可以团结全民族的力量来解决全民族的困难,只有自由民主可以给我们培养成一个有人味的文明社会"③。胡适一生对民主的信念基本不变,且愈老弥坚。至晚年虽已不合时宜,但诚如他给雷震祝寿时所引用的杨万里诗:"万山不许一溪奔,拦得溪声日夜喧。到得前头山脚尽,堂堂溪水出前村。"胡适曾为此诗作注"此诗可象征权威与自由的斗争"。这其实是他的自况,他晚年题此诗赠给雷震,与之共勉,也表明了他对民主在中国前途的信心。④

  中国是一个文明古国,本来拥有悠久的历史传统和丰厚的人文资源。近代以来,伴随国势的衰落,在世界民族之林中她失去了其应有的地位,西方人以一种考古的心态,几视中华文明为一"死文明"。中华民族步入近代以后所作的自我更新和艰难转型,自然带有强烈的民族自强色彩。胡适是较早踏上向西方学习路程的学人,他本人是中西文化交流的受益者,又是中西文化的传播者。对中国人讲西方文化,对西方人讲中国文化,这是他扮演

---

  ① 胡适:《争取学术独立的十年计划》,原载《中央日报》1947年9月28日。《胡适文集》第11册,第805、808页。
  ② 胡适:《谈谈大学》,收入《胡适文集》第12册,第541页。
  ③ 胡适:《我们必须选择我们的方向》,收入《独立时论一集》,北平:独立出版社,1948年8月版。
  ④ 有关胡适与雷震的关系,参见万丽鹃:《万山不许一溪奔——胡适与雷震来往书信选集》导言,台北:"中研院"史语所,2001年12月版。

的双重角色，他在历次文化论争中的表现正是其文化角色的反映。他与新文化运动的巨子们不仅为中国文化的复兴注入了新的血液，而且以其卓越的成就赢得世人的尊重和敬仰。他是最早赢得世界声誉的中国人文学者。胡适的成功来自于他对中国传统的深切理解和对人类文明前途的高瞻远瞩。

一个知识界的"卡里斯玛"型(Charisma)人物，具有三个不可缺少的要素：一是超凡的学术工作能力和卓绝的工作成就(职业能力)，二是感染群伦的道德情操和精神魅力(亲和力)，三是坚定的个人意志和不可移易的理想追求(人的意志)。在20世纪中国，胡适是典型的文化学术界的"卡里斯玛"人物。一个时代，一个民族产生这样一个人物实为相当不易！20世纪的中国潮来潮往，大浪淘沙，经得起历史考验和时代冲刷的文人学者又有几人？！这是一个革命性的世纪，其变化速度之快，令人目不暇接。另一方面，我们又深深感到，这是一个消耗巨大的世纪，牺牲了多少生命，耗费了多少资源，错过了多少机遇，浪费了多少人的青春才华……它给我们留下了多少值得反省的话题。胡适一生涉及的层面之广，固然与其个人兴趣有关，另一方面又何尝不是时代留下的太多问题所致。胡适一生的工作仿佛只是在发现这些问题，然后鼓起勇气以最适当的方式提出这些问题，最后尽其全力去尝试解决这些问题。历史的进步首先是不被假问题所蔽，而是将一些富有真实意义的具体问题挖掘出来，提到议事日程上来一个一个地逐步加以解决。

从"五四"时期起，胡适即呼唤"中国的文艺复兴"，这不仅意味着要再现民族文化的历史性的光荣；而且还包含着在新的历史条件下，建设新的中国现代性文明的理想。这种新的文明就其本质的意义来说，是在促成中国进步的历史过程中提供一种无止境的空间，亦即胡适所憧憬的"无限制文明"，它充分承认个人的价值，它为各种可能提供生存的空间，这是值得我们追求的一个伟大理想。只有顺着这样一条思路走下去，中国才可能从一个传统的文明古国渐次转变为一个现代的世界性的文化强国。

(载《北京大学学报》(哲学社会科学版)1999年第1期)

目　　录

代序　胡适的文化世界 …………………………………………（1）

壹　胡适在现代中国 ……………………………………………（1）
　　一　胡适与他的时代 …………………………………………（1）
　　二　胡适研究正成为一门显学 ………………………………（6）
　　三　"胡适大批判"的来龙去脉 ………………………………（12）
　　四　胡适与现代中国的自由主义 ……………………………（19）
　　五　胡适与美国 ………………………………………………（25）

贰　重新发现胡适
　　——胡适档案文献的发掘、整理与利用 ……………………（29）
　　一　中国大陆胡适档案文献整理、出版情况 ………………（31）
　　二　台湾地区有关胡适档案文献的整理、出版 ……………（40）
　　三　美国有关胡适档案文献的整理、出版 …………………（44）
　　四　胡适档案文献的价值及其提出的问题 …………………（48）

叁　胡适与北京大学 ……………………………………………（50）
　　一　"五四"时期：北大的革新健将 …………………………（50）
　　二　1930年代：北大"中兴"期的主将 ………………………（58）
　　三　内战时期：不合时宜的北大校长 ………………………（64）
　　四　胡适：北大的一份精神遗产 ……………………………（72）

肆　哥伦比亚大学的学术世界
　　——胡适与哥伦比亚大学 ……………………………………（74）
　　一　"博"而"精"的学业准备 …………………………………（75）
　　二　博士学位之谜 ……………………………………………（83）

  三 与杜威亦师亦友的关系 …………………………………… (92)
  四 与母校哥大的来往 ………………………………………… (100)
  五 胡适:哥大的一位杰出校友 ……………………………… (110)
伍 胡适与中研院史语所 ……………………………………………… (123)
  一 胡适与史语所的历史关系 ………………………………… (123)
  二 胡适与史语所学风 ………………………………………… (129)
  三 史语所与现代中国学术的独立 …………………………… (133)
陆 胡适与中国传统文化 ……………………………………………… (135)
  一 胡适早年深受中国传统文化的影响 ……………………… (135)
  二 胡适对中国传统文化的价值重估 ………………………… (139)
  三 胡适对中国传统文化遗产的整理 ………………………… (145)
  结语 ……………………………………………………………… (151)
柒 胡适与道家 ………………………………………………………… (153)
  一 老子的年代问题及其考证方法 …………………………… (153)
  二 道家的源流 ………………………………………………… (161)
  三 道家思想的现代意义 ……………………………………… (167)
  结语 ……………………………………………………………… (172)
捌 胡适与西方近世思潮 ……………………………………………… (173)
  一 从接受进化论开始切入西方思想 ………………………… (175)
  二 推崇美国式的个人主义精神 ……………………………… (179)
  三 终身服膺杜威的实验主义 ………………………………… (183)
  四 胡适新文化观与西方近世文明之关联 …………………… (188)
玖 中国近代学人对哲学的理解
  ——以胡适为中心 ……………………………………………… (191)
  一 从王国维到蔡元培:西方"哲学"观念的输入 …………… (191)
  二 胡适:西方化的中国哲学 ………………………………… (198)
  三 现代新儒家:中国哲学的现代化与民族化 ……………… (207)
拾 中国现代哲学史上的胡适 ………………………………………… (215)
  一 介绍西方哲学 ……………………………………………… (216)
  二 中国哲学史(思想史)研究 ………………………………… (218)

三　胡适哲学成就的检讨 …………………………………（227）
拾壹　胡适与中美文化交流 ………………………………（231）
　　一　胡适在美国 …………………………………………（232）
　　二　近世传播美国文化第一人 …………………………（238）
　　三　宣传中国文化的特使 ………………………………（248）
　　四　结语：以胡适为例看中美文化交流的历史经验 …（259）
拾贰　中国的文艺复兴
　　　　——胡适以中国文化为题材的英文作品解析 ……（261）
　　一　博士论文背后隐藏的较量 …………………………（263）
　　二　新文化运动的另一种解释——中国的文艺复兴 …（272）
　　三　中西文化观的前后演变 ……………………………（284）
　　四　与西方汉学家对话 …………………………………（299）
　　结语 ………………………………………………………（312）

附录一　重评胡适 …………………………………………（314）
附录二　自由主义之累
　　　　——胡适思想之现代意义阐释 ……………………（329）
附录三　中国哲学史研究范式回顾 ………………………（336）
附录四　胡适的人际世界 …………………………………（344）
附录五　胡适：1917 ………………………………………（352）

跋语 …………………………………………………………（362）

壹　胡适在现代中国

胡适是20世纪中国著名的学者、思想家和教育家。从1917年2月在《新青年》杂志发表《文学改良刍议》一文"暴得大名"后，他就成为中国知识界的中心人物之一，簇拥在他周围有一大群青年学子和知识分子。他几度沉浮，饱受争议。然经过历史的、时代的洗练，今天在人们看来，他仍是现代中国颇具分量、受到人们重视的大师级文化人物之一。把握胡适的学术成就和思想成分并非易事，遑论公允、平实的评价。在研究胡适的过程中，我注意到一种特有的现象：他是一个被人不断发掘、不断发现的历史人物，批判也好、重评也罢，都明显带有与时俱进的痕迹。

一个历史巨人往往给人们带来两次震撼：第一次是在生前，他以自己创造性的成就或超前性的突破，引起世人的震撼和历史的震荡。第二次是在死后，当人们重新解读他的作品、了解他的生平，破解隐藏在他思想背后的各种奥秘，发现他私人生活中许多鲜为人知、不可思议的轶事、故事、情事、险事，我们会再次体验到一次心灵的震撼。胡适是这样的一个历史人物，他生前死后所给予中国知识界的巨大冲击力和研究他的"胡适学"所呈现的丰富性、复杂性、挑战性，都让我们的时代产生一次又一次的刺激、兴奋和争议。

一　胡适与他的时代

首先让我们回溯一下胡适的生平吧！

胡适，1891年12月17日（光绪十七年十一月十七日）生于上海，原籍安徽绩溪。据胡适自述，绩溪胡氏宗族"其远祖可直溯至十一世纪《苕溪渔隐丛话》的作者胡仔，那位抵抗倭寇的名将胡宗宪，也是他们一家。但是这个世居绩溪城内的胡家,与我家并非同宗"①。蔡元培先生为胡适《中国哲学史大纲》作序时称"适之先生生于世传的绩溪胡氏,禀有'汉学'的遗传性"。梁启超作《清代学术概论》亦称胡适为"绩溪诸胡之后",均为混说,不足为据。幼时取名嗣穈,就读私塾时又取名洪骍。到上海后再改名适,字适之。父亲胡传(1841—1895),母亲冯顺弟(1873—1918)为胡传第三房妻子。胡传长冯顺32岁,老夫少妻,所生幼子得其双亲之遗传甚厚,天资聪颖。

胡适的一生大致可以分为三个阶段:第一阶段是他早年的求学阶段(1891—1917)。胡适自幼随父亲在上海、台湾居住。1895年父亲去世,母亲带他回到家乡绩溪,在老家私塾接受了九年传统教育。胡适自认,在这九年之中,"只学得了读书写字两件事。在文字和思想的方面,不能不算是打了一点底子"。"除了读书看书之外,究竟给了我一点做人的训练。在这一点上,我的恩师就是我的慈母。"②胡适童年受其母亲影响最大。

1904年胡适由三哥带至上海读书,先后就读于梅溪、澄衷、中国公学、中国新公学等新式学堂。这一人生经历使胡适从旧学走向新学,胡洪骍一跃而变为"胡适",这是胡适成长的第一个转折点。上海作为当时中国最为开放的对外通商口岸,汇集中外文化和各种资讯,使胡适大开眼界。胡适有幸开始接触"新学",深受梁启超、严复等"维新"思想家的进步思想影响;在中国公学就读时,他参与编撰《竞业旬报》,成为当时小有名气的"革命报人"。

1910年7月胡适考取第二批清华庚款留美官费生,先在康乃尔大学学习农科,1912年转学文学院,1915年9月进入哥伦比亚大学哲学系,服膺杜威的实验主义哲学。留学期间,胡适受到系统的美式西学教育和训练。1917年5月胡适提交了博士论文《中国古代哲学方法之进化史》(A Study of The Development of Logical Method in Ancient China),遗憾的是,因种种原因,当年他并没有获得博士学位。赴美留学七年是胡适人生的第二次重要转

---

① 唐德刚译注:《胡适口述自传》,收入欧阳哲生编:《胡适文集》第1册,北京大学出版社,1998年11月版,第181页。

② 胡适:《四十自述》,收入欧阳哲生编:《胡适文集》第1册,第53页。

折,美国新大陆的新鲜空气给胡适的内在心灵和外在气质以全新的熏陶,将胡适锻造成一个中西学术兼容的高级学者。从传统教育,到新式教育,再到赴美留学,胡适早年的求学过程实为当时中国教育文化急速转型的一个缩影。

第二阶段是他的学术拓展阶段(1917—1937)。1917 年 7 月胡适学成归国,9 月胡适被聘为北京大学教授。此时的北大是新文化运动的中心,胡适参与《新青年》的编辑工作,提倡"文学革命"和个性解放,在新文化运动中起了振聋发聩的作用,胡适迅速成为中国知识界一颗耀眼的新星。1922 年 5 月胡适主编的《努力周报》创刊,发表《我们的政治主张》,提倡"好政府主义";进行古史讨论和"科学与人生观"论战,成为学术界注目的焦点。在北大近十年的教学工作,是胡适最为忙碌、也最为成功的一段时期,它为胡适在中国教育界赢得了一席之地。

1926 年 7 月胡适取道苏联赴英、法和美国访问。在美国访问期间,他补办了延误十年的博士学位手续,并多次发表演讲。胡适这次环球之旅在中国自由主义群体中备受瞩目。1927 年 5 月回国,胡适先后在上海东吴大学、光华大学、中国公学任教,担任中国公学校长。1928 年 3 月创刊《新月》,在该刊他与罗隆基、梁实秋一起就"人权"问题批评国民党当局,受到国民党组织的围剿,被迫辞去中国公学校长一职,离开上海。

1931 年 1 月胡适出任北京大学文学院院长,与丁文江、蒋廷黻、傅斯年等人一起创办《独立评论》,在该刊就民主与独裁、中日关系、东西文化等问题展开热烈讨论,成为北方知识界的舆论重镇。论者评及胡适在 20 世纪二三十年代主编过的《努力周报》、《新月》、《独立评论》三大刊物,常喜以自由主义刊物来定位,其实这三大刊物的思想内容有较大差异,《努力周报》奉行"好政府主义",其政治倾向与国、共两党明显有别;《新月》以"人权"搏击国民党的"党权",带有浓厚的自由主义倾向;《独立评论》只能说是一个知识分子的同人刊物,参与编撰该刊的同人在国内政治、对日和战等问题上看法殊为分歧,这三大刊物除了胡适本人论政带有相当强烈的自由主义色彩,其他同人的政治倾向与胡适并不一致。自由主义在中国的思想成长相对滞后,这是人们应当正视的近代中国的一个历史现象。

如果我们将学者的成材归类为学术早熟型和大器晚成型两种类型,胡适显然属于学术早熟这一类的典型。举凡胡适一生最重要的作品,如《中国哲学史大纲》(1919)、《短篇小说一集》(译著,1919)、《尝试集》(1920)、《胡适文存》(1921)、《胡适文存二集》(1924)、《章实斋先生年谱》(1924)、《戴东原的哲学》(1927)、《白话文学史》(1928)、《中国中古思想史长编》(1930)、《胡适文存三集》(1930)、《中国中古思想小史》(1931)、《胡适文选》(1931)、《四十自述》(1933)、《短篇小说二集》(译著,1933)、*The Chinese Renaissance*(《中国的文艺复兴》,1934)、《胡适论学近著》(1935)均是在他45岁以前完成并出版。20世纪二三十年代是胡适一生学术成长最快、最具影响力的时期。不过,在这一阶段,伴随胡适的不仅仅是学者宁静的书斋,更是周围环境的喧哗与争吵,从1917年的"文学革命",到"五四"时期的东西文化论战、科学与人生观论争,再到20年代后期的人权论战,再到30年代的民主与独裁论战。胡适始终处在思想的旋涡里,经受时代风雨的锤打。

  第三阶段是胡适的晚年时期(1937—1962)。1937年"七七"事变后,胡适被国民政府征调赴欧美做外交宣传工作,以争取国际上对中国抗战的支持。1938年10月被任命为驻美大使,直到1942年去职。卸任大使后,先后在哈佛大学、哥伦比亚大学任教,并从事《水经注》考证等学术工作。胡适孤身一人在美近九年,其孤独境况可想而知,加上工作劳累所产生的心理压力和身体不适,使其时常处在一种焦虑的状态。正是在这一过程中,发生了一些为今人所津津乐道的情事,胡适先后与美国女性韦莲司、哈德曼夫人、罗维兹产生恋情,并与使馆内的工作人员游建文太太关系暧昧,①留下了许多有待后人考证的轶事。

  1946年7月胡适回国正式出任北京大学校长,1946年11月出席南京政府包办的"国民大会",为主席团成员。1948年当选为中央研究院第一届

---

① 胡适与游建文太太之间的关系,江冬秀似有耳闻,1938年9月2日她致信胡适说:"我想,你近来一定有个人,同你商量办事的人,天上下来的人,我高兴到万分,祝你两位长生不老,百百岁。"胡适对此在10月12日回信不得不作解释:"现在我馆里只剩下了一个我,一个参事陈长乐,一个游秘书,和他今年五月新婚的太太。这个游太太是汉口张履鳌先生的女儿,年纪虽轻,曾跟着他的父母到过南美洲的智利国,颇可算是少年老成。现在她替我们管家。这一对新婚夫妇,肯牺牲他们的便利,替我管家,我很放心。"参见耿云志、欧阳哲生编:《胡适书信集》中册,北京大学出版社,1996年9月版,第793页。胡适常常携游建文太太出席各种应酬活动,因而引起人们对他俩关系的各种猜测。

院士。1949年4月离开大陆赴美,在美度过了其长达八年的寓公生涯。1950年9月曾受聘普林斯顿大学葛斯德东方图书馆馆长,任此职近两年,这对胡适来说也许是一个嘲弄,毛泽东曾多次表示,只要胡适愿意留在北平或回归大陆,可以让他担任北京图书馆馆长,胡适未曾动心,但在他执意逗留美国这段期间,他所得的唯一正式职位,却是这份图书管理员的工作。随后胡适主要以讲演、写作为生。1956年冬与哥伦比亚大学东亚研究所中国口述历史部的工作人员唐德刚先生合作编撰《胡适口述自传》,为其一生学术工作做结账式的总结。

1958年胡适回到台北担任"中央"研究院院长、"国家"长期发展科学委员会主任等职,1962年2月24日因心脏病猝发去世。

胡适最后25年,亦政亦学,行政工作消耗了他的主要精力和时光。在学术上他从事禅宗史研究、《水经注》考证,却无新的重大建树;政治上他大力宣传自由主义,成为中国自由主义的精神领袖。

胡适一生中、英文著述甚巨。2003年9月安徽教育出版社出版了《胡适全集》(44卷),将其一生各类著作合成出版,共约二千多万字。胡适的文化成就赢得了中外学术界的推重,美、英等国给其颁发了35个荣誉博士学位,是20世纪中国最具国际声誉的文化巨匠。

总揽胡适一生,他从青年时代即享大名,一生可谓"誉满天下,谤亦随之"。在充满争议、毁誉的风波中,胡适始终保持一种清醒的谨慎,他以"暴得大名,不祥"自警即是一例。除了在抗战时期有过四五年从事外交工作的经历外,胡适一生基本上是在书斋里度过,对此胡适似有自得之乐,1938年9月24日他致信江冬秀表示:"我二十一年做自由的人,不做政府的官,何等自由?但现在国家到这地步,调兵调到我,拉夫拉到我,我没有法子逃,所以不能不去做一年半年的大使。我声明做到战事完结为止,战事一了,我就回来仍旧教我的书。请你放心,我决心不留恋做下去。"①胡适对江冬秀的欣赏之处,也可以说是江冬秀为人处世的可取之处,即是她不希望胡适走出书斋从政。胡适在学术文化上能够取得多方面的成就,与他对学术研究的专注和抱持的理想分不开。胡适在思想上是一个一以贯之的实验主义

---

① 耿云志、欧阳哲生编:《胡适书信集》中册,第758页。

者、个人主义者、自由主义者,这些思想理论可能归结为他的"美国经验",他没有像梁启超那样出现"以今日之我战昨日之我"的思想矛盾,没有像陈独秀那样发表"最后的政治见解",更没有像许多迎合政治时尚的"进步"人士那样与时俱进,他终身持之的理念没有大的反复,只有微调,胡适称得上是近世中国传播美国文化第一人。

二 胡适研究正成为一门显学

在中国大陆学术界,胡适是近年来备受人们关注的现代历史人物之一,这一现象可从以下三个方面得到印证:一是以胡适为主题的研究成果大量出现。据统计,迄至2008年,近二十年来大陆出版的胡适评传、编著、著作50余部,研究论文数百篇。① 著作、评传有:耿云志《胡适研究论稿》(成都:四川人民出版社,1985)、《胡适新论》(长沙:湖南出版社,1996)、《胡适评传》(上海:上海古籍出版社,1999),石原皋《闲话胡适》(合肥:安徽人民出版社,1985),易竹贤《胡适传》(武汉:湖北人民出版社,1987)《胡适与现代中国文化》(武汉:武汉大学出版社,1993),沈寂《时代碣鉴——胡适的白话文、政论、婚恋》(重庆:重庆出版社,1996)、《胡适政论与近代中国》(香港:商务印书馆,1993),胡明《胡适传论》(北京:人民文学出版社,1996)、《胡适思想与中国文化》(桂林:广西师大出版社,2005),王鉴平、杨国荣《胡适与中西文化》(成都:四川人民出版社,1990)、黄艾仁《胡适与中国名人》(南京:江苏教育出版社,1993)、《胡适与著名作家》(合肥:安徽大学出版社,

---

① 有关1979年以来中国研究胡适的论文、著作目录索引,参见闻黎明编:《胡适研究要目》(1978—1990),收入耿云志、闻黎明编:《现代学术史上的胡适》,北京:三联书店,1993年5月版,第378—401页。闻黎明编:《近两年来胡适研究论著目录》(1991—1993),收入《胡适研究丛刊》第一辑,北京:北京大学出版社,1995年5月版,第345—358页。胡成业、伍发明编:《胡适研究论著及资料索引》(1994—1996),收入《胡适研究丛刊》第3辑,北京:中国青年出版社,1998年8月版,391—401页。薛贞芳编:《胡适研究论著目录》(1990—1993),收入《胡适研究集刊》第1辑,合肥:安徽教育出版社,1996年8月版,第383—401页。薛贞芳:《胡适研究论著目录》(1994—1996),收入《胡适研究集刊》第2辑,合肥:安徽教育出版社,2000年7月版,第381—401页。薛贞芳、陆发春编:《胡适研究论著目录(1997—2000)》,收入《胡适研究丛刊》第3辑,合肥:安徽教育出版社,2001年12月版。

1998)，章清《胡适评传》(南昌：百花洲文艺出版社，1994)、《"胡适派"学人群与现代中国自由主义》(上海：上海古籍出版社，2004)，白吉庵《胡适传》(长沙：湖南教育出版社，1987)、《胡适传》(北京：人民出版社，1993)，沈卫威《胡适传》(开封：河南大学出版社，1988)、《文化、心态、人格——认识胡适》(开封：河南大学出版社，1991)、《传统与现代之间——寻找胡适》(开封：河南大学出版社，1994)、《无地自由——胡适传》(上海：上海文艺出版社，1994)、《自由守望——胡适派文人引论》(上海：上海文艺出版社，1997)、《胡适周围》(北京：中国工人出版社，2003)、《胡适画传》(广州：广东教育出版社，2004)，朱文华《胡适传》(重庆：重庆出版社，1988)、《鲁迅、胡适、郭沫若连环比较评传》(上海：上海文艺出版社，1991)，颜振吾《胡适研究丛录》(北京：三联书店，1989)，胡晓《胡适思想与现代中国》(合肥：安徽人民出版社，1993)，欧阳哲生《自由主义之累——胡适思想的现代阐释》(上海：上海人民出版社，1993。南昌：江西教育出版社，2007年修订)、《解析胡适》(北京：社科文献出版社，2000)、《追忆胡适》(北京：社科文献出版社，2000)，黄书光《胡适教育思想研究》(沈阳：辽宁教育出版社，1994)，罗志田《再造文明之梦——胡适传》(成都：四川人民出版社，1995)，宋剑华《胡适与中国文化转型》(哈尔滨：黑龙江教育出版社，1996)，吴二持《胡适文化思想析》(北京：东方出版社，1998)，闻继宁《胡适之的哲学》，上海：三联书店，1999)，孙郁《鲁迅与胡适》(沈阳：辽宁人民出版社，2000)，刘筱红《胡适》(武汉：湖北教育出版社，2000)、朱洪《胡适大传》(合肥：安徽人民出版社，2001)，徐雁平《胡适与整理国故考论》(合肥：安徽教育出版社，2003)，子通《胡适评说八十年》(北京：中国华侨出版社，2003)，汪幸福《胡适与〈自由中国〉》(武汉：湖北人民出版社，2004)，曹德裕《梁启超与胡适》(长春：吉林人民出版社，2004)，曹而云《白话文体与现代性——以胡适的白话文理论为个案》(上海：三联书店，2006)，智效民《胡适和他的朋友们》(昆明：云南人民出版社，2004)，钟军红《胡适与新诗歌理论批评》(北京：人民文学出版社，2005)，莫高义《书生大使——胡适出使美国研究》(广州：广东人民出版社，2006)，周海波《胡适：新派传统的北大教授》(北京：中国长安出版社，2005)，王瑞《鲁迅与胡适文化心理比较》(北京：社科文献出版社，2006)，廖七一《胡适诗歌翻译研究》，郭淑新《胡适与中国传统哲学的现代转换》(合肥:安徽人民出版社,2006),赵文静《胡适的改写与新文化的建构》(上海:复旦大学出版社,2006),李玲《胡适与中国现代民俗学》(北京:学苑出版社,2007),桑逢康《胡适在北大》(北京:文化艺术出版社,2007)等。资料索引2种:陈金淦《胡适研究资料》(中国现代文学史资料汇编乙种)(北京十月文艺出版社,1989)、季维龙《胡适著译系年目录》(上海人民出版社,1984。合肥:安徽教育出版社,1995年8月修订版)。这不是一个完全的论著目录,一些随感性、通俗性的著作,尚不在其列。年谱2种:耿云志《胡适年谱》(成都:四川人民出版社,1989)、曹伯言、季维龙《胡适年谱》(合肥:安徽教育出版社,1990)。美国出版的两本有关胡适的英文著作:格里德(Jerome B. Grieder)的《胡适与中国的文艺复兴》(*Hu Shih and the Chinese Renaissance: Liberalism in the Chinese Revolution 1917—1937*, Cambridge, Mass: Harvard University Press, 1970)和周明之(Min-Chih Chou)的《胡适与中国现代知识分子的选择》(*Hu Shih and Intellectual Choice in Modern China*. Ann Arbor: The University of Michigan Press, 1984)分别有了鲁奇译、王友琴校《胡适与中国的文艺复兴》(南京:江苏人民出版社,1996)、张振玉译《胡适评传》(海口:南海出版公司,1992)和雷颐译《胡适与中国现代知识分子的选择》(成都:四川人民出版社,1991)等中译本。在国内还出现了两种以胡适为专题研究对象的不定期刊物:《胡适研究丛刊》(先后由北京大学出版社、中国青年出版社出版,已出3辑)、《胡适研究集刊》(合肥:安徽教育出版社出版,已出3辑)。

二是胡适本人的作品、学术著作大量出版,多达上百种。有按内容专题分类的文集,如《胡适学术文集》(中华书局),《胡适中国古典文学研究论文集》、《胡适红楼梦研究论文集》(上海古籍出版社),《胡适说禅》(中国青年出版社),《胡适诗话》(四川文艺出版社)等。有按作品体裁分类的文集,如《胡适来往书信选》、《胡适的日记》(中华书局),《胡适诗存》(人民文学出版社),《胡适演讲集》、《胡适散文》(中国广播电视出版社),《胡适书评序跋文集》(岳麓书社),《胡适文化学术随笔》(中国青年出版社),《胡适书信集》(北京大学出版社),《胡适日记全编》(安徽教育出版社)等。有按胡适生前出版的原貌影印或重印,如《尝试集》(中国书店)、《中国哲学史大纲》(商务印书馆)、《白话文学史》(岳麓书社)等,上海书店出版的"民国丛书"

也收入了《胡适文存》《四十自述》等多种胡适著述。有的则是新编普及性的胡适作品集子。近年出版的一些有关中国近现代人物丛书，大多保留了胡适的位置。在这些众多的胡适作品中，《胡适学术文集》（中华书局版）、《胡适文集》（北京大学版、人民文学版）、《胡适精品集》（光明日报版）、《胡适精品系列选》（安徽教育版）等大型胡适作品集尤为引人注目。2003年9月，安徽教育出版社出版了《胡适全集》（44卷），所收胡适中英文著作多达两千万余字，这是海内外胡适作品最大规模的一次结集出版。

三是多次举办有关胡适的学术会议。1991年在安徽绩溪召开了第一次胡适学术研讨会，1992年在北京召开了"胡适研究的回顾与展望"座谈会，1993年在青岛召开了胡适思想研讨会，1995年在上海召开了胡适与中国新文化运动研讨会，2001年12月在北京为纪念胡适诞辰110周年举行了座谈会。

与胡适有关的书籍越来越多，参与胡适研究的人数也越来越多。更令人可喜的是，越来越多的青年学生、学者投入到这项研究中来，或者说表现出对胡适研究的浓厚兴趣。1987年我的硕士毕业论文为《胡适早期政治思想研究》。1992年的博士毕业论文为《胡适思想研究》。1990年代以后，与胡适这一题材相关的博士论文有：郑大华的《梁漱溟与胡适：现代中国两种文化思潮的比较》（北京师范大学，1990）、顾红亮的《杜威哲学对近代中国哲学之影响》（华东师范大学，1994）、杨金荣的《胡适晚年的角色与命运考论》（南京大学，1994）、旷新年的《胡适文学思想研究》（北京大学，1996）、章清的《胡适派学人群与现代中国自由主义：自由知识分子的"话语空间"与"权势网络"》（复旦大学，1998）、白亨达的《胡适的国语文学观研究》（南京大学，1999）、张晓唯的《"五四"文化人个案研究：蔡元培与胡适1917—1937年》（南开大学，1999）、夏英林的《实用主义在中国——从杜威到胡适》（中山大学，1999）、徐改平的《胡适——新文学的开拓者》（北京师范大学，2000）、李建军的《胡适政治观研究》（南京大学，2001）、董德福的《梁启超与胡适：两代知识分子学思历程的比较研究》（南京大学，2002）、徐雁平的《整理国故与中国文学研究——以胡适为中心的考论》（南京大学，2002）、曹雨云的《白话文体与现代性——以胡适的白话文理论为个案研究》（北京师范大学，2003）、杨国良的《输出与输入——论胡适留学前和留学时代译介的预备、内容及价值》(复旦大学,2003)、李小玲的《论胡适文学观中的民俗理念》(华东师范大学,2003)、王瑞《徘徊在传统与现代之间的两位文化巨人:鲁迅、胡适》(武汉大学,2004)、石元镐的《胡适与冯友兰自由观的比较》(中国社会科学院哲学所,2004)、莫高义的《胡适使美研究》(中山大学,2005)、高志毅的《自由主义在近代中国的历史命运——〈独立评论〉时期的胡适政治思想研究》(南开大学,2005)、张海燕的《胡适对杜威实验主义方法论的解读与应用》(中国社科院,2005)、刘东方的《"五四"时期胡适的文体理论》(山东师范大学,2006)、谢修庆的《胡适的宗教批判及其意义》(中山大学,2006)等。台湾地区与胡适相关的博士论文有:邓玉祥的《胡适思想研究》(辅仁大学,1991)、林正三的《从胡适与基督教的互动关系谈胡适的宗教情操》(东吴大学,2000)、张锡辉的《文化危机与诠释传统:论梁启超、胡适对清代学术思想的诠释与意义》(台湾师范大学,2001)。至于硕士论文的数量则更多,因搜集不易,我们暂时无法统计。以胡适为研究对象的博士、硕士论文大量刊布说明,人们对胡适的研究兴趣已不再满足于仅仅停留在浅层次的介绍上,而是进入深度关注、深度研究的层次。而从这些博士、硕士毕业论文分布之广又可以看出,它们决非"计划学术"的产物,而是"学术市场"自行运作的成果。人们尝言,一个时代有一个时代的学术,今天人们对胡适的研究也可作如是观,它实在是时代的选择。

与大陆的情形相一致,海外在胡适研究方面也有一定的进展。1990年前后,围绕胡适诞辰100周年,台湾、香港和美国等地都举办了纪念性的学术研讨会和其他类型的纪念活动。① 美国成立了国际胡适研究会,出版了李又宁主编的"胡适研究会丛书",这套丛书集海内外众多学者之力,由纽约天外出版社出版,现已出《胡适与他的朋友》(1—6集)、《胡适与国民党》、《胡适与民主人士》、《回忆胡适先生文集》(1—2集)、《胡适与他的家族和家乡》等11册。

可以说,在中国现代人物研究中,胡适研究已形成一定规模,并呈现出多边参与的国际化特点,多学科参与的综合化特点。有人说,胡适是现在学

---

① 参见周策纵等:《胡适研究与近代中国》,台北:时报文化出版公司,1991年版。刘青峰编:《胡适与现代中国文化的转型》,香港中文大学出版社,1994年版。

术界研究的热点人物之一。有人认为,胡适研究是一门新的显学。我个人并不想高估。不过,相对上个世纪五六十年代,许多人对待胡适所持的否定、冷漠态度而言,今天的确发生了很大的变化,而且这种发展还在持续,可以说,胡适研究作为一门"显学"已俨然成形。

胡适研究之所以能获得今天这样的进展,其中的原因或者说动力主要为:

一、中国大陆的社会政治环境发生了很大变化,改革、开放的政策解除了过去对胡适的禁忌,这使得胡适研究有了重新启动和开展的可能。在人文社科研究中,有些学科或课题的研究,诸如语言学、考古学这类学科与政治关涉较少,因此受社会环境和政治变动因素的干扰相对亦小。有些学科或课题的研究,受政治环境变动的影响较大,胡适研究即是如此,没有对"双百"方针的真诚推行,没有现代化运动背景的支撑,就不可能有胡适研究的真正开展。

二、胡适本身的历史地位和具有的文化魅力,也是吸引学者们投身其中的一个不可忽视的原因。胡适作为一个历史主题之所以能引起人们的持续注意,与他本身所蕴含的文化魅力有关,我们几乎可以在胡适身上找到与时代有关的许多思想主题,如自由、民主、现代性、传统与现代、东西方的文化关系、治学方法、文学理论、新诗、翻译等,甚至包括一些非常具体的问题,如大家关心的国际政治中的中美关系,学术史上的"红学"、敦煌学、《水经注》考证等,我们都能借助胡适作为一个话题来讨论,都能看到胡适的身影。我并不是说胡适已为我们探讨的这些问题提供了现成的完整答案,而是他展现了这些主题,参与了这些课题,他提供了对我们来说仍具参考价值的解答。在现代中国,要找到第二位能像胡适这样,如此贴近于我们的时代,如此丰富、多面地表现中国现代文化的进步的文化历史人物,并非易事。这样说,可能是出于我个人的偏见,事实上任何一种观点都不免带有偏见。英国有一句俗语,说不尽的莎士比亚。我想也套用这句话说:说不尽的胡适之。

三、有关胡适档案材料和资料的公布,也是促使这项研究发展的一个重要动力。这里主要有四个材料源:一是大陆的中国社科院近代史所,它的地点是东厂胡同一号,它曾是明代特务机构"东厂"的所在地,民国大总统黎元洪的寓所,胡适任北大校长时也住在这里。1948年12月胡适离开北平时，将自己的物品，包括书籍、手稿、私人档案都存放在这里。二是北京大学，北大是胡适多年工作过的地方，学校档案馆、图书馆也保存了部分胡适的书籍、手稿本、信件和照片，胡适在遗嘱中所说的"一百零二箱书籍"大部分仍存放在北大图书馆。前几年在清理这些书籍中，居然还发现了胡适最早的日记本——他在上海澄衷学堂读书时的日记。三是台北的胡适纪念馆，那里也收藏了不少胡适晚年的手稿、书信和档案材料，并整理出版了一些材料，如《胡适手稿》（十册）、《谈学论诗二十年——胡适与杨联升来往书信》等。四是美国，胡适在美国学习、工作、生活了近25年，在他曾经学习、工作和生活过的地方，如康乃尔大学、哥伦比亚大学、普林斯顿大学也保留了一些材料，见诸各种报章杂志的胡适英文作品、讲演或有关胡适的报道也不少。袁同礼先生、周质平教授在搜集胡适英文著述方面做了大量工作。

四、对胡适大批判的反弹。按照物理学原理，凡事压力愈大，其反弹力也愈大。今天的胡适研究不能不说也具有拨乱反正性质，季羡林先生曾写过一篇文章，题目是"为胡适说几句话"，他给《胡适全集》所作序的标题也是"还胡适以本来面目"，从这两个标题中我们可以看到这位老知识分子内心隐发的一股情绪，这就是对当年的"胡适大批判"的极为不满。

我认为：一个历史人物研究的成熟需要具备三个条件：一套全集、一部资料完备的年谱和一部或数部公认的权威传记。以这个标准来衡量现今的胡适研究，这三项条件已经基本具备，只是在内容上还有某些缺陷需要弥补。已出版的安徽教育版《胡适全集》收文尚不全，已有的三部胡适年谱对胡适在美国的记述还相对薄弱，胡适传记、评传类作品虽有几十种，但多为普及性的作品，缺乏研究性的传记。可以说，目前的胡适研究已经越过初始的"平反"辩诬阶段，摆脱过去那种粗犷型研究，向更高层次、更细密化研究方向发展。

三 "胡适大批判"的来龙去脉

胡适研究有一个引人注目的前奏曲，这就是上个世纪50年代中期的"胡适大批判"。在胡适研究中，这是一个沉重而令人深思的话题，也是一个不得不涉及的问题。

胡适1948年12月15日离开北平南下,1949年4月6日从上海乘海轮去美国。胡适离开大陆后,1949年5月11日,《人民日报》发表了一封时任辅仁大学校长陈垣《给胡适之的一封公开信》。1950年9月22日,香港左派报纸《大公报》发表了胡思杜的《对我父亲——胡适的批判》,这篇文章是胡思杜在华北人民革命大学政治研究学院毕业时的《思想总结》的第二部分。这是现能查到的胡适离开大陆后最早批胡的两篇文字。耐人寻味的是,这两篇文章,一篇出自胡适的老朋友,一篇出自胡适的小儿子。

实际上,在1949年8、9月间,毛泽东为新华社撰写的五篇著名社论中,数次以严厉的口吻,批评自由主义或民主个人主义,在其中的《丢掉幻想,准备斗争》一文中则明确点名胡适、傅斯年、钱穆为国民党所能控制的少数几个人,①这三个人物已定性为"反动文人学者"的代表。实际上,这三个人物的背景和地位相差甚远,胡适当时已远走美国,显示了他所依托的美国背景;傅斯年早在1948年底被蒋介石任命为台湾大学校长,表明他与国民党关系之深;钱穆前往香港这块英国殖民地"避难",多少带有自我放逐的意味。毛泽东点名批评胡、傅、钱三人,意在警示那些离开大陆或意欲离开的文人学者。

有一种说法,胡适被中共列入了"战犯"名单,但迄今我们并没有找到直接的文件根据。在1948年12月25日中共权威人士声明中所提的43名战犯名单,从首犯蒋介石到最后一名张君劢,其中并没有胡适的名字。据龚育之先生提供的材料,1949年1月20日中共中央电贺淮海战役胜利结束,经毛泽东修改定稿的这个电报中说:现在南京城内尚有头等战犯……及其他罪大恶极的帮凶们,例如胡适、郑介民、叶秀峰等人,企图继续作恶。1月26日新华社电称:国民党统治区人民纷纷讨论战犯名单,认为尚有许多战犯被遗漏。许多学生和教授认为名单中必须包括战争鼓吹者胡适、于斌和叶青。② 这应该属于一种政治宣传和舆论造势,而不是政策宣示。证之于以后毛泽东及中共领导人士发表有关惩治、逮捕国民党战犯的谈话或正式声明,亦未提及胡适的名字。1954年11月郭沫若对《光明日报》记者的谈

---

① 参见《丢掉幻想,准备斗争》,收入《毛泽东选集》第4卷,北京:人民出版社,1968年版,第1374页。

② 参见郁之(龚育之):《毛与胡适》,载《读书》1995年第9期。

话中说:"我们在政治上已经宣布胡适为战犯,但在某些人的心目中,胡适还是学术界的'孔子'。这个'孔子'我们还没有把他打倒,甚至可以说我们还很少去碰过他。"①这段谈话显然也是为发动、动员批胡运动而发。

第一次批胡运动从1951年11月至1952年1月,是以"京津高等学校教师学习改造运动"的形式出现的。稍后又有"北京文艺界整风学习运动"。这场运动规模不大,只是局限在京津高等院校,涉及的人员主要也是一些高级知识分子。著名作家杨绛撰写的小说《洗澡》即是以这个时期的知识分子改选为背景。

大规模的批胡运动,或者说第二次批胡运动,是在1954年11月开始的。导火线则是9、10月间的"《红楼梦》事件"。这次批胡运动由郭沫若、周扬两人出面挂帅,1954年11月8日《光明日报》刊登《中国科学院郭沫若院长关于文化学术界应开展反对资产阶级错误思想的斗争,对〈光明日报〉记者的谈话》,12月8日郭沫若又在中国文学艺术界联合会主席团、中国作家协会主席团扩大会议上发表《三点建议》,②周扬在会议上发表了题为"我们必须战斗"的长篇报告。③ 郭、周的公开发言,可以说是"胡适大批判"的动员令。但真正的授意应该说是没有出面的毛泽东。在《毛泽东选集》第5卷,我们能找到毛泽东1954年10月16日《关于〈红楼梦〉研究问题的信》,这封信当年是作为《人民日报》的"编者按"出现于报端的,现在我们知道这是出自毛泽东的手笔,它实际上明确发出了批胡的指示。在信中,毛泽东由点名批评俞平伯、《文艺报》、电影《清宫秘史》和《武训传》,将矛头转向胡适,批示:"看样子,这个反对在古典文学领域毒害青年三十余年的胡适资产阶级唯心论的斗争,也许可以开展起来了。"④这封信最初的阅读对象为党内高层领导人和宣传、文化部门的负责人,⑤经过极短时间的酝酿,即见

---

① 《中国科学院郭沫若院长关于文化学术界应开展反对资产阶级错误思想的斗争,对〈光明日报〉记者的谈话》,载《光明日报》1954年11月8日。
② 该文刊登于《人民日报》1954年12月9日。
③ 载《新华月报》1955年第1期。
④ 《关于〈红楼梦〉研究问题的信》,收入《毛泽东选集》第5卷,北京:人民出版社,1977年4月版,第134页。
⑤ 参见《建国以来毛泽东文稿》,第4册,北京:中央文献出版社,1990年9月版,第575页"注释"(1)。

诸《人民日报》。毛泽东借山东大学两位学生撰文投稿《文艺报》被阻拦一事发难,极有可能是江青"通风报信"的作用。自称是文艺战线"红哨兵"的江青因系山东人,对山东文艺界的动态自然十分关注,伺机抓住这一事件作为突破口,以达其处心积虑整肃那些具有"旧教育"背景的资深文人学者的目的。

1954年12月2日,中国科学院院务会议和中国作家协会主席团举行了联席会议,决定联合召开批判胡适思想的讨论会。从胡适哲学思想批判、政治思想、历史观点、文学思想、哲学史观点、文学史观点以及考据在历史和古典文学研究工作中的地位和作用、《红楼梦》的人民性和艺术成就和对历来《红楼梦》研究批判等九个方面展开讨论。由中国作家协会和中国科学院邀请对上述九个方面的内容有研究的人士参加讨论。① 面对这份批判清单,胡适表示:"这张单子给我一个印象,那就是纵然迟至今日(1958年),中国共产党还认为我做了一些工作,而在上述七[九]项工作中,每一项里,我都还留有'余毒'未清呢!"② 从当时发行的材料看,"胡适大批判"运动是由一个"胡适思想批判讨论会工作委员会"来领导和推动。为了给"胡适大批判"提供材料,"胡适思想批判讨论会工作委员会秘书处"编印了一套供"内部参考"的《胡适思想批判参考资料》,先后分发了七辑,它们是:一、《胡适的一部分信件底稿》(1926年4月至1936年12月),二、《胡适在抗日战争时期的一部分日记》,三、《胡适发表在〈自由中国〉杂志上的一部分论文》(1949年11月至1955年2月),四、《胡适在1921和1922年的一部分日记》,五、《胡适文辑》(分哲学、史学、文学、文教、政治五册),六、《胡适言论集》(1952年11月至1953年1月),七、《胡适言论辑录》(1926年至1954年)。内中部分材料如书信、日记,系出自胡适的私人档案。

"胡适大批判"运动几乎动员了整个知识界,包括胡适的许多朋友、同事、学生也卷入其中。翻阅一遍《胡适思想批判》(8辑)和当时各地出版的各种批胡书籍,即可看到其涉及的人数之多、领域之广。这场大批判运动持

---

① 参见《展开对胡适思想的批判》,载《学习》1955年第2期,第42页。
② 参见唐德刚译注:《胡适口述自传》第十章"从整理国故到研究和尚",收入《胡适文集》,第1册,北京大学出版社,1998年11月版,第377页。

续到1955年8月,前后长达十个月。作为这次运动的一个总结性成果是三联书店出版的洋洋三百万字——《胡适思想批判》(8辑)。实际上,当时批胡的文字远远不只这些。人所皆知,三联书店是中国著名的出版机构,也是层次比较高的出版社,能在这里发表文字并不是一件容易的事。所以收集在《胡适思想批判》(8辑)中的文字,主要是一些著名学者或新锐的批判文章。当时散落在各种学报、刊物、报纸上的批胡文字,未汇集成书者还有不少。很多青年学生在课堂内外以作业的形式撰写的批胡文字,其数量就更无法统计,当然他们的文字当然也没有资格变成铅字了。1959年为纪念"五四"运动40周年,又从上面8辑《胡适思想批判》选了一批文章编成一个精华本,这大概算是"胡适大批判"运动的尾声了。

据三联书店的一位老编辑告诉我,当年那八大本的《胡适思想批判》是作为应急的任务临时编出来的。因为任务紧,时间急,只好将这八册的编辑任务交给全社的编辑分头去做,所以没有一个编辑从头至尾看过这八册书稿。他估想,全世界只有一个人看过这八本书,这个人就是胡适本人。从现在出版的《胡适日记全编》,我们可以看到在这一段时期有不少当时胡适收集的剪报和阅后的批语。2001年,我前往芝加哥大学访问时,得悉该校居然还保存着一本当年研究这场运动的英文博士论文,作者即是当时在芝加哥大学攻读政治学博士学位的连战先生,他大概为了写作博士论文的需要,极有可能也阅读了这些批判文献。

经过这场运动,胡适变成一个头戴多顶帽子、臭名昭著的"反动人物"。胡适的个人学术名誉、学术地位可以说是一落千丈。接着又是揪出所谓"胡风反革命集团",以后人们真正是谈胡色变,以至对胡姓产生恶感。文革中,有一些革命样板戏或革命题材的影片,剧中的反面人物都是以胡姓出现的,如《沙家浜》中的胡传魁,《闪闪的红星》中的胡汉三。

在建国初期,为什么要动这么大的干戈去批判胡适?这是一个值得探讨的问题,对此有各种不同的解释。有人认为这是意识形态的问题,胡适的思想与新建立的意识形态当然是两种不同的思想体系,根据"破旧立新"这一逻辑,消除胡适的思想"毒素"影响是理所当然的事。有人则强调当时的外交背景,当时中国大陆的对外政策是"一边倒"——倒向苏联,很多知识分子对此不能理解,甚至有抵触情绪。著名的翻译家傅雷先生曾在1947年

4月翻译斯诺《美苏关系检讨》，并作代序《我们对美苏关系的态度》，刊登于4月24、25日《文汇报》。同年7月22日又发表《所谓反美亲苏》，刊于储安平主编的《观察》第2卷第24期。看文章的标题就可以知道他的思想倾向了。当时的中、高级知识分子中大多在英美留过学，或接受了自由主义的思想影响，他们虽然对西方帝国主义行径怀有不满甚至愤恨的情绪，但在政治理念上又倾向于西方式的民主政治，在国际关系上则主张在美苏对立中采取中立的态度。要将他们的观念从亲英美或者主张中立的立场转变到亲苏这一边来，的确需要做很多工作，"胡适大批判"只是提供一个"杀一儆百"的样板。借批判胡适这样一个亲美派的中坚人物，警告与他同一类型的知识分子。有人以为主要是与毛泽东的个人心态有关，五四时期毛泽东曾在北大图书馆作过助理管理员，这是毛泽东早期成长过程中的一个重要环节，因为这一经历，毛泽东与陈独秀、李大钊熟识，并在他们的影响下成为一个马克思主义者；也是在这一过程中，毛泽东结识了胡适、傅斯年，与他们有过密切接触，并受到胡、傅的赞扬。但不能讳言的是，毛那时在北大的地位低微，待遇颇低，每个月的收入只有八九个银元，加上一些北大师生与他接触时态度偏傲，这无疑使自尊心极强的毛泽东产生一种挫折感，这种情绪在1936年他与美国记者斯诺的谈话中多少有些流露，①他后来对高级知识分子的心态与这一历史阴影多少有些关系。解放后，北大校庆活动邀请毛泽东，不管是逢五的"小庆"，还是逢十的"大庆"，他老人家都未再"赏脸"踏入北大校园。

在"胡适大批判"之后，毛泽东在一些场合也提及过胡适。1956年2月，毛泽东在怀仁堂宴请出席政协会议的知识分子代表时，说："胡适这个人，也真顽固，我们托人带信给他，劝他回来，也不知他贪恋什么？批判嘛，总没有什么好话。说实话，新文化运动他是有功劳的，不能一笔抹煞，应当

---

① 毛泽东对斯诺说："我的职位低微，大家都不理我。我的工作中有一项是登记来图书馆读报的人的姓名，可是对他们大多数人来说，我这个人是不存在的。在那些来阅览的人当中，我认出了一些有名的新文化运动头面人物的名字，如傅斯年、罗家伦等等，我对他们极有兴趣，我打算去和他们攀谈政治和文化问题，可是他们都是些大忙人，没有时间听一个图书馆助理员说南方话。"〔美〕埃德加·斯诺著、董乐山译：《西行漫记》，北京：三联书店：1979年12月版，第127页。

实事求是。到了21世纪,那时候,替他恢复名誉吧!"①如当他在参观北京图书馆,站在一架胡适留下的古籍面前时,他对北图的工作人员表示,如果胡适回来,还会请他担任北图的馆长。在怀仁堂的一次讲话中,毛泽东甚至表示,胡适在新文化运动中是有功劳的,我们对他现在要批,50年后再给他平反。1964年8月18日毛泽东同几位哲学工作者谈话,在谈到《红楼梦》研究时,表示:"蔡元培对《红楼梦》的观点是不对的,胡适的看法比较对一点。"②

体现中共高层对胡适态度的某些变化,最典型的事例是1956年9月16日周鲠生到瑞士参加"世界联合国同志大会"后,又应"英国联合国同志会"之邀赴伦敦访问。在伦敦时他会见了老朋友陈源,两人畅谈了三小时。周鲠生除动员陈源回大陆外,还请陈转达胡适,劝胡也回大陆看看。9月20日,陈源致信胡适转述了周鲠生的意思。信中原原本本地交代了周、陈之间的一段对话:

> 我说起大陆上许多朋友的自我批判及七八本"胡适评判"。他说有一时期自我批判甚为风行,现在已经过去了。
>
> 对于你,是对你的思想,并不是对你个人。你如回去,一定还是受到欢迎。我说你如回去看看,还能出来吗?他说:"绝对没有问题。"
>
> 他要我转告你,劝你多做学术方面的工作,不必谈政治。他说应放眼看看世界上的实在情形,不要将眼光拘于一地。③

周鲠生以外交部顾问兼外交学会副会长的身份出访欧洲,他向陈、胡发出回大陆的邀请,我想这绝不是周本人的意思,而是来自最高领导者的表态。争取胡适回大陆及对胡适评价的某些变化,这些信息也可能反映出大陆正在变化的外交政策,即与中苏关系破裂这一背景有着微妙的关系。当然,对于陈源的递话,胡适在陈信中"对于你,是对你的思想,并不是对你个人"这句话的下面划了线,并写了一句旁批:"除了思想之外,什么是'我'?"

现在看来,胡适大批判实际上是五六十年代一系列批判运动的一个环

---

① 唐弢:《春天的怀念》,收入《风雨同舟四十年(1949—1989)》,北京:中国文史出版社,1990年版,第116页。
② 参见郁之:《毛与胡适》,原载《读书》1995年第9期。
③ 参见陈漱渝:《飘零的落叶——胡适在海外》,载《新文学史料》1991年第4期。

节,这些运动的目的是为了清除知识分子思想中所谓封建主义、资本主义(后来加上修正主义)的影响,也就是要达到杨绛所说的"洗澡"这个目的,这一系列批判运动在"文革"中达到了高峰。在"胡适大批判"运动中所铸造的种种批判模式,为后来的大批判运动提供了一种技术上的样板,这种技术最后在"文革"时期发挥得炉火纯青。这些批判运动的后果是不堪设想的,它不仅是"搞臭"了几个人,或斗垮了一大批知识分子,而是在文化上搞垮了一代人,甚至几代人。

四 胡适与现代中国的自由主义

研究自由主义,近几年在大陆学术界成为一种风气。不过,如就讨论胡适与自由主义的关系,我可以说是始作俑者。早在 1990 年夏天,我就撰写了一篇题为"自由主义之累——胡适思想之现代意义阐释"的短文。1993 年我的博士论文在上海人民出版社出版,其主题也是研究胡适的自由主义思想。1995 年我又发表了《自由主义与五四传统——胡适对五四运动的历史诠释》一文,梳理了与革命话语不同的自由主义的话语及其特点。后来有一个前辈同行,对我说你那篇文章好就好在一个"累"字,它最恰当地表现了现代中国自由主义的历史境遇。

胡适是现代中国自由主义的代表性人物,这是各方面公认的事实。他因此受到其他思想流派或党派的攻击,也因此被奉为自由主义的导师或旗手,对他一生的评价、争议、毁誉的焦点也在这一问题上。众所周知,现代中国有两位文化大师:鲁迅与胡适。在大陆,对鲁迅的评价一直很高,毛泽东对鲁迅有一段评语:"鲁迅是中国文化革命的主将,他不但是伟大的文学家,而且是伟大的思想家和伟大的革命家,鲁迅的骨头是最硬的,他没有丝毫的奴颜和媚骨,这是殖民地半殖民地人民最可宝贵的性格。鲁迅是在文化战线上,代表全民族的大多数,向着敌人冲锋陷阵的最正确、最勇敢、最坚决、最忠实、最热忱的空前的民族英雄。鲁迅的方向,就是中华民族新文化的方向。"[①]这

[①] 毛泽东:《新民主主义论》,收入《毛泽东选集》第 2 卷,北京:人民出版社,1969 年版,第 658 页。

段话长久地被奉为经典,久而久之,人们对鲁迅产生一种崇拜感、敬畏感、神圣感,对很多历史人物的评价都以鲁迅的标准为是非。旧版《鲁迅全集》对林语堂、梁实秋、陈源等人物的注释可以印证这种情形。在这种状态下,胡适当然受到了贬斥或否定。近年来对自由主义的研究成为一种"时髦",现在人们从自由主义的角度来讨论这两个人物,胡适是一个具有典型意义的自由主义者,这是毫无疑问的,而鲁迅是否可冠之于自由主义也成为一个值得讨论的问题了。周策纵先生曾经提到当年胡适亲口对他说:"鲁迅基本上是个自由主义者。"①在胡适晚年所作的《中国的文艺复兴》那篇演讲中,胡适提到鲁迅的地方,我们也不难找到这样的佐证。鲁迅富有个性,热爱自由,但热爱自由者能不能与自由主义划等号,这又是另一回事。有人检索了电子版的《鲁迅全集》,发现鲁迅的著作中几乎从不正面讨论"民主",鲁迅甚至根本就不重视这个概念。2001 年第 5 期《书屋》刊登了李慎之先生的一篇文章——《回归"五四",学习民主——给舒芜谈鲁迅、胡适和启蒙的信》,文中说:"鲁迅和胡适的身世背景,其实可以说是差不多的,他们在近代史上初露头角的时候更是如此。他们最大的不同也许在于:鲁迅是明治维新后建立了极不成熟的'民主制度'的日本留学生,他在那里接受的现代化思想天然是有缺陷的,后来又接受了半西方半东方的俄国的社会革命思想。而胡适则是在被马克思称作'天生的现代国家'的美国的留学生,又一贯关心政治和法律,因此他天然地站在历史的制高点上。"在政治思想上,李文对鲁迅和胡适的比较与传统的观点迥然有别,李先生的观点一石激起千层浪,引起了很大的争议。从李文的观点,我们可以看到现在又有另一种倾向,就是以胡适作为标准来讨论鲁迅了。这是一个很大的变化。是不是有必要这么做,或者说在鲁迅与胡适之间,我们必须要非此即彼,学术界有各种议论。我个人以为胡适、鲁迅仍各有其不同的思想价值,正如他们在生前是并存的文化大师一样,在现在乃至未来,他们仍有各自不能替代的价值。

现代中国主要有三个思想流派:自由主义、保守主义和马克思主义。

---

① 周策纵:《序:五四思潮得失论》,收入张忠栋:《胡适五论》,台北:允晨文化实业股份有限公司,1987 年版。

中国的自由主义思想经历了一个发展过程。中国最早宣传自由意识的思想家,首推严复。他的维新思想中一个最重要的看法就是主张"以自由为体,以民主为用"。他认为中西方之间的根本区别和中国现代化改革不能成功,在于"自由与不自由之异"。严复翻译了穆勒的《论自由》(*On Liberty*)这部书,这可以说是近代中国第一部介绍西方有关自由观念的译著。为了避免人们对自由产生不必要的误解,严复特意将书名译成《群己权界论》。并特别辟用"自繇"一词对译英文 Liberty。严复在该书之《译凡例》中说:

> 中文自繇,常含放诞、恣睢、无忌惮诸劣义。然此自是后起附属之诂,与初义无涉。初义但云不为外物拘牵而已,无胜义亦无劣义也。夫人而自繇,固不必须以为恶,即欲为善,亦须自繇。……但自入群而后,我自繇者人亦自繇,使无限制约束,便入强权世界,而相冲突。故曰人得而自繇,而必以他人之自繇为界,此则《大学》絜矩之道,群子所恃以平天下者矣。穆勒此书,即为人分别何者必宜自繇,何者不可自繇也。①

从个人与社会的关系这一角度来把握"自由"应有的含义,这是严复正确理解西方自由主义的贡献所在,也是他对穆勒《论自由》一书精意最恰当的解释。

严复思想中另一个重要主张就是渐进——循序渐进。1905 年春,严复与孙中山在伦敦相会,他俩有一段对话,颇能反映力持革命的中山先生与主张渐进的严复之间的思想分歧和各自所持的理据,严复说:"以中国民品之劣,民智之卑,即行改革,害之除于甲者将见于乙,泯于丙者将发之于丁。为今之计,惟急从教育上着手,庶几逐渐更新乎!"中山先生回答说:"俟河之清,人寿几何?君为思想家,鄙人乃执行家也。"②一个注重从教育改革入手,自然需要时间的积累;一个以为时不我待,只争朝夕。这是渐进论者与

---

① 严复:《〈群己权界论〉译凡例》,收入王栻主编:《严复集》第 1 册,北京:中华书局,1986 年 1 月版,第 132 页。
② 参见严璩:《侯官严先生年谱》,收入王栻主编:《严复集》第 5 册,北京:中华书局,1986 年 1 月版,第 1550 页。

革命论者对形势把握的不同所在。

严复思想中的这两大内容：一是自由，一是渐进。可以说是中国自由主义思想的雏形。后来的新文化运动健将，如陈独秀、胡适、鲁迅，在谈到自己的早年思想经历时，都无不承认严复的思想对他们的启蒙作用。

蔡元培是中国教育现代化的主要推动者，也是"五四"新文化运动的保护人。在近代中国，他是少有的几个受到国、共两党，包括今天海峡两岸都推崇的历史人物。他的教育改革来自于他的自由主义教育哲学。蔡元培先生有两大事功，一是整顿北大，一是建立中研院，这两者为中国教育、科学的现代化树立了样板。蔡先生整顿北大的办法之一就是提出"思想自由"、"兼容并包"、"教育独立"的办学方针。在这种办学思想指导之下，蔡元培为北大建立了一个超越于现实黑暗政治和复杂社会环境的新天地，一个相对纯净、独立的学术天地和思想摇篮。蔡元培本人也因此成为"兼容并蓄"，"百家争鸣"，"学术自由"的象征。

蔡元培之后，胡适就是理所当然的自由主义精神领袖。蔡先生逝世时，许多人都期盼胡适能回国接替中研院院长的空缺，一向少言寡语的陈寅恪甚至公开表示去重庆参加中研院评议会会议，就是为了投胡适一票。陈先生的意见是，如果要找一个搞文科的人继任，则应为胡适之。他说，胡适之对于中国的几部古典小说的研究和考证的文章，在国外的学术界是很有影响的。① 这说明当时胡适在学人心目中的分量，他已经成为中国知识分子的重心所在。

胡适是中国自由主义思想的集大成者。他一生坚持不变，甚至愈老弥坚，所坚持的就是自由主义。"五四"时期，他就极力提倡个人主义，或称健全的个人主义精神。他认为"自由独立的国家不是一群奴才建造得起来的"。胡适向人们推荐易卜生的一个剧本《国民公敌》，剧中的主人公是斯铎曼先生，他因揭露本地的黑幕，而被全社会的人视为"国民公敌"，但他仍大胆地宣言："世上最强有力的人就是那最孤立的人！"②胡适常喜用一句充

---

① 参见邓广铭：《在纪念陈寅恪教授国际学术讨论会闭幕式上的发言》，收入《纪念陈寅恪教授国际学术讨论会文集》，广州：中山大学出版社，1989年版，第36页。
② 胡适：《介绍我自己的思想》，收入《胡适文集》第5册，第511页。

满个性力量的话来勉励他的朋友:"狮子与虎永远是独来独往,只有狐狸与狗才成群结队。"①

在思想方法方面,胡适是一个实验主义者。他提倡怀疑,反对盲从。在"五四"时期,他主张以"重新估定一切价值"的态度对待一切历史问题和文化遗产。面对五光十色的各种主义和思潮,他提醒人们:"一切主义,一切学理,都该研究,但是只可以认作一些假设的见解,不可认作天经地义的信条;只可认作参考印证的材料,不可奉为金科玉律的宗教;只可用作启发心思的工具,切不可用作蒙蔽聪明、停止思想的绝对真理。"②"我要教人一个思想学问的方法。我要教人疑而后信,考而后信,有充分证据而后信。"③对于经自己认定的真理,胡适强调独立精神和责任伦理,"说逆耳之言,说群众不爱听的话,说负责任的话,那才需要道德上的勇气"④。胡适特别反对把思想宗教化、教条化,他说:"思想切不可变成宗教,变成了宗教,就不会虚而能受了,就不思想了。我宁可保持我无力的思想,决不换取任何有力而不思想的宗教。"⑤

胡适运用自由主义这一思想武器,在1920年代后期曾就人权问题与当政的国民党展开过公开论战。1930年代前期,面临日本帝国主义咄咄逼人的威胁,他与一帮朋友们曾在《独立评论》上就"民主与独裁"的问题展开论争,他认为民主政治在中国是可行的政治制度,力主通过民主的途径集中全国的国力和民族的智慧;而他的朋友丁文江、蒋廷黻则认为"新式"的独裁或开明专制对整合全国的力量更为有效。

胡适自由主义思想的系统发挥是在1940年代以后,而他谈论最多且比较详尽的是他的自由主义政治哲学。1941年胡适在美国发表了 *The Con-*

---

① 梁实秋:《〈新月〉前后》,收入《梁实秋文学回忆录》,长沙:岳麓书社,1989年1月版,第125页。
② 《三论问题与主义》,《胡适文存》卷二。收入《胡适文集》第2册,北京:北京大学出版社,1998年11月版,第273页。
③ 胡适:《庐山游记》,《胡适文存三集》卷二。《胡适文集》第3册,第152页。
④ 《致吴世昌》1935年11月22日,收入耿云志、欧阳哲生编:《胡适书信集》中册,北京:北京大学出版社,1996年10月版,第660页。
⑤ 《致陈之藩》1948年3月3日,收入耿云志、欧阳哲生编:《胡适书信集》中册,第1137页。

flict of Ideologies（《意识形态的冲突》）英文演讲,提出民主与极权的两大本质区别:渐进的与革命的,以个人为本位的与以整体为本位的。1948年9月他又发表了题为"自由主义"的文章,他最感慨的是在近代历史上,东方国家因为没有抓住政治自由的重要性,所以始终没有走上建设民主政治的路子。他例举了各种近代民主制度均与东方人无缘,代议制是英国人的发明,成文而可以修改的宪法,是英美人的创制,无记名投票是澳洲人的发明。为了建设真正的民主政治,胡适特别指明自由主义的四重意义:一是自由,二是民主,三是容忍,四是和平渐进的改革。① 苏联的社会主义试验曾经吸引了许多知识分子,胡适本人也曾去苏联考察过,胡适的一些朋友包括研究国际法的专家周鲠生先生,对苏联这个样板都抱有热切的希望。1947—1948年,胡适特意撰写了《我们必须坚持我们的方向》、《关于国际形势里的两个问题——致周鲠生先生的一封信》两文来阐述自己对苏联的不同看法,对苏联的非民主的社会制度提出批评,他预测到"战后的苏联可能是一个很可怕的侵略势力"。胡适晚年感受到"容忍"空气在中国的缺乏,所以他特别又撰写了《容忍与自由》一文(1959年3月),他提出,容忍是一切自由的根本,容忍比自由还要重要。② 前几年一位研究鲁迅的专家邀约我和他各编一本鲁迅、胡适与他们的论敌,他所取的正标题是"一个都不宽恕",而我所用的标题则是胡适的这句话——"容忍比自由还要重要"。鲁迅与胡适的思想个性之别由这两个标题就一目了然了。

  对于胡适的自由主义思想,林毓生先生以为它只是"常识性的了解","不够深切"。③ 他甚至批评说,胡适的思想浅薄,不如梁漱溟、鲁迅深刻。而反驳的人则认为,胡适的思想是深入浅出的"浅",不是浅薄的"浅"。但不管怎么说,胡适的思想构成了中国自由主义发展中一个非常重要的承先启后的环节。他毕竟说出了前人甚至包括同时代人没有说出的许多东西,或者不敢说的东西;胡适利用他在文化上的特殊地位和影响力,造就了一大批自由主义的追随者,并对他们的成长提供了重要条件;胡适以最迅捷的方

---

  ① 《自由主义》,收入《胡适文集》第12册,第805—810页。
  ② 《容忍与自由》,收入《胡适文集》第11册,第823—833页。
  ③ 参见林毓生:《平心静气论胡适》,收入欧阳哲生编:《解析胡适》,北京:社科文献出版社,2000年9月版。

式将美国的主流政治思想——自由主义,传播到中国来,他对自由主义应有的基本思想做了准确、系统的阐释。这些都足以奠定他在中国自由主义史上的宗师地位。

五 胡适与美国

谈到近代以来的中外关系,在19世纪,中国面对如何处理与欧洲的英、法、俄三国关系最为棘手。在20世纪,中国与日本、苏俄、美国三个强国关系最为关键,中国曾与这三国交恶甚至交战。至于21世纪,我们可以感受到中国与美国的关系至关重要。

研究胡适与美国的关系,是一个颇为重要、颇具价值的课题。胡适在美国学习、生活、工作了约25年时间,几乎占了他成年以后的一半时间,所以要研究胡适就必须了解胡适的这一半。过去人们对于胡适在美的情形不甚了了,最近十余年来,有关胡适在美国的材料相继抛出,包括胡适日记、来往书信以及他与韦莲司的恋情的曝光,这给我们研究这一课题提供了诸多线索。当然要全面地探讨这一问题,我们还需许多背景材料和相关的辅助材料,这方面还需要做不少的工作。

关于胡适在美国居留的时间,过去说法不一,现在我们根据各种资料可以获得精确的日期。胡适在美的时间大约是25年,这个时间是以胡适到达美国的时间为准。胡适去美九次,除了第六次回台,第五、七、八、九次往返美台是乘坐飞机外,其他四次半均是乘船。坐船花费时间较长,每趟短的半个月,长的如包括在日本或其他地区停留的时间,约需一二个月时间,所以有人说,胡适在美26年,其中的计算差别可能即在此。

胡适在美时间虽长,但如仅以时间的长短与他人比较,并不乏更长者,与他关系密切的赵元任在美的时间就比他长。但是,胡适在中美文化交流史上的地位,则是首屈一指。大家都知道,谈到古代中印文化交流,人们会首先想到玄奘。说到中日文化交流,人们自然会想起鉴真。如果我们今天要谈论中美文化交流的历史,则胡适不能不被置于最显赫的地位。

我之所以说胡适在中美文化交流史上是一个非常重要的人物,主要基于三个理由:

第一，胡适是 20 世纪中国知识分子中比较客观地评价美国文化的一个代表。由于历史的、地理的、民族心理的各种复杂原因，中国人对于美国文化缺乏全面的认识，因此也就很难对之做出客观的评价。普通民众对美国文化的排拒意识甚强，这与 19 世纪西方国家（包括美国）与中国的军事冲突在民意中造成的创伤的确有很大关系，因此一般民意很容易把理解西方国家的对外政策与认识其社会制度当成一回事，这是一个误区。胡适根据自己的亲身体会和观察，对美国社会、文化和政治，向中国公众作了比较客观的说明和宣传。

胡适作品中以介绍"美国经验"为主题的有：《易卜生主义》(1918 年 5 月 16 日)、《美国的妇人》(1919 年 4 月)、《实验主义》(1919 年 4 月)、《杜威先生与中国》(1921 年 7 月 10 日)、《五十年来之世界哲学》(1922 年 9 月)、《请大家来照镜子》(1928 年 6 月 24 日)、《漫游的感想》(1930 年 3 月 10 日)、*The Political Philosophy of Instrumentalism*（《工具主义的政治哲学》，1940 年)、*Instrumentalism as a Political Concept*（《作为一种政治哲学的工具主义》，1941 年)、*The Conflict of Ideologies*（《意识形态的冲突》（或译为《民主与极权的冲突》，1941 年)、《两种根本不同的政党》、《五十年来的美国》(1953 年 1 月 5 日讲演)、《美国的民主制度》(1954 年 3 月 17 日讲演)、*Introduction to John Leighton Stuart's in China*（《〈司徒雷登回忆录〉导言》，1954 年)、《美国大学教育的革新者吉尔曼的贡献》(1954 年 3 月 26 日讲演)、《述艾森豪总统的两个故事给蒋总统祝寿》(1956 年 10 月 21 日)、《美国选举的结果及其对参议院的影响》(1958 年 12 月 25 日讲演)、《纪念林肯的新意义》(1959 年 1 月 29 日讲演)、《记美国医学教育与大学教育的改造者弗勒斯纳先生》(1959 年 11 月 9 日)、《美国如何成为世界学府》(1959 年 12 月 19 日讲演)、《终身做科学实验的爱迪生》(1960 年 2 月 11 日讲演)、《读程天放先生的〈美国论〉后记》(1960 年 4 月 16 日)等。至于间接提到，或有所涉及的作品则更多。胡适极力介绍的"美国经验"主要有实验主义思想方法、个人主义的人生态度、民主政治制度和国际化的文化观，这些可以说是美国文化的精华。这在一个反美情绪比较强烈的年代，是比较难得的。胡适的这些作品通俗而富于说服力，对中国人民了解美国文化、政治及其社会产生了一定的影响,是现代中国人据以了解"美国经验"的主要材料。①

第二,胡适主张积极发展中美关系,以此来牵制对中国具有威胁的日本和苏联。

20世纪上半期,苏俄与美国的注意力在欧洲,无暇顾及亚洲,日本看准了这一点,大胆地实行其独霸东亚的战略。民国初年,日本以支持袁世凯复辟帝制为诱饵,提出了灭亡中国的"二十一条"。1930年代以后,趁欧洲战云密布之时,又有步骤地入侵中国东北、华北,直至发动全面侵华战争。胡适对日本的侵略野心早有洞察,在留美时期即告诫国人"中国之大患在于日本"。日本发动全面侵华战争后,胡适暂时放弃自己的学术研究,受命赴美欧做外交和宣传工作。当时美国朝野上下弥漫着孤立主义的气氛,为推动美国支持中国抗战,胡适到处宣传演讲,上下活动,以致日本方面感到在对美外交上无法与他匹敌。珍珠港事件发生后,美国决定对日宣战,罗斯福总统在发表对日宣战的声明以前,首先将这一决定告诉了胡适。

第二次世界大战以日本战败投降而收场,很快又出现了冷战降临的格局,苏、美的战略重点虽仍在欧洲,但都没有放弃对其侧翼——亚洲的争夺,苏联成功地策划了外蒙古"独立",并将其置于"卫星国"的境地,直接屯兵中蒙边境,在东方建立了一道永久安全屏障。在1960年代末中苏关系紧张之时,驻扎外蒙的苏联摩托化部队只需几小时就可兵临北京城下,这对中国自然构成了极大的威胁。胡适比较早地清醒认识到苏联的侵华野心,1935年8月他就写下了《苏联革命外交史上的又一页及其教训》,1948年他又曾就苏联的对华政策与周鲠生等人有过一番辩驳。遗憾的是,苏联的大国沙文主义面目直到1960年代才被国人彻底看清,毛泽东、周恩来在1970年代重启中美关系大门,实质上仍是为了达到"远交近攻"、牵制"北极熊"的目的。

第三,胡适极力向美国公众宣传中国文化,并积极为之辩护,这也可以说是他难得也很可爱的一面。美国公众对中国并不甚了解,对中国人的看法,对中国文化的理解,同样存在这样、那样的误解,甚至于妖魔化的现象,

---

① 有关胡适介绍美国文化的情形,参见拙作《胡适与中美文化交流》,收入欧阳哲生:《新文化的传统——五四人物与思想研究》,广州:广东人民出版社,2005年4月版。

耐心地向美国人解释中国文化和中华民族赖以生存的生活方式,成为胡适英文作品和演讲中的一个主题。在中文作品中,我们可以看到胡适激烈批评中国传统文化及其价值观念的言词;而在英文作品中,我们可以看到胡适的另一面,即他热爱中华文化,为中国文化历史辩护的一面,胡适从不在欧美人士面前批评中国,这是他在国外持守的一个原则。在文化上,胡适扮演的是双重角色:对中国人讲西方文化,对西方人讲中国文化。

考察胡适在美的生活过程,我们可以发现:与其他旅美的中国学人相比,胡适有其个人的独特之处。胡适是一个兼具多重角色的学者,一般中国学人在美的活动主要以写作、教书或科研为主,这是一种职业化很强的工作。胡适除了这种职业化的活动以外,还有其他大量的社会活动,他的演讲活动之多,简直令人难以置信。胡适在美国获得了一定的知名度,进入了所谓公众人物或公共知识分子的行列。胡适的活动范围不同于一般的学者,也非一般的政客、外交家所能比。他既与美国学术界有着密切的联系,也与美国其他方面包括政界、财界有着广泛的联系,他基本上融入了美国主流社会,并能对其产生一定的影响力。胡适一生获得35个荣誉博士学位,其中31个是美国高等学院颁发,这也说明美国知识界对胡适的普遍承认和高度评价。胡适在中美之间扮演着双重角色。一方面,胡适在中国被视为美国文化的主要代言人,他不仅大力宣传"美国经验",且直接参与决策中美关系;一方面,胡适是美国公众社会比较信任的中国朋友,他可以发挥其专业特长向美国人民宣传中国文化,并对说服美国支持中国抗战,促进中美两国人民的友好往来展进自己的影响力。第二次世界大战后,大批中国人进入美国社会,胡适的儿子胡祖望亦定居美国,胡适与这一中国移民群体保持着密切的关系,且成为他们心仪的精神偶像,胡适在中美文化交流史上的这一地位和作用,构成他多姿多彩一生中的一个侧面,也是中美关系史上值得回忆的一个篇章。

2001年2月22日在美国耶鲁大学东亚系的演讲整理稿,收入《中国大学讲演录2003年A辑》,桂林:广西师范大学出版社,2003年3月版。

贰　重新发现胡适

——胡适档案文献的发掘、整理与利用

任何历史课题的研究都有赖于史料的发现、公布与整理,历史研究的推进与对史料的发掘密不可分。王国维先生曾经在《最近二三十年中国新发见之学问》这篇文章的开首就提到,"古来新学问起,大都由于新发见"①。这里所指"新发见",即是指的新材料。20世纪中国历史学的发展,其中最重要的成果即是历史新材料的发现,著名的四大发现即殷墟甲骨文的发掘、居延汉简的出土、敦煌藏经洞文物材料的利用、明清大内档案的公布。这些材料的公布,对中国古代史研究具有巨大的推动作用。胡适研究也是如此,胡适的档案材料和各种相关文献资料的整理、公布,对于胡适研究也是一个强大的动力。只有从这个角度来审视胡适研究的进展,才真正具有学术的意义和价值。

我从事胡适研究,前后已有20年时间,我研究胡适的过程,可以说也就是发掘胡适材料、整理胡适文献的过程。故讨论"胡适档案文献的发掘、整理与利用"这样一个题目,也是想让大家与我一起分享搜集、整理胡适材料的苦衷与乐趣。1986年9、10月我为写作硕士论文,曾去安徽绩溪、上海、北京查找有关材料,最大的收获是搜得胡适在《竞业旬报》《留美学生年报》《留美学生季报》等刊的材料,这些材料后来均结集汇编于北大版的《胡适文集》第9册《早年文存》中。1994年11月我应邀去台北访问,第一次踏进胡适纪念馆的大门,在该馆馆长陶英惠先生的帮助下,得以接触胡适纪念馆的档案材料,也是在那一次访问中,我接触到一些胡适先生的生前好

---

① 王国维:《最近二三十年中国新发见之学问》,收入《王国维文集》第4卷,北京:中国文史出版社,1997年5月版,第33页。

友、学生和海峡对岸的胡适研究同行牟宗三先生、刘绍唐先生、傅安明先生、苏雪林女士、李敖先生、杨日旭先生等等,他们各自与我交流了与胡适直接接触的印象。如今这些人中,已有好几位已经去世。利用自己多年收集、积存的一些材料,我与耿云志先生合作编辑了三卷本的《胡适书信集》。1997—1998年在我启动编辑《胡适文集》的工作时,我又接触到北大图书馆、档案馆独家收藏的胡适书籍、各种著作版本和一些档案资料、老照片,这些资料尽现于我编辑的北大出版社1998年出版的《胡适文集》(12册)中。1999年12月,我第三次应邀访台,当时台湾正在热火朝天地展开"总统竞选"活动,而我却一头扎进胡适纪念馆遍查该馆的馆藏,当时协助我查找资料的万丽娟小姐,不过几年,在她不过三十多岁的年龄就辞别人世,她那花容月貌般的美姿留存在我的脑海里长久难去。而陶英惠先生慷慨赠予我的一套《胡适之先生年谱长编》(油印本),可能是大陆学人唯一的存货。2002年2月,我利用在美国访学的机会,去哥伦比亚大学档案馆查阅胡适的档案,在那次查找资料中,我大有斩获,几乎复印了哥大档案馆所有与胡适相关的材料,这些材料均从未被人所动,我已利用其中的部分材料写作了《胡适与哥伦比亚大学》这篇论文。去哥大的一个重要目的是为了查找胡适在哥大学习的成绩表,从而获取他1917年为什么未拿博士学位的直接证据,而哥大方面以事涉个人私密为由,拒绝了我的要求。2002年4月,我利用去华盛顿参加美国亚洲学年会的机会,拜访了胡适的长子胡祖望先生一家,老人家向我展示了他家保存的胡适日记、书信、照片资料等,令人遗憾的是,如今他老人家也于2005年3月去世。我可能是胡适研究这个学者群中,有幸接触胡适原始档案文献较多的几位学者之一。挖掘历史档案材料,抢救现场历史纪录(口述史学),成为我从事这项研究工作的一个主要内容。

胡适生前谈及历史研究时,有一句名言:"历史的考据是用证据来考定过去的事实。史学家用证据考定事实的有无、真伪、是非,与侦探访案,法官断狱,责任的严重相同,方法的谨严也应该相同。"[①]把历史考证比喻成侦探访案、法官断狱,这是胡适的一大发明。现在我们以这种方式来看待胡适研究,以侦探访案的精神搜寻胡适的"证据"和材料。胡适可谓一个"大案",

---

① 胡适:《考据学的责任与方法》,收入《胡适文集》第10册,第193页。

有关他的材料散落在世界各地,所以对他的"侦破"需要各个地域的研究工作者的鼎力配合才可成功。

胡适生前主要刊行的是一些经他本人编辑或订正的著作。他还有许多不成熟的手稿、私人往来书信、个人的日记和一些档案文献材料,因当时不便于公布或刊行,都暂时未予出版。胡适去世以后,这些材料才陆续得以整理出版,其方式或直接影印,或经人整理。胡适档案文献材料的整理、出版,按区域划分,主要在三个地方进行:北京、台北、美国。下面我就以这三地为单元,分别介绍他们整理、编辑、出版胡适档案文献的情况,俾海内外学人研究参考。

一 中国大陆胡适档案文献整理、出版情况

胡适作为一个20世纪中国文化巨人,生前即享有盛名,其刊行的著作在市面上颇为畅销,拥有大量的读者。如《胡适文存》四集、《尝试集》、《中国哲学史大纲》(后改名《中国古代哲学史》)、《白话文学史》、《短篇小说》(二集)、《胡适留学日记》都是当时最具影响力、也最为畅销的著作,一版再版,有的多达十余版。除了正版以外,盗版也随之而起。1980年,上海书店就曾根据大连实业印书馆1942年印行的《中国章回小说考证》影印该书,该书即为坊间流行的一本盗版书,该书版权页署出版时间"1942年(昭和17年)",收有胡适所作中国古典章回小说考证八篇,从出版时间、出版地点都可看出显系他人编印,以牟取暴利,此书出版后第二年就再版了,北大现存有1943年版。以当时的情形可以断定,胡适绝不可能将自己的著作授权于这样一个具有日伪色彩的出版社出版。此书重印不只发生一次,1999年9月安徽教育出版社出版了一套《胡适精品集》(18种),其中又选有一本《中国章回小说考证》。事隔四五十余年后,出版社对此不严加鉴别,作为"精品"收入,可谓鱼目混珠。亦可见当年盗编、盗印者的高明,不是凡辈所为。当然这种情形只是个案,大多数盗版书印制粗劣,错讹甚多。1950年代香港市面上曾出现过一些盗版的《胡适文存》,编校甚差,错字甚多,胡适看到这些书,大为恼怒,但又无可奈何。许多名家名作都免不了这样的遭遇,自古即是如此。

除了已刊的著作外,胡适还有自己保存的私人档案,他离开大陆以前的档案主要存放在他北平的住处——东厂胡同一号。1948年12月15日胡适在北平南苑机场匆匆搭乘飞机离开北平南下,同行的有陈寅恪、毛子水、刘崇鋐、钱思亮、英千里、张佛泉、袁同礼等人。① 四个月后,1949年4月6日他又在上海乘船前往美国旧金山,从此他未再回大陆。他在北平的住家是北平东厂胡同一号,这是一个恐怖的地名,明代它是特务机关"东厂"所在地,民国年间大总统黎元洪曾住在此,抗战胜利后被分配给北大。据胡适后来说:他离开北平时,只带了两本书稿:一本是胡传遗稿的清抄本,一本是乾隆甲戌本《红楼梦》(《脂砚斋重评〈石头记〉》)②。这两本书稿后来都在台北出版,前者先以《台湾纪录两种》为名,1951年由台湾省文献委员会印行,后又以《台湾日记与禀启》为名,分两册,收入台湾文献丛刊第71种,1960年3月由台湾银行编辑、印行。后者则以影印本的形式,1961年5月由台北商务印书馆出版。

当时胡适家里面的东西都留在北平。胡适早享盛名,自己又有"历史癖",所以他对于自己的材料非常珍惜,也懂得如何保留。他有写作日记的习惯,从进入上海澄衷学堂就开始写,直到去世时止。有人说,日记的写法有两种,一种是写给自己看的,带有独白、自传的性质,一种是写给别人看的。胡适写作日记,既是给自己保存史料,也是给别人看的,我在他儿子胡祖望先生家中亲眼看过他的日记原稿,稿本都是使用的高级日记本,显然胡适是有心把自己的日记本当做文物收存,供后人研究,他知道自己的日记必将公之于世。胡适交游甚广,朋友亦多,故通信的数量也很大,他写信给别人,很多信他都请人抄一份自己保存。假如这封信他觉得很有价值,又写得很长,他寄给某人,自己没有存一份底稿的话,他有时甚至还要求对方收到

---

① 关于胡适离开北平的具体时间,胡适晚年误作16日,参见胡适1960年12月19日给蒋介石的信,收入胡颂平:《胡适之先生年谱长编初稿》第6册,第2063—2064页。胡适在《影印乾隆甲戌〈脂砚斋重评石头记〉的缘起》一文中亦是采用上说,参见胡适:《影印乾隆甲戌〈脂砚斋重评石头记〉的缘起》,收入《胡适文集》第8册,第459页。

② 参见胡适:《影印乾隆甲戌〈脂砚斋重评石头记〉的缘起》,收入《胡适文集》第8册,第459页。

信以后把那封信再还给他①。这样做当然有点过分，也可看出胡适对自己的材料是何等重视。自己写的东西保留了下来，别人寄给他的书信也保留下来，日积月累，他手里保存的个人档案材料就很多，建立了很完整的私人档案。我估计他的这个私人档案库，可能是20世纪中国文化人物中最完备、规模最大的一个资料档案库。鲁迅、郭沫若等大师就现储的资料而言，还无法与胡适比。鲁迅成名晚，从他1917年发表成名作《狂人日记》，到他1936年去世，成名后只活了20年时间。郭沫若成名虽早，"五四"时期就出版了震动文坛的新诗集——《女神》，但他在1949年前的那几十年颠沛流离，几度婚变，日子过得很苦。所以鲁、郭两人保存的历史材料可能相对少于胡适。

这批资料留在胡适当时的住地——东厂胡同一号。他走的时候是北大校长，这些材料他曾嘱托交给北大图书馆保管。1957年6月4日他在纽约立下一份遗嘱，共八条，其中第二条交代：将存放在北平家中的102箱书籍和物品赠给北大图书馆。② 这里主要有三类：一类是书籍，一类是中、英文剪报，一类是档案文献（其中主要是来往书信）和著作手稿。这些书籍和文献材料后来的去处大致是：书籍大部分仍由北大图书馆保留，少数善本书则交北京图书馆（现为国家图书馆）。剪报则仍在北大，文稿档案大部分留存在中国社会科学院近代史研究所，小部分由北大图书馆保存。2005年9月李敖来北大演讲，完后北大请他参观图书馆，北大知道李敖是一个"胡迷"，所以给他办了一个胡适图书、著作手稿展览。我问主办这次展览的图书馆相关人士，拿出胡适的剪报没有？他们说没有。我告诉他们，李敖也有剪报的习惯，他常做一些剪刀加浆糊的编书工作，如果给他看胡适的剪报，他一定很高兴。

胡适私人档案为什么会出现存留在近代史所的情形呢？一种说法是胡适原住在东厂胡同一号，后来此处划归中国社科院近代史所，近代史所进驻此地即接收了胡适的这部分档案材料。一种说法是在1950年代中期"胡适

---

① 有关这方面的例子，参见《致胡汉民、廖仲恺》1920年1月9日、1920年1月26日信末，收入耿云志、欧阳哲生编：《胡适书信集》上册，北京：北京大学出版社，1996年9月版，第232、235页。

② 参见胡颂平：《胡适之先生年谱长编初稿》第10册，第3907—3908页。

大批判"运动过程中,中宣部把胡适的档案材料调去审查,并编辑、整理成供"胡适大批判"使用的有关资料。运动过后,中宣部将这批材料拨给了近代史所。1990年代北大的一些政协委员提案要将这些档案交还北大,结果与近代史所发生了胡适财产的争执,近代史所坚持前一种说法,北大则提出后一种说法,且举出人证,拿出了胡适的遗嘱。双方争执不下,最后还是不了了之,现在这批材料仍存放在近代史所。

最先接触胡适的这批档案材料,是在1950年代"胡适大批判"时,当时个别学者在自己的文章中就已使用了胡适档案,如侯外庐先生的《揭露美帝国主义奴才胡适的反动面貌》一文,就使用了胡适私人档案中的日记、书信和档案[①]。远在大洋彼岸——美国的胡适当时亦注意到这篇文章,1955年8月31日他给杨联陞的信中谈起读完该文后的感想:

> 我在国内混了二十多年,总是租房子住,故几次政治大变故,都没有房产可没收。——最后一次,竟把一生收集的一百多箱书全丢了。最近中共印出的三大册(共九百七十四页)《胡适思想批判》论文汇编,其第三册有侯外庐一文,长至七十页,其小注百余条,最使我感觉兴趣的是这类小注:
>
> (61)胡适未发表文件,自编号二·一九六〇;二·一九八二;二·一九八三。
>
> (63)胡适存件,自编号二·二〇八〇。……
>
> 大概这几年内,有人把我的一百多箱书打开了,把箱角的杂件(收到的函件,电报……)都检出编了号,——所谓"自编号"!连我留下的两大册日记(1921—1922),以及"胡适给江冬秀函件",都赫然在侯外庐的小注里!
>
> 我很奇怪,为什么此君引的文件都属于"二",而没有"一"类?后来我猜想,大概"一"是洋文信件,侯君不能读,故不能用。
>
> 举此一事,稍示"有产"之累。可惜北京屡次大水,都浸不到东城,

---

① 参见侯外庐:《揭露美帝国主义奴才胡适的反动面貌》,原载《新建设》1955年2月号,收入《胡适思想批判》第3辑,北京:三联书店,1955年4月版,第17—82页。

否则书与函件都浸坏了,也可以省一些人整理编号之烦。①

胡适这封信透露了几个重要信息:一是他从未置房产,他在北平东厂胡同的房子是北大分给他的房子,他在美国从未买过房子,后来他去台北任"中研院"院长,也是院里分给他的房子。石原皋先生在《闲话胡适》一书中谈到胡适的住处,说"胡适住的房子越搬家越大"②。容易给人一种胡适生活越来越奢华的感觉,实际上胡适的住房是随其地位的提高而由相关单位分配给他的住房,或者他自己租用的住房。他不置房产,所以没有房产之累。二是他并未给自己的私人档案编号,侯文中出现的"自编号"实为他人所加。三是胡适留在近代史所的私人档案确如胡适所说,当时已分为中、英文两部分。不过,胡适的考证中也有小误,他以为侯先生不懂英文,故只使用了中文部分的材料,其实侯先生早年曾在法国留过学,翻译了《资本论》。胡适对这位作为马克思主义史学家"五老"之一的生平(其他四老是郭沫若、范文澜、吕振羽、翦伯赞),看来一点都不知道。我检索了《胡适思想批判》八辑,发现只有侯先生这一篇文章引用了胡适的档案材料,其他文章都只是引用胡适已出版的《文存》或在报刊中公开发表的文章。1949年以后,侯外庐先生担任过中央人民政府政务院文化教育委员会委员、北京师大历史系主任、北大教授、西北大学校长、中国科学院历史所副所长等职③,1954—1955年具体担任何职,是否参加"胡适思想批判讨论会工作委员会秘书处"的工作,暂不得而知,但他是有幸接触胡适私人档案的一位学者。在"胡适大批判"运动中,由"胡适思想批判讨论会工作委员会秘书处"整理了一批"胡适思想批判参考资料",一共七辑,其中"之一"是《胡适的一部分信件底稿》(1926年4月至1936年12月)内收胡适致陶行知、蔡元培等人信件23封,附苏雪林致蔡元培信一封。"之二"是《胡适在抗日战争时期的一部分日记》,"之四"是《胡适在一九二一年和一九二二年的一部分日记本》,这三辑都是取材于胡适私人档案。出版时封面有"内部参考,注意保存"字样。

---

① 胡适:《致杨联陞》,收入《胡适全集》第25册,合肥:安徽教育出版社,1994年版,第648—649页。
② 参见石原皋:《闲话胡适》,合肥:安徽人民出版社,1985年6月版,第92页。
③ 参见中国社科院历史研究所:《深切怀念侯外庐同志》,收入《侯外庐史学论文集》下册,北京:人民出版社,1988年1月版,第454页。

另外，在《我们必须战斗》一书后面的附录中列有《有关胡适的书刊资料索引》一书，注明为中共中央宣传部图书资料室编，1954年12月出版①，它的发放范围可能相当有限，只限于干部内部使用，它大概是最早的胡适著作资料目录索引了。

因为"胡适大批判"运动，胡适被定性为反动文人、学者了，其学术思想与成就遭到了全盘否定。许多曾与胡适有过师生关系、朋友关系的人也纷纷与胡适划清界限，销毁与胡适有关的历史资料，如来往书信、合影照片、胡适题字等，唯恐自己因与胡适的瓜葛，被人罗织罪名。1966年毛泽东发动"文革"时，为了打倒吴晗，《历史研究》曾经发表了一组批判吴晗的文章和一篇《评注吴晗、胡适通信》，作为吴晗"通敌"的罪证，这些材料就是取之于胡适私人档案②。

从1950年至1978年，中国大陆几乎没有正式出版过一本胡适的作品。在一些批判性材料里夹杂着一些胡适的文章，如1970年代，由于毛泽东号召读《红楼梦》，随之出现了各种《红楼梦研究资料》，这些资料中有的就收入了胡适的《〈红楼梦〉考证》，有的则对胡适红学观点加以批判。在1970年代中期评《水浒》的运动中，人民日报资料室编印了一册《反动文人胡适对〈水浒〉的考证》（1975年10月10日）等，都是将胡适作为反面教材，注明"内部资料，供批判用"。

在"文革"后期，中国社科院近代史所开始启动中华民国史的研究工作，他们所做的一项工作就是编辑一套"中华民国史资料丛稿"，由中华书局出版，参加这项工作的一些学者开始接触胡适档案。1978年3月出版了"中华民国史资料丛稿"专题资料选辑第三辑《胡适任驻美大使期间往来电稿》，"编辑说明"第一条："这里收录的是胡适出任国民党政府驻美大使期间（1938年9月—1942年9月）的往来电稿（有一小部分不重要的事务性电稿，没有收入），仅供批判研究之用。"共收493封电函。这份资料在版权页仍标明"内部参考，注意保存"。可见，当时从事民国史研究工作仍有相当

---

① 《我们必须战斗——关于胡适思想批判及〈红楼梦〉研究问题学习资料》，中国文学艺术界联合会学习处编印，1955年2月，第274页。

② 参见《评注吴晗、胡适通信》，载《历史研究》1966年第3期。

的政治忌讳或者说是政治敏感度。

1979年5月、1980年8月中华书局先后出版了《胡适来往书信选》上、中和下册。这3册虽仍标明"内部发行",但印数并不小,上、中册印了2万册,下册印了1.4万,这是一个很不科学的印数,它意味着有六千读者买不到下册。"编辑说明":"一、胡适于1949年飞离北京时,曾留下了一批书信,本书所选的是这批书信的一部分。这一部分书信不同程度地反映了自'五四'前后直到解放以前的中国的政治、思想动态和一些历史事件的某些侧面,可以作为历史研究工作的参考资料。""二、本书正文部分收入胡适自1915年到1948年的一部分来往书信,其中包括一部分电报和信稿、电稿;另外还收入胡适所存的一些其他书信、胡适一部分手稿和一些与书信内容有关,有参考价值的文件、手稿等等,分别编入附录一、附录二和附录三。胡适的论学书信以及其他专题书信将另行编辑,本书未予收入。曾在报刊上发表过的胡适书信,一般也未收入。""三、所选书信为保存其原来面目,均全文照录。"措词明显客观、公允,反映了中共十一届三中全会以后中国政治气候的变化对学术界的影响。整套书收入他人致胡适书信一千余封,胡适致他人书信一百余封。1985年1月中华书局出版了《胡适的日记》(上、下册),内收胡适1910年、1921—1922年、1937年、1944年的日记。这套日记与书信的出版稍有不同,"编辑说明二""日记正文除个别地方略有删节外,一般均全文照录,并酌加必要的注释"。这说明日记出版时小有删节,如胡适日记的手稿本中提及马寅初先生的"性生活"一段,在整理本中就被处理了。1922年8月10日(星期四)的胡适日记写道:

> 饭后与马寅初回到公园,我自七月十四日游公园,至今四星期了。寅初身体很强,每夜必洗一个冷水浴。每夜必近女色,故一个妇人不够用,今有一妻一妾。①

2004年香港商务印书馆出版的何炳棣先生回忆录——《读史阅世六十年》,还保有胡适类似的话语。②

---

① 《胡适的日记》(手稿本)第3册,台北:远流出版公司,1990年12月版。
② 参见何炳棣:《读史阅世六十年》,香港:商务印书馆,2004年2月,第332页。

这两套书出版发行后,在海外很快产生了较大反响,1982年12月1日台北远景出版事业公司出版了《胡适秘藏书信选》(正、续编),1982年10月至1984年10月台北《传记文学》第41卷第4期至第45卷第4期连续24期刊载沈云龙先生辑注的《从遗落在大陆暨晚年书信看胡适先生的为人与治学》一文,1987年2—4月台北《传记文学》第50卷第2—4期又连载了《五十年前胡适的日记》,这些台版书籍或刊文均取材于大陆版的《胡适来往书信选》、《胡适的日记》。1983年11月中华书局香港分局出版了修订版的《胡适来往书信选》(三册),1985年9月中华书局香港分局又出版了《胡适的日记》(一册),可见台港方面对这批材料的重视。

1994年12月,黄山书社以16开本的形式影印出版了《胡适遗稿及秘藏书信》,共42卷,可谓胡适私人档案的最大一次"出土"。检索其目录:第1—4册为胡适1943—1948年有关《水经注》的考证文稿或资料文稿。第5册为"一般历史考证及传记文稿"。第6—9册为"哲学史、思想史、文化史稿",其中最引人注目的有《中国哲学史大纲》卷上、卷中的手稿,《西洋哲学史大纲》的油印稿。第10—11册为"文学及文学史",内中有《中国文学史选例》(卷一、卷五、卷九),《中国近世文学史选例》。第12册为"时论与杂文"。第13册为"札记稿"。第14—17册为胡适日记,这部分日记虽有已经整理的中华版《胡适的日记》问世,但手稿本仍可与整理本参校。第18—20册为胡适致他人信,第21—22册为胡适与其亲属间的通信,第23—42册为"他人致胡适信",这34册书信收入600余封胡适致他人书信,5400余封他人致胡适信,写信人囊括近现代中国政治、文化、教育绝大部分名人。书前有耿云志先生的长篇前言,对全书内容作了详尽介绍。此书的出版,在海内外产生了很大的震动,卖价一度高达两万多元人民币。但保存在近代史所的胡适档案中的英文书信、文稿和文件,迄今尚没有整理。中文部分有些涉及胡适私人生活的材料也未收入,例如2000年2月25日台北《近代中国》第147期和2002年8月《百年潮》(总第56期)刊登的耿云志先生撰写的《恋情与理性——读徐芳给胡适的信》,这篇文章所公布的1936年4月至1941年4月北大学生徐芳致胡适的30封信,就未收入该书,这些信的前29封(写于1936年4月29日至1938年5月6日),都是以"美先生"称呼胡适,落款为"爱你的人"、"爱你的芳"、"你的孩子"、"一个被你忘了的孩子"、"真心爱你的人"、"爱你的舟生",其热恋之情跃然纸上,只有最后一信署名是"生徐芳",算是回复到正常的师生关系。很可惜的是,我们现在只看到徐芳这一方的信,胡适那边如何回应,暂时不得而知,尽管如此,徐信也确凿证明了胡适另一段恋情的存在。

  北大是胡适长期生活、工作的单位。胡适的私人档案及其书籍迄今仍有一部分存放在北大图书馆。2003年6月清华大学出版社出版了北大图书馆编辑的《北京大学图书馆藏胡适未刊书信日记》,全书分五部分:一、澄衷中学日记,二、胡适手抄徐志摩日记,三、中文书信,四、《尝试集》通信,五、英文书信。这是北大第一次公布其收藏的有关胡适材料。实际上,在此之前,收入张静庐先生所编《中国现代出版史料》(甲编)的《关于〈新青年〉问题的几封信》一文注明"原件存北京大学"①。楼宇烈先生曾整理北大图书馆收藏的胡适的有关禅宗史书籍,计有二十余种,将其中有胡适题记和眉批、校语的书籍十五种辑出,共得一百三十余则,撰成《胡适禅籍题记、眉批选》一文,发表在《胡适研究丛刊》第一辑②。我所编的《胡适文集》,内中也使用了一些北大档案馆独家保存的胡适老照片、北大图书馆收藏的胡适著作书影和《〈水经注〉版本展览目录——北京大学五十周年纪念》等文。目前,北大图书馆尚未将保存胡适的书籍、中英文剪报和英文书信公开,希望能尽早向公众开放。胡适父亲胡传的文稿原本仍存放在北大图书馆善本室,其中的大部分诗文、日记亦未经整理。

  为什么北大图书馆和中国社科院近代史所分别保存着胡适的档案文献材料?这对我来说,仍是一个待解的谜团。近代史所将其收藏的胡适档案以"胡适遗稿及秘藏书信"为题出版后,曾给北大赠送一部,在赠送仪式上,北大教授邓广铭先生感慨地说:这些档案如果存放在北大的话,很可能付之一炬,或者不知所终了。他的话并非危言耸听,因为北大作为一座前清时期创办的大学,经历了清、民国、中华人民共和国三朝,背负沉重的历史包袱,解放后每遇政治运动,人人自危,唯恐历史遗留问题困扰,故对过去的"问

---

① 张静庐辑注:《中国现代出版史料》甲编,北京:中华书局,1954年出版。
② 楼宇烈:《胡适禅籍题记、眉批选》,收入《胡适研究丛刊》第1辑,北京:北京大学出版社,1995年5月版。

题"都抱着避之大吉的心理,希望尽可能丢弃历史包袱,如果胡适档案是从北大经中宣部,最后落户近代史所,大概也是这种扔弃历史"垃圾"的心理在发生作用。中国社科院近代史所是在新中国创办的,其前任所长范文澜先生是延安马列学院出身的老革命干部,有着红色背景,没有"出身问题"的疑虑,这也是该所建所后敢于收集、保存一些包括胡适在内的敏感的历史资料,并安然度过历次运动的一个重要原因。

胡适在大陆的生活地点除了北京以外,还有安徽、上海两处。安徽作为胡适的家乡,亦致力于整理、出版胡适的著作。然在档案文献资料整理方面,出版了一册《胡适家书手迹》①,内收胡适给其族叔胡近仁等人的60封信。胡适在上海居住了约十年时间(1904—1910年、1927—1930年),上海方面至今尚未见胡适原始档案文献的"出土"。

在大陆,应该还有一些机构和私人保存有胡适的材料,它们可能因为历史的原因,有的已经销毁,有的尘封深藏,有的待价而沽,这些都是我们收集胡适材料的障碍。例如,胡适与毛泽东的通信,现在仅存毛泽东给胡适的一张名信片收入《胡适遗稿及秘藏书信》,实际上毛泽东致胡适的信应不只这一封。抗战时期,胡适曾托竹垚生保存毛泽东给他的信函,据称,此人怕落于敌手,给自己带来祸害,就自行销毁了。② 这是否属实,已成一个永远的谜。

二 台湾地区有关胡适档案文献的整理、出版

台湾是胡适生活过的地方,早年他曾随父亲在此居住,生命的最后四年也是在这里度过,1962年2月胡适在台北去世。随后"中研院"将胡适的住所辟为纪念馆,纪念馆集收藏、展览、整理、出版四任于一身,是目前胡适著作权的授权单位,也是台湾胡适研究的一个主要阵地。1962年冬,"中研院"成立了"胡故院长遗著整理编辑委员会",聘请毛子水、陈槃、屈万里、周

---

① 章飚、汪福琪、洪树林、章伟编:《胡适家书手迹》,北京:东方出版社,1997年3月版。
② 参见胡颂平:《胡适之先生晚年谈话录》,北京:中国友谊出版公司,1993年9月版,第34页。

法高、黄彰健、徐高阮、蓝乾章、胡颂平等为委员,由毛子水任总编辑,胡颂平为干事。先由胡颂平编辑《胡先生中文遗著目录》,袁同礼和 Eugene L. Delafield 合编《胡适西文著作目录》,均收入《中央研究院历史语言研究所集刊》第 34 本《故院长胡适先生纪念论文集》。胡适纪念馆成立后,开展胡适遗稿整理工作,从 1966 年 2 月起影印出版《胡适手稿》第 1 集,至 1970 年 6 月出到第 10 集止,这 10 集里的文字大部分未曾发表,其中前 6 集全是有关《水经注》的考证文字,第 7 集"禅宗史考证",第 8 集"中国早期佛教史迹考证、中国佛教制度和经籍杂考",第 9 集"朱子汇抄和考证、旧小说及各种杂文的考证和读书笔记",第 10 集"古绝句选、《尝试后集》等诗歌"。1969 年 4 月影印出版了《中国中古思想小史》(手稿本),此书是 1931 年至 1932 年胡适在北大教书的讲义稿,曾经以《中国中古哲学小史》(油印本)由北大出版部 1932 年出版。冯友兰在他的批胡文章中,引用过北大出版部的油印本①。1971 年 2 月影印出版了《中国中古思想史长编》(手稿本),此书是 1930 年间胡适在中国公学写成的讲义稿。以上三书的手稿本均为首次刊用。

1990 年经胡适纪念馆授权,由台北的远流出版公司影印出版了《胡适的日记》(手稿本,18 册),这是胡适日记手稿本的一次集大成。遗憾的是,此部日记手稿仍在编辑上个别地方存在错排和收集并不完整的问题。例如,1926 年 7、8 月间,胡适赴欧洲访问,途经莫斯科,在此他同共产党员蔡和森、刘伯坚等有过接触,受这些人的思想影响,脑子里曾经闪现了一些比较进步的念头,在其日记中有所流露。远流版的《胡适的日记》就没有收录这一段日记,到底是遗漏,还是有意不收,这是一个疑问。后来,近代史所研究员耿云志先生去美国拿到了这部分日记的缩微胶卷,现已整理公布②。这套 18 卷本的《胡适的日记》,加上后来在美国、在北大发现的一些胡适日记,2004 年由台北联经出版公司汇集成《胡适日记全编》(10 册)出版,约四百多万字。这套日记的出版对于了解胡适本人,了解近现代中国文化学术

---

① 冯友兰:《哲学史与政治》,原载《哲学研究》1955 年第 1 期,收入《胡适思想批判》第 6 辑,北京:三联书店,1955 年 8 月版,第 81—98 页。
② 《胡适的日记》(1926 年 7 月 17 日—8 月 20 日),收入《胡适研究丛刊》第 2 辑,北京:中国青年出版社,1996 年 12 月版。

的发展,甚至于政治的一些内幕,应该说具有很高的史料价值。余英时先生为该书所作序言《从〈日记〉看胡适的一生》利用这部日记,对诸多问题或历史疑点做了考证和论述,其中有不少新的发现。

由胡适纪念馆编,联经出版公司1998年出版的《论学谈诗二十年——胡适、杨联陞来往书札》,收入胡适致杨联陞信88封,杨联陞致胡适信117封,时间从1943年10月23日始,至1962年2月7日止。胡、杨两人通信的主题如书名所示是"论学谈诗",书前余英时先生对这批书信的价值作了评介,这部书大陆已有安徽教育版。

由万丽鹃编注的《万山不许一溪奔——胡适雷震来往书信选》,2001年12月由"中研院"近代史所收入"中研院近代史所史料丛刊(47)"。该书的材料来源主要是胡适纪念馆的收藏,共得胡适、雷震来往书信147件,另附录4件。是研究胡适与雷震关系及《自由中国》杂志的第一手资料。由于研究任务负荷过重,编辑此书的万小姐在此书出版不久即病逝,她称得上是第一个为胡学研究牺牲的学人。

此外,胡适纪念馆还出版了《神会和尚遗集》、《尝试集》、《尝试后集》、《诗选》、《词选》、《史达林策略下的中国》(中、英文对照本)、《中国新文学运动小史》、《白话文学史》、《短篇小说集》、《齐白石年谱》、《丁文江的传记》、《胡适演讲集》、《乾隆甲戌脂砚斋重评〈石头记〉》等书及墨迹照片多幅,这些作品虽大都原已出版,但纪念馆所用版本或经胡适亲自校订,或由胡适编定,故仍具有特殊的文献价值,被行家视为最权威的版本。

胡适纪念馆是台湾胡适文献收集、保存、编辑的主要机构。以个人之力编辑、整理胡适文献出力最大者,恐怕要算胡颂平先生了。胡氏曾在中国公学就读,是胡适的学生。胡适最后四年在台任"中研院"院长,他又任胡适的秘书。利用他工作的便利,他在任胡适秘书时就开始留心收集胡适的资料,以日记的形式记录胡适每天的言行。有一次胡适看见他在一个小本上"写着密密的小字",便发问:"你在写什么?"胡颂平回答道:"记先生的事情,我在此地亲自看见,亲自听到的事情,我都把它记录下来。"胡适立刻诧异起来,紧接着问:"你为什么要记我的事?"胡颂平解释说,现在先生是"国之瑰宝",我有机会在先生身旁工作,应该有心记录先生的言论,胡适听了胡颂平的解释才释然①。这段对白很有意思,一方面反映了胡颂平的细心纪录,一方面则表现了胡适对身边的这位工作人员所做的纪录有所戒备。胡适属于无党派人士,或者更准确的政治定位是无党派的民主人士,他对(国民)党组织派给他的秘书多少保有一份戒心,这是可以理解的。胡颂平以个人之力,撰写了一部《胡适之先生年谱长编初稿》(10册,联经出版公司1984年版)。该书由作者以五年时间(1966年1月1日至1971年2月23日)编成,先以油印本(28册)征求意见,印数很少,据说只有几十部,后又根据新的材料加添分量,小做了一些修改(删去了部分书信,或隐去某些收信人姓名),最后交"联经"正式出版。全书三百多万字,是现有中国近现代人物年谱中分量最大的一部。此书之最重要的价值在作者利用其任胡适秘书工作之便,详记胡适最后四年的工作和生活,篇幅几近全书分量的一半(第7—10册)。作为该书的一个副产品,作者仿《歌德谈话录》体例,撰写了一部《胡适之先生晚年谈话录》(联经出版公司1984年版)。

台湾文化名人李敖在前期生涯中亦曾为胡适文献整理做出过贡献。李敖的父亲李鼎彝先生1920—1925年在北大国文系读书,是胡适的学生。李敖在学生时代曾与胡适通信,并得到胡适的帮助。李敖主要做了三件事:第一,他编选一套《胡适选集》(13册),按内容和体裁,分门别类,1966年6月由台北文星书店出版,此套书印行估计达10万册②。由于江冬秀听信他人的挑拨,后来没有让李敖再编下去,文星版《胡适选集》也被勒令停售和发行,这可能是李敖最早遭遇的官司③。第二,他将胡适的作品,以语录体的形式,择其精华,辑为一册《胡适语粹》。这可能是最早的胡适语录了。第三,他将胡适给其好友赵元任的书信汇编成信,凡70余封,题为"胡适给赵

---

① 关于这段话的场景回忆,参见胡颂平:《胡适之先生晚年谈话录》,北京:中国友谊出版公司,1993年9月版,第302—303页。
② 《胡适选集》亦李敖选编,参见李敖:《"千秋万岁名,寂寞身后事"》,收入《胡适与我》、《李敖大全集》第18册,北京:中国友谊出版公司,1999年1月版,第105—106页。
③ 关于《胡适选集》出版争议一案,参见李敖:《"千秋万岁名,寂寞身后事"》、《一贯作业搜奇》,收入《胡适与我》、《李敖大全集》第18册,北京:中国友谊出版公司,1999年1月版,第106—118、119—132页。

元任的信"(台北萌芽出版社,1970年)①。李敖曾经发愿要写一部十卷本的《胡适评传》,可惜现今我们看到的仍只是他在1964年撰写的第一册(写到1910年为止)。与胡适这一主题相关的著作,李敖还有《胡适研究》、《胡适与我》等。在台湾的胡适研究中,李敖可谓开拓性的人物。

台湾政界要人、现任中国国民党名誉主席连战曾在美国芝加哥大学政治学专业留学,1965年他获取哲学博士学位,其博士毕业论文为《共产党中国对胡适思想的批判》(The Criticism of Hu-Shih's thought in Communist China)。《美国中国学手册》所载《华人在美中国研究博士论文题录(1945—1987)》收录此条时,误译 Lien, Chan 为"连常(音)",②一字之差,遮蔽了连战这一要角。

三 美国有关胡适档案文献的整理、出版

胡适曾九次赴美国,在美国生活、学习、工作了25年,占其成年后一半的时间。这里有他留学过的两所大学:康乃尔大学、哥伦比亚大学(1910—1917),有他担任过驻美大使的工作所在地——华盛顿双橡园(1938—1942),有他曾讲学过的包括哈佛大学、哥伦比亚大学在内的多所大学,有他的长子胡祖望及其家人,有已知的他的三位美国情人:韦莲司(Edith Clifford Williams)、哈德曼夫人(Mrs Virginia Davis Hartman)和罗维兹(Robby Lowitz),有他的各界美国朋友。我常说,要了解胡适,就必须了解胡适的这一半;要研究胡适,也必须研究胡适与美国的关系。

在美国为胡适档案文献史料整理做出重要贡献的学者有四位美藉华裔学者。

第一位是袁同礼先生。袁先生是北大国文系毕业的学生,担任过北大图书馆馆长、美国国会图书馆中文部主任等职,与胡适关系深厚,1948年12月16日与胡适同机南下。他与一个名叫 Eugene L. Delafield 的美国人合编

---

① 李敖自爆他是《胡适给赵元任的信》的编者,参见李敖:《我与胡适》自序,收入《李敖大全集》第18册,北京:中国友谊出版公司,1999年1月版,第5页。

② 参见《美国中国学手册》(增订本),北京:中国社会科学出版社,1993年9月版,第685页。

的《胡适西文著作目录》是第一份胡适西文著作目录索引,有了这份索引,研究者即可按图索骥,查找有关胡适的英文著作。可以说,它为我们展示了胡适的英文著作世界。顺便交代一句,Eugene L. Delafield,据与他有过直接接触的周质平先生说,他也是一位"胡迷",原是一位善本书商,1940年代曾与胡适同住在纽约81街104号的公寓大楼里,从此与胡适相识,并从那时起开始收集胡适发表在美国英文报刊上的文章、演讲,胡适知道他有此兴趣,也常将他的英文文章或讲演稿寄给他,他的这一业余爱好一直保持到他2001年去世,去世前还曾与另一位胡适英文作品收集者周质平先生晤面,并给周以极大帮助①。

第二位是唐德刚先生。唐先生是安徽人,是哥大毕业的博士,与胡适兼具两重关系背景:同乡、校友,与胡适亦有着深厚的交往。1957哥大东亚研究所成立中国口述历史部,唐先生被聘为工作人员,他被分配采访的对象之一是胡适。对这段工作唐先生常常抱怨地说,当年他同一办公室还有一位夏连英(Julie Lien-Ying How)小姐,是商务印书馆夏老板的千金。分配给她的采访对象是陈立夫、宋子文、孔祥熙这几位显赫的达官显贵,而分给他的则是胡适、张发奎、李宗仁这样一些相对边缘的人物,但事后分配给夏小姐合作的采访对象又无不抱怨夏小姐的工作能力和工作态度。唐先生与胡适合作撰写了《胡适口述自传》(英文稿),此英文稿原本至今收存于哥大图书馆,1970年代唐先生将其译成中文,并在文后加注,1977年8月至1978年7月台北《传记文学》将其中译文连载,1981年2月传记文学出版社又出版了《胡适口述自传》的单行本。此书内容侧重于介绍胡适的学术思想,可谓胡适的学术思想自传,对于胡适的个人私生活、胡适与国、共两党的关系、对胡适的政治思想等敏感问题几乎没有涉及,它对研究胡适的学术世界有着重要的史料价值。常常有学生问我如要研究胡适,最好的入门著作看哪一部?我个人喜欢推荐的是《胡适口述自传》,我以为阅读胡适这部"夫子自道"的自传,是我们最真切、最直接了解他的思想及其学术成就的捷径。此外,唐先生还撰写了一部《胡适杂忆》,以其亲见亲闻,绘声绘色地回忆了他与胡

---

① 参见周质平:《胡适未刊英文遗稿整理出版说明》,收入《胡适未刊英文遗稿》,台北:联经出版公司,2001年版。

适的交往，及根据他的接触对胡适的为人处世、中西学问做了精彩的议论，亦是研究胡适必读的一本重要参考书。

第三位周质平先生。他是普林斯顿大学东亚系教授，致力于研究胡适已有二十载，是这一领域的活跃一员。他对胡适文献的整理主要有两大贡献：一是收集、整理、汇编胡适英文作品，1995年5月台北远流出版公司出版了他主编的一套《胡适英文文存》(三卷)，收入1912—1961年间的胡适英文作品147篇，1589页，这是第一次大规模地出版胡适英文作品。2001年台北联经出版公司续出了周先生编的《胡适未刊英文遗稿》，收入1914—1959年间胡适英文作品66篇，672页。过去我们研究胡适，基本上是只接触他的中文作品，他在美国发表的英文作品很少见人引用。现在周先生把胡适的英文作品整理出来，为人们研究胡适的英文世界提供了方便。通过这些英文作品，我们可以发现，他用英文写作出来的作品和他用中文写作出来的著作有所不同，或者说有时候他的视角有所调整，他一反在国内激烈批评中国文化的态度，在英文文章里，对中国文化给予了更多的赞美之词，如对包办婚姻的态度，在国内胡适批评这是一种不人道的行为，在美国他则为这种生活方式辩护，说包办婚姻可以节省时间，省去恋爱的烦恼①。对中国人讲西方文化，对西方人讲中国文化，这是胡适兼任的两重角色。所以这些胡适英文作品的公布，其价值不可低估，它可以帮助我们了解胡适文化世界的另一半。周先生另一项学术工作，就是研究胡适的感情世界，具体来说，就是根据新发掘的胡适与他的两位美国恋人——韦莲司和罗维兹的来往书信，研究他们之间的情恋关系。胡适与这两位美国女友的往来书信，原存在北京中国社科院近代史所、北大和台北胡适纪念馆，但是因为原稿是英文稿，而且是手写稿，很难辨认，周先生很下了一番工夫把这一批英文书信整理出来——《不思量自难忘——胡适给韦莲司的信》，内收胡适给韦莲司的信175封，过去我们以为与胡适通信最多的是王重民、杨联陞，看了这些信，才知道是这位红颜知己。周先生根据他掌握的这批材料，撰写了一本著作——《胡适与韦莲司：深情五十年》。对于他俩之间的关系，过去人们只

---

① 有关胡适英文作品的分析，参见周质平：《胡适英文笔下的中国文化》，收入周质平编：《胡适未刊英文遗稿》，xiii—xlii，台北：联经出版事业公司，2001年12月版。

能从胡适留学日记中间依稀看到一些片段,很多学者根据这片段的一些书信来猜测胡适与韦莲司之间的关系。是一般朋友关系?还是比朋友更深一层的关系?这一直是一个谜。如唐德刚先生以为是胡适在追求这位美国小姐,而夏志清先生认为是这位美国小姐在追求胡适,学者们都只能根据一些不着边际的材料加以猜测、想象。① 这些书信的整理和出版,对于人们了解他们之间的关系,可以说是一清二楚了。胡适的另外一位美国女友——罗维兹,最先为余英时在他为联经版《胡适日记全编》所撰写的序言中所考证,引起了海内外的震动,因为此人后来曾是杜威的女秘书,再后来成了杜威续弦的太太。她在担任杜威秘书期间,曾与胡适发生了情恋关系,余先生是根据胡适日记所露出的蛛丝马迹考证出这一关系的存在的。而周先生是根据美国南伊利诺依大学杜威研究中心2001年新公布的电子版《杜威书信集》第二册(1919—1939),其中收有50余封胡适给罗维兹的信,至于罗维兹给胡适的信,则在近代史所发现了四件,在《北京大学图书馆藏胡适未刊书信日记》中有一件,台北胡适纪念馆保存有两件,周先生根据这些材料,与陈毓贤合作撰写了《多少贞江旧事——胡适与罗维兹关系索隐》一文,此文分三期连载《万象》杂志②,对胡适与罗维兹的情恋关系做了最大的曝光。

第四位是周谷先生。他编著的《胡适、叶公超使美外交文件手稿》一书,2001年12月台北联经出版公司出版。周先生曾长期供职于"中华民国"驻美大使馆,现早已退休,住在华盛顿,他曾利用工作之余,广泛收集美国各大报刊有关中国的报道,辑成剪报数册,称得上是研究中美关系的专家。他编辑的《胡适、叶公超使美外交文件手稿》,其中第一篇"胡适战时外交文件手稿",收入来去电文102件,内含胡适亲拟去电电文48件,均为未

---

① 有关胡适与韦莲司的关系,在周质平之前,曾有徐高阮、唐德刚、夏志清、藤井省三等人的文章予以讨论,参见徐高阮:《关于胡适给韦莲司女士的两封信》,收入《胡适和一个思想的趋向》,台北:地平线出版社,1979年版,第29—41页。夏志清:《夏志清先生序》,收入唐德刚:《胡适杂忆》和唐德刚:《胡适杂忆》"较好的一半"中有关韦莲司的一节,两文均收入唐德刚:《胡适杂忆》,台北:传记文学出版社,1980年版。(日本)藤井省三著,刘力译:《纽约的达达派女性——胡适的恋人E.G韦莲司的生平》,载《胡适研究丛刊》第3辑,北京:中国青年出版社,1998年8月版,第282—300页。

② 周质平、陈毓贤:《多少贞江旧事——胡适与罗维兹关系索隐》,载《万象》2005年7—9月第7卷第7—9期。

刊电稿,具有很高的史料价值。

美国作为胡适多年居住之地,在材料方面应还有一定的挖掘空间。由于它对研究者有特定的语言技能方面的要求,故一般研究者不容易实现他们的企图。我曾亲往哥伦比亚大学档案馆,专程查找有关胡适档案材料,获得数十件胡适档案材料,其中包括胡适1927年3月21日获博士学位注册表,并根据新发现的这些材料,撰成长文《胡适与哥伦比亚大学》。①

四 胡适档案文献的价值及其提出的问题

通过搜集、阅读现有的胡适档案文献,我个人有以下三点经验与大家分享:

第一,现在公布的《胡适手稿》、《胡适遗稿及秘藏书信》、《胡适的日记》等书,都是以手稿本影印行世。其文献的真实性和原始性不容置疑。

第二,新发掘的胡适文献,就其内容而言,主要有胡适日记、书信、胡适的英文作品、胡适考证《水经注》的文字和胡适的思想史、哲学史研究文字,这些文献为我们研究胡适,打开了一片新的天地。通过阅读胡适日记,我们可以深入胡适的内心世界;胡适的来往书信向我们展示了他的人际交往世界;胡适的英文作品,表现了鲜为国人所知的他的文化世界的另一半;数百万字的《水经注》考证,则可见出胡适当年是多么沉湎于自己的"考据癖",他在这一课题上花费的巨大精力,而这种消耗在今天看来又是多么的不值得。如果不涉足《水经注》考证,胡适也许就如愿以偿完成《白话文学史》下卷、《中国思想史》或英文本《中国思想小史》,我们对胡适学术成就的评价当然就大不一样。

第三,新发掘的胡适文献,可能对我们过去形成的一些对胡适的认识或观点产生冲击。这里我想举两个例子:一个例子是关于胡适的情感生活问题,胡适去世时,蒋介石曾送一幅挽联:上横联是"适之先生千古",下对联是"新文化中旧道德的楷模,旧伦理中新思想的师表"。过去大家都认为蒋

---

① 欧阳哲生:《胡适与哥伦比亚大学》(上、下),载台北《传记文学》2004年12月、2005年1月第85卷第6期、第86卷第1期。

的这幅挽联形容、评价胡适的道德文章非常恰当。现在发掘出的材料，胡适那个隐秘的情恋世界的曝光，使我们看到，胡适比徐志摩的情感生活还丰富、还浪漫，对这个结论似乎形成了一种挑战。另一个例子是关于胡适的中西文化观的评价问题，胡适在中文文章中，有大量批评、甚至激烈批判中国文化、中国传统的文字，但是在现今发现的胡适英文作品中，我们又发现胡适的英文作品大都是以中国文化、中国哲学为题材，它们的基本立场是维护中国文化，为中国传统人文精神辩护。向外人宣传中国新文化的进步，为中国的生活方式和文化传统辩护，这是胡适在异域世界所扮演的一个角色。在英文世界里，胡适表现了浓烈的民族主义文化情感。

  胡适档案文献虽经大中国大陆、台湾地区、美国三方学者的努力，已取得很大的成就，但在中国社科院近代史所、北京大学、胡适纪念馆等处还有不少已经发现或收藏的材料尚未整理或公布。在其他国家的机构和民间可能还有一些收存的胡适材料暂不为人知，这些仍有待我们继续发掘。傅斯年先生形容寻找历史材料的辛勤时有一句名言："上穷碧落下黄泉，动手动脚找东西。"让我们带着这种精神去继续发掘胡适的材料，以真正推进胡适研究的发展。

  2005年10月20日在广州"南国书香节"上的演讲整理稿，载《历史档案》2007年4月第2期。

叁 胡适与北京大学

北京大学是中国的最高学府。以他的资格而论,他可以成为中国历代"太学"的正式继承者,然而北大从民国以来有一个坚定的遗规,将他的校龄只从1898年"戊戌"维新的那一年算起。胡适是1910年考取清华学校第二批"庚款"赴美官费留学生,20年代,清华大学筹建国学研究院,"母校"有意请他去做导师,胡适婉言谢绝了,他自认是"北大人"了。"北大人"这是"五四"时期出现的一个新名词,它的含义就像它的来源一样,与新文化运动有着密切的内在关联。最初大概是旧派从宗派的角度使用这个名词来讥嘲以北大为依托的新派,后来新文化阵营的人物也援引为自我标榜。① 胡适是"五四"时期新文化运动的领导人物,又是北大的知名教授,三四十年代又先后出任北大的文学院院长、校长。无论从哪一方面看,他都可以看做是民国时期北大的一个主要代表。有意思的是,胡适和北大还是同一天生日(12月17日),这个神秘的巧合使他们两者的关系更耐人寻味。

一 "五四"时期:北大的革新健将

1917年7月,胡适学成归国,他接受蔡元培先生的北大教授之聘,是陈独秀曾从中极力促成,此前陈独秀致信胡适:"蔡子民先生已接北京总长之任,力约弟为文科学长,弟荐足下以代,此时无人,弟暂充乏。子民先生盼足下早日回国,即不愿任学长,校中哲学、文学教授俱乏上选,足下来此亦可担任。"②表达了虚位以待的诚意。不过,蔡先生早已读过胡适《诸子不出于王

---

① 参见《我观北大》,《鲁迅全集》第3册,北京:人民文学出版社,1981年版,第157页。
② 《陈独秀致胡适》,《胡适来往书信选》上册,北京:中华书局,1979年5月版,第6页。

官论》等考据文字,对胡的学术功力留下了深刻印象。① 何况胡适此时已因倡导"文学革命"名震海内,成为文坛的一颗耀眼新星。

9月21日,北大举行开学典礼。胡适以"大学与中国高等学问之关系"为题演讲,重点阐述大学储积国家高等知识、高等人才以及在科研、开拓新科学,发展国家文化中的重要地位,鼓励要用西方现代的大学观念和管理方式来改造和经营中国的大学,②为北大的整顿和改革提供了新的理论根据和学习模式。

蔡元培先生主掌的北大可谓人才荟萃,尤其是在文科,旧学新派的阵营都很强壮。胡适的到来无疑是给新派增添了一员大将。其时"在北大教职员宿舍里有个卯字号住的人,全肖兔",胡适、刘半农、刘文典(1891年生,辛卯年)是三只小兔子;陈独秀、朱希祖(1879年生,己卯年)是两只大兔子;而蔡先生(1868年,丁卯年。按:如以阴历计,蔡的出生时间是在丁卯年)是老兔子。③ 蔡、陈、胡三只"三个年轮的兔子"可谓老、中、青的绝妙结合,他们共同推动北大的教育改革和新文化运动。

胡适进北大的第一年,在哲学门担任中国哲学史大纲、西洋哲学史大纲两门课;在英国文学门担任英文学、英文修辞学、英诗、欧洲文学名著等课。此外,他还为哲学门研究所担任"中国名学"、"最近欧美哲学",为国文研究所担任"小说"等讲座。授课跨系,科目亦多,任务繁重。西洋哲学史、英文这类与欧美有关的课程,对胡适这位"镀金"归来的留学生来说并不为难,凭借他在美留学所获得的学业基础足以应付;唯独中国哲学史这门课实属不易。该课原由素以治国学见长的老先生陈汉章(1849—1938)担任,他从三皇五帝讲起,讲了半年才讲到周公。胡适接任后,发下他的讲义《中国哲学史大纲》。照冯友兰先生的说法:"那时候,对于教师的考验,是看他能不能发讲义,以及讲义有什么内容。"④ 曾有一位名不见经传的先生接替马叙

---

① 参见余英时:《中国近代思想史上的胡适》,收入胡颂平:《胡适之先生年谱长编初稿》第1册,台北:联经出版公司,1984年版,第31页。
② 参见胡明:《胡适传论》上册,北京:人民文学出版社,1996年版,第348页。
③ 参见周作人:《知堂回想录》"一二一、卯字号的名人(一)",香港:三育图书文具公司,1974年版,第35页。胡颂平:《胡适之先生年谱长编初稿》第7册,第2775页。
④ 冯友兰:《三松堂自序》第八章"北京大学",《冯友兰全集》第1卷,郑州:河南人民出版社,1985年版,第296页。

伦先生的"宋学"一课,因讲义有误,被学生轰走。此次胡适发下的讲义"丢开唐、虞、夏、商,径从周宣王以后讲起"。据当年听课的学生顾颉刚回忆:"这一改把我们一班人充满着三皇五帝的脑筋骤然作一个重大的打击,骇得一堂中舌挢而不能下。"①北大学生对教师素来挑剔,此次有些学生也以为这是思想造反,不配登台讲课,他们找来在学生中颇有威望的傅斯年来听课,结果傅听课后的评价是:"这个人,书虽然读得不多,但他走的这一条路是对的。你们不能闹。"经他这么一说,这场风波才平息下去。胡适的课渐渐吸引颇有国学修养的傅斯年、顾颉刚等人,他们认为胡适"有眼光,有胆量,有断制,确是一个有能力的历史家"②。

胡适在北大的月薪(兼研究所)是 280 元,属于任聘教授中最高的一档。③ 现能查到"五四"前后七八年间,胡适在北大担任的课程:1917 年 9 月—1918 年 7 月在哲学门有"中国哲学史大纲"(哲学门第一学年必修课,周 3 时)、"论理学"(哲学门第一学年必修课,周 2 时)、"西洋哲学史大纲"(哲学门第二学年必修课,周 3 时)、"中国哲学(四)"(哲学门第三学年必修课,周 3 时),在英国文学门有"英文学·戏曲(三)"(英文学门第三学年必修课,周 2 时,与陶孟和合开);另担任研究科目"公孙龙子考订学"和"近世小说"。④ 1918 年 9 月—1919 年 7 月有"中国哲学史大纲"(哲学系和学校共同必修课,周 2 时)、"西洋哲学史大纲"(哲学系本科第二学年必修课,周 3 时)、"论理学"(哲学系必修课,周 2 时)、"英美近代诗选"(英文学系选修课,周 1 时)。⑤ 1919 年 9 月—1920 年 7 月在哲学系有"中国哲学史大纲"(周 2 时)、"近年思潮"(与陶孟和等人合开,周 2 时),在英文学系有

---

① 顾颉刚:《古史辨》第一册《自序》,北平:朴社,1931 年 8 月六版,第 36 页。
② 同上。
③ 《国立北京大学文科一览》(民国七年度)。1917 年 9 月胡适初到北大的薪俸为 260 元,10 月加至 280 元。参见《致母亲》(1917 年 10 月 25 日),收入耿云志、欧阳哲生编:《胡适书信集》上册,北京大学出版社,1996 年 6 月版,第 111 页。
④ 《国立北京大学文科一览》(民国七年度)。另据《北京大学日刊》1917 年 11 月 29 日《文科本科现行课程》,在英国文学门,胡适还开有"英国文学"(英文学门一年级必修课,与杨孟余、陶孟和合开,周 6 时)、"亚洲文学名著(英译本)"(英文学门一年级,周 3 时)。又据《北大日刊》1917 年 12 月 14 日中的《各科通告》,胡适在哲学门研究所开有"中国名学钩沉",在英国文学门开有"欧洲文学史"(英国文学门三年级课)。
⑤ 《国立北京大学文科课程一览》(民国八年至九年度)。

"英文学（四）诗"（一、二、三年级皆可选读，周 3 时）。① 1924 年 9 月—1925 年 7 月，在哲学系有"中国哲学史"（周 2 时）、"近世中国哲学"（周 2 时）、"清代思想史"（周 1 时），在英文学系有"诗（三）"，周 2 时"。② 1925 年 9 月—1926 年 7 月在哲学系有"中国中古思想史"（周 4 时），在英文学系有"英汉对译（二）"（第四学年必修课，周 2 时）、"小说（三）"（第三、四学年选修课，周 2 时）。③

胡适在北大的声名鹊起，是与"文学革命"的凯歌行进和他本人在新文化运动中的领导地位分不开的。正是在来北大的前几年中，胡适创造了举国瞩目的文化成就。在文学领域，他推出了第一部新诗集——《尝试集》，第一部白话戏剧——《终身大事》，第一部白话翻译外国文学作品集——《短篇小说》一集；刊发了《建设的文学革命论》、《论短篇小说》、《文学进化观念与戏剧改良》等重要论文；从理论到创作为白话文运动提供了典范；他率先将考证运用于古典小说研究，其中以《〈红楼梦〉考证》一文影响最大，朱自清曾说："将严格的考证方法应用到小说上，胡先生是第一个人。他的收获很大，而开辟了一条新路，功劳尤大，这扩大了也充实了我们的文学史。"④ 在哲学领域，他出版了《中国哲学史大纲》（卷上），该书一方面继承传统"汉学"的实证方法，一方面对传统学术从内容到形式进行全面的变革，它所提供的系统性方法和整体性思维为中国哲学史这门新学科的创建提供了一个具有普遍意义的范式，故冯友兰誉之为"一部具有划时代意义的书"⑤。在《新青年》上，他先后开设"易卜生专号"、发表《实验主义》长文，将当时在西方颇有影响的两大思潮介绍给中国学界，为一代学人解放思想，走上个性解放之路提供了思想武器。所有这些，既为胡适赢得了巨大的

---

① 《国立北京大学文科课程一览》（民国八年至九年度）。
② 《国立北京大学哲学系课程指导书》（民国十三至十四年度），《国立北京大学英文学系课程指导书》（民国十三至十四年度）。
③ 《国立北京大学哲学系课程指导书》（民国十四至十五年度），《国立北京大学英文学系课程指导书》（民国十四至十五年度）。
④ 朱自清：《〈胡适文选〉指导大概》，收入《朱自清全集》第 2 册，南京：江苏教育出版社，1988 年版，第 235 页。
⑤ 冯友兰：《三松堂自序》第五章"三十年代"，收入《三松堂全集》第 1 卷，郑州：河南人民出版社，1985 年 9 月版，第 199 页。

声誉,也为北大这座新文化运动的摇篮增添了光彩。

北大浸染于新文化运动的新鲜空气,昔日沉闷的校园沸腾起来了。胡适与北大会计课职员郑阳和发起成立"成美学会",擘划章程,带头捐款,效古君子成人之美之意,资助热心向学而家境贫寒的子弟,得到蔡元培、章士钊、王景春等人的赞助。① 蔡元培先生发起成立进德会,旨在提倡培养个人高尚道德。甲种会员以不嫖,不赌,不纳妾为基本条件;乙种加上不做官员,不当议员;丙种会员再加不饮酒,不食肉,不吸烟,胡适自列为甲种会员。② 1918年夏,傅斯年、罗家伦等二十余位学生自动组织校内第一个响应新文化运动的学生团体——新潮社,并创办《新潮》杂志,胡适应邀担任他们的顾问。

北大真正确立其现代意义的管理体制和教学体制是在蔡元培任职期间。蔡先生对于教员,虽新旧兼容,只看其是否有一技之长;但在体制改革方面却不得不倚傍陈独秀、胡适这批新派教员。对胡适这位"旧学邃密、新知深沉"的学人,蔡先生不仅欣赏他的学识,为他的《中国哲学史大纲》作序;而且对他的改革建议言听计从,并委以重任,施展他的才华。胡适来北大任教后不久,即被任命为英文部教授会主任。③ 1917年12月,北大成立哲学研究所,被任命为主任。④ 1918年9月,被任命为北大英文学研究所主任。⑤ 9月30日,学校议定编辑《北京大学月刊》,各科编辑由各所主任轮流担任,每册之总编由各研究所主任轮流担任,4月份归胡适总编。⑥ 1919年10月27日,经蔡元培先生批准即日起代理教务长(至12月17日);⑦12月2日,出任北大组织委员会委员。⑧ 1920年10月16日,北大评议会决议:胡

---

① 《组织成美学会》,原载《北京大学日刊》1918年2月25日。
② 《进德会报告》,原载《北京大学日刊》1918年2月27日。
③ 据《北京大学日刊》1917年12月16日中的《各科通告》,胡适有一信:"英文部教授会公鉴:适此次请假南旋,须至一月中旬始可北回,所有英文部主任一事,已商请陶孟和先生暂为代理,倚装奉闻,即祝教安。胡适敬白。"又据《北京大学日刊》1918年3月7日中的《英文部教授会紧要启事》,胡适仍任英文部教授会主任一职。
④ 参见耿云志:《胡适年谱》,成都:四川人民出版社,1989年版,第61页。
⑤ 《本校记事》,载《北京大学日刊》1918年9月30日。
⑥ 《本校记事》,载《北京大学日刊》1918年10月3日。
⑦ 《马教务长致各主任函》,载《北京大学日刊》1919年10月25日。
⑧ 《组织委员会报告校长书》,载《北京大学日刊》1919年12月2日。

适为预算委员会和聘任委员会委员、出版委员会委员长。① 1922 年 4 月 19 日,当选为北大教务长(至 12 月 20 日辞职)及英文学系主任。② 1918 年 10 月下旬,胡适以最高票(20 票)当选为北大评议会评议员,以后连选连任,这是校内的最高立法机构和权力机构,③为学校决策献计献策,参与学校管理。

胡适不负蔡先生期望,在参与学校的各种机构和事务中,或出谋划策,或积极引导,或独当一面。1917 年 11 月 16 日创办《北京大学日刊》,是出自胡适的建议。当年 10 月,教育部召集专门会议讨论修改大学章程,胡适极力建议改分级制为选科制,此议获通过,胡适便以创议人身份拟定具体章程细则。④ 北大于 1919 年正式改用选科制和分系法。胡适还创议仿效美国大学建制实行各科教授会制度;提议设立各科各门研究所,以使本科毕业生继续从事较深的专门研究。这些创议均获蔡元培的首肯和支持,从而有力地推动了北大的改革。创行选科制,有利于调动学生的学习积极性和主动性;成立研究所,给学生的进一步深造和教员的学术研究提供了新的空间;召开教授会,打破了受政府官僚体制制约和影响的旧有学校管理制度,确立了教授治校的民主管理新体制。

1919 年 10 月,胡适发表《大学开女禁的问题》,主张在北大收女生旁听作为正式女生的过渡,并呼吁社会改革女子教育,使与大学教育衔接起来。⑤ 这个建议很快得到素来主张男女平等的蔡元培的赞同。1920 年春,北大就招收了女生九人入文科旁听,暑假又正式招收女生,开中国大学男女同校之先河。

胡适刚到北大任教不久,就受聘为教育部主办的"国语统一筹备会"会员,⑥从此他致力于在教育领域实行"语文合一"。1919 年 11 月,胡适首倡

---

① 《评议会通告》,收入《北京大学日刊》1920 年 10 月 18 日。
② 《校长通告》,收入《北京大学日刊》1922 年 4 月 25、27 日。
③ 《本校通告》,原载《北京大学日刊》1918 年 10 月 23 日。
④ 参见《致母亲》(1917 年 10 月 25 日),《胡适书信集》上册,北京:北京大学出版社,1996 年版,第 112 页。
⑤ 胡适:《大学开女禁的问题》,载《北京大学日刊》1919 年 10 月 22 日。《胡适文集》第 11 册,第 44—45 页。
⑥ 唐德刚译注:《胡适口述自传》第八章"从文学革命到文艺复兴",台北:传记文学出版社,1986 年 12 月版,第 166 页。

并联名马裕藻、朱希祖、钱玄同、周作人等北大教授向教育部提出《请颁行新式标点符号议案》，①这份议案由胡适拟稿，教育部于 1920 年 2 月批准颁发了这个议案，大学教材正式开始采用新式标点符号。1920 年秋，教育部又颁令小学教材使用白话文，白话文在教育领域开始获得正统地位。

胡适积极帮助学校延揽人才，以增强北大师资。蔡元培说他："整理英文系，因得胡君之介绍而请到的好教员，颇不少。"②1920 年夏，陈衡哲学成归国，经胡适的推荐，聘任为北大第一位女教授。被称为"只手打孔家店"的吴虞，在四川因守旧势力的攻击，处境困难，胡适力邀他在北大当文科教员。最令人感动的是胡适帮助林语堂出国留学的故事，林语堂赴美留学，行前已与北大约定，回国后为北大服务。不料在美期间，林语堂生活遇到困难，打电报给胡适，请求北大预支一千美元以接济生活，这笔款子由胡适担保，居然汇来了。在哈佛大学拿到硕士学位后，林语堂又去德国莱比锡大学攻读博士学位，他又向胡适写信，向北大借一千美元，钱也如数汇来了。林语堂回国后，去北大向蒋梦麟先生道谢，蒋说："什么两千块钱呢？"原来解救了他在外国困苦的是胡适。那笔近乎天文数字的款子，是胡适从自己的腰包里掏出来的。③ 胡适的用意就是希望林语堂能安心求学，日后好为北大服务。

在推动北大的国学研究朝着系统化、科学化方向发展方面，胡适发挥了示范作用。胡适的中国哲学史研究、中国古典小说考证和整理，在当时都颇具影响。1922 年 2 月 18 日，北大研究所国学门委员会召开第一次会议，公推胡适为《奖学金章程》起草者及国学门杂志主任编辑④。在各方面协作和努力下，《国学季刊》于 1923 年 1 月创刊，胡适任编辑委员会主任。该刊采横排版，作英文提要，这在中国杂志史上都是创举。胡适发表的《〈国学季

---

① 《请颁行新式标点符号议案》（修正案），收入《胡适文存》卷一。《胡适文集》第 2 册，第 89—93 页。

② 蔡元培：《我在北京大学的经历》，收入《蔡元培全集》第 6 卷，北京：中华书局，1988 年 8 月版，第 351 页。

③ 参见林太乙：《林语堂传》第四章"结婚、出国留学"，北京：中国戏剧出版社，1994 年 1 月版，第 41 页。

④ 《研究所国学门委员会第一次会议纪事》，收入《北京大学日刊》1922 年 2 月 27 日。

刊〉发刊宣言》，系统阐述了研究"国故学"的原则与方法，这对当时的国学研究，特别是对"古史辨"讨论有很大的影响。

在促进北大英语教学和对外学术交流方面，胡适也发挥了重要作用。1917年12月，胡适当选为北大编译会评议员。① 此后，胡适又担任英文教授会主任、英语系主任，除了自己承担教学外，他为规划本校本、预科的英文教学和课程安排，请外籍教师来任教，使教学与英美接轨，做了大量工作。1918年冬他代表北大出席华北英文教员协会，第二年2月20日他在《北大日刊》上发表《致本校各科英文教员公函》，希望本校英文教员参加华北英文教员协会第一次会议，讨论英文教授的各种问题。1919年5月，经他建议，北大邀请美国著名学者杜威来华讲学。杜威在北大和其他处的许多讲演，均由胡适出面口译。1921年10月27日，他在校内开设"杜威著作选读"课，原定三十人，没想到上课时竟来了六十多人。② 以后北大请外人来校讲演或讲学，如新闻学家韦廉士讲"世界底新闻事业"（1921年12月初），教育学家孟禄的系列讲演（1921年12月下旬至1922年1月初），也由胡适亲自担任翻译。胡适的口译，语言流畅、准确，往往能收到好的效果。1924年5月8日，印度著名文学家泰戈尔在华度过他的64岁生日，新月社为他祝寿，胡适被邀致词；在此之前，他将自己的诗作《回向》写成横幅作为生日礼，送给了泰戈尔。③

"五四"运动爆发时，胡适在沪。他回北大后，蔡元培先生已辞职南下，北洋政府派胡仁源代理北大校长。校内围绕挽蔡还是驱蔡，学生与政府展开了斗争。胡适站在学生一边，支持由蔡元培委托的工科学长温宗禹主持的校务委员会，并对个别被军阀政府收买的学生制造"拒蔡迎胡"的言行予以揭露。④ 他还发表《北京大学与青岛》一文，对诬蔑学生运动是"为蔡元培争位置"报以辛辣讽刺。蔡元培对胡适也完全信赖，他通过蒋梦麟表示对

---

① 《编译会评议员选举票数表》，原载《北京大学日刊》1917年12月16日。
② 《胡适的日记》上册，北京：中华书局，1985年版，第245页。
③ 参见《致胡适》注，《鲁迅全集》第11卷，第482页。另见胡适：《追忆太戈尔在中国》，《胡适文集》第7册，第625—627页。
④ 胡适：《数目作怪》，载《每周评论》1919年6月29日第29号。《胡适文集》第11册，第20页。

胡适"维持的苦衷是十分感激的",勉励胡适"不要着急才好",①声明自己对胡适处理的一切问题"负完全责任"。② 6月初,北大一批学生因在街头演讲被军警拘捕,胡适不仅与马叙伦、刘半农等二十余位教员发起召开紧急大会以抢救学生,还亲自前往北大法科的临时监狱探视被捕学生。陈独秀被捕后,胡适接办《每周评论》,继续以舆论支持、声援轰轰烈烈的学生运动和群众斗争,直到中国代表拒绝在巴黎和约上签字。

1920年代初,胡适一度对"谈政治"表现了浓厚的兴趣。1920年8月,他与蒋梦麟、陶孟和、李大钊等北大教授一起联名发表《争自由的宣言》,谋求言论自由和思想自由。1922年5月7日,由他主编的《努力周报》创刊,这实际上是一份以北大具有自由主义倾向的教授为主体的政论刊物。发表在该刊第2期的《我们的政治主张》一文,即由胡适执笔,蔡元培、王宠惠、丁文江、李大钊、汤尔和等十六位北大教授签名。"罗文幹案"的发生,王宠惠"好人内阁"的倒台,蔡元培辞职离开北大,这一切使胡适的"谈政治"到了"向壁"的地步,1923年10月,《努力》出了75期就停刊了。

从1922年12月17日起,胡适因病向北大告假一年。返校以后,1924年至1925年这两年间虽仍在北大任教,但以养病和自己研究为主。1925年11月,他写信给北大代理校长蒋梦麟,要求辞职。略谓:"现患痔漏回南方调治,请假过久似非相宜。决定以后每日四点钟,著书译书各一千字,不再教书。"③蒋未允辞,但胡适第二年出访欧美,与北大的关系事实上告一段落。

二 1930年代:北大"中兴"期的主将

1930年5月,胡适因在《新月》上借人权问题批评国民党当局,遭到官方组织的"围剿",被迫辞去中国公学校长一职。6月他北上一游,北大代理校长陈大齐及教授周作人等均表示欢迎他回北大归队,胡适遂觅屋预作安

---

① 《蒋梦麟致胡适》,《胡适来往书信选》上册,第59页。
② 《蔡元培致胡适》,《胡适来往书信选》上册,第63页。
③ 原载上海《时事新报》1925年11月25日"学灯"。

排,为回北大做准备。

11月28日,胡适携眷属离沪赴京。到北大不久,恰逢胡适40岁生日,北大师生和北平知识界的许多知名人士前来为胡适祝寿。在祝寿的文字中,有赵元任、李济、陈寅恪、傅斯年、李方桂等16人署名的《胡适之先生四十正寿贺诗》,这首诗出自赵元任手笔,登在《晨报》(1930年12月18日)上,一时传为笑谈。有一篇魏建功撰写,钱玄同手书的《胡适之寿酒米粮库》"平话",亦被人传诵一时。外地一些朋友如徐志摩、张慰慈、梅兰芳等也发来贺电。朋友们欢聚一堂为胡适祝寿,一方面暂时冲淡了因人权论战笼罩在他头上的阴云,一方面也烘托着他在北平知识界的领袖地位。

胡适前脚到北大,蒋梦麟随后被任命为北大校长。蒋谈及上任的情况时说:"'九·一八'事变后,北平正在多事之秋,我的参谋就是适之和孟真两位。事无大小,都就商于两位。他们两位代北大请了好多位国内著名教授。北大在北伐成功以后之复兴,他们两位的功劳实在太大了。"①

胡适为北大所办的第一件大事是筹措经费,北大办学经费因国库支绌,"虽有预算,不能照发。学校进展,遂多障碍"②。到1931年前,北大各项设备之价值远逊于国内各大学,以当时对国立各大学设备价值的统计而言:武大910,070元,清华大学511,096元,中央大学436,342元,中山大学186,084元,北大30,917元。③ 面对如此窘局,蒋接命后不愿上任,傅斯年遂约胡适到中基会争取经费资助。1931年1月,胡适到上海出席中基会第五次常委会。会议根据胡适拟定的计划,决定:"每年双方各出国币二十万元,为大学设立研究讲座,及扩充图书仪器,给发助学金与奖学金之用,以五年为期。"④胡适所提办法先前曾交蒋梦麟看,他大为感动,答应前来北大主持重整工作。此计划到后来有所调整,"民国二十三年(1934年)改为本校二十万元,中华教育文化教育基金董事会十万元"。据统计,此项合作计划从1931年开始执行,实际执行到1937年,较原议延长二年。在此期间,双方

---

① 蒋梦麟:《忆孟真》,原载台北《"中央"日报》1950年12月30日。
② 《国立北京大学一览》(民国二十二年度),第12页。
③ 此统计转引杨翠华:《中基会对科学的赞助》,台北:中研院近史所专刊(65),1991年版,第143页。
④ 《国立北京大学一览》(民国二十二年度),第3页。

共提出合作款项195万元。北大凭借中基会的这一资助,添置图书仪器,聘请了一批知名教授,修筑校舍,补助学生,学校的办学条件大为改善。从北大当年的报告中可窥见这一合款对北大的发展意义不同寻常。

    本校自民国二十年(1931年)承贵会之协助设立合作研究特款,五年之中,不惟物质方面如图书,仪器,校舍及其他设备得以扩充,即精神方面若学风之改变,研究之养成,课程之提高以及教员之专任,莫不赖之得有显著之成绩。①

  胡适为学校办的第二件大事是请人。蒋梦麟上任后,将原文、法、理三科改为三院,任命胡适为文学院院长。蒋对三院院长说:"辞退旧人,我去做;选聘新人,你们去做。"胡适利用自己的声望和关系,写信劝说朋友,四处网罗人才。经他手所请的知名学者即有孟森、钱穆、马叙伦、汤用彤、魏建功、俞平伯、蒋廷黻、梁实秋、闻一多、温源宁、叶公超等人。除了文学院之外,理学院的一些教授也由他引荐或力邀,如丁文江、饶毓泰、吴大猷等。有些学者或因个人困难,无法到校任教,胡适不得不多次去信说服;有些或因校内原因,暂无法聘请,他不得不寻机出面交涉。有些知名学人不宜教课,胡适又建议设"研究教授"。通过各方面的努力,北大很快罗致了一批学有专长、成绩卓著的名流学者。教师队伍的充实,为重振北大提供了师资基础。

  不过,在当时的北大改革中,聘新人好办,辞旧人却是一件容易得罪人的事。1934年4月闹得沸沸扬扬的"林损辞职"事件即是其中最引人注目的一场风波。事因1933年4月胡适向蒋梦麟提出整顿北大国文系,主张"国文系的课程似宜尽力减少,教员亦宜减少"②。胡适将此设想与时任国文系主任的马裕藻先生商量时,马"深感困难"。双方的矛盾到1934年4月达到了高潮,马以辞去国文系主任一职相胁,旧派教授林损则致信蒋梦麟,责其"以无耻之心,而行机巧之灵,损甚伤之";而给胡适的信中则有"损与

---

  ① 《国立北京大学合款报告书》(民国26年度4月),南京二档 四八四(2) 59。
  ② 《胡适致马裕藻》1933年4月13日,《胡适遗稿及秘藏书信》第19册,合肥:黄山书社,1994年版,第245—247页。

足下犹石勒之于李阳也,铁马金戈,尊拳毒乎","教授鸡肋,弃之何惜"等语。① 林亦提出辞去教职。此事在社会上引起反响,国文系学生前往林宅,要求其打消去意。后来北大虽保留了马裕藻的教职,但以胡适代替国文系主任一职,林损遂从此离开了北大。对此,站在胡适一边的傅斯年以"国文系事根本解决,至慰"来表示自己的高兴心情。② 章太炎派统治北大国文系的局面到此终告结束。

胡适这时在校内担任了许多职务,除了文学院院长兼国文系主任、文科研究所主任之外,还任图书、财务两委员会委员长,③《北大学生月刊》编委会顾问,④一度还任教育系主任。⑤ 至于校内的一些临时兼职和学术团体任职,更是难以胜数。几乎校内的主要事宜,他都是主要决策人之一。不仅如此,在北平教育界,他也是一个主要发言人。鉴于胡适的声望,1932 年 4月,国民政府曾有意让蒋梦麟调任教育部部长,而由胡适任北大校长,被胡适坚辞,他写信希望蒋亦留在北大。⑥ 汪精卫 1933 年 3 月 3 日来信要求胡适出任教育部部长,亦被他回绝⑦。谈及 30 年代北大与北平教育界的工作情形时,陶希圣曾有一段回忆:"北京大学居北平国立八校之首。蒋梦麟校长之镇定与胡适院长之智慧,二者相并,使北大发挥其领导作用。"遇有重大难题时,都是蒋、胡两人商量决定","校务会议不过是讨论一般校务"。"国立各大学之间,另有聚餐,在骑河楼清华同学会会所内随时举行,有梦麟北大校长,梅月涵(贻琦)清华校长、适之及枚荪两院长,我也参加交换意见。月涵先生是迟缓不决的,甚至没有意见的,梦麟先生总是听了适之的意见而后发言。……清华会餐席上,适之先生是其间的中心。梦麟是决定一切之人。北大六年的安定,乃至国立八校 6 年的延续,没有梦麟与适之的存

---

① 《北大教授纠纷:林损与胡适意见冲突而辞职》,载《申报》1934 年 4 月 19 日。
② 《致蒋梦麟》1934 年 5 月 8 日,《傅斯年全集》第 7 卷,长沙:湖南教育出版社,2003 年 9 月版,第 130 页。
③ 《本校布告》,原载《北京大学周刊》1932 年 12 月 2 日第 14 号。
④ 《北大学生月刊委员会通告》第 6 号,原载《北京大学日刊》1930 年 12 月 11 日。
⑤ 《本校布告》,原载《北京大学周刊》1932 年 11 月 5 日第 10 号。
⑥ 《致蒋梦麟》(1932 年 4 月 4 日),收入《胡适书信集》上册,第 567 页。
⑦ 参见《汪精卫致胡适》、《胡适致汪精卫》,收入《胡适来往书信选》中册,第 204、208 页。

在与活动,是想象不到的。"①

　　在繁忙的校务工作之中,胡适还担任教学工作。1931年2月10日他讲"中古思想史"课,这是他1925年9月离开北大以后第一次重返北大讲台。他在日记中云:"在二院大礼堂,听讲者约三百人,有许多人站了约两点钟。"②根据现有的材料,1931—1937年胡适开设的课程有:1931年9月—1932年6月有"中国哲学史"(周2学时,哲学系一年级课)"这一科的目的要使学者知道二千五百年中国思想演变的大势。为便利讲授计,拟分五大段:第一期:中国思想的成立时期(约从西历纪元前600年到200年)。第二期:中国古代思想混合成儒道两大派的时期(前200年到纪元300年)。第三期:印度思想的侵入与同化时期(纪元300年到1000年)。第四期理学时期(1000—1600年)。第五期:反理学时期(1600—1900年)"③。1932年9月—1933年6月在哲学系有"中国哲学史"。④ 1934年9月—1935年6月,在哲学系有"中国近世思想史问题研究"(为哲学系三、四年级和研究生所开)此课所拟讲题有"(1)宗杲和尚的思想研究。(2)南宋以后的禅宗。(3)朱熹的思想演变的研究。(4)宋明后的道教史。(5)明朝的朱学。(6)李贽的研究"。在国文系有"中国文学史概要"(周3时,一年级课),该课"简括的叙述中国文学在三千年中的演变;注意在各时代的各种新的潮流与倾向;看每一种新趋势怎样产生,从何处产生,如何影响到传统的文学,如何逐渐变成一个时代的风尚,又如何逐渐僵化,终于被新兴的趋势替代了。此课的目的是要人明白中国文学史是一部继续不断的演变的历史"⑤。1935年9月—1936年6月在国文系有"中国文学史概要"(周3时,一年级课)、"中国文学史"(四)(周2时,此课前部分由傅斯年、罗庸合开,二、三、四年级课)"这是最近七百年的文学史,从宋元之间叙到现在,这是古文学最后挣扎的时期,也是活文学最活跃的时期,所以这一期文学可以分作两部

---

① 转引自吴相湘:《民国百人传》第1册,台北,传记文学出版社,1982年11月再版,第87—88页。
② 《胡适的日记》(手稿本)第10册,1931年2月10日,台北:远流出版公司,1990年版。
③ 《国立北京大学哲学系课程指导书》(民国二十年至二十一年度)。
④ 《国立北京大学文学院课程一览》(民国二十一年至二十二年度)。
⑤ 《国立北京大学一览》(民国二十三年度),第172、173、200页。

分。一部分是古文学的末日史……另一部分是活文学在各方面作长足的进展的历史……到七百年的末期,社会骤变了,僵死的古文学不能应付一个新时代的要求,而那七百年中的活文学早已准备了一套新工具,无数新范本,等候我们用作革命的武器了"①。"中国文学史专题研究"(周2时,二、三、四年级课,由胡适、傅斯年、罗庸合开),该课由教师拟若干专题,学生围绕这些专题讨论,搜集材料"期于一年内写出几篇较充实之论文",胡适所拟专题有"(1)诗三百篇的文法。(2)骈文的起源与形成。(3)唐宋的白话文学。(4)杨万里的诗。(5)桐城古文学派小史"②。"传记专题实习"(周2时,国文系二、三、四年级课),该课"拟用下列各专题,试作传记:I 文学家 1. 白居易 2. 苏轼 3. 袁枚 II 思想家 4. 陈亮 5. 李贽 6. 颜元 III 政治家 7. 范仲淹 8. 王安石 9. 张居正 选习此科者,应于学年开始时各选定一个题目,期于一学年内写成传记"③。1936年9月—1937年6月在哲学系有"中国哲学史"(周3时,本年停)、"汉代思想史"(周2时)、"唐宋思想史"(周2时),另有研究课程"中国近世思想史"(本年停);在教育系有"中国教育问题"(与蒋梦麟合开,本年停);在国文系有"中国文学史专题研究"(周2时,与马裕藻、罗庸、郑奠合开)、"传记专题实习"(周2时)、"中国文学史概要"(周3时)、"中国文学史(四)"(周2时,本年停)。④ 此外,胡适还举办了一些讲座,影响较大的有在国文系所讲"中国文学过去与来路"(1931年12月30日)、⑤"陈独秀与文学革命"(1932年10月30日)⑥等。这时期,他还将自己的讲稿《中国文学史选例》卷一⑦和《中国中古思想史纲要》(12讲)加以整理,交北大出版社出版。

---

① 《国立北京大学一览》(民国二十四年度),第170页。
② 《国立北京大学一览》(民国二十四年度),第177页。
③ 《国立北京大学一览》(民国二十四年度),第177、178页。
④ 《国立北京大学文学院课程一览》(民国二十五年至二十六年度),第12、13、14、41、75、77页。
⑤ 胡适讲、翟永坤笔记:《中国文学过去与来路》,原载《大公报》1932年1月5日第3版。
⑥ 胡适:《陈独秀与文学革命》,收入陈东晓:《陈独秀评论》,北平:东亚书局,1933年版。又收入《胡适文集》第12册,第33—37页。
⑦ 《中国文学史选例》卷一,北京:北京大学出版社,1931年出版。另有卷六、卷九后收入耿云志主编:《胡适遗稿及秘藏书信》第10册,合肥:黄山书社,1994年12月版。

"九·一八"事变发生后,北方的局势日益紧张,北大的处境也日益艰难。为了应付难局,胡适邀集在北大、清华的一些朋友办了一个时评政论刊物——《独立评论》。该刊于 1932 年 5 月 22 日创刊,讨论的问题主要是在日寇入侵面前,在政治、经济、教育、外交等方面应采取何种政策对付强敌。围绕这些问题,胡适和他的朋友展开讨论,充分发表了各自的意见。《独立评论》在当时的历史条件下,实际上起了整合北方知识界以为御敌做准备的作用。怪不得 1936 年 7 月胡适去美国访问时,路过日本,日方对他甚为冷淡,认为他是"排日的煽动家!学生抗日运动的指导者!"①

"七·七"事变发生后的第二天,胡适南下参加庐山会议,随后负使命赴欧美做外交工作,这并非胡适的本意,实为当时的国难所迫。1938 年 1 月,西南联大虽曾发布聘任他为文学院院长兼文科研究所所长,②胡适实际上并未到任。

三 内战时期:不合时宜的北大校长

抗战胜利后,百废待兴。经过傅斯年、朱家骅的力荐,国民政府决定任命胡适为北大校长。胡适暂不能回国,故又请傅斯年代理。此消息于 9 月 6 日正式公布,各方面反应热烈,胡适的一些故旧和北大的师生纷纷致函致电,希望他早日归国,重振北大这座自由主义的堡垒和新文化新思想的基地。③

1946 年 7 月,胡适回国,月底抵达北平。8 月 4 日,北大校友由冯友兰领衔在蔡元培先生纪念堂聚集欢迎他。④ 8 月 16 日,胡适主持召开了北大行政第一次会议,讨论和研究北大院系新建制以及教师聘请等问题,决定在机构方面,在文学院设东方语言文学系,理学院的生物系改为动物系与植物

---

① 参见耿云志:《胡适年谱》,第 250 页。
② 参见《国立西南联合大学校史资料》,北京:北京大学出版社,1986 年版,第 90、128 页。
③ 参见《罗敦伟致胡适》、《周鲠生致胡适》、《全汉昇致胡适》,收入《胡适来往书信选》下册,第 27、24、81 页。另在北大档案馆"胡适专卷"中有王力等人致胡适信件,均表达了对胡适任北大校长的期望。
④ 参见耿云志:《胡适年谱》,第 331 页。

系,新设农、工、医学院。9月胡适正式接任后,这样的校务会议又开了十几次,同时正式聘任了教务、训导、总务三处处长和文、理、法、医、农、工六院院长,各系主任。中文系主任一职,原由罗常培担任,由于傅斯年的反对,胡适只好自己兼任。北大经过一年的复员和准备工作,至此开始转入正轨。

10月10日,北大举行开学典礼,胡适向全校学生演讲,表示:"我只作一点小小的梦想,作一个像样的学校,作一个全国最高学术的研究机关,使她能在学术上、研究上、思想上有贡献。"其方向有二:"一、提倡独立的,创造的学术研究;二、对于学生要培养利用工具的本领,作一个独立研究,独立思想的人。"他还说:

> 我是一个没有党派的人,我希望学校里没有党派,即使有,也如同有各种不同的宗教思想一样。大家有信仰自由,但切不可毁了学校,不要毁了这个再过多少年不容易重建的学术机关。①

最后他还引用南宋思想家吕祖谦"善未易明,理未易察"一语要大家深省。胡适的这一席话,既反映了他一贯的教育理想,也可以说是他当时的办学方针。

胡适此时的一个重要设想就是在北大建立一个原子能研究中心,以为国家的科学发展多预备人才,多积贮力量。1947年夏,他写信给白崇禧、陈诚:"我今天要向你们两位谈一件关系国家大计的事,还要请你们两位把这个意思转给主席,请他考虑这件事,我要提议在北大集中全国研究原子能的第一流物理学者,专心研究最新的物理学理论与实验,并训练青年学者,以为国家将来国防工业之用。"接着他开列一份拟从国外聘请回国学者的名单,阐述其实施计划。并称已联系钱三强、何泽慧、胡宁、吴健雄、张文裕、张宗燧、吴大猷、马仕俊、袁家骝等九人,他们"皆已允来北大",建议把北大作为原子物理的研究中心。至于此项研究与实验,所须有之最新式设备,请从国防科学研究经费项下拨50万美元作为研究经费。② 这是一个颇有雄心的计划。但忙于内战的"国民政府"已全然顾不上这些了。8月26日,胡适

---

① 参见《胡校长勖勉学生》,原载《大公报》1946年10月11日第3版。北大档案馆保存有此次欢迎会的签名簿,案卷号532。
② 《胡适致白崇禧、陈诚》,《胡适来往书信选》下册,第296页。

在南京出席中研院会议时面见蒋介石,又提出他的"十年高等教育发展计划"。① 一个月后,他又以此为蓝本,撰成专文《争取学术独立的十年计划》公之于世,以谋求各方面的理解和更为广泛的支持。不用说,这也是一纸空文。

从政府那里筹不到款,胡适又转向"中华教育文化基金会"求助。通过几番活动,1948年,该会终于决定给北大10万美元的"复兴经费"。② 胡适决定不分散此款,把它全给物理系,作为建立现代物理学之用。他请在美的吴大猷、吴健雄用这笔款子购买所需设备。由于形势的急转直下,这一计划也付诸流水。胡适后来伤感地谈及事情的结局:"不幸这个好梦丝毫没有实现,我就离开北大了。1949年2月我打电话问大猷此款已花多少,买了多少东西。回电说,因为计划很周到,10万元尚未动用。我就把这10万元还给中基会了。"③

蔡元培主掌北大时,盖了红楼。蒋梦麟任校长时,建了图书馆。胡适上任后,也计划建一座大礼堂。他派人勘测地形,请梁思成设计方案,唯独经费一筹莫展。为此,1947年12月11日他在南京向北大各校友呼吁"捐款建筑北京大学礼堂及博物馆"④;1948年3月24日他再次发起北大校友募捐一千亿,建筑蔡孑民纪念大礼堂,作为北大五十周年祝寿礼物。⑤ 这一计划也因无经费而落空。

学校经费无着落,现有在职教师生活清苦,该聘请的教员无法落实。新建的工学院情况似乎更为严重,不仅实验仪器设备匮乏,⑥而且教员也缺编,从化工系学生给胡适的一封信所反映的情况,可见一斑:

胡校长:

我们的"北京大学",这个在您的"十年教育计划"中名列前茅的

---

① 《胡适致蒋主席建议十年教育计划》,载《申报》1947年9月6日。
② 参见杨翠华:《中基会对科学的赞助》,第145—147页。
③ 《胡适的日记》(手稿本)第18册,1962年2月5日日记。
④ 《胡适昨抵北平》,载《申报》1947年12月29日。
⑤ 《北大五十周年纪念·发起募款建造蔡孑民大礼堂》,载《申报》1948年3月26日。
⑥ 参见萧超然等著:《北京大学校史》,上海:上海教育出版社,1988年4月版,第464、472页。

"学府",是不是已可高踞"第一流"宝座而当之无愧呢?

上课一个多月了,我们的"化工系"还没有主任,您知道吗?

上课一个多月了,我们的"化工系"还没有一位学过化学工程的专任教授,您知道吗?

几个月前,我们到处奔走呼号,希望能得到一个安定的读书环境,终于"北大"成为我们一个追求的目标。如今,北大已把我们收容了。环境真是安定了,我们"读书"的愿望却没有达到!

化工系四年级的几门必修课程,直到现在还没有人教,五个星期的光阴,就在这样的情况下轻轻地过去了。问到院当局,他说请不到教授,可是我们亲眼看到有许多机会都被轻易放过。事实告诉我们,院当局所表现的,只是"敷衍""搪塞",而没有丝毫请教授的诚意!

现在我们向您请求,为化工系前途着想,应该从速请到系主任和教授,我们不忍见化工系的半停顿状态长此继续,而给北大光辉的历史,留下一个洗刷不掉的污点。

化工系四年级全体学生敬上
一九四七年十月廿四日①

加上通货膨胀,其情形可谓雪上加霜。胡适刚上任时的薪水为 28 万元,折合美金 100 多元;到 1947 年由于通货膨胀,名义上他的薪水调到近一百万元,但变成美金却只有 35 元。在一封信中,胡适第一次出现了"我是贫士"的字眼②。远在美国的好友赵元任夫妇大概听到了胡适的一些情况,托人带来 200 美元。胡适似乎觉得有点不好意思,说明自己除了生活费外,还有点"外快"可以补贴。③ 校长尚且如此,其他教员可想而知。无奈胡适在记者招待会上也抱怨:"教授们吃不饱,生活不安定,一切空谈都是白费。"1947 年 9 月 21 日,他致电教育部,说平津物价高昂,教员生活清苦,"请求

---

① 此件存于北大档案馆"胡适专卷"案卷号 1137。
② 《胡适致徐公肃、曾世英》,《胡适来往书信选》下册,第 254 页。
③ 《胡适致赵元任》1948 年 5 月 24 日,收入《胡适给赵元任的信》,台北:萌芽出版社,1970 年版。

发给实物；如不能配给实物，请按实际物价，提高实物差额金标准"①。9 月 23 日他在日记中叹息道："北大开教授会，到了教授约百人。我作了二个半钟头的主席。回家来心里颇悲观，这样的校长真不值得做！大家谈的想的都是吃饭！向达先生说的更使我生气。他说：'我今天愁的是明天的生活，那有工夫去想十年二十年的计划？十年二十年后，我们这些人都死完了'。"②胡适想得高远，但北大师生面对的现实难题却是基本的生存都不能维持。

1940 年代后期，国内局势十分动荡，北大处在风雨飘摇之中。1946 年 12 月 24 日，北大女生沈崇被两名美国士兵强奸，事情在报上披露后，群情激愤，北平各校师生举行罢课、示威、游行，要求惩办罪犯。时在南京参加"制宪国大"会议的胡适也无法保持平静了。据一位与他见面的记者回忆：

当我们提到沈崇事件时，老先生这次也被激怒了，"这还得了！真岂有此理！"说着说着，还敲着桌子。他这个态度使我颇感意外。我看到这个深受儒教熏陶，一向主张"怨而不怒"，又受资产阶级教育，提倡"自由"，"容忍"的大师，竟然也正气凛然，金刚怒目起来，不免增加了一些敬重。他甚至说："抗议、游行，又何不可！众怒难犯，伸张民意嘛！"③

胡适抵达北平后，对记者发表公开谈话："此次美军强奸女生事，学生，教授及我自都非常愤慨。同学们开会游行都无不可，但罢课要耽误求学的光阴，却不妥当。"认为"此次不幸事件为一法律问题，而美军退出中国则为一政治问题，不可并为一谈"④。胡适的这一表态，既有其个人同情群众的一面，又有秉承官方意志的一面。当时教育部驰电胡适、梅贻琦等北平诸大学头面人物，要他们设法平息众怒，以防事态发展。⑤

1947 年 1 月 17 日美军事法庭开庭审判此案，胡适不顾官方的劝阻，毅然出庭作证。经过一星期的辩论，在中国人民的强大压力和胡适的有力证

---

① 《北大校长胡适电部：请提高实物差额金》，载《申报》1947 年 9 月 22 日。
② 《胡适的日记》（手稿本）第 15 册，1947 年 9 月 23 日日记。
③ 叶由：《我对胡适的印象》，《胡适研究论丛》，北京：三联书店，1989 年 2 月版，第 24、25 页。
④ 《胡适返抵北平》，载《申报》1946 年 12 月 31 日。
⑤ 《国民党教育部致胡适、梅贻琦》，《胡适来往书信选》下册，第 158 页。

词面前，美方理屈词穷，不得不宣布美兵皮尔逊"强奸已遂罪"。事后沈崇家人对胡适的出面表示了深切感谢。① 后来此案移到美国处理，报载美方取消皮尔逊之强奸罪，胡适对英文版《时事新报》记者说："余对此新进展，表示失望。""我希望美国海军部长不会批准检察官长取消皮尔逊罪状。"②

一波未平，一浪又起。1947年国统区的人民掀起了声势浩大的"反饥饿反内战"运动。北大学生在中共地下党的影响和领导下，亦投身其中。③ 对于此起彼伏的学生运动，胡适可谓左右为难，他作为一校之主，一方面不能不考虑维持学校的正常教学秩序，不能不考虑他与国民党政府的合作关系，这构成他与官方意志的某种吻合，使他为政府"撑门面"；一方面又自知学生起事有其深刻的社会政治根源，对学生运动不能简单处置，这使他对参与运动的北大学生采取一种温和、保护的态度。④ 5月19日，胡适向记者发表谈话，不同意蒋介石的《对学生文告》，说"学生是青年人，在这种困难环境下，确是感到了苦闷……我对青年要求改进现状有同情，但希望勿牺牲学业。"⑤ 5月24日，他召见学生代表说："学生运动乃青年对现实不满的自然反应，而不能直接为共党之指拨，惟政治，经济问题，皆非罢课所能解决，更勿以罢课应付迭发之校内校外事件，如此，将永无平静之日。愈是动荡时候，愈需镇静，勿轻信谣言。"⑥ 5月30日，他向外国记者谈话时说："最近学生运动，如谓其系共党指使，此言似非公允，任何国家内，如对政府机构有所不满，而无民主方法可以发表其不满之情绪，辄由青年学生担任政治运动，此普遍公式弥可适用于一切国家。"⑦ 这一连串谈话，都清楚地表明了他的矛盾态度。

---

① 北京大学档案馆卷号1140存有一封署名"燕"1947年1月9日给胡适的信，内中说："沈崇是我同曾祖的堂妹，她这次能入北大，自己觉得十分高兴；谁知会遇到这种从来没听见过的怪事。前几天她的姑母从南京叫我写封信向您道谢。她的父亲本因血压高，在南京养病，现在想来北平，飞机又停飞。如果交通情形许可他北来的话，他一定亲自登门向您道谢。"
② 《沈崇案主犯开释，胡适发表意见》，载《申报》1947年6月22日。
③ 参见萧超然等著：《北京大学校史》，第280—302页。
④ 参见白吉庵：《胡适传》，北京：人民出版社，1993年版，第428—440页。
⑤ 《胡适对学潮谈话》，载《申报》1947年5月20日。
⑥ 《胡适召见学生代表谈话》，载《申报》1947年5月26日。
⑦ 《胡适之在平谈学生运动》，载《申报》1947年5月31日。

与外界这种动荡不安的局势形成强烈反差，胡适这几年的学术兴趣是在《水经注》的考证。1946年7月5日他刚抵沪，向记者透露他这几年正在重勘《水经注》的案子，①此事传开，他在很短的时间里就收到来自各方送来的各种版本的《水经注》。他在一封致顾廷龙的信中说："我近年到处宣传我正治《水经注》，其用意正欲使各地的《水经注》，都出现耳。"还说自己"在天翻地覆中作此种故纸堆生活，可笑之至"。②

　　我们从这一段《胡适的日记》可以看到他有关这方面的研究情况的许多纪录。《胡适手稿》和近期出版的《胡适遗稿及秘藏书信》也保留了他这时期有关《水经注》考证的许多文字。这时期胡适未专门开课，偶尔做一些讲座。北大历史系"历史研究法"一课原拟由胡适担任，1947年4月24日，他上第一讲，题目是"历史与证据"，其所讲内容实际上是他的《水经注》研究。胡适当时设想领导文学院的人做一些大的问题研究，故想在方法上做一示范。但他的课只讲了一次，就没有下文了。③ 1948年12月北大五十周年校庆前夕，文科研究所举办的展览会中有"《水经注》版本展览"一项，所展出版本都为胡适提供。

　　这时期胡适的社会活动和各种应酬几乎成了他无法摆脱的差役。从北大档案馆现藏的"胡适专卷"中，我们可以看到他经常收到各种来信，除了公函以外，还有许多求学信、求职信、求开介绍信、推荐信，以及讨论时事或倾吐不满的信。胡适当时的校务工作主要是维持学校的运转，包括筹措经费，应付学潮，调理新建院系的教学。此外，他还兼有中研院的评议员和中基会的董事等职。南京政府在其政局不稳、社会动荡的状态下，为了笼络人心，也不惜一次又一次请胡适出面为其支撑门面。1946年11月，胡适出席"国大"。1947年2月，蒋介石托傅斯年请他出任国府委员兼考试院院长，被胡适回绝；④年底，王世杰转达蒋介石之意，希望胡适"改行"从政，或参加

---

　　① 《胡适抵沪》，载《大公报》1946年7月6日。
　　② 《致顾起潜》1948年11月28日，《胡适手稿》第3集中册，台北：胡适纪念馆，1968年8月版。
　　③ 此段据时任胡适秘书的邓广铭先生回忆。
　　④ 参见《傅斯年致胡适》(1947年2月4日)、《胡适致傅斯年》(1947年2月6日)，《胡适来往书信选》下册，香港：中华书局，1983年11月版，第170—172、175页。

总统候选或出任行政院院长,被胡适"坚辞"。① 1948年3月在"国大"开会期间,蒋再提请胡适做总统候选人之意,后因国民党中常会未通过遂作罢;11月24日,翁文灏辞行政院院长职,蒋又派陶希圣北上邀胡适南下就任行政院院长,胡以心脏病辞。其实胡适不仅对政治没有兴趣,而且对北大校长一职也感力不从心,遂生辞意;教育部长朱家骅立作电复:"年来承兄偏劳,公私感激……乃北大不可无兄,北方尤赖兄坐镇……倘兄有言辞消息,则华北教育界必将动摇不可收拾。"②朱的电文道出了事情的全部真相。

胡适对政治权力并没有真正的兴趣,但权力却需要他来支撑,以至他本人身不由己地被卷入其中,这使他在当时的特殊情境里,扮演了一个带有悲剧色彩的角色。据时任东语系主任的季羡林先生回忆,胡适任职期间,常常不在校内,他经常去南京开会。③ 这从胡适本人的活动日程中也可得到佐证。实际上,胡适这个"非常时期"的校长,其所承担的使命,已不为文化教育所限了。

1948年11月,人民解放军已包围北平。南京政府有意将北大南迁,22日,胡适在蔡孑民纪念堂主持校务会议,讨论是否"迁校"一事,经过激烈争辩,最后做出不迁校的决定;24日,教授会正式通过校务会议不迁校的决议。④ 胡适当时也是反对迁校的,他认为"北大在北平才叫北京大学,离开了北平还能叫北京大学吗?"⑤12月,北大张罗五十周年校庆,拟定17日为校庆日,同时为胡适的生日祝寿。13日胡适写成《北京大学五十周年》一文,叙述北大自戊戌诞生以来的历史,结语曰:"现在我们又在很危险、很艰难的环境里给北大做五十岁生日,我用很沉重的心情叙述他多灾多难的历史,祝福他长寿康强,祝他能安全的渡过眼前的危难正如同他渡过五十年中

---

① 参见《王世杰致胡适》(1947年12月17日,12月25日),《胡适来往书信选》下册,香港:中华书局,1983年11月版,第287、289页。
② 《朱家骅致胡适》(电),收入《胡适来往书信选》下册,第409页。
③ 参见季羡林:《为胡适说几句话》,收入欧阳哲生编:《追忆胡适》,北京:社科文献出版社,2000年9月版,第6页。
④ 参见萧超然等著:《北京大学校史》,第301页。
⑤ 邓广铭:《我与胡适》,收入《胡适研究丛刊》第1辑,北京:北大出版社,1995年版,第27页。

许多次危难一样!"①14日南京方面派飞机将胡适、陈寅恪运走。临行前他留下便笺给汤用彤、郑天挺,说:"今早及今午连接政府几个电报要我即南去。我就毫无准备地走了。一切的事,只好拜你们几位同事维持,我虽在远,决不忘掉北大。"②这实际上成了他的诀别之言。

四　胡适:北大的一份精神遗产

　　胡适从1917年9月登上北大讲台,到他1948年12月14日离去,在北大实际时间是18年(1917年9月—1925年11月、1930年12月—1937年7月、1946年8月—1948年12月)。以他与北大的历史关系而言,可以说是既长且深了。"五四"以后北大在中国教育界、学术界自成一体,独领风骚,胡适自然是其中担当重任的主要人物之一。就他个人对北大的感情来说,也可以说是情有独钟。一般人认为,民国时期的北大学统具有浓厚的自由主义色彩。显然,这个传统的形成是与蔡元培、陈独秀、胡适、傅斯年这几个响亮的名字联系在一起。

　　胡适在北大工作期间,对北大的发展方向和学术传统多次提出过意见。1922年12月17日,北大二十五周年之际,他发表《回顾与反省》一文,指出北大近五年来的两大成绩,即:第一"是组织上的变化,从校长学长独裁制变为教授治校制",第二"是注重学术思想的自由,容纳个性的发展"。同时也认为北大存在两大不足:一、"学术上很少成绩";二、"自治的能力还是很薄弱的"。他"祝北大早早脱离稗贩学术的时代而早早进入创造学术的时代。祝北大的自由空气与自治能力携手同程并进"③。1935年5月,他为纪念"五四"运动十六周年,特别强调"民国六、七年北京大学所提倡的新运动,无论形式上如何五花八门,意义上只是思想的解放与个人的解放"④。

---

　　① 胡适:《北京大学五十周年》,收入《北京大学五十周年纪念特刊》。又收入《胡适文集》第11册,第813页。
　　② 耿云志:《胡适年谱》,第374页。
　　③ 胡适:《回顾与反省》,《北京大学日刊》1922年12月17日"北大二十五周年纪念号"。
　　④ 胡适:《个人自由与社会进步——再谈五四运动》,《独立评论》1935年5月12日第150号。《胡适文集》第11册,第585页。

他主掌北大期间,规定每年"五四"为北大校友返校节。1947年5月4日,他在北大校友的聚会中高度评价蔡元培把北大由一个旧式大学改造成为一个新式大学,并认为北大的精神是"自由与容忍"①。

胡适离开大陆后,虽身在海外,仍心系北大。每逢"五四"或北大校庆日时,他都要发表谈话,或与北大校友聚会,以示对"五四"的纪念,对北大的怀念。1958年12月17日,他在与校友的聚会中无限深情地谈及蔡元培先生和北大精神。略谓:

> 民国五年蔡孑民先生出任北大校长,为北大开了新风气,把北大变成一个新的大学,北大的精神和校风都是民五以后建立起来的,蔡先生值得人纪念之处甚多,最重要的是他树立了六项北大精神(1)高尚纯洁的精神,(2)兼容并包的精神,(3)合作互助的精神,(4)发扬蹈厉的精神,(5)独立自由的精神,(6)实事求是的精神。②

他的这一席话不啻是对北大精神的本真阐释。

1962年2月24日,胡适在台北逝世。生前他立下的英文遗嘱交待:将他在1948年12月不得已离开北平时所留下请北大图书馆保管的102箱书籍和文件交付并遗赠给北京大学。③ 他的遗体覆盖着一面北大校旗。在台北的"北京大学同学会"送的挽联是"生为学术,死为学术,自古大儒能有几? 乐以天下,忧以天下,至今国士已无双"。他的墓碑上留下了一位漂泊在台岛的"北大人"——原北大图书馆馆长毛子水留下的手笔:

> 这是胡先生的墓。这个为学术和文化的进步,为思想和言论的自由,为民族的尊荣,为人类的幸福而苦心焦虑,敝精劳神以致身死的人,现在在这里安息了!

载1997年5月《北京大学学报》(哲学社会科学版)第3期。英译文载 *Chinese Studies in History*, Winter 2008—2009 Vol. 42, No. 2.

---

① 耿云志:《胡适年谱》,第349页。
② 胡颂平:《胡适之先生年谱长编初稿》第7册,第2774、2775页。
③ 胡颂平:《胡适之先生年谱长编初稿》第10册,第3907页。

肆　哥伦比亚大学的学术世界
——胡适与哥伦比亚大学

当一个历史人物的地位被确立以后,他作为一个研究素材不仅具有显现历史存在的意义,而且具有被人们欣赏的性质。正是在第二重意义上,一个重要历史人物所显现的经典性才真正得以彰显,也只有被人们不断地咀嚼和玩赏,历史人物才会真正呈现其鲜活的个性。

胡适作为近现代中国的一个历史文化名人,正在从尘世的喧嚣声中隐退,逐渐成为一个被人们玩味的"古董"。他生活中的许多琐碎细节,包括衣食住行、人际关系、情恋隐私等各种经历,之所以在今天仍然引起大家的兴趣,被人们去细致地考证,不是为了对他进行"褒"与"贬"的定性,仅仅是满足人们的一种历史好奇心,以延续一种历史的记忆,证明一个历史人物的精神魅力。

我这里所讨论的"胡适与哥伦比亚大学"这一题目,就是讲述一个中国学人与一所美国大学关系的历史故事。这是"胡适学"中鲜被人触及的一个问题,也是一个材料丰富而又耐人寻味的历史问题,它不只是胡适个人经历中的一个问题,更事关中美文化交流这样一个大问题。唐德刚先生曾说:"胡先生是安徽人,哥大出身,北大成名,因而他对这三重背景都存有极深厚的温情主义,而且老而弥笃。"[①]胡适与安徽、北大的历史关系的讨论已有专文论及,唯独"胡适与哥大"这一题目,缺乏专文深入的讨论,其实这一问题内含的丰富性构成中美学术文化交流最精彩动人的一个篇章。

---

① 唐德刚:《胡适杂忆》(增订本),上海:华东师范大学出版社,1999年1月版,第3页。

一 "博"而"精"的学业准备

留美七年是胡适早期成长过程中最重要的一段经历,可以说没有留美就没有"胡适"。关于这一段经历,胡适本人当时留下了一部《藏晖室札记》(后改名《胡适留学日记》,以下简称《留学日记》),晚年又在与唐德刚合作的口述自传中用了其中第三、四、五、六章四章的篇幅回顾他的留学经验,内容占其口述自传的三分之一强,胡适晚年如此重视自己这段留学经历,自与当时他是在哥大进行口述自传这项工作的因素影响有关,故对他成长中的"美国因素"给予相当大的比重。但我们如纵览胡适成名前的早年生活经历,可以说留美七年是胡适学业积累最快、思想进步最大的七年。

胡适的《留学日记》,对其在美留学的生活经验、思想变迁和社会活动,留有大量的纪录,而对其在课业方面的情况则语焉不详;他的《口述自传》虽有许多对其受业教师和与同学交往的介绍,也有对其留美时期思想演变的交代,但对他的学业成绩却没有任何交代。故从《留学日记》和《口述自传》中所看到的是一个社会活动频繁的胡适、一个思想活跃的胡适、一个好与人交际(甚至是好与女性交际)的胡适。① 根据这部《留学日记》,唐德刚先生甚至得出这样的结论:

> 胡适之这种风流少年,他在哥大一共只读了二十一个月的书(自1915年9月至1917年5月),就谈了两整年的恋爱!他向韦莲司女士写了一百多封情书(1917年5月4日,《札记》)。同时又与另一位洋婆子"瘦琴女士"(Nellie B. Sergent)通信,其数目仅次于韦女士(1915年8月25日。同上)。在博士论文最后口试(1917年5月22日)前五个

---

① 关于胡适在哥大读书期间的来往通信,有两处统计,一处是胡适1916年9月22日日记,从1915年9月22日至1916年9月22日通信,"收入九百九十九封,寄出八百七十四封",《胡适留学日记》卷十四"四一、到纽约后一年中来往信札总计",《胡适全集》第28册,合肥:安徽教育出版社,2003年9月版,第466页。一处是《胡适留学日记》卷十五"一九一六年来往信札总计","自一九一六年正月一日到十二月卅一日,一年之间,凡收到一千二百十封信,凡写出一千零四十封信",《胡适全集》第28册,合肥:安徽教育出版社,2003年9月版,第510页。从收信和复信的数目可见,胡适可谓热衷通信来往,几乎是有信必回。

月,又与莎菲[陈衡哲]通信达四十余件!在哥大考过博士口试的"过来人"都知道,这样一个神情恍惚的情场中人,如何能"口试"啊?!这样一位花丛少年,"文章不发",把博士学位耽误了十年,岂不活该!①

唐先生的这段话曾经引起夏志清先生的反驳,以为"胡适绝顶聪明,精力过人,对他来说,多写几封信,多投几篇稿,根本不会影响到他的论文写作"②。

周质平先生前几年发现了胡适在康乃尔大学的成绩单(1910—1914),这份成绩单迄今既未见人引用,也未见人分析,其实它为我们了解胡适大学四年的学业情况提供了直接、可靠的证据。现在我将这份成绩表译成中文:

入学第二外语基础德语:OK,高级德语:OK。

第一学年(1910—1911):英语(English)第一学期(周4时)80分,第二学期(周4时)88分。植物学(Botany)第一学期(周3时)80分,第二学期(周1时)80分。生物学(Biology)第一学期(周3时)75分,第二学期(周3时)82分。德语(German)第一学期(周6时)90分,第二学期(周5时)80分。植物学(Botany)第二学期(周2时)64分。气象学(Meteorology)第二学期(周3分)70分。1911年夏季:化学(Chemistry,周6时)73分。

第二学年(1911—1912):地质学(Geology)第二学期(周2时)75分。化学(Chemistry)第一学期(周5时)85分。植物生理学(Plant Physiology)第一学期(周4时)77分。果树学(Pomology)第一学期(周2时)76分。英语(English)第二学期(周3时)86分。英语(周3时)83分。政治学(Political Science)第二学期(周5时)75分。哲学(Philosophy)第二学期(周3时)88分。哲学(Philosophy)第二学期(周3时)78分。1912年夏季(5周):公共

---

① 参见唐德刚:《胡适杂忆》(增订本),上海:华东师大出版社,1999年1月版,第196—197页。在哥大时,胡适除了与上述两位女性有过交往外,还曾与《华盛顿邮报》的发行人尤金·梅耶(Eugene Meyer)的夫人阿葛勒丝·梅耶(Agnes Meyer)有过来往。参见《胡适口述自传》第五章"哥伦比亚大学和杜威",收入《胡适文集》第1册,北京:北京大学出版社,1998年11月版,第261页。

② 夏志清:《胡适博士学位考证》,载台北《传记文学》1978年11月第33卷第5期,第30页。

演讲(Public Speak,周2时)87分。体育(Drill and Gym)70分。体育(Drill and Gym)80分。体育(Drill and Gym)77分。

第三学年(1912—1913):心理学(Psychology)第一学期(周3时)92分。哲学(Philosophy)第一学期(周3时)76分。哲学(Philosophy)第一学期(周3时)90分,第二学期(周3时)85分。哲学(Philosophy)第一学期(周3时)76分。政治学(Political Science)第一学期(周2时)88分。政治学(Political Science)第一学期(周3时)72分。建筑学(Architecture)第一学期(周1时)65分。法语(French)第二学期(周6时)80分。英语(English)第二学期(周3时)96分。英语(English,周3时)88分。政治学(Political Science,周3时)85分。体育(Gym)第二学期90分、90分、80分。1913年夏季(5周):教育学(Education,周2时)85分。讲演与阅读(Speaking and Reading,周1时)74分。英语(English,周2时)94分。

第四学年(1913—1914):哲学(Philosophy)第一学期(周2时)90分。哲学(Philosophy)第一学期(周2时)90分。哲学(Philosophy)第一学期(周2时)一分。政治学(Political Science)第一学期(周3时)85分,第二学期(周3时)OK。英语(English)第一学期(周3时)OK。哲学(Philosophy)第一学期(周2时)一分。哲学(Philosophy)第二学期(周1时)78分。哲学(Philosophy)第二学期(周2时)OK。历史(History)第二学期(周1时)OK。①

从这份成绩单可看出,胡适初选农科,他所选农科方面课程(如植物学、生物学、气象学、化学等)的成绩的确一般,用胡适自己的话来说就是"还算不坏",②这大概与他的兴趣不浓有关,这也是导致他转学文科的重要原因,他在《口述自传》中提到的那门直接促使他做出转学抉择的课程"果树学"(Pomology)正是在第二学年的第一学期。③ 他转学前的语言学科的

---

① 此成绩单的英文原件影印本据周质平:《胡适与韦莲司:深情五十年》,北京:北京大学出版社,1998年11月版,第12—13页。
② 参见《胡适口述自传》第三章"初到美国:康乃尔大学的学生生活",《胡适文集》第1册,北京:北京大学出版社,1998年11月版,第212页。
③ 有关胡适转学文科的原因,胡适自述有三:一是对农科没有兴趣,二是为宣传辛亥革命所做的演说产生的对政治史的兴趣,三是对文学的兴趣。参见《胡适口述自传》第三章"初到美国:康乃尔大学的学生生活",《胡适文集》第1册,第210—214页。

成绩(如英语、德语、讲演等)明显较好,反映了他有很强的语言能力,转学到文学院后(1912年春),也就是第二学年第二学期以后的专业成绩,得了不少高分。按照康大文学院的规定,每个学生必须完成至少一个"学科程序"才能毕业,而胡适毕业时,已完成了三个"程序":哲学和心理学、英国文学、政治和经济学。① 这三个"程序"分属三个不同的领域,如此众多的课程,有些是胡适利用夏季学期修完的。② 如从这份成绩单来看,胡适的课业成绩并没有因他大量的社会活动而受到影响,这反映了他有很强的学习能力和天赋,并兼有很强的活动能力。周质平以为,胡适与韦莲司等几位女性的密切交往和书信往来,"知识上的讨论远多于个人的私情",她们可谓胡适"知识上的伴侣",③此为至当之论。以胡适与女性的交往,想象为影响他学业的因素似难成立。

胡适1914年5月在康大毕业,获学士学位。接着他在康大又续修了一年硕士课程,1915年9月转入哥伦比亚大学文学院。胡适选择进哥大的打算,早在他在康大转学文科时即萌发此念头,1912年2月6日他致章希吕的信中提到了这一想法:

> 适已弃农改习哲学文学,旁及政治,今所学都是普通学识,毕业之后,再当习专门工夫,大约毕业之后,不即归来,且拟再留三年始归。然当改入他校,或Harvard或Columbia或入Wisconsin(在中美为省费计)尚未能定,因Cornell不长于政治文学也。④

---

① 参见《胡适口述自传》第三章"初到美国:康乃尔大学的学生生活",《胡适文集》第1册,第213页。

② 参见《致母亲》1913年8月3日,胡适提到"儿以年来多习夏课,故能于三年内习完四年之课也"。《胡适全集》第23册,第48页。

③ 周质平:《胡适与韦莲司:深情五十年》,第6页。不过,现在经周质平先生整理出来的胡适致韦莲司信至1917年5月4日止,仅68封,参见周质平编译:《不思量自难忘——胡适给韦莲司的信》,台北:联经出版事业公司,1999年12月版,第1—116页。据胡适1917年5月4日检阅他从韦莲司处读到他自己的信后自称:"吾此两年中思想感情之变迁多具于此百余书中,他处决不能得此真我之真相也。"可见,仍有二点之疑:一是胡适给韦莲司的信应有"百余书",二是这些信中应有个人思想感情的"真我之真相也"。参见《胡适留学日记》卷十六"一八、读致韦女士旧函",收入《胡适全集》第28册,第557页。

④ 《致章希吕》1912年2月6日,《胡适全集》第23册,第37页。

当时还是在哈佛、哥大、威斯康星三个大学中选择一个。不过,1915年胡适转学的一个直接因素是他申请延长康大哲学系奖学金被拒,理由是他"在讲演上荒时废业太多"①。故这年7月5日,他已有离开康乃尔大学去其他大学的想法:"费日力不少,颇思舍此他适,择一大城市如纽约,如芝加哥,居民数百万,可以藏吾身矣。"②7月11日,他向母亲报告了改入哥大的七大理由。其中第一条"儿居此已五年,此地乃是小城,居民仅万六千人,所见闻皆村市小景。今儿尚有一年之留,宜改适大城,以观是邦大城市之生活状态,盖亦觇国采风者,所当有事也"。第三条"纽约为世界大城,书籍便利无比,此实一大原因也"。第七条"哥伦比亚大学哲学教师杜威先生,乃此邦哲学泰斗,故儿欲往游其门下也"③。与哥大和纽约直接相关。④ 显然,在纽约和芝加哥之间,他已决定选择纽约的哥伦比亚大学。胡适晚年在口述自传中还提到他转学哥大的另一重要原因是他不喜欢在康大哲学系占据统治地位的"新唯心主义"(New Idealism),这一派对杜威的攻击反而引发了胡适对杜派哲学的兴趣,在1915年暑假"对实验主义作了一番有系统的阅读和研究之后",他"决定转学哥大去向杜威学习哲学"⑤。

在转学哥大之前,胡适有过三次纽约之行,其中1915年1月22日至24日的纽约之行,胡适曾前往哥大访问,在哥大会见了严敬斋、王君复、邓孟硕等,并在哥大夜宿(23日),"与三君夜话"⑥。2月13、14日的纽约之行,是为参加在纽约大学俱乐部主办的抵制增兵会议,在这次纽约之行中,胡适前往哥伦比亚大学访问了在此校就读的张亦农(即张奚若)、严敬斋、王君复、

---

① 参见唐德刚译注:《胡适口述自传》第四章"青年期的政治训练",收入《胡适文集》第1册,第226页。
② 《胡适留学日记》卷十"八、思迁居",《胡适全集》第28册,第176页。
③ 《致母亲》1915年7月11日,《胡适全集》第23册,第85页。
④ 胡适选择哥大的这三条理由,实为当时许多中国留美学生选择哥大的主要理由,故哥大在当时成为中国留美学生人数最多的美国大学。蒋梦麟提到在哥大留学给他印象最深的是纽约的都市之景观和哥大的名教授阵营。参见蒋梦麟:《西潮·新潮》,长沙:岳麓书社,2000年9月版,第91—96页。蒋廷黻也提到"留学生往往是羡慕有关大学中著名学者的名气才进那所大学的。中国学生进哥大更是如此"。参见蒋廷黻:《蒋廷黻回忆录》,台北:传记文学出版社,1984年2月1日再版,第74页。
⑤ 《胡适口述自传》第五章"哥伦比亚大学和杜威",收入《胡适文集》第1册,第263页。
⑥ 《胡适留学日记》卷八"一一、再游波士顿记",《胡适全集》第28册,第16—17页。

邝煦堃、杨锡仁、张仲述诸君,拜访了喀司登(Karsten)、韦莲司兄嫂(Mr and Mrs Roger Williams)、黄兴等人,已有"大学贤豪"、"哈佛与哥伦比亚似较胜"的印象。① 3 月 8 日又有"纽约公共藏书楼"之记载,并受其启发,欲归国后"必提供一公共藏书楼",在乡里、安徽乃至中国建立各级"藏书楼","亦报国之一端也"②。可见,胡适之选择哥大,是经过了一番酝酿和调查,并非一时心血来潮。

　　与强调自己在康大的学生生活这一面不同,胡适在《口述自传》中对哥大"文科各系的教授阵营"做了详细介绍,显然这是当时走进哥大的中国留学生引为骄傲之处。除了上述所提到的杜威以外,胡适特别指出:"这几年正是哥大在学术界,尤其是哲学方面,声望最高的时候。"③胡适提到的哥大文科知名教授的名字,哲学系有以希腊哲学见长的研究院院长乌德瑞(Frederick J. E. Woodridge),西方"现实主义"的代表之一芒达斯(W. P. Montague),美国"伦理文化学会"发起人厄德诺(Felix Adler);历史系有政治理论史的开山宗师顿宁(William A. Dunning),倡导"新史学"的罗宾逊(James Harvey Robinson),美国宪法史专家毕尔(Charles A. Beard),社会学系有吉丁斯(Franklin Giddings),另外还有专治"汉学"的夏德(Frederich Hirth)。在康大,胡适的主修是哲学,副修是英国文学和经济,第二副修实为经济理论。④ 1915 年 2 月 3 日他曾反省自己的治学倾向时说:"学问之道两面(面者,算学之 dimension)而已:一曰广大(博),一曰高深(精),两者相辅而行。务精者每失之隘,务博者每失之浅,其失一也。余失之浅,其失一也。余失之浅者也。不可不以高深矫正之。"⑤他的选课反映了这样一种倾向。来哥大前,他为纠正这一偏向,表示:"自今以往,当屏绝万事,专治哲

---

① 《胡适留学日记》卷八"三一、纽约旅行记",《胡适全集》第 28 册,第 53—54 页。
② 《胡适留学日记》卷九"十九、理想中之藏书楼",《胡适全集》第 28 册,第 76 页。
③ 唐德刚译注:《胡适口述自传》第五章"哥伦比亚大学和杜威",收入《胡适文集》第 1 册,第 257 页。
④ 同上书,第 259、260 页。
⑤ 《胡适留学日记》卷八"一五、为学要能广大又能高深",《胡适全集》第 28 册,第 31 页。类似的反省,还出现在 1915 年 5 月 28 日日记中,参见《胡适留学日记》卷九"六五、吾之择业",《胡适全集》第 28 册,第 148 页。

学,中西兼治,此吾所择业也。"①他在哥大主修仍为哲学,副修则改为政治理论和"汉学"②。选课虽有所调整,广泛的治学兴趣和对社会政治的热衷可以说是一如既往,并未因转学而发生重大改变。在康大时,他曾得"卜朗吟征文奖金",获奖金五十美金。③ 到哥大后,他又得"国际睦谊会征文奖金",获奖金百元。④ 加上这时他内心世界已在急剧酝酿的"文学革命",胡适的学业进步正在面临一场革命性的突破。

胡适在哥大的学业成绩因事涉私人隐秘,至今尚未公布。胡适本人在《口述自传》中提到所选修过的课程有:杜威的"论理学之宗派"和"社会政治哲学",乌德瑞的"历史哲学",顿宁的"政治理论史",厄德诺的伦理学,夏德的"汉学"讲座(丁龙讲座),⑤这几位教授的课程都对他影响至深,其中杜威的"论理学之宗派"一课启发胡适决定做他的博士论文——《中国古代哲学方法之进化史》。⑥

胡适在哥大的主要学业之一是写作博士论文,胡适首次提及博士论文的写作是在1916年5月10日给他母亲的信中:

> 儿之博士论文,略有端绪。今年暑假中,当不他去,拟以全夏之力做完论文草稿,徐图修改之、润色之。今秋开学后,即以全力预备考试,倘能如上学期(九月底至正月底为上学期)之中完事,则春间归国亦未可知。然事难预料,不能确定何时归也。⑦

9月27日胡适再次致信母亲:"儿所作博士论文,夏间约成四分之一。今当竭力赶完,以图早归。今年归期至多不过九、十月耳。当此九、十月时间,有

---

① 《胡适留学日记》卷九"六五、吾之择业",《胡适全集》第28册,第148页。
② 唐德刚译注:《胡适口述自传》第五章"哥伦比亚大学和杜威",收入《胡适文集》第1册,第260页。
③ 参见胡适1913年5月9日日记,《胡适全集》第27册,第307—308页。
④ 参见《胡适留学日记》卷十三"二五、得国际睦谊会征文奖金",《胡适全集》第28册,第399页。
⑤ 参见唐德刚译注:《胡适口述自传》第五章"哥伦比亚大学和杜威",收入《胡适文集》第1册,第257—263页。
⑥ 《胡适口述自传》第五章"哥伦比亚大学和杜威",收入《胡适文集》第1册,第263页。
⑦ 《致母亲》,收入《胡适全集》第23册,第99页。

许多事均须早日筹备。"①当博士论文完成后,胡适在1917年5月4日日记中以《我之博士论文》为题,写道:"吾之博士论文于四月廿七日写完。五月三日将打好之本校读一过,今日交去。此文计二百四十三页,约九万字。原稿始于去年八月之初,约九个月而成。"并附有博士论文的目录。② 博士学位口试完后,5月27日他追记了五天前(22日)的博士考试:"五月二十二日,吾考过博士学位最后考试。主试者六人:Professor John Dewey、Professor D. S. Miller、Professor W. P. Montague、Professor W. T. Bush、Professor Frederich Hirth、Dr. W. F. Cooley。此次为口试,计时二时半。吾之'初试'在前年十一月,凡笔试六时(二日),口试三时。七年留学生活,于此作一结束,故记之。"③寥寥几语,作一总结,用"考过"而未用"通过",其中差异给人们留下了猜想、存疑的空间。

胡适的博士论文《中国古代哲学方法之进化史》(*A Study of The Development of Logical Method in Ancient China*),金岳霖回忆说:"在国外留学,写中国题目论文的始作俑者很可能是胡适。"④话中似带有贬意。所谓"始作俑者",这并非事实,1911年初毕业于哥大且获博士学位的陈焕章,其博士论文《孔门理财学》(*The Economic Principles of Confucius and His School*),即以中国为题材⑤;1917年与胡适同时毕业的蒋梦麟的博士论文《中国教育原理研究》(*A Study in Chinese Principles of Education*),亦是如此。不过,胡适的博士论文就其选题来看,以西方科学方法研治中国哲学,处理中国哲学材料,这是当时中国留学生比较普遍采纳的一种方式。但胡适论文选题的特殊之处在于它中西结合,而又颇具现代意义。中国哲学与西方哲学相比,最

---

① 《致母亲》,收入《胡适全集》第23册,第119页。
② 《胡适留学日记》卷十六"一六、我之博士论文",《胡适全集》第28册,第554—555页。
③ 《胡适留学日记》卷十六"二六、博士考试",《胡适全集》第28册,第561—562页。
④ 金岳霖:《胡适,我不大懂他》,收入《金岳霖的回忆与回忆金岳霖》,成都:四川教育出版社,1995年7月版,第30页。
⑤ Chen Huan-Chang(陈焕章):*The Economic Principles of Confucius and His School*, New York: Columbia Univerty,1911. 此书在美国哥大出版后,获得美国学术界的好评,陈的博士论文为在哥大攻读博士学位的中国留学生胡适、蒋梦麟等所知晓,因陈作为提倡孔教的代表,其知名度颇高。

薄弱一环为知识论和逻辑学,这是中国近代以来许多学者逐渐形成的一个通识,也是金岳霖先生多次强调的一点。① 为弥补这一缺陷,中国学者一方面大力介绍西方逻辑学和哲学,一方面挖掘、显现中国自身的逻辑学和知识论。严复首先将西方《穆勒名学》、《名学浅说》译成中文,介绍给国人,可以说是传播西方逻辑学第一人。而胡适率先将西方哲学(包括逻辑学)方法运用于中国先秦哲学史研究领域,构筑中国先秦名学(逻辑学)史,并自觉地意识到中西哲学互释的重要性,无论从西方的中国哲学史研究来说,还是对中国哲学界来说,都是极具开创意义和学术价值。② 胡适选择这么一个课题作为自己的博士论文选题,表现了他敏锐的学术见识和眼光。以胡适当时所具有的学养,写作一篇类似金岳霖《T. H. 格林的政治学说》题目的政治哲学论文,对胡适来说应不是一件难事。

二 博士学位之谜

胡适的博士学位之成为一个"问题",最早引起人们注意是在 20 世纪 50 年代,据唐德刚先生回忆,1952 年哥大东亚图书馆馆长林顿(Howard P. Linton)为纪念哥大二百周年校庆,着手编撰一本《哥伦比亚大学有关亚洲研究的博士硕士论文目录》,该书 1957 年出版。③ "这本目录包罗万有,独独把'胡适'的论文'编漏'了,校园内一时传为笑谈。林氏也自认为一件不可恕的大'乌龙'而搔首不得其解。他是根据校方正式纪录编纂的,为什么

---

① 参见金岳霖:《中国哲学》,收入《中国现代学术经典丛书·金岳霖卷》下册,石家庄:河北教育出版社,1996 年 8 月版,第 1224 页。另见张岱年:《中国哲学大纲》"序论",北京:中国社会科学出版社,1985 年 3 月版,第 3 页。

② 有关对胡适《先秦名学史》的国际评论,有罗素的书评,参见 1923 年 11 月 4 日胡适日记,《胡适全集》第 30 册,第 87—96 页。余英时先生在使用罗素这篇书评时,误将胡适晚年所写《〈中国古代哲学史〉台北版自记》一文对《庄子时代的生物进化论》一节的自我检讨,说成是接受了罗素这一书评的意见,参见余英时:《从〈日记〉看胡适的一生》,第 15 页。其实不然,胡适是接受了章太炎的《与胡适论庄子书》一书的意见,参见傅杰编校:《章太炎学术史论集》,北京:中国社会科学出版社,1997 年 6 月版,第 255 页。

③ Howard P. Linton, comp. *Columbia University Masters' and Doctoral Dissertations on Asia*, 1875—1956, New York: Columbia University Libraries, 1957.

校方的正式纪录里没有胡适论文的纪录呢?"①1961 年袁同礼发表了一份《中国留美同学博士论文目录》,在书中袁将 1917 年和 1927 年并列为胡适获博士学位的时间。② 实际上,在袁编撰此书时,曾责成唐德刚去寻查有关胡适获得博士学位的纪录,而唐已在哥大的档案中发现胡适获得博士学位的注册时间是在 1927 年,并将这一结果告诉了袁同礼。考虑到当时两岸"都以'打胡适'为时髦",袁不希望这一发现为外界的政治所利用,故煞费苦心地作了这样一种变通处理。③

胡适博士学位问题的风波再起是在 20 世纪 70 年代,1977 年 10 月台北《传记文学》第 31 卷第 4 期发表了唐德刚的《七分传统、三分洋货——回忆胡适之先生与口述历史之三》,这是连载的唐著《胡适杂忆》的第三章,披露了其当年为袁同礼查找胡适获取博士学位材料的上述内情。接着,北美《星岛日报》1978 年 4、5 月份刊登了三篇讨论胡适博士学位的文章,即 4 月 17 日潘维疆的《胡适博士头衔索隐》、5 月 13 日胡祖强的《从胡适博士头衔被考据说起》、5 月 29 日潘维疆的《胡适博士头衔索隐补述》。三文均否定胡适获得博士学位。根据潘文的意思,《星岛日报》的编辑在 5 月 29 日以《胡适博士非真博士》为题用特号大字做头条新闻刊出。由于该报被视为左派中文报纸,在"卫胡"派看来此乃"小题大做",可能别有其特殊的政治背景或政治用意。故唐德刚于 5 月 30 日特投书该报,该报 6 月 7 日以《胡适乃真博士》为题将唐信刊出。接着,1978 年 11 月台北《传记文学》第 33 卷第 5 期刊登了汤晏的《胡适博士学位的风波》和夏志清的《胡适博士学位考证》两文。其中夏文提供了 1978 年 8 月 15 日富路德教授(Luther Currrington Goodrich)给夏的一封信,信中除了说明胡适之所以迟至 1927 年才拿到博士学位,只是因为当年要求呈缴博士论文副本一百本,而胡适"当时认为,对他来说,在中国同侪中展露才华,远比集中精力去出版他的论文更为重要"。富

---

① 唐德刚:《胡适杂忆》(增订本),上海:华东师范大学出版社,1999 年 1 月版,第 40 页。
② Tung-Li Yuan, comp, *A Guide to Doctoral Dissertations by Chinese Students in America, 1905—1960*, Published under the Auspices of the Sino-American Cultural Society, Inc Washington D. C. 1961.
③ 唐德刚:《胡适杂忆》(增订本),第 40 页。

声称,1927年毕业典礼时他陪同胡适参加了博士学位授予仪式。① 富氏的这封信有关出席毕业典礼的一段回忆已被确证有误,因胡适1927年4月中旬已起程返国,他不可能参加当年的毕业典礼。②

1978年12月第33卷第6期《传记文学》又刊登了唐德刚先生的《胡适口述自传》译稿《哥伦比亚大学和杜威》,该文的第一条长篇注释即是讨论"胡适的学位问题",明确说明"所谓'胡适的学位问题'不是什么'真假'的问题。问题在:他拿学位为什么迟了十年? 这问题因此牵涉到,他1917年5月22日参加口试,所谓'通过'的是'哪一柱'(Which column)的问题了"③。据唐先生解释,博士论文答辩分三种情形,通称"三栏"或"三柱"(three columns),第一柱"小修通过"(pass with minor revision),第二柱"大修通过"(pass with major revision),第三柱"不通过"(failure)。在唐先生看来,胡适1917年大概只是"大修通过"(pass with major revision)。其原因可能有四:一是参评六位教授除了夏德教授(Prof Frederick Hirth)"略通汉文",其他教授不懂中文,故他们根本无法欣赏胡适这篇以"中国古代哲学方法之进化史"为题目的论文。二是胡适的博士论文"在这些洋人看来,简直像一本不知所云的中国哲学教科书(poorly written textbook),根本不同于一般博士论文钻牛角的'体例'"④。三是胡适的博士论文指导教师是"大牌教授"杜威,他"声望高,治学忙,名气大,一切都不在乎"。"胡适得博士不得博士,关他的事!"⑤四是胡适在哥大研究院只读了两年(1915—1917),住校时间太短,连博士学位研究过程中的"规定住校年限"(Required residence)都嫌不足。⑥ 而1927年哥大给胡适补发学位,显然没有让胡适按通常的手

---

① 夏志清:《胡适博士学位考证》,载台北《传记文学》1978年11月第33卷第5期,第33页。
② 余英时认为,富氏把胡适1939年6月6日在哥大获荣誉博士学位情形误记在1927年了,此说成立。参见余英时:《重寻胡适历程:胡适生平与思想再认识》,第12页。又见胡适1939年6月6日日记,《胡适全集》第33册,第227页。沈有乾回忆,胡适的博士学位证书,系他所代领,参见沈有乾:《我为胡适博士领博士文凭》,载台北《传记文学》1988年12月第53卷第6期。
③ 《胡适口述自传》第五章注一,收入《胡适文集》第1册,第271页。
④ 唐德刚译注:《胡适口述自传》,收入《胡适文集》第1册,第272页。
⑤ 同上书,第273页。
⑥ 唐德刚:《胡适杂忆》(增订本),第41—42页。

续"补考",只是补缴了一百本博士论文副本,故当年的"大修通过"也就无从说起了。

胡适博士学位的讨论可以说到此告一段落。以后耿云志先生发表了一篇《博士学位问题及其他》,①耿文主要提供并梳理了胡适回国以后与这一问题相关的一些材料,其基本倾向也是站在唐德刚一边。我之所以再要讨论这一问题,是因为最近余英时先生所做《从〈日记〉看胡适的一生》又重提这一问题,余先生基本上不同意唐德刚先生的看法,以为胡适1927年补缴博士论文副本100本,只是履行手续而已,并不是如唐先生所说有1917年"大修通过"这回事。② 余文抓住唐文对富路德教授(Prof Luther C. Goodrich)给夏志清一信的解释疑点,即富氏将胡适1939年6月在哥大得荣誉法学博士的情景搬到了1927年,唐先生对此采信不疑;而对富氏提供的另一依据——即补缴100册《先秦名学史》副本,则作为"硬证"予以采信。我以为,唐先生虽对富氏的误记和补缴100册《先秦名学史》副本是否哥大定规"于疑处不疑",但他的解释仍有相当的可靠性,只是缺乏"硬证"证明。

关于胡适博士学位的考证,原来论者所用胡适本人提供的"硬证"材料主要只有一项,即胡适1917年5月27日日记。夏志清先生在文中引用富路德教授的书信,虽富氏以当事人身份作证,但显然记忆有误。不过,与胡适博士学位有关,现存的材料至少还有两件:一件是已出版的《先秦名学史》,几乎所有学者都把它当做胡适的博士论文本身,而没有注意到它与当年胡适提供答辩的博士论文之间的细微差别。二是在哥大档案馆现还保留着胡适1927年3月21日获得博士学位的注册说明,此份材料为笔者所发现(见附件一),该件说明胡适留学哥大时所用的英文名字为 Suh Hu,而不是后来所用的 Hu Shih。③ 我想借助这两份材料对胡适的博士学位问题再

---

① 收入耿云志:《胡适研究论稿》,成都:四川人民出版社,1985年10月版,第292—312页。

② 参见余英时:《重寻胡适历程:胡适生平与思想再认识》,台北:联经出版公司,2004年5月初版,第3—13页。

③ 胡适留学期间发表英文作品,他的英文作品署名亦为 Suh Hu,参见 SUH HU, *Analysis of The Monarchical Restoration in China*, Columbia Spectator, January 14,1916。直到胡适回国以后,才开始使用 SHIH HU(HU SHIH),20年代这两个英文名字一度混用。1926年以后才固定使用 HU SHIH,故在博士学位注册表上有一行说明:"Name on commence program Hu Shih"。

做一点考证，只能说是对唐先生观点的进一步补证。

胡适童年时期，即有"糜先生"之称。在美留学时，虽尚未得博士学位，甚至连博士候选人都不是，但周围的同学和朋友亦以"博士"称之。① 胡适归国后，人们亦习惯以"博士"称之，这在当时学界可以说是司空见惯的事，即未得"博士"学位而先用"博士"头衔。② 但不料这中间却有差别，在美时，同学称胡适为"博士"，是以对其学问的尊重或认定胡适适宜做学问而呼之。归国后，人们称胡适为"博士"，则是以为其拥有这一学衔而称之。因此，那些了解胡适未获博士学位内幕的人，不免对此大做文章，或借此予以嘲讽，以对胡适个人的"诚信"提出怀疑。

1919年9月7日朱经农致信胡适：

> 今有一件无味的事不得不告诉你，近来一班与足下素不相识的留美学生听了一位与足下"昔为好友，今为譬仇"的先生的胡说，大有"一犬吠形，百犬吠声"的神气，说"老胡冒充博士"，说"老胡口试没有pass"，说"老胡这样那样"。我想"博士"不"博士"本没有关系，只是"冒充"两字决不能承受的。我本不应该把这无聊的话传给你听，使你心中不快。但因"明枪易躲，暗箭难防"，这种谣言甚为可恶，所以以直言奉告，我兄也应设法"自卫"才是。凡是足下的朋友，自然无人相信这种说法。但是足下的朋友不多，现在"口众我寡"，辩不胜辩。只有请你把论文赶紧印出，谣言就没有传布的方法了。③

对于朱经农的要求，胡适没有正面回应，但他复信把攻击他的留美朋友分为三种：

---

① 参见《胡适留学日记》卷十一"一一、将往哥伦比亚大学，叔永以诗赠别"，内附任鸿隽：《送胡适之往哥伦比亚大学》，诗中即有"出辞见诗书，'博士'名久宣"。并注"'博士'非学位，乃适之'浑名'也"。

② 唐德刚先生亦注意到这一点。参见唐德刚译注：《胡适口述自传》，收入《胡适文集》第1册，第271页。

③ 《朱经农致胡适》(1919年9月7日)，《胡适来往书信选》上册，香港：中华书局，1983年11月版，第66页。类似朱经农所说的这种"闲言碎语"，在当时留美学生中可能流传甚广，金岳霖的回忆中也提到胡适博士论文口试的情节，参见金岳霖：《胡适，我不太懂他》，收入《金岳霖的回忆与回忆金岳霖》，成都：四川教育出版社，1995年7月版，第30页。

>第一种是因为期望太切,所以转生许多不满意的地方来。第二种是因为生性褊窄,好作不合时宜的言论,以自标高异,他们对新事业都下极严酷的批评,自己却没有贡献,这种空论家也只好由他去罢!第三种是顽固成性,除他的几句"敝帚自珍"的旧式文字以外,天下事物都是看不上眼的。此外还有许多"一犬吠形,百犬吠声"的,更不用说了。这个中间,只有第一种的批评应当静心听听。①

朱经农似乎看出问题的症结所在,故他在1920年8月9日给胡适的信末再次向胡适要求:

>又,你的博士论文应当设法刊布,此间对于这件事,闹的谣言不少,我真听厌了,请你早早刊布罢。②

显然,朱经农并不了解胡适的苦衷,因对方的攻击确有其实。只是在当时的环境下,胡适的地位并不与他的博士学衔挂钩,胡适在中国知识界的名誉也不与他的学位问题密不可分。故胡适给朱经农的信中明白说明这一点,实际上是大有"让别人去说吧!走我自己的路"的气概。在当时未拿博士学位而在北大被聘任为教授者大有人在,何况胡适的中、西学问和已发表的成果,足以让其在中国学术界占住一席之地。

但对朋友朱经农的建议和要求,胡适不得不有所考虑,也不得不有所满足,胡适毕竟是爱惜羽毛,讲究诚信的君子。正是出于这一点,1922年他将自己修改过的博士论文交由亚东图书馆出版。新出版的这本英文论文题为《先秦名学史》(*The Development of the Logical Method in Ancient China*)。这与他在哥大撰写的博士论文所使用的题目《中国古代哲学方法之进化史》(*A Study of The Development of Method in Ancient China*)③对比有所调整,应该说后者比前者更具问题意识;内容至少也小有修改,如《胡适留学日记》所保留的中文拟目,第三篇第三书第五卷"惠施"、第六卷"公孙龙"。而后来

---

① 胡适的这些话转引自《朱经农致胡适》(1920年8月9日),《胡适来往书信选》上册,第109—110页。
② 《朱经农致胡适》(1920年8月9日),《胡适来往书信选》上册,第111页。
③ 《胡适留学日记》(四),卷十六"十六、我之博士论文"。《胡适全集》第28册,第555—556页。

出版的英文版则为第五章"惠施与公孙龙"（Chapter V：Hui Sze and Kung-Sun Lung），第六章"惠施与公孙龙"（Chapter VI：The Same［Concluded］）。因我们没有胡适原所交博士论文的稿本，故无从对这两个版本的出入进行比较，但可以肯定，这两个版本的文字确小有差异，而后一个版本在前一个版本的基础上应有改进。关于这一点，在这本英文著作的前面，胡适加了一个1917年6月所写的《前言》和1922年1月所写的《附注》。其中，在《附注》中，胡适特别说道："最近四年，我很想有机会对这篇论文作彻底的修订，但由于工作的繁忙而搁置下来，这就是它长期未能出版的原因。在国内的英、美友人曾读到我这本书的手稿，屡次劝说我把这本四年前写的书出版，我现在勉强地把它发表了。可以高兴的是这篇学位论文的主要论点、资料的校勘，都曾得到国内学者的热情赞许。这表现在他们对于这本书的中文修订版《中国哲学史大纲》第一卷的真诚接受，特别是关于我所认定的每一部哲学史的最主要部分——逻辑方法的发展。"①这段话至少表明了三点意思：一是他本欲对这篇论文"作彻底的修订"，也就是"大修"，但因工作繁忙而搁置，这实际暗含了他虽欲"大修"，实际只是进行了"小修"；二是他现在出版这篇论文，是应英、美友人的要求，胡适没有具体点名，但其中应可能包括罗素，甚至杜威这样一些国际著名哲学大师；三是他的这篇论文的主要成果已得到"国内学者的赞许"。这样一段字斟句酌的文字，其实是一种模糊处理，很容易给人一种他的论文只需"小修通过"的印象，以说明其博士学位并不是一个什么人们所想象的"问题"。

1927年1月11日胡适第二次来到美国，此次他系由欧洲转道来美国访问。早在英国时，1926年12月26日胡适特致电亚东图书馆，要求其寄《先秦名学史》100册给哥大Dena处。显然，胡适此举系与哥大方面有所约定。现在哥大保留的档案证明，胡适博士学位注册的时间是1927年3月21日。②

---

① 《胡适文集》第6册，第5页。
② 胡颂平将胡适"完成博士学位手续"的时间定在1927年3月初，显然有误。参见胡颂平：《胡适之先生年谱长篇初稿》第2册，台北：联经出版事业公司，1990年第3版，第674页。此说后常为人们所沿用，如曹伯言：《胡适年谱》，合肥：安徽教育出版社，1990年版，第329页。耿云志则将胡适补办博士学位手续的时间放在1927年2月，参见耿云志：《胡适年谱》，成都：四川人民出版社，1989年12月版，第156页。

上面除了说明胡适向哥大提供了 100 册英文博士论文《先秦名学史》(The Development of the Logical Method in Ancient China)(这是亚东图书馆在 1922 年出版的版本),没有任何其他说明。但申请博士学位,博士论文是否要出版,且须交 100 册副本,这是否是哥大的一项成文定规,我以为仍是一件令人怀疑的事。①

作为一种相互的谅解,胡适向哥大方面赠送 100 册《先秦名学史》(The Development of the Logical Method in Ancient China),并在哥大先做讲座,而哥大方面免除胡适的"补考",我猜测这是完全可能的事,且对双方也是比较体面的事。但对其中的细节,我们目前无法取得其他的硬证,笔者曾向哥大教务部门索取胡适的学习成绩档案,但因事涉个人隐私,哥大方面不愿提供而作罢。胡适日记没有留下这方面的任何记载,1927 年 2 至 3 月份的日记完全空缺。胡适与其他人的书信往来中也未见任何有关这方面蛛丝马迹的痕迹。即使查到胡适在哥大的学业成绩档案,其中是否有口试纪录,也很难确定;如无纪录,自然仍是一个悬案。胡适与哥大方面是如何交涉?一种可能是在杜威访华期间,杜威对胡适已有承诺,双方达成"谅解",故胡适将其博士论文刊布于世。一种可能是胡适来美以后,在哥大的交流活动,加上杜威等人促成所产生的结果。究竟属于哪一种情形,仍有待材料进一步证明。

当然,我们也不能排除 1917 年杜威等人在口试中将胡适的博士论文通过有意"搁置",以便压一压这位风头正健的青年学子。以在哥大研读仅两年时间,即使算上康大一年研修时间,也不过三年,这样短的时间就获得哲学博士学位(Ph.D),对美国本国学生都嫌太短,何况是外国学生呢?!杜威这些大牌教授能否接受这样一位"天才"学生?在当时也是一个值得推敲的疑问。如果是出于这样一种考虑,后来补缴 100 本博士论文副本,自然只是补办手续而已。这样一种猜测,应该说是一个"大胆的假设",但也绝不能排除。胡适未得康大奖学金而离开该校,其中的原因不正是因为他演讲名声太盛这样一个不是理由的理由吗?

胡适归国后,一般人都把胡适错当成"博士",并以此相称,这是当时人

---

① 例如,与胡适同年(1917)博士毕业,却获得博士学位的蒋梦麟,其英文博士论文《中国教育原理之研究》(A Study In Chinese Principles Of Education),迟至 1924 年由上海商务印书馆出版。

所皆知的一件事;①胡适的"博士"头衔甚至对没有博士学位而与胡适同岁的刘半农造成极大压力,以至于刘被迫出国留学,以补拿博士学位。②须加说明的是,胡适提前十年被人戴上"博士"帽,它并不能说明胡适在所谓"博士学位"问题上存在"诚信"一类的问题。称他为"胡博士"本身就是他人的事,并不是胡适自卖自夸。而在当时中国著名大学,如北京大学、清华大学,没有博士学位而被聘任为教授者(如王国维、陈寅恪等)大有人在。1917年哥大未授予胡适博士学位,不管是出于什么原因,应当说都是一个"尴尬的错误"。之所以这样说,是从两方面来说,胡适对这次"挫折"当时只能无可奈何地接受;杜威这些当年参加口试的导师和评委,他们因处理不当而在胡适享受大名之后,也只好以向胡适"示好"来弥补当初的"不当"。这样一个"尴尬的错误"对爱惜羽毛的胡适来说,宛如一块难去的"心病"。1946年7月底他回到北大任校长时,在其填写的个人履历中,关于获取学士学位(B.A),他注明为1914年,而于博士学位(Ph.D)一项,则未填年份(见附件二)。类似的情形出现在他1948年填写中央研究院院士表格时,在学历一栏填获康乃尔大学文学学士一项,亦注明为"1914"年,而填写的哥伦比亚大学哲学博士一项,也没有填年份。③ 1950年代,唐德刚先生"委婉"地就

---

① 胡适归国后常被人称为"博士","五四"时期胡适誉满天下,以至身在深宫的废帝溥仪亦仰慕其大名,主动打电话邀请他入宫会谈,电话中直呼胡适"胡博士",关于此事经过参见溥仪:《我的前半生》,北京:群众出版社,1980年12月版,第140页。而胡适在随后报道他与溥仪的会谈经过时,则以"先生"为溥仪对自己的称呼,参见胡适:《宣统与胡适》,载1922年7月23日《努力周报》第12期,《胡适文集》第11册,第79—80页。另一个有趣的例子是1918年安福国会选举,一位名叫韩安的人曾向胡适借博士文凭参加投票,胡适明确告诉他没有拿到。参见白吉庵:《胡适传》,北京:人民出版社,1994年5月版,第254—255页。不仅中国人称胡适"博士",外国人(包括美国人)也称胡适为博士,如胡适的《终身大事》被译成英文,1919年在美国出版时即署名"Doctor Hu Shih",此显系译者所加,参见周质平编:《胡适英文文存》第1册,台北:远流出版公司,1995年5月1日版,第119页。类似的情况在1919年至1927年有关胡适的英文报道中亦较为常见。

② 参见周作人:《知堂回想录》,香港:三育图书有限公司,1980年11月版,第502—503页。

③ 此表原件收存在北京大学档案馆。不过,1950年10月11日胡适在普林斯顿大学葛斯德东方图书馆所填的个人资料(Faculty Biographical Records)则填写其学士是1914年在康乃尔大学所获,博士是1917年在哥伦比亚大学所获。参见周质平:《胡适与韦莲司:深情五十年》,第209页,北京:北京大学出版社,1998年11月版。这可能是胡适唯一一份将博士学位的时间置于1917年的表格。

此事询问胡适时,胡适也是以"苦笑的表情"向唐解释,但胡适在这样一个事关个人名誉问题上的诚实表现,亦如唐先生所感受到的,益发觉得其为人可爱与可敬的一面。①

三 与杜威亦师亦友的关系

胡适留美近七年,在哥大实际不足两年,比在康乃尔大学的时间要短一半,但哥大在他心中的地位及其对他后来的影响实在康乃尔之上。这里除了与哥大本身的地位有关外,应还有其他因素,其中杜威在美国哲学界的领袖地位,以及胡适与杜威的师生情谊应是其中最重要的一个因素。因此,我们有必要讨论胡适与杜威的关系,这段师生交往的历史关系既是"胡适学"的一个重要话题,②也是中美学术文化交流的一段佳话。

胡适在《留学日记》的自序中曾提及他的留学时代与杜威的关系。

在这里我要指出,札记里从不提到我受杜威先生的实验主义的哲学的绝大影响。这个大遗漏是有理由的。我在1915年的暑假中,发愤尽读杜威先生的著作,做有详细的英文提要,都不曾收在札记里。从此以后,实验主义成了我的生活和思想的一个向导,成了我自己的哲学基础。但1915年夏季以后,文学革命的讨论成了我们几个朋友之间一个最热闹的题目,札记都被这个具体问题占去了,所以就没有余力记载我自己受用而不发生争论的实验主义了。其实我写《先秦名学史》、《中国哲学史》都是受那一派思想的指导。我的文学革命主张也是实验主义的一种表现;《尝试集》的题名就是一个证据。札记的体例最适宜于记载具体事件,但不是记载整个哲学体系的地方,所以札记里不记载我那时用全力做的《先秦名学史》论文,也不记载杜威先生的思想。③

---

① 唐德刚:《胡适杂忆》(增订本),第41页。

② 有关胡适与杜威的关系,过去多从双方的思想影响这方面解读,这方面的研究文献有顾红亮:《实用主义的误读——杜威哲学对中国现代哲学的影响》,上海:华东师大出版社,2000年10月版。

③ 胡适:《胡适留学日记》自序,收入《胡适全集》第27册,合肥:安徽教育出版社,2003年9月版,第104页。

胡适这里谈到了他早年接受杜威思想的影响。验之于他的《留学日记》,的确,他在 1916 年 6 月 16 日追记的《杜威先生》中,载有陶知行所摄的杜威与胡天濬合影,记道:"杜威(John Dewey)为今日美洲第一哲学家,其学说之影响及于全国教育心理美术诸方面者甚大,今为哥伦比亚大学哲学部长,胡、陶二君及余皆受学焉。"①1917 年 4 月的日记中收有 3 月 26 日《独立》周报刊登的 Edwin E. Slosson 的《杜威先生小传》,②1917 年 5 月 27 日追记的"博士考试"中记有 5 月 22 日参加的博士考试主试教授六人中有杜威,③5 月 30 日记有"昨往见杜威先生辞行。先生言其关心于国际政局之问题乃过于他事。嘱适有关于远东时局之言论,若寄彼处,当代为觅善地发表之。此言至可感念,故记之"④。除了这几处记载外,其他则没有有关杜威的文字记录。事实上,杜威作为胡适的博士论文指导教师,应有更多的接触机会。1936 年 7 月 20 日胡适在《藏晖室札记》出版时补记上语,明显是为日记的这一遗漏说明。

  杜威的家座落在纽约河边大道(Riverside Drive)和西一一六街的南角。据胡适在《口述自传》中回忆,那时候,"每个月杜威夫人照例都要约集一批朋友以及他的学生们举行一个家庭茶会",这个聚会里邀请各种各样的人参加,"杜氏的学生们被邀请参加这个'星期三下午家庭招待会',都认为是最难得的机会"⑤。杜威对胡适之所以具有吸引力,与杜氏对宗教的态度有关,胡适本是一个无神论者,杜威"对宗教的提法是比较最理性化的了",所以胡适"对杜威的多谈科学少谈宗教的更接近'机具主义'(Instrumentalism)的思想方式比较有兴趣"⑥。胡适选修了杜威的"论理学之宗派"一课,在进哥大以前,胡适已读过杜威的《思维术》(How We Think),正是在这本书中,杜威提出了思维的五阶段说,胡适深受其影响,并在留学归国后一再介

---

① 胡适:《胡适留学日记》卷十三,收入《胡适全集》第 28 册,第 385 页。
② 胡适:《胡适留学日记》卷十六,收入《胡适全集》第 28 册,第 542—545 页。
③ 同上书,第 561—562 页。
④ 同上书,第 562 页。
⑤ 《胡适文集》第 1 册,第 264 页。
⑥ 同上。

绍它。① 胡适提出的"有证据的探讨"说(evidential investigation),即是将杜威的"思维术"与中国古典学术和史学家治学的方法如"考据学"、"考证学"相结合的产物,胡适自称:"在那个时候,很少人(甚至根本没有人)曾想到现代的科学法则和我国古代的考据学、考证学,在方法上有其相通之处。我是第一个说这句话的人;我之所以能说出这话来,实得之于杜威有关思想的理论。"②在选修杜威的课前,胡适还读了他的《逻辑思考的诸阶段》一文,这篇论文有关中古教会借重亚里士多德的形式逻辑的论述,使胡适想到了古代印度"因明学"中的"五支",并构成他"对人类思想作历史性了解的诸种关键性观念之一环"③。

杜威不仅是胡适思想方法的"向导",且对胡适的政治思想亦有潜移默化的影响,胡适提到了1916年1月杜威在《新共和》(*The New Republic*)杂志发表的《力量、暴力与法律》和在《国际伦理学报》(*International Journal of Ethics*)上发表的《力量与强迫》两文,这两文的中心意思是"说明两个力量如何因冲突而抵消的原委",而以法律作为解决冲突的手段。在杜威和安吉尔的《大幻觉》(*The Great Illusion*)影响下,胡适在1915年到1916年逐渐形成了一种新思想:"我也开始舍弃我原有的不抵抗哲学而接受一种有建设性的,有关力量和法律的新观念,认为法律是一种能使力量更经济有效利用的说明书。"④1916年初,胡适参加"国际睦谊会"主办的以"在国际关系中,还有什么东西可以代替力量吗?"为主题的论文竞赛中,其所撰论文的主旨即深深留下了这种思想影响的痕迹。

胡适与杜威的大量直接接触,应在杜威来华讲学的两年期间(1919年4月30日—1921年7月11日)。杜威来华讲学,系胡适促成。本来杜威的远东之行只有日本一站,在日访问期间,杜威收到胡适的来信,邀请他来中国访问。正在日本访问的蒋梦麟、郭秉文也是哥大的留学生,他们登门拜访杜

---

① 参见《实验主义》,《胡适文存》卷二。《胡适文集》第2册,第232—238页。《思想方法》,原载《学生杂志》1926年1月5日第13卷第1期,收入《胡适文集》,第12册,第289—293页。《杜威哲学》,收入《胡适文集》第12册,第375—379页。
② 《胡适口述自传》第五章"哥伦比亚大学和杜威",《胡适文集》第1册,第268页。
③ 同上书,第266—267页。
④ 《胡适口述自传》第四章"青年期的政治训练",《胡适文集》第1册,第268页。

威。杜威随即回复胡适,愉快地表示接受邀请:

> 你问我能否在中国讲演,这是很荣誉的事,又可借此遇着一些有趣的人物,我想我可以讲演几次,也许不至于我的游历行程有大妨碍。我想由上海到汉口再到北京,一路有可以耽搁的地方就下来看看。①

北京大学、江苏教育会、南京高师作为杜威来华访问的接待机关,胡适是北大推定的代表。② 4月30日杜威抵达上海时,胡适与陶行知、蒋梦麟三位受业弟子亲往码头迎接他。5月2日胡适在江苏教育会"讲演实验主义大旨",以为杜威讲演的"导言"。③ 杜威在华的巡回讲演,其中在北京、天津、济南、太原等地的讲演都由胡适负责翻译,④现能查到胡适做翻译的场次有:1919年5月3日在上海的演讲,⑤6月8、10、12日杜威在北京西城手帕胡同教育部会场讲演《美国之民治的发展》,⑥6月17、19、21日杜威应京师学务局邀请到北京美术学校对中小学教职员讲演的《现代教育的趋势》,⑦8月10日在北京化石桥尚志学校讲演《学问的新问题》,⑧9月20日开始在北大法科大礼堂讲演《社会哲学与政治哲学》(共16次,至次年3月6日结束),9月21日开始在西城手帕胡同教育部会场讲演《教育哲学》(共16次,至次年2月20日结束),10月6日至14日在太原讲演《世界大战与教育》、《品格之养成为教育之无上目的》、《教育上的自动》、《教育上试验的精神》、《高等教育的职务》,⑨在北京讲演《伦理讲演》(共12次,具体演

---

① 《杜威博士致胡适教授函》,载《北京大学日刊》1919年3月28日。
② 《陶行知致胡适》,《胡适来往书信选》上册,第34页,香港:中华书局,1983年11月版。
③ 参见《胡适教授致校长函》,载《北京大学日刊》1919年5月8日。
④ 参见胡适:《杜威在中国》,收入《胡适文集》第12册,第425页。
⑤ 参见《胡适教授致校长函》,载《北京大学日刊》1919年5月8日。
⑥ 载《晨报》1919年6月9、11、13日。
⑦ 载《北京大学日刊》1919年6月27、28、30、7月5日。
⑧ 载《晨报》1919年8月10、11、12日。
⑨ 参见《北大日刊》1919年月10月16日。另载《新中国》1919年10月15日第1卷第7号。

讲日期、地点不明),①11 月 14 日开始在北大讲演《思想的派别》(共 8 次,至次年 1 月 30 日结束),②11 月在北京发表的《自治演讲》(具体日期不明),③12 月 17 日在北大讲演《大学与民治国舆论的重要》,④12 月 29 日在山东济南所作讲演《新人生观》,⑤1920 年 1 月 2 日在天津所作讲演《真的与假的个人主义》,⑥1 月 20 日在北京中国大学所做讲演《西方思想中之权利观念》,⑦1 月在北京高等师范学校讲演《思维术》,⑧3 月 5 日至 3 月底在北大法科礼堂讲演《现代的三个哲学家》(共 6 讲)。⑨ 从胡适日记来看,杜威演讲有时事先提供讲稿给胡适看,以为准备;而在演讲结束后,准备发稿时,胡适又为之校稿。⑩ 在杜威访华的行程中,曾先后陪伴他,或为他的讲演做翻译者还有蒋梦麟、郭秉文、陶行知、刘伯明、杨贤江、王徵、郑晓沧、郑宗海、曾约农诸人,这些人大都是哥大毕业的中国留学生,另出版过《杜威三大演

---

① 演讲纪录载《晨报》1919 年 10 月 15 日、21 日、28—29 日、11 月 3 日、22 日、30 日、12 月 5 日、18 日、25 日、27—28 日、30 日,1920 年 1 月 20 日、3 月 10 日、20 日。这一系列演讲一说为胡适口译,参见黎洁华:《杜威在华活动年表》,收入沈益华:《杜威谈中国》,杭州:浙江文艺出版社,2001 年 1 月版,第 375 页。另一说,此演讲口译者不详,参见《杜威五大讲演》,合肥:安徽教育出版社,1999 年 9 月版,第 276 页。安徽教育版《胡适全集》(第 42 卷译文)收入《杜威五大演讲》时未收此讲,改名为《杜威四大演讲》。但从演讲地点在北京这一点来看,口译者应为胡适。胡适本人在《杜威在中国》也确认在北京的翻译都由他承担,参见《胡适文集》第 12 册,第 425 页。另外,蔡元培 1923 年也提到杜威"在北京有五大演讲,都是胡适口译的",参见《五十年来中国之哲学》,收入《中国现代学术经典丛书·蔡元培卷》,石家庄:河北教育出版社,1996 年 8 月出版,第 341 页。
② 载《晨报》1919 年 11 月 16 日至 1920 年 2 月 4 日,又载《新中国》1919 年 3 月、5 月第 2 卷第 3、5 号。
③ 载《平民教育》1919 年 11 月 22 日第 7 号。
④ 载《晨报》1919 年 12 月 20 日。
⑤ 参见颜之:《济南两周见闻记》,载《晨报》1920 年 1 月 23 日、24 日。
⑥ 参见胡适:《非个人主义的新生活》,收入《胡适文存》卷四。《胡适文集》第 2 册,第 564 页。
⑦ 载《晨报》1920 年 1 月 24 日。
⑧ 载《晨报》1919 年 11 月 26 日。
⑨ 载《晨报》1920 年 3 月 8 日至 27 日,又载《北京大学日刊》1920 年 3 月 11 日至 4 月 30 日。
⑩ 如 1920 年 2 月 28 日、3 月 5 日日记中有"看杜威讲稿"记载,《胡适全集》第 29 册,第 99、105 页。又如 1920 年 2 月 19、20、21、26 日日记中有"校杜威讲演录"、"校讲演录"记载,《胡适全集》第 29 册,第 90、91、92、97 页。另在胡适:《杜威在中国》一文中,也提到类似处理翻译的情形,参见《胡适文集》第 12 册,第 426 页。

讲》、《杜威在华演讲集》等书,但翻译场次之多,影响之大,则无出于胡适之右。

胡适为杜威演讲做翻译,对杜威的演讲效果颇有助益。据杨步伟女士回忆,她第一次见到胡适即是去北平师大听杜威演讲。她本是一医生,不懂哲学,又不懂英文,故对杜威的演讲没有兴趣,但一位朋友告诉她:"你不用愁不懂这个那个的,有一位北大教授胡适之先生做翻译,不但说的有精有神,而(且)说到一般人都可以懂哲学,并且他人非常漂亮,有丰采,你非去听一次不可。"果然,在演讲中,"从杜威先生龙钟老态,更显出胡适之的精神焕发了",这是杨步伟第一次见到胡适留下的印象。① 证之于当时的报道也是如此,1919年5月2日《民国日报》有这样一段报道:

> 昨晚八时,江苏教育会请胡适之博士演讲。胡君演题为实验主义之教育,盖因美国杜威博士今明两日在省教育会讲演,即系此题。杜威博士为实验主义教育家,所讲自必精切此项主义。其派别源流亦极复杂,胡博士特先为演述梗概,以资导引,俾聆听杜威博士演说者,益饶兴趣。而胡君议论风生,庄谐杂出(谭叫天、梅兰芳、三纲五常等均征引及之),故听者感极欢迎云。

1920年8月晨报社将杜威在北京的五个系列演讲辑成《杜威五大演讲》出版,这些演讲全为胡适担当口译,在正式汇辑出版时,译文又经胡适审订。该书出版后,到杜威离华时已印行11版,②每版都在10000册以上。五四时期,与杜威同时在华巡回演讲的世界级大思想家还有罗素。如从个人风度及演讲才能来说,罗素远在杜威之上,比较而言,罗素演讲的社会影响和思想影响则不如杜威,③其中一个主要原因,杜威演讲颇得他在华一批

---

① 杨步伟:《我记忆中的胡适之》,原载台北《征信新闻报》1962年3月4日。收入欧阳哲生编:《追忆胡适》,北京:社科文献出版社,2000年9月版,第327页。

② 关于《杜威五大讲演》在杜威离华前的版次有二说:一说11版,参见《杜威五大讲演》出版说明,合肥:安徽教育出版社,1999年9月版;张宝贵:《杜威与中国》,石家庄:河北人民出版社,2001年1月版,第38页。一说13版,参见元青:《杜威与中国》,北京:人民出版社,2001年9月版,第122页。

③ 有关杜威与罗素在华的影响比较,参见张宝贵编著:《杜威与中国》,石家庄:河北人民出版社,2001年1月出版,第52—57页。

弟子的造势、助阵,胡适自是其中最主要的人物。①

除了陪伴杜威讲演、游历,胡适与杜威私下的交往亦很频繁,胡适1919年至1920年的《日程与日记》中保留了大量有关这方面的记载。② 杜威来华访问前,胡适曾有长文《实验主义》刊登于1919年4月15日《新青年》第6卷第4号,杜威离华的那一天(1921年7月11日),胡适又写下了《杜威先生与中国》一文,称:"在最近的将来几十年中,也未必有别个西洋学者在中国的影响可以比杜威先生还大的。"其理由有二:一是"杜威先生最注重的是教育的革新",二是杜威先生"给了我们一个哲学方法,使我们用这个方法去解决我们自己的特别问题"③。为了表示对恩师杜威的思念之情,胡适将这年12月17日出生的小儿子命名为"思杜"。

杜威离开中国后,胡适一度在北大开设了"杜威著作选读"课。1921年10月27日他在日记中记道:"英文作文,新设一科为'杜威著作选读'。我初限此班不得过三十人,乃今日第一次上课竟有六十余人之多。可惜去年杜威先生在此时我因病不能设此一科。"④1925年胡适翻译的杜威《哲学的改造》第一章,以《正统哲学的起源》为题刊登于《晨报副镌》,后收入1934年商务印书馆出版的由他与唐钺合译的《哲学的改造》一书。⑤ 从"五四"前后胡适与杜威的个人关系可以看出,胡适不仅个人沉浸于杜威的实验主义思想,以之为自己治学和思想的向导;而且不遗余力地向国人介绍,成为实验主义在中国的最有代表性的传人。20年代以后,随着实验主义的影响迅速扩大,它与其他在中国的西方思想流派也展开了争鸣,许多批评者把胡适所宣传的实验主义思想解读为"实用主义",这实际上既违背了胡适的本意,也不太切合杜威思想的本旨。在《实验主义》一文中,胡适明确地说明杜威的"Instrumentalism"哲学可译为"工具主义"(或"器具主义"和"应用主

---

① 有关胡适与杜威在华期间的关系,参见元青:《杜威与中国》第五章"胡适与杜威实用主义",北京:人民出版社,2001年9月版,第216—253页。
② 参见《胡适全集》第29册,合肥:安徽教育出版社,2003年9月版。
③ 胡适:《杜威先生与中国》,《胡适文存》卷二,《胡适文集》第2册,第279页。
④ 《胡适全集》第29册,第490页。
⑤ 杜威著、胡适译:《正统哲学的起源》,载《晨报副镌》1925年2月22、23日,3月4、7、8、9日,后又收入1934年2月商务印书馆出版的《哲学的改造》(杜威著)第一章。

义"),而用"实验主义"作为一个类名来概括包括皮耳士的"Pragmaticism"、詹姆士的"Pragmatism"、英国失勒(F. C. S. Schiller)的"Humanism"和杜威的"Instrumentalism",以为这个名词"更能点出这种哲学所最注意的是实验的方法"①。

以后,胡适访问美国,每次旅经纽约,都要造访杜威。如 1927 年 2 月 2 日他去拜访杜威,日记中记道:"我前回把讲演第二篇的草稿请他一读。他今天还我,很称赞此篇。他赞成我把此书写成付印。"②其态度与十年前相比,自然是大相径庭。抗战期间,胡适在美驻留时间达八年零七个月,与杜威的接触亦颇密切,并与当时担任杜威秘书(或助手)的 Robby 发生了情恋的关系,③杜威 87 岁时(1946 年 12 月)续弦,其新妇即为 42 岁的 Robby。④抗战期间,胡适身为驻美大使,重任在肩,政务倥偬,仍未忘情于他的哲学专业,写作了两篇研讨实验主义政治哲学的论文《工具主义的政治哲学》(The Political Philosophy of Instrumentalism)、《作为一种工具主义的政治概念》(Instrumentalism as a Political Concept),将实验主义的触角伸向了政治哲学领域。

1949 年 4 月胡适再次来到美国,在纽约落住后,他在拜访新老朋友,出席各种活动中,亦安排了拜访杜威的活动(6 月 7 日、10 月 13 日、10 月 20 日),⑤这一段胡适的日记所记甚简,可见他的心态颇为不好,连自己的日课——日记也无心多记了。1952 年 6 月 1 日晚七点,杜威去世,享年 92 岁。晚八时半杜威夫人将这一消息通知了胡适,由此可见杜威太太对胡适的重视。当天胡适的日记写道:"杜威先生的思想,影响了我的一生。"⑥胡适与杜威的实际交往到此画上了句号。

1952 年冬天,胡适访问台湾,为纪念自己刚过世的老师,12 月 28 日胡

---

① 胡适:《实验主义》,收入《胡适文集》第 2 册,第 208—209 页。
② 《胡适全集》第 30 册,第 482 页。
③ 此段恋情考证,参见余英时:《重寻胡适历程:胡适生平与思想再认识》,台北:联经出版事业股份有限公司,2004 年 5 月版,第 76—92 页。
④ 此说据唐德刚译注:《胡适口述自传》第五章"哥伦比亚大学和杜威"注 18,收入《胡适文集》第 1 册,第 279 页。
⑤ 参见当日胡适日记,《胡适全集》第 33 册,第 744、772、775 页。
⑥ 《胡适全集》第 34 册,第 225 页。

适在台湾省立师范学院发表了题为"杜威哲学"的讲演,在讲演开始,他回忆了自己与杜威的关系:

> 杜威先生是我的老师。我们三十九年来,不但是师生的关系,而且还是很好的朋友。他在六十岁的时候在北平讲学;那时候我在北京大学,我替他做翻译。以后他到太原、天津、济南各地去讲学,我也替他做翻译。我们又继续几十年的朋友关系。他在北京过六十岁生日的时候,我参加了;他过七十岁生日的时候,我没有参加,因为他在国外,我在国内。到了1939年,他八十岁的时候,我在美国做外交官,参加了他的生日庆祝;1949年,他九十岁的时候,我在纽约也参加了他的生日庆祝。他今年夏天刚过去,算起来活了九十二岁多。①

他的演讲分二讲,第一讲介绍杜威先生的哲学思想,第二讲杜威哲学思想在技术方面的运用。与33年前发表的那篇《实验主义》长文的观点对比,这篇演讲并没有提供什么新鲜的东西。1959年7月16日胡适在夏威夷大学发表了题为"杜威在中国"的英文演讲,作为杜威百年诞辰的纪念。这篇演讲回顾杜威在中国的经历时使用了《杜威夫妇信札集》(*Letters from China and Japan*)的材料,并结合50年代中国大陆的"胡适大批判"谈了自己的感受,显然这与1921年7月发表的那篇几乎同题的文章——《杜威先生与中国》,调子大不相同,政治的色彩明显加强,正如冷战时代许多话题都被政治化一样,杜威与中国(包括与胡适本人)的关系也被蒙上了冷战的阴影。

四 与母校哥大的来往

"五四"时期是中外文化交流比较热烈的一个阶段。除了上面我们所提杜威来华访问外,哥大师范学院还有一位著名教授孟禄亦来华访问。1921年9月5日孟禄来华访问,为时四个月。12月17日到第二年1月初在北京访问,他的学生陶行知随行,胡适为孟禄在京的讲座担当口译,计有:

---

① 《胡适文集》第12册,第362页。

"教育在政治上社会上的重要"(1921年12月23日在美术学校讲)、①"大学之职务"(1921年12月24日在北京大学讲)、②"教育之社会的和政治的含义"(1921年12月下旬)、③"大学之职务"(1922年1月初在北大讲)。④孟禄在华讲学及其教育调查对中国教育影响至大,陶行知当时即有如是评价:"此次博士来华,以科学的目光调查教育实况,以谋教育之改进,实为我国教育开一新纪元。"⑤

也许是杜威的中国之行对胡适在新文化运动中的个人声誉留下了深刻印象,哥大方面对胡适开始刮目相看。1920年9月4日,胡适在日记中写道:

> Greene来信,托我为Columbia大学觅一个中国文教授,我实在想不出人来,遂决计荐举我自己。我实在想休息两年了。
>
> 今天去吃饭,我把此意告他,他原函本问我能去否,故极赞成我的去意。我去有几件益处:(1)可以整顿一番,(2)可以自己著书,(3)可以作英译哲学史,(4)可以替我的文学史打一个稿子,(5)可以替中国及北大做点鼓吹。⑥

1922年2月23日哥大的聘书果然寄来了,但胡适又改变了主意。日记中这样写道:

> 哥伦比亚大学校长Nicholas Murray Butler正式写信来聘我去大学教授两科,一为中国哲学,一为中国文学。年俸美金四千元。此事颇费踌躇。我已决计明年不教书,以全年著书。若去美国,《哲学史》中下卷必不能成,至多能作一部英文的《古代哲学史》罢了。拟辞不去。⑦

哥大方面给胡适的待遇不薄,这也为胡适获取博士学位埋下了伏笔。

---

① 《教育在政治上社会上的重要》,载《新教育》1922年2月第4卷第4期。
② 《大学之职务》,载《新教育》1922年2月第4卷第4期。
③ 《教育之社会的和政治的含义》,载上海《民国日报·觉悟》1921年12月30日。
④ 《大学之职务》,载上海《民国日报·觉悟》1922年1月3日。
⑤ 转引自朱泽甫:《陶行知年谱》,合肥:安徽教育出版社,1985年2月版,第29页。
⑥ 《胡适全集》第29册,合肥:安徽教育出版社,2003年9月版,第203页。
⑦ 《胡适全集》第29册,第523页。

1927年胡适第二次赴美,在美停留三个月时间。这次哥大特意邀请胡适在该校作了九次讲演,其中六次对中文系,三次对一般听众。① 1927年1月11日胡适到纽约后的第三天(14日)在给韦莲司的信中对这次哥大安排的演讲活动有详细说明:

> 我切盼望能尽早到绮色佳去,但头10天我必须待在哥伦比亚大学的图书馆里。哈佛和哥伦比亚都请我去演讲,在我离开英国以前,我已经回绝了哈佛的邀请;但我无法很妥善的回绝哥伦比亚,因为我曾被迫取消一系列已经公布了的演讲,我觉得应借这次来此地的机会补过。所以我答应在文理学院给3个适合一般听众的演讲,在中文系讲6次。这些演讲安排在2月4日至17日。〔中文系〕的6次演讲是讲"中国哲学中的六个时期"。因为身边没书,我将在哥伦比亚中文图书馆写讲稿。现在我接受了哥伦比亚的邀请,我也许就得到哈佛重复这些演讲。②

在纽约,胡适的日程排得很紧,以至他无法立即分身去绮色佳会见他的情人和师友,他给韦莲司的随后两封信不得不解释这一点:

> O. G. Guerlac教授请我去康乃尔作个演讲,我请他尽可能的安排在3月第一个星期二星期三。
>
> 从目前情形看来,我几乎可以确定,我无法在周末离开纽约。所以我的结论是要哥伦比亚和哈佛讲座结束以后再去绮色佳就好得多。2月份的周末已经全安排了去访问纽约和剑桥附近的大学。
>
> 我实在很想尽快去绮色佳。恐怕行期的一再延后让你们很失望。但是要想摆脱工作真不容易;光是回信就用掉我一天许多时间,而我总得工作到深夜。③

胡适在哥大的演讲内容和效果如何?其详细情形,我们没有直接材料。

---

① 参见富路德教授(Luther Currington Goodrich)致夏志清信(1978年8月15日),收入夏志清:《胡适博士学位考证》,载台北《传记文学》1978年11月第33卷第5期。
② 周质平编译:《不思量自难忘——胡适给韦莲司的信》,第158页。
③ 同上书,第161页。

但从他演讲完后给韦莲司的信可见一斑:

> 过去几天,我忙得竟然连写一封短信,回复你 10 日来信〔的时间〕,都没有。……
>
> 我在此写完讲稿以后,会把讲稿寄给你。目前我只有关于哲学的讲稿。那些为一般听众所做演讲的讲稿,还没写好。……
>
> 多谢你寄剪报来。Guerlac 教授和 Sampson 也寄来了同样的剪报来。对那些高度的称赞我真不敢当。
>
> 昨晚,我在大风雪中离开纽约,暴风雪还在加强。往后 12 天,我有 16 次演讲,其中有两次是星期六、星期天(2 月 26 日、27 日)在纽约!①

看得出来,对胡适演讲的反应是很热烈的。否则,不会有三位美国朋友同时将他们看到的有关报道迅速反馈给胡适。唯一遗憾的是,胡适为准备这些演讲所写的讲稿,不知今天存在何处。迄今出版的《胡适英文文存》和《胡适全集》都未见收入这些讲稿。胡适本来欲利用这些讲稿,"预备将来修正作一本英文书",并称"我的《哲学史》上册,先作英文的《名学史》。今又先作英文的全部《哲学小史》,作我的《新哲学史》的稿子,也是有趣的偶合"②。这个想法一直延续到胡适的晚年,1944 年 11 月至 1945 年 5 月胡适在哈佛大学讲授"中国思想史",课程完备时,胡适亦曾打算将讲稿整理成书,1945 年 5 月 21 日他致信王重民说:"此间教课,每讲都有草稿,用'拍纸'写。夏间想整理成一部英文《中国思想史》。"③50 年代初,胡适读到 1948 年由美国麦克米兰公司出版的冯友兰著英文本《中国哲学简史》(*A Short History of Chinese Philosophy*),颇感不快。胡、冯两人先后在哥大留学,同学一个专业,又同治中国哲学史,故人们喜欢将他俩进行比较,胡、冯两人从此成为一对学术"冤家",在行家的眼里,冯大有后来居上的势头。当胡适收到普林斯顿大学"Special Program in the Humanities Committes"主席 Prof Whitney J. Oates 的来信,提名他为 Alfred Hodder Fellowship 之候选人,他即

---

① 周质平编译:《不思量自难忘——胡适给韦莲司的信》,第 162 页。
② 《胡适全集》第 30 册,第 481 页。
③ 《致王重民》,《胡适全集》第 25 册,第 135 页。

打算"把《中国思想史》的英文简本写定付印"①。究竟是这一计划未付诸实现,还是因胡适本人另有其他工作,我们最终还是没有看到他的英文本《中国思想史》付梓,这大概是胡适晚年所抱憾的未能完成的两三部书之一吧!

  1927 年胡适的美国之行,不仅加强了胡适与哥大等美国大学之间的关系,且大大增加了他在美国的知名度。胡适回国后,美国方面及在华的英文报刊明显加强了对胡适动态的追踪和报道。1928 年 10 月 2 日芝加哥大学邀请胡适第二年春赴该校"哈斯克尔讲座"演讲,主题是"儒家思想的现代趋势",另开设一门"中国哲学史"课程,报酬是两千美金。② 胡适似乎没有多想,很快就回复谢绝了这一邀请。③ 1930 年 1 月 28 日胡适又收到芝加哥大学的再次邀请和耶鲁大学的访学邀请,芝加哥大学的聘金提高到 3500 美金。④ 由于这时胡适与国民党当局关系颇为紧张,胡适有意离开中国公学和上海,故对这一邀请有所心动,并在 1930 年 2 月 5 日发电报给芝加哥大学,表示愿意接受哈斯克讲座。⑤ 外界报纸甚至公布了胡适即将辞去中国公学校长一职,"出洋"去美国芝加哥大学、耶鲁大学讲学的消息。⑥ 但这项计划事实上推迟到 1933 年 6 月才成行(后取消了去耶鲁大学的行程),其中原因可能是胡适又一次改变了主意——先北上赴北京大学任教。

  1928 年至 1929 年间,胡适与《新月》同人就人权问题,与国民党当局发生了论战。对这场论战,外界舆论亦颇为关注。1929 年 6 月 21 日《字林西报》(*The North China Daily News*)以"中国需要法"(*The Need of Law in China*)专文介绍了胡适的《人权与约法》一文。⑦ 8 月 31 日《纽约时报》刊载了《钳制中国说真话的人》(*Muzzling China's Truthteller*)的报道,明确表达了支持胡适的声音:"作为中国新文学运动的领导者,作为中国最杰出的思想家,当他冒险向老百姓讲真话时,他的言论不应被钳制,应该让老百姓听到

---

① 《胡适全集》第 34 册,第 5 页。
② 英文邀请信参见《胡适全集》第 31 册,第 268—269 页。
③ 胡适回复芝加哥大学方面的英文信,参见其 1928 年 11 月 4 日日记,收入《胡适全集》第 31 册,第 271—272 页。
④ 参见《胡适的日记》(手稿本)第 9 册,1930 年 1 月 28 日日记及所附英文信。
⑤ 参见《胡适全集》第 31 册,第 606、607 页。
⑥ 参见 1930 年 2 月 8 日胡适日记所附剪报,收入《胡适全集》第 31 册,第 608 页。
⑦ 参见《胡适的日记》(手稿本)第 8 册,1929 年 6 月 23 日英文剪报。

他的声音。"①9月9日《时代》周刊(*Time*)第 XIV 卷第 11 期以《叛国者胡适》(*Traitor Hu*)为题报道国民党当局对胡适的"围剿"和封杀,9月12日(星期四)《中国每日新闻》(*China Daily News*)则刊载了《我们什么时候才可有宪法》的英译文。② 因人权论战的问题,胡适与国民党关系非常紧张,身处险境,哥大方面注意到这一事态的发展,中文系代理行政官(Acting Executive Officer)富路德(L. C. Goodrich)1929年11月4日致信 Lovejoy 先生,特别提到胡适与国民党当局展开的人权论战,因此国民党中央训练部命令教育部警告胡适,他要求《哥大校友通讯》(*Columbia Alumni News*)报道这一事件(见附件三):

> 亲爱的莱佛杰尔:
>
> 在1929年9月28日出版于北京的《中国周刊》,有一个标题大意是国民党中央训练部门命令教育部警告胡适博士,其因是他涉嫌反政府的文章。
>
> 正如你毫不怀疑的知道,胡适博士1917年在这完成他的博士论文,但他直到1927年递交了100份他的博士论文印本才获得博士学位。他是今天中国二、三分之一中最杰出的学者。我有一篇他批评政府的文章,也许你有兴趣,如果你想在《哥大校友通讯》提到它的话。
>
> 他是最近获得哥大奖章的人之一。(以上为铅印,此句为书写体,——编者注。)

也就是在这一年,哥大给予胡适一枚奖章(Medal),这是对毕业校友的一个荣誉奖励。

1933年7月,胡适应芝加哥大学哈斯克讲座(Haskell Lecture)第三次来美访问。讲座结束后,胡适曾在纽约做短暂停留。9月14日他会见了杜威,称"他看起来极健康,极有精神。又极慈祥,极快乐!"③并在当天由国际教育研究所举办的有关教育的讨论中,坐在哥伦比亚教育学院院长罗斯尔(Russell)的旁边,与他讨论了 Becker 的新书,后者"认为这本书的风格代表

---

① 参见胡适1929年10月10日日记所附英文剪报,收入《胡适全集》第31册,第515页。
② 参见《胡适的日记》(手稿本)第8册,1929年10月13日英文剪报。
③ 周质平编译:《不思量自难忘——胡适给韦莲司的信》,第183页。

最佳的英语写作"①。1936年胡适第四次去美访问。此行未见他提及去哥大的纪录，但他9、10月份经过纽约，并在纽约发表过演讲。②

1938年10月，胡适上任驻美大使，当时美国各大报刊对这一消息都及时做了报道，并在介绍胡适时，无不提到他在哥大留学和取得博士学位的经历。12月5日，胡适因演讲过累，患上了心脏病，随即住院达77天之久（1938年12月5日—1939年2月20日），在此期间，哥大校友总会（Alumni House, Columbia University）Clarence E. Lovejoy先生的私人秘书 E. W. Phillip女士于1939年1月3日、6日曾给中国驻美大使馆两度去信，并附去了一份他们所写的胡适小传，要大使馆方面给予确认（见附件四），这份材料也许是为给胡适颁发荣誉博士学位而准备的。1939年1月27日出版的《哥大校友通讯》（Columbia Alumni News）第30卷第6期封面刊登了胡适的标准照。在关于这张封面照的说明中如是写道：

> 哥伦比亚有一位中国外交界的显赫人物，他就是去年9月新近被任命为中国驻美大使的胡适。他1927年获得哲学博士学位，1929年获得大学奖章。他开始在美国的科学训练是在农学，但很快意识到中国需要文学和哲学，就像中国特别需要科学农业。所以改换了他的专业，成为了中国文学革命的领袖，他称哲学是他的职业、文学是他的爱好。他是一名编辑、演讲家，他在战争期间结婚，有两个儿子（见附件五）。

1939年5月胡适的《藏晖室札记》出版，胡适将此书分赠给美国一些相关的朋友和机构，其中包括哥伦比亚大学，胡适在1939年5月17日给韦莲司的信提到了此事，并告之哥大和芝加哥大学将授予给他法学博士（荣誉学位）。哥大校长Day先生为了照顾胡适，还特意邀请胡适去他家休息。③ 1939年6月6日哥大毕业典礼给胡适授予荣誉法学博士学位（L. L. D），富路德教授（Prof Goodrich）是胡适的"傧相"（Escort），这是胡适任驻美大使后

---

① 周质平编译：《不思量自难忘——胡适给韦莲司的信》，第184页。
② 参见胡不归：《胡适之先生传》，收入《胡适传记三种》，合肥：安徽教育出版社，2002年3月版，第103页。
③ 周质平编译：《不思量自难忘——胡适给韦莲司的信》，第239—240页。

所得的第一个荣誉博士学位。①

胡适卸任大使后,闲居在纽约。1943 年 10 月 3 日胡适曾到哈佛大学为美国陆军训练班(The School of Overseas Administration at Harvard)作了六次关于中国历史文化(The Historical Culture of China)的讲演。② 一年后胡适又应邀在哈佛作为期一年的讲学(1944 年 11 月至 1945 年 6 月),讲授课程是"中国思想史"。③ 随后又应邀在哥伦比亚大学讲授了一个学期的"中国思想史"课,1945 年 9 月 22 日《纽约时报》发表了一则"中国教育课程"的简短新闻:

> 哥伦比亚大学校长巴特莱博士(Dr. Nicholas Murray Batler)昨天宣布:曾于 1938—1942 年任中国驻美大使的胡适博士,将在哥伦比亚大学来临的冬季学期(Winter session)讲授中国思想史课程(见附件六)。

1946 年 1 月 25 日胡适在日记中写道:"今天在 Columbia University 作最后一次讲演。全班学生送我一册 The Columbia Encyclopedia 作纪念。"④胡适结束在康乃尔大学"先驱讲座"(Messenger Lectures,1946 年 2 月 4 日至 15 日,共六讲)后,遂决定不再接受美国大学的讲学邀请,由哥伦比亚大学国际委员会安排,1946 年 2 月 20 日(星期三)晚上 8 点,胡适在哈克利斯学术剧院向哥伦比亚大学观众做了一场题为"中国的明天"的讲演。为搞好这次活动,校方做了一个介绍胡适的大广告,在广告中特别提到,这是胡适即将回国就任北大校长前最后安排的活动之一(见附件七)。动身返国前夕,哥大中国委员会(The Chinese Committee of Columbia University)特送一支票给胡适,由他"支配使用,供北京大学教职员工或学生急需之资金"⑤。

1949 年 4 月胡适再次来到美国,与上次在美到处活动的情形形成反差,这次胡适与外部的接触明显减少。1953 年美国著名画家 Grace Annette

---

① 《胡适全集》第 33 册,第 227 页。
② 1943 年 10 月 3 日胡适日记,收入《胡适全集》第 33 卷,第 522 页。
③ 胡适在哈佛大学讲学始讫日期,参见 1944 年 11 月 6 日胡适日记,《胡适全集》第 33 卷,第 545 页。《致王重民》1945 年 5 月 21 日,《胡适全集》第 25 卷,第 135 页。
④ 《胡适全集》第 33 册,第 559 页。
⑤ 同上书,第 583 页。

Du Pre 为胡适画了一幅肖像，该画家有一工作室在国家艺术俱乐部，它坐落在纽约第 15 多谢公园（15 Gramercy Park）。为此，罗贝卡（Gustave J. Noback）于 1953 年 5 月 14 日还特意给哥大校长柯克（Grayson Kirk）写了一封信（见附件八）。关于这幅画的命运，唐德刚先生在他的《胡适杂忆》中有一小小的故事：

> 另一次，有人替胡先生画了一张油画像。胡氏亦以父兄家长的身份送给了哥大中文图书馆。按理这幅画像是应该挂起来的。孰知它一入哥大，便进了地下室烂书堆，无人理睬。1962 年东亚馆迁入了一座 8 楼大厦，地方十分宽敞，大楼四壁空空。我要把这幅像挂于阅览室，当时有人反对说："哥大向不挂生人照片的！"我说："胡适也活不了多久了！"这样这幅油画才有礼无让地挂了出去，这可能是今日海外唯一的一张挂出来的胡适油画像了。①

1954 年 4 月 13、14 日胡适出席哥大二百周年纪念会，发表题为"古代亚洲的权威与自由的冲突"的英文演讲，该演讲稿收入《庆祝哥伦比亚大学二百周年国际会议论文集》第一集。② 作为该校的名校友，胡适亦常常出现于校内的各种校庆活动和集会活动，或坐在会议的嘉宾席上，③当时哥大对胡适仍是相敬如宾，以礼相待。

50 年代，胡适与哥大最重要的合作是他在哥大东亚研究所中国口述历史部做口述自传。当时，移居美国的中国国民党要人及其他名人颇多，在纽约一带做"难民"或"寓公"的中国"名人"更是"车载斗量"。1957 年初哥大东亚研究所中国口述历史部"试办成立"，主持这项工作的是治中国近代史的韦慕廷教授，他负责向福特基金会、美国联邦政府以及其他方面筹集资金，具体工作人员为夏连荫（Julie Lien-ying How）和唐德刚。夏女士最早的

---

① 唐德刚：《胡适杂忆》（增订本），上海：华东师范大学出版社，1999 年 1 月版，第 8 页。
② Hu Shih, "Authority and Freedom in the Ancient Asian World", In Man's Right to Knowledge: An International Symposium Presented in Honor of the Two Hundredth Anniversary of Columbia University. First Series: Tradition and Change. New York: H. Muschel, 1954. pp. 40—45. 收入周质平主编：《胡适英文文存》第 3 册，第 1377—1381 页。此文的意旨在胡适 1954 年的一篇题为《中国古代政治思想史的一个看法》的中文演讲中有所发挥。
③ 唐德刚：《胡适杂忆》（增订本），第 5 页。

访问对象是孔祥熙、陈立夫,唐德刚的访问对象则是胡适和李宗仁。① 胡适本是"传记文学"的提倡者,1956 年冬唐德刚与他见面提起这一计划时,胡适大为兴奋,"谈了一整晚他自己的'传记'或'自传'写作应当采取的方式"。② 与唐德刚先生后来整理的《李宗仁回忆录》、《顾维钧回忆录》的风格明显不同,《胡适口述自传》的篇幅较短,除了对胡适的早期生活和学术思想有较详细的述说外,对其生平事迹的交代着墨并不多,故篇幅相对也较小。由于胡适本人精于"自传"这样一种传记文学体裁,并有过自身的实践,显然这样一种写法是他自己有意设计的结果。而李宗仁、顾维钧的回忆录则有唐德刚先生"导演"的成分在内。也就是说,李、顾二人是被唐先生"牵着鼻子走",而《胡适口述自传》则是胡说唐记,并经胡适"查阅认可",③ 性质可谓大不相同。作为这项工作的成果——英文稿的《胡适口述自传》,后经唐德刚先生译注,曾于 1977 年 8 月至 1978 年 7 月连载于台北《传记文学》,并于 1981 年 2 月由台北传记文学出版社结集出版。

　　胡适在纽约做"寓公"时,有时也往哥大中文图书馆阅览,发现这里中文图书因经费拮据,收藏十分有限。为此,他与在图书馆工作的唐德刚商量了半天,以求解决之途。当唐告知他,哥大中文图书馆每年经费只有 200 美元时,胡适立即表示要找几个有钱的校友(如顾维钧之类)捐 2000 块钱给哥大购买中文图书,以解决这一问题。后来果然有一位"无名氏"捐了 2000 元。④ 1960 年 5 月 8 日《纽约时报》发表了一则题为"胡敬赠哥伦比亚"(HU HONORS COLUMBIA)的消息。内称胡适赠给哥大东亚图书馆 25 卷他的中文著作,另附一册罗尔纲的《师门五年记》。为了胡适这样一份赠礼,哥大新闻办公室还特别准备了一份供各大媒体报道的详细新闻稿(见附件九)。

---

　　① 有关哥大东亚研究所中国口述历史部的初期情形,参见李宗仁口述、唐德刚撰写:《李宗仁回忆录》下册,上海:华东师范大学出版社,1996 年版,第 786—787 页。
　　② 有关《胡适口述自传》的工作情形,参见唐德刚:《胡适杂忆》(增订本),第 203—223 页。
　　③ 唐德刚译注:《胡适口述自传·写在书前的译后感》,《胡适文集》第 1 册,第 171 页。另见《胡适口述自传》第三章"初到美国:康乃尔大学的学生生活",《胡适文集》第 1 册,第 220 页。
　　④ 唐德刚:《胡适杂忆》(增订本),第 8 页。

从胡适与母校哥大的上述密切来往可以看出,胡适这样一位曾在该校留学的中国学生对哥大始终抱有深厚的感情,而哥大也对胡适给予了相应的礼遇,双方的关系可以说是融洽的,它构成哥大与中国学术文化交流的精彩一章。有的论者以哥大推迟十年授予胡适博士学位来说明二者之间的恩怨难解,其实是一种误会。正如胡适在中国的地位在新文化运动以后如日中天一般,他在美国(当然包括母校哥大)的分量可以说也是与日俱增,从1922年哥大邀请他任教,到1929年授予他荣誉奖章,再到1939年给他颁发荣誉法学博士学位,我们可以见证这一点。哥大这样做,显然也是符合美国大学对待一个杰出校友的通常惯例。

五 胡适:哥大的一位杰出校友

哥伦比亚大学是美国长春藤大学,胡适是中国著名学者。据袁同礼统计,截至1960年止,哥大授予华人博士学位人数位居全美各校之冠,但是据哥大所提供的正式名单,则居第二,共203名(伊利诺大学第一名,共204名)。① 在哥大获取博士学位的名单中,除了本文主人公胡适以外,其他著名人士还有陈焕章(1911)、严鹤龄(1911)、顾维钧(1912)、郭秉文(1914)、马寅初(1914)、蒋梦麟(1917)、金岳霖(1920)、侯德榜(1921)、蒋廷黻(1923)、冯友兰(1924)、潘序伦(1924)、吴文藻(1928)、唐敖庆(1949)等。在此有过就读或研修经历的中国留学生,则可列出一份更长的名单,如唐绍仪、钟荣光、陶行知、张奚若、张伯苓、任鸿隽、孙科、宋子文、俞庆棠、徐志摩、许地山等,据蒋廷黻回忆,1919年在哥大的中国留学生约有150名,② 另一位于1915—1919年曾在哥大留过学的陈鹤琴则将此数字提高到300人之多,③唐德刚亦说二战后哥大的中国留学生有三百余人,1949年以后才骤

---

① 参见唐德刚:《胡适杂忆》(增补本),第40页。
② 《蒋廷黻回忆录》,长沙:岳麓书社,2003年9月版,第76页。
③ 陈鹤琴:《我中了杜威实用主义反动教育思想的三枪》,原载《文汇报》1955年2月28日。收入《资产阶级教育思想批判》第1集,北京:文化教育出版社,1955年10月版,第179页。

减,①足见中国留学生在此校之盛。如以留美学生对中国影响最大的大学排列,在胡适生活的年代,哥大的中国留学生无疑位居首位。

哥大留学生对现代中国的影响,主要是在教育和思想这两方面。在教育方面,据统计,1991年上海教育出版社出版的《教育大辞典》第10卷介绍中国近现代教育家,计有265人,其中有留学经历的142人,留美学生78人,而哥大就有34人。② 1922年中国实行学制改革,采取的即是美国模式(小学六年,初中三年,高中三年,大学四年),杜威与他的哥大中国留学生胡适等对此可以说起了关键作用。③ 在思想方面,美国哲学在西方近现代哲学史的地位很难与德国、英国,甚至法国比肩,但哥大出身的胡适、冯友兰、金岳霖三人,他们为中国现代哲学的构建却发挥了任何留学其他国度的中国学生所无法比拟的特殊作用,其成就已为学界所公认,在此不必赘述。

评估中国留美学生(包括哥大的中国留学生)对现代中国的影响,有形迹可循。而捕捉中国留学生群体在美国的影响力则不易,如以个人影响而论,胡适当是第一人,这不仅从他在美所获得的31个荣誉博士学位可以证明,而且从美国方面的报刊对他逝世的反应也可看出这一点。1962年2月24日胡适逝世时,美国许多报刊迅即刊登消息、发表文章介绍胡适生平,深切悼念这位为中国新文化的发展,为中美关系的发展,为中美文化交流做出巨大贡献的杰出学人。这些报刊文章值得一提的有:1962年2月24日巴尔迪摩(Baltimore,MD)的《太阳报》(Sun)发表的《一度出任驻华盛顿大使的胡适博士逝世》(Dr. Hu Shih, Once Envoy to D. C, Dies),2月25日纽约的《先驱论坛》(Herald Tribune)发表的《胡适博士去世:二战时任驻美大使》(Dr Hu Shih Is Dead; War II Envoy to U. S),2月25日纽约的《美国杂志》(Journal American)发表的《中国前任驻美大使胡适终年71》(Hu Shih, China Ex-Envoy,71),2月25日纽约的《纽约时报》(New York Times)发表的《哲学家胡适去世,终年70》(Dr. Hu Shih Dead; Philosopher,70),2月25日纽约的《镜子》(Mirror)刊登的《前任驻美大使、文学领袖胡适博士在台北去世》

---

① 参见唐德刚:《胡适杂忆》(增订本),第5页。
② 参见陈平原:《老北大的故事》,南京:江苏文艺出版社,1998年3月版,第182页。
③ 参见张宝贵编著:《杜威与中国》,《杜威在华经历·教育改造的设计师》,石家庄:河北人民出版社,2001年1月版,第45—52页。元青:《杜威与中国》,第250—253页。

（Dr. Hu Shih Dies in Taipei; Ex-Envoy, Literary Leader），2月27日《时代》周刊（Time）发表的《中国学者》（Chinese Scholar）等。

哥大方面为表达对这位杰出校友的深切怀念，则专门设立了"胡适奖学金"。1963年10月6日《纽约时报》刊登了这一消息，宣布这年9月在哥大设立了胡适研究生奖学金，它由胡适纪念基金设立，以奖励那些在哲学、历史、文学领域的学者（见附件十）。在此之前，在康乃尔大学和哥大已设立了胡适大学生奖学金。担任基金会会长的是罗格尔曼先生（Harold Riegelman），他是胡适1914年在康乃尔大学的同班同学。哥大"胡适奖学金"的设立，可以说是该校对胡适去世的最高纪念。

本文为2004年9月应邀赴美国纽约参加哥伦比亚大学主办的"哥大与中国"学术研讨会提交的论文，收入李又宁编：《华族与哥伦比亚大学》第一册，纽约：天外出版社，2010年版，第103—177页。

肆　哥伦比亚大学的学术世界 | 113

附件一 1927年3月21日，胡适博士学位注册表

國 立 北 京 大 學
NATIONAL PEKING UNIVERSITY
PEIPING CHINA

胡適字適之，安徽績溪縣人，1891年十二月生。
上海　梅溪學堂肄業，澄衷學堂肄業，中國公學畢業，
　　　中國新公學肄業。
1910（宣統二年）考取第二屆留學美國官費。
1910—15，在 Cornell 大學，得 B.A. 學位（1913）。
1915—17，在 Columbia 大學，得 Ph. D學位。
1917—歸國，任北京大學哲學教授，兼英文系主任。
1926—27，遊歷歐美。
1928—1930，吳淞中國公學校長。兼任東吳大學法科
　　　及光華大學中國哲學史講席。
1930—回北平，任中英會議籌備委員會，兼任北大校長
1932—1937，北大文學院院長兼中國文學系主任。
1933—遊美國，在 Chicago 大學擔任 Haskell 講席。
1936—遊美國，參加 Harvard 大學三百年紀念盛典。
1937—1938，奉政府命赴歐美國作非正式宣傳，考察歐
　　　美各國對我國抗戰的態度。
1938　夏間在歐洲，受任美大使的任命。
1938十月至1942九月，任駐美大使。
1944—45，在 Harvard 大學教授中國思想史。
1945—1946在 Columbia 大學教授中國思想史（一學期）。
1946，二月在 Cornell 大學擔任 Messenger 講演。
1945　九月政府發表為北京大學校長。
1946　七月回國。七月底到北大。
名譽學位：
　　Litt.D.
　　　　　（Harvard　等大學）
　　LL.D.
　　　　　（Columbia, Yale, Chicago　等大學）
　　D.C.L.
　　　　　（Oxford　等大學）

附件二　1946年7月，胡适任北京大学校长所填履历表

Columbia University
in the City of New York

DEPARTMENT OF CHINESE

LOCAL

November 4, 1929

RECEIVED
NOV 5 1929

Mr. C.E. Lovejoy,
110 Library.

Dear Mr. Lovejoy:-

In the September 28, 1929 number of the BANKER IN CHINA, published in Peking, there is an item to the effect that the Central Training Department of the Kuomintang has ordered the Ministry of Education to "warn Dr. Hu Shih as a result of his allegedly anti-governmental articles."

As you doubtless know, Dr. Hu completed his work for the doctorate here in 1917, but did not receive the degree until 1927 (on the submission of printed copies of his dissertation). He is one of the two or three most prominent scholars in China today. I have one of his articles, criticizing the Government, which may be of interest to you if you want to make a mention of it in the Columbia Alumni News.

He is one of those recently awarded a medal by

Sincerely yours,
L. Carroll Goodrich
Acting Executive Officer

附件三 1929年11月4日，富路德给Lovejoy的信

```
                    CHINESE EMBASSY
                    WASHINGTON, D. C.                RECEIVED


                                            January 6, 1939


     Mr. Clarence E. Lovejoy
     Alumni Federation of Columbia University
     Alumni House, Columbia University
     New York, N.Y.

     Dear Sir:
                In the absence of the Ambassador who
     is still in the hospital, we are sending you,
     herewith, his biographical sketch, as requested
     in your letter of January 3rd and which we
     trust will prove satisfactory for the purpose
     mentioned in your letter under acknowledgment.

                            Yours very truly,

                            (Mrs.) E. W. Phillips

                            Private Secretary.


     Enclosure.
```

附件四　1939年1月6日，E.W.Phillip给中国驻美大使馆的信

肆　哥伦比亚大学的学术世界 | 117

COLUMBIA ALUMNI NEWS

Hu Shih
'27PhD, '29Univ. Medal

JAN 27, 1939
VOL. 30, NO. 8

THE FRONT COVER

Columbia has a lion's share of China's foreign dignitaries. Newest of these is Hu Shih, '27PhD, '29Univ. Medal, appointed Chinese ambassador to the United States last September. He started his American academic training in agriculture but quickly decided that China needed literature and philosophy just as much as scientific farming, so changed his courses and became a leader in the nation's literary revolution. He calls philosophy his life work and literature his hobby. An editor and lecturer, he was married during the war and has two sons.

附件五　1939年1月27日，《哥大校友通讯》第30卷第8期封面刊登的胡适标准照及其说明文字

N. Y. Times
Sept 22, 1945

'Course on Chinese' Taught

Dr. Hu Shih, who was Chinese Ambassador to the United States from 1938 to 1942, will give a course on the history of Chinese thought during the coming winter session at Columbia University, Dr. Nicholas Murray Butler, president of the university, announced yesterday.

附件六 1945年9月22日,《纽约时报》发表的一则关于胡适在哥大讲授"中国思想史"课程的新闻

```
Columbia University
New York 27, N.Y.
University 4-3200, Ext. 398         FOR PAPERS OF WEDNESDAY,
   -    -                                FEBRUARY 20  1946
Robert Harron, Director
```

    Dr. Hu Shih, distinguished Chinese scholar and former ambassador to the United States from China, will speak to a Columbia University audience on "China Tomorrow" in the Harkness Academic Theater tonight (Wednesday) at 8 o'clock.

    The talk, which was arranged by the International Committee of Columbia University, will be one of the last made by Dr. Hu in this country before returning to China in April to assume the presidency of the University of Peking.

    Dr. Hu, who has played a leading role in the renaissance of Chinese literature, holds several honorary degrees from ranking universities in this country and is a leading member of the American Philosophical Society and the Institute of Pacific Relations. He is author of "The Development of Logical Method in Ancient China" and "The Chinese Renaissance."

    Nathaniel Peffer, professor of international relations, will act as clarifier of the panel discussion which will follow Dr. Hu's talk.

    * * *

附件七　1946年2月20日，哥大为胡适所作"中国的明天"的演讲发布的广告

> FORM NO. ON A
>
> **University of Puerto Rico**
> **School of Medicine**
> **School of Tropical Medicine**
> SAN JUAN 22, PUERTO RICO
>
> DEPARTMENT OF ANATOMY
>
> May 14, 1953
>
> Dr. Grayson Kirk
> Columbia University
> 116th. St. and Broadway
> New York City
>
> Dear President Kirk:
>
>   The portrait of Hu Shih by Grace Annette Du Pré is ready to be delivered to Columbia University.
>
>   It is in Grace Du Pré's Studio at The National Arts Club, 15 Gramercy Park, New York City.
>
>   If you will kindly drop her a line as to where it should be delivered she will see that it is taken there.
>
>   I am happy that the portrait will be in such good hands and in so appropriate a setting.
>
> With warm regards
>
> Sincerely,
>
> Gustave J. Noback

附件八　1953年5月14日，Gustave J. Noback 给哥大校长柯克（Kirk）的信

News Office
Columbia University
New York 27, New York
UNiversity 5-4000, Ext. 886   FOR USE ON SUNDAY, MAY 8

John Hastings, Director

Dr. Hu Shih, Chinese philosopher, historian, and writer and currently director of Academia Sinica of the Republic of China, has given the East Asiatic Library at Columbia University a set of twenty-five volumes of his own Chinese writings in a new edition recently published in Taiwan.

Dr. Hu received the degree of Doctor of Philosophy from Columbia University in 1917. In the same year he began his long association with National Peking University, of which he was chancellor from 1945-1949. The association was interrupted while he served as Ambassador to the United States from 1942-1945 and terminated when he left mainland China upon the establishment of the People's Republic of China by Mao Tse-tung.

Dr. Hu's writings have always been sought after by readers, Chinese and Western alike, especially because of his leadership in the literary revolution of China and the publication in 1919 of his history of Chinese philosophy.

Many of the works in his gift contain new prefaces written especially for this edition. To the volume on ancient Chinese philosophy he has added eight pages acknowledging errors he made in the earlier version and commenting on the disagreement between him and Feng Yu-lan, another eminent Chinese philosopher who received his doctorate from Columbia University in 1924 and who elected to continue his residence in Communist China.

-more-

附件九　1960年5月8日，哥大为新闻媒体提供的报道胡适赠书的新闻稿

Fellowship at Columbia Set Up to Honor Hu Shih

T-IMES 6-10-63

A graduate fellowship has been established at Columbia University by the Hu Shih Memorial Fund beginning in September.

The fund's aim is to memorialize Dr. Hu, a Chinese philosopher and diplomat, through scholarships and fellowships in philosophy, history and literature. The fund has set up scholarships at Cornell University and Columbia. Harold Riegelman is president of the fund. He and Dr. Hu were classmates in 1914 at Cornell. Dr. Hu received his doctorate from Columbia in 1917.

Dr. Hu was chairman of the Academia Sinica, Nationalist China's top research institute, when he died at the age of 70 in 1962. He was credited with modernizing Chinese writing. He had represented the Chinese Nationalist Government in Washington and was a member of the Chinese delegation to the San Francisco conference that established the United Nations.

附件十 1963年10月6日，《纽约时报》刊登的一则"哥大为纪念胡适设立奖学金"的新闻

伍 胡适与中研院史语所

一 胡适与史语所的历史关系

胡适先生在"中央研究院"的实际任职不过四年(1958—1962),但两者之间的关系,从胡先生最初被聘任中央研究院史语所的特约研究员,到1935年担任第一届评议会评议员,到1948年选为中研院首届院士(人文组),最后到1958年出任"中研院"院长,胡先生与中研院的关系可谓既长且深。

史语所是中研院最早成立的所,也是规模最大,研究实力最为雄厚,对院内"政治"最具影响力的一个所。第一任所长傅斯年是胡先生的学生,也是他的密友。傅斯年在创建史语所的过程中,颇倚重胡先生之力。史语所在广州筹备时,傅斯年就致信胡先生:"中央研究院之语言历史研究所,业已筹备,决非先生戏谓狡兔二窟,实斯年等实现理想之奋斗,为中国而豪外国,必黾勉匍匐而赴之。现在不吹,我等自信两年之后,必有可观。然若干事件非先生不能举,领导工作非先生不能为,必有以来以成此事。"①此中"若干事件"和领导工作,当是指办所旨趣、人员聘任和争取经费等项。其中经费一项,一般人均认为傅斯年要钱的本事大,内中应有胡先生的出力和襄助。因史语所经费除来自于政府拨款外,力争中基会的资助是其筹款的重要来源。胡先生是中基会的中方董事,与美方关系特殊,能起很大作用。如1930年6月,史语所面临"下一年度中,经费的来源必断,得想一切方法维持下"的困难,傅斯年向胡先生诉苦,胡先生建议傅向蔡元培先生报告。傅认为蔡"此时实不太了然我们这个研究所所处的地位",因而求胡帮忙。结果胡在中基会争取,据《国立中央研究院十九年度总报告》载,1931年1

---

① 《胡适来往书信选》上册,香港:中华书局,1983年11月初版,第478页。

月拨给史语所第 3 期补助费 6520 元。史语所翻译瑞典学者高本汉的《汉语语音学》一书,也是傅斯年与胡先生商定,向中基会申请经费以资助翻译。①1929 年春至 1933 年 4 月,史语所在北平办公。时胡先生在北大任文学院院长,傅兼任北大教授,他从北大选拔了一批年青大学毕业生去史语所做助研,为史语所吸收新鲜血液。由于胡与傅的特殊关系,北大与史语所的关系也变得异乎寻常的密切。傅斯年去世后,胡先生对之评价甚高:"孟真是人间一个最稀有的天才。他的记忆力最强,理解力也最强。他能做最细密的绣花针工夫,他又有最大胆的大刀阔斧本领。他是最能做学问的学人,同时他又是最能办事、最有组织才干的天生领袖人物。"②在他最称许傅所办的四件大事中,其中之二就是创办史语所。

史语所成立之初分语言、史学、考古三组,负责人分别为赵元任、陈寅恪和李济,这三人实为三个学科的学术带头人,可谓史语所的三架马车。胡先生与三人的私人关系都非常密切。

赵元任与胡先生是一同赴美留学的同学,从此他们开始建立友谊,终身不断。1930 年 12 月胡先生 40 岁大寿时,赵元任欣然代表中研院史语所同人作白话诗祝寿:"适之说不要过生日,生日偏又到了。我们一般爱起哄的,又来跟你闹了。……"③此诗在《晨报》上登出后流传甚广。1938 年赵元任赴美访问,从此居住在美。50 年代以后,胡与赵一起为争取中基会对史语所的资助,或对史语所的人事安排,常相互交换意见。如 1957 年中基会第一次给史语所一个访问学者资助(Fellowship),史语所先推荐芮逸夫,此名额待遇较低。另有加州大学(U.C)的 Fellowship,待遇较好。胡先生之意芮君可先选中基会的 Fellowship,第二年再寻补 U.C 的名额。而 U.C 的名额可先由高去寻去,第二年高可再去中基会的 Fellowship。这样两人都可争取在美留上两年。④ 胡先生当时有一看法:出外访学,时间不宜过短。⑤

---

① 《傅斯年致胡适》1931 年 12 月 31 日,收入《胡适遗稿及秘藏书信》第 37 册,合肥:黄山书社,1994 年 12 月出版。
② 胡适:《傅孟真先生遗著》序,收入《傅孟真先生集》第 1 册,台北:台湾大学,1952 年出版。
③ 《胡适之先生四十正寿贺诗》,原载《晨报》1930 年 12 月 18 日。
④ 参见 1957 年 2 月 14 日胡适致赵元任,收入《胡适书信集》下册,北京:北京大学出版社,1996 年 9 月出版,第 1295 页。
⑤ 参见胡适:《文化交流的感想》,转引自胡颂平:《胡适之先生年谱长编初稿》第八册,第 3082 页。

陈寅恪的学问渊博,胡先生很敬重他。1937年2月,他在日记中写道:"读陈寅恪先生的论文若干篇。寅恪治史学,当然是今日最渊博,最有识见,最能用材料的人。但他的文章实在写的不高明,标点尤嫩(懒),不足为法。"①抗战爆发后,陈先生申请牛津中文讲席,胡先生随伯希和(Paul Peliot)之后,大力推荐,后因太平洋战争爆发而未果行。蔡先生去世时,陈力主胡适继任。评议会投票结果,胡适得20票,赞成者中自然应包含史语所的评议员。②1946年4月陈寅恪去英国治眼病后,回国途经纽约,陈将其诊单寄给胡适,意在求助,胡先生曾就陈疾访求美国医生的意见,当得知无能为力时,他"很觉悲哀",百忙中只好托全汉昇带了1000美金给陈,以示关照。胡先生在日记中写道:"寅恪遗传甚厚,读书甚细心,工力甚精,为我国史学界一大重镇。今两目都废,真是学术界一大损失。"③胡、陈之间虽学术观点不尽一致,但交谊不浅,由此可见一斑。④

李济与胡先生相识稍晚,但此前他们两人都与丁文江关系不错。李济回忆:他们初识时,胡先生只是对他"所研究的这一行感到有兴趣……常常直接或间接地给予不少的鼓励",而李对于胡则"只是单纯的佩服而已"⑤。据王志维后来回忆,30年代,胡先生特别关切史语所的河南安阳田野工作及图书收藏工作,曾经向中基会热心推动,补助安阳田野工作及考古报告出版的经费。⑥除对安阳考古发掘的经费进行补助外,在胡先生担任中基会董事时,还曾把当时基金会在全国唯一的文科讲座教授评给李济。⑦1955

---

① 《胡适的日记》(手稿本)第13册,1937年2月22日,台北:远流出版公司,1990年出版。
② 关于此次中研院院长的选举情况,参见耿云志:《胡适与补选中央研究院院长的风波》,收入《胡适新论》,长沙:湖南出版社,1996年出版,第230—232页。
③ 《胡适的日记》(手稿本)第15册,1946年4月15、16日。
④ 有关胡适与陈寅恪的关系,参见汪荣祖:《胡适与陈寅恪》,收入氏著:《陈寅恪评传》,南昌:百花洲文艺出版社,1993年8月版,第253—277页。
⑤ 《见微知著话胡适——李济教授谈胡适行谊》,收入《纪念胡适之先生专集》,台北:丰稔出版社,1962年出版。
⑥ 王志维:《胡适先生与"中央"研究院》,收入《中央研究院成立五十周年纪念论文集》,台北:中研院,1978年版,第41页。
⑦ 李光谟:《李济与胡适》,收入李又宁主编:《胡适与他的朋友》第2册,纽约天外出版社,1991年12月印行,第342页。

年董作宾被香港大学高薪聘去,史语所所长一职空缺,朱家骅瞩意李济,来信探询胡适的意见。胡在给赵元任的信中明确表态说:"我当然盼望济之肯任此事。"①胡先生担任"中研院"院长以后,李济时任史语所所长,两人因为工作上的关系,来往自然相当密切。李济书呆子气十足,处理人事关系态度生硬,故颇易得罪人;胡先生为人处事比较圆熟,善于驾驭人。但总的来说,两人还是比较信任,互相配合。② 1962年2月24日,李济在胡先生生前最后一次酒会上发表的关于科学在中国不能生根问题的言论,其基调是支持胡先生的。③ 这也表示出他们共同对发展中国科学的强烈愿望。

接替傅斯年所长一职的董作宾则为北大的旁听生(1921—1923)和研究所国学门的研究生(1923—1924),他在任上时,胡先生曾为之争取中基会、罗氏基金会和李国钦兄弟基金会等处的资助,出力甚大。④ 1959年底,董氏又有马来西亚大学之邀请,因中风而住进台大医院达三个月,为慰留董氏,打消其去南洋之念头,胡先生特每月送上支票1000元。⑤

史语所的其他一些研究人员,与胡适关系亦不错。如语言组的李方桂1932年8月21日与徐缨结婚时,所请证婚人即为胡先生。⑥ 这是胡先生乐为朋友所做的事。

1949年以后,史语所迁台。人员结构稍有变化,傅斯年不久去世,赵元任留在美国,陈寅恪滞留广州,第一代学者剩下李济、董作宾、李方桂、董同龢等少数几位。第二代学者中尚有劳榦、严耕望、陈槃、黄彰健、周法高、全汉昇等。他们与胡适仍保持着密切的学术联系。胡先生常与他们有书信往来,每次去台访问,少不了与史语所同人聚餐。1956年后,胡先生在给李济等人的信中透露了他想在台北南港建房居住的想法,其中述其一原因是"我觉得史语所的藏书最适于我的工作(1948年我曾长期用过);又有许多

---

① 1955年8月3日胡适致赵元任信,《胡适书信集》下册,第1251页。
② 李光谟:《李济与胡适》,收入李又宁主编:《胡适与他的朋友》第2册,纽约:天外出版社,1991年12月印行,第351—352页。
③ 参见胡颂平编撰:《胡适之先生年谱长编初稿》第10册,第3899—3901页。
④ 参见《致朱家骅、董作宾》(1952年7月21日),收入《胡适书信集》下册,第1217页。
⑤ 《致董作宾》(1959年12月5日),收入《胡适书信集》下册,第1461页。
⑥ 徐樱:《方桂与我五十五年》,北京:商务印书馆,1994年出版,第44页。

朋友可以帮助我（近来与严耕望先生通信，我很得益处。举此一例，可见朋友襄助之大益）"①。胡先生上任院长后，史语所几视为"嫡系"，所选总干事全汉昇即出自史语所。这与他后来不同意成立文哲所的态度恰然形成鲜明对比。胡适当时的学术兴趣之一是在禅宗史方面，他在《中研院史语所集刊》上发表了三篇这方面的论文（详见下列目录），写作过程中，曾与黄彰健、严耕望、周法高等人有过来往书信，探讨有关问题。胡先生逝世后，李济先生沉痛地说："史语所同仁有幸，在胡先生最后的几年生活中，得与他朝夕相处，所获到的益处，方面是很多的；但他留在南港最深的印象，仍是他那做学问的方法。"②寥寥数语，却道出了胡先生晚年与史语所同人的亲密关系。

胡先生常在《中研院史语所集刊》上发表学术论文，其目为：《建文逊国传说的演变》（民国 17 年 10 月第 1 本第 1 分），《说儒》（民国 23 年第 4 本第 3 分），《楞伽宗考》（民国 24 年 12 月第 5 本第 3 分），《易林断归崔篆的判决书》（民国 37 年第 20 本上册），《新校定的敦煌写本神会和尚遗著两种》（1957 年 11 月第 29 本下册），《跋裴休的唐故圭峰定慧师传法碑》（1962 年 12 月第 34 本上册），《中国人思想中的不朽观念》（胡先生英文讲稿，杨君实译。1962 年 12 月第 34 本下册）。另在《庆祝蔡元培先生六十五岁论文集》中有《陶弘景的真诰考》（民国 22 年 1 月《集刊》外编第 1 种上册），在《庆祝董作宾先生六十五岁论文集》中有《神会和尚语录的第三个敦煌写本——"南阳和尚问答杂征义:刘澄集"》（1950 年 7 月《集刊》外编第 4 种上册）。

胡先生对史语所的图书资料建设亦颇为关注。1930 年所发掘的"居延汉简"，原藏于北平图书馆，由马衡等人整理。1933 年经胡适、傅斯年协调，移到北大文科研究所。抗战以后，又经沈仲章、徐鸿宝秘密运到香港。后由傅斯年与时任驻美大使的胡适联系，于 1940 年 8 月运往美国，暂存于国会

---

① 李济：《故院长胡适先生纪念论文集》序，《中研院史语所集刊》第 34 本，1962 年 12 月出版。

② 李济：《故院长胡适先生纪念论文集》序，收入《中研院史语所集刊》第 34 本，1962 年 12 月出版。

图书馆,保险箱钥匙则由胡适保管。50年代再运回台湾,交史语所保管。①
1945年胡先生受傅斯年之托,在北平说服傅沅叔将珍藏的北宋《史记》及宋版《庄子》让售给史语所。这两部珍贵的善本书,在4月25日由北大农学院院长俞大绂先生专程携送到南京,交给史语所图书室收藏。② 胡先生在美国普林斯顿大学葛斯德东方图书馆工作时,曾发现此处有一套《明实录》残本1492卷。胡先生到"中研院"后,史语所正校印《明实录》一书,他一面代借"中央图书馆"藏本,一面与童世纲联系,把普大所存的《明实录》制成缩微胶卷,赠给史语所。③

胡先生最后几年因发表中西文化的见解而遭到"围剿",加上雷震案的牵涉,心情颇为抑郁,临别前的最后一段讲话,还表示他对史语所的殷切希望。他说:

> 中央研究院的院士及评议员都分为数理、生物、人文三组,目的是在建立三个大中心,就是数理研究中心、生物科学中心、人文社会科学中心。不幸的是几十年的政治变动——八年抗战,十年勘乱,使我们的好多梦想未能实现。中央研究院幸[运]的把历史语言研究所全部搬来。初来时同人没有房子住,吃的是稀饭,苦了一些时候,好不容易在国外捐到钱,又得到政府的资助,始有今日的规模。④

言谈中流露出壮志未酬的遗憾。颇有一点"鸟之将死,其鸣也哀;人之将死,其言也善"的味道。

由于胡先生与史语所特殊的历史关系,史语所几代同人对他都非常尊敬,1956年12月《集刊》第28本特出《庆祝胡适先生六十五岁论文集》,这是继蔡元培先生之后,史语所出版的又一祝寿论文集。卷首刊载了由毛子水执笔的《本论文集撰文人士上胡适先生书》,称:"四十年来,先生非特自己不断的努力寻求真理,并且竭力诱掖或帮助别人寻求真理;四十年来,先

---

① 参见王汎森、杜正胜:《傅斯年文物资料选辑》,台北:"中研院"史语所,1995年出版,第78页。
② 参见1947年4月22日胡适致傅斯年信,《胡适书信集》中册,第1097、1098页。
③ 参见胡颂平编撰:《胡适之先生年谱长编初稿》第7册,第2429—2430页。
④ 参见胡颂平编撰:《胡适之先生年谱长编初稿》第10册,第3900—3901页。

生以中和正大的态度,致力于民族文化的改造,为国家增加极大的光荣,而指示后进以一种最正当的爱国途径;先生对朋友,对同事,对后辈的诚挚乐易,使一切接近先生的人都有在春风中的感觉。"Eugene L. Delafield 和袁同礼编了一份《胡适先生著作目录》(中文、英文),另还破例刊登了一篇殷海光的《胡适思想与中国前途》。文章借胡适思想这一话题,揭橥起自由主义这一面旗帜,它实际上是台岛新一代自由主义崛起的一篇宣言书。文后称:

> 现在的问题,并非"胡适思想"将来在中国是否普及的问题,而是:必须"胡适思想"在中国普及,中国人才有办法,中国人才能坦坦易易地活下去,中国才有起死回生底可能。

时值大陆轰轰烈烈的"胡适大批判"运动风暴刚刚过去,台湾主流意识形态也倾向保守,发表此文的意义是不言而喻的。这一期纪念集发出了一个重要信号,即台湾学术界对胡先生的感念之情,这实际上为一年后胡先生全票当选中研院院长铺垫了一个舆论基础。胡适去世后,1963 年 12 月《集刊》第 34 本特出《故院长胡适先生纪念论文集》,以表达史语所同人对胡先生逝世的哀悼。《集刊》前有李济的序,后收徐高阮编的《胡适先生中文著作目录》和《胡适先生中文遗稿目录》,袁同礼和 Eugene L. Delafield 合编的《胡适西文著作目录》,胡颂平编的《胡适先生诗歌目录》。这是继傅先生之后,《集刊》为逝者所出的第二本纪念论文集。1993 年 3 月,《集刊》第 62 本再次以"胡适之先生百岁诞辰纪念论文集"命名。由此也不难看出,胡先生在史语所同人心目中所占的地位和分量。

二 胡适与史语所学风

胡先生与史语所不仅在人事上有着密切的联系,在资金、对外交流和图书资料等方面给予其力所能及的关照;更重要的是,他与史语所同人在学术研究上相互影响。有人认为,史语所是胡适派的阵地。此说不无道理。在学风上,胡先生与史语所的确是相互认同,如出一辙。

人所皆知,1928 年 10 月《中研院史语所集刊》创刊号上发表了傅斯年《历史语言研究所工作之旨趣》一文,此文既是傅氏办所的纲领性工作文献,也是中国现代历史学的一篇重要宣言。此文之前,胡先生曾有《清代学者的治学方法》(1921年10月)、《〈国学季刊〉发刊宣言》(1923年1月)等文,与此同时有《治学的方法与材料》(1928年8月),在此之后,有《评论近人考据〈老子〉年代的方法》(1933年1月)、《考据学的方法与责任》(1946年10月)、《治学方法》(1952年10月)等文,傅先生的文章在强调历史研究与材料的关系,强调历史学的实证性质,要发扬顾亭林、阎百诗的遗训,"不做或者反对所谓普及那一行中的工作",显然受到胡先生的影响。但傅提出"扩充新工具",反对"国故"的观念,"要科学的东方学之正统在中国"等观点,又表现出其对胡先生的超越之处。而他"反对疏通";"反对传统的或自造的'仁义礼智'和其他主观,同历史学和语言学混在一气";"把历史学语言学建设得和生物学地质学等同样";又以一种更鲜明的形式,表达了胡先生想要说明,而又未发出的声音。胡先生在此后所发论治史的文章,其基调与傅可谓异曲同工,只是在其技术性的方法(如校勘学、考据学)上更为细密和具体。本来傅斯年筹备史语所时,曾聘请顾颉刚、冯友兰等人为特约研究员,但他们的治学风格与傅先生所指示的这一路径显然大相径庭,故检索一遍《中研院史语所集刊》目录,却找不到这些人的一篇论文。同时期在史坛享有盛名的钱穆、柳诒徵、蒙文通等也是如此。

　　胡与傅的史学思想深深影响着史语所的学风,使其在中国学术界独树一帜,自成一格,其特点表现为:一、强调历史学即史料学,故重视对新史料的开掘和利用,重视对各种史料的校勘和比较;二、强调历史学的实证性质,"一分材料出一分货,十分材料出十分货,没有材料便不出货",处置材料存而不补,证而不疏;三、强调历史研究宜从个案、具体的问题入手,以小见大,发现一个问题立案一个问题,史料证据充足时解决一个问题,如此积累,不搞那种大而不当、内容空泛的宏观研究;四、重视语言在历史研究中的作用,语言即思想,语言是历史研究的工具,借助不同的语言作为工具可以比勘相关课题的不同材料。这一学派已跳出了时人所喜道的"信古"、"疑古"和"释古"的框框,在学术路向及观念上既与保留着较强传统史学色彩的顾颉刚、钱穆、柳诒徵等人不同,也与新兴的马克思主义史学有别。它有其承继中国传统史学(清代朴学)的一面,又有弘扬现代的实证观念和科学理念的一面。它反对用传统的道学、道统观念来指导历史研究,又有建立本民族现代历史学的理想。凡此种种，既是它的特点，又是它的优长。

从中国学术向现代转型的角度来说，中国的传统历史学颇为发达，古代留下了数量巨大的历史典籍，这里既包含着历史的真实材料，也有受正统观念影响和各种忌讳限制而对历史的曲笔；有数代流传的书本典籍，也有长眠地下的待挖掘的文物。建立现代历史学，其首先面临的一个问题是对现有历史材料和文献的利用、整理和鉴别，对新材料（特别是地下文物材料和长期密封的档案材料）的发掘和整理。傅先生及其史语所同人自觉于这一点，他们为此做出了巨大努力，并结出了丰硕成果。20世纪中国历史学最具影响力的四大发现，即殷墟的挖掘、居延汉简的整理、敦煌石窟的发现和明清大内档案的整理，都与史语所同人的工作密切联系在一起，傅先生在其中所发挥的领导作用和进行的组织工作尤功不可没。

但任何学派当它形成了自己的风格和特点，也会将其内在的限制显露出来。傅先生当年提出史学研究进步的三要求，从史语所前期的研究实绩看，其成就主要是在史料的新扩充或直接材料的利用这一层面；新工具的扩充则表现于技术的，而非思辨的。20世纪中国历史学在这一层面似乎面临着极大的困惑。与此相连的另一个问题是，历史研究中的科学性与人文性之矛盾，史语所建立之时，由于新文化运动的冲洗，科学观念已在高级知识分子中据有主流地位。从西方留学归国的新一代学者在国内的重要学术机构和高等学校取得了领导地位，他们力图用自己的领导权推行科学方法、科学规则、科学体制、科学思想，科学的价值至高无上。科学的观念具体表现在史学领域，当时则是对实证的极力提倡。但人文学科毕竟不同于自然科学，将人文学科与自然科学视为类同，必然以伤害人文性为代价。人文性与科学性的内在紧张一直影响并制约着中国现代人文学科的发展，使其常常显得无所适从。

胡适一生的学术研究从广义来说都是历史研究，他自称有"考据癖"。他的《中国哲学史大纲》，是中国哲学史学科得以成立的标志。他对中国古典小说的整理与精湛考证，对于中国古典小说的普及与走上科学化的研究轨道，具有开山的作用。他的诸子研究，虽曾引起极大的争议，但在现代的诸子研究中自成一家则无可置疑。他的禅宗史研究，在日本有很大的影响，被视为以非信仰者的立场研究禅宗史的第一人。胡先生一生的学术成就主要是在前期(1937年以前)完成。如果没有战时征调,他的学术研究也许能获得新的发展或更为成熟。从中国现代学术研究的进程看,30年代以后中国环境虽十分恶劣,然人文学术研究却逐渐走向成熟,一个后"五四"时代似开始来临,陈寅恪、冯友兰、金岳霖、汤用彤、钱穆等一代学者崛起。胡先生对政治本有"不感兴趣的兴趣",然从创办《独立评论》以后,每周一篇的时评政论自然消耗了他许多精力,做驻美大使几乎使胡先生的学术工作陷于停顿。40年代后胡先生花大力气所做的《水经注》考证,不论是成是败,已不具学术前沿的性质。① 胡适晚年回南港,虽有心完成自己的"两三部大书",但终因事务繁杂,天不假人愿而未果。

　　胡先生一生喜言治学方法,最早在《清代学者的治学方法》中总结清代朴学的精髓,提出"大胆的假设,小心的求证"。"假设不大胆,不能有新发明。证据不充足,不能使人信仰。"②在《国故研究的方法》中倡导"宁可疑而错,不可信而错",③直接启迪了顾颉刚为代表的"疑古"史学。在《治学的方法与材料》中对清代学者所运用的材料提出反省,认为"单学得一个方法是不够的,最要紧的关头是你用什么材料"④。在《评论近人考据〈老子〉年代的方法》中,他又反省"疑古",提出"怀疑的态度是值得提倡的,但在证据不充分时肯展缓判断(Suspension of judgement)的气度是更值得提倡的"⑤。在《考据学的责任与方法》中,他以研究《水经注》的经验,讨论了考证学与刑名讼狱的历史关系,提出:"做考证的人,至少要明白他的任务有法官断狱同样的严重,他的方法也必须有法官断狱同样的谨严,同样的审慎。"为此,胡适特别提出:"凡做考证的人,必须建立两个驳问自己的标准:第一要问,我提出的证人证物本身可靠吗?这个证人有作证的资格吗?这件证物本身没有问题吗?第二要问,我提出这个证据的目的是要证明本题

---

　　① 关于胡适研究《水经注》的正、反面意见,参见吴天任编:《水经注研究史料续编》,台北:艺文印书馆,1984年出版。
　　② 胡适:《清代学者的治学方法》,《胡适文存》卷二。《胡适文集》第2册,第302页。
　　③ 胡适:《研究国故的方法》,收入《胡适文集》第12册,第92页。
　　④ 胡适:《治学的方法与材料》,《胡适文存》三集卷二。《胡适文集》第4册,第114页。
　　⑤ 胡适:《评论近人考据〈老子〉年代的方法》,《胡适文存》四集卷一。《胡适文集》第5册,第102页。

的那一点？这个证据足够证明那一点吗？"①在他晚年致陈之藩的信中，他总结自己一生的治学经验，提出"方法是可以训练的"：

> 科学方法不是科学家独得或独占的治学方法，只是人类的常识加上良好的训练，养成的良好工作习惯，养成了勤、谨、和、缓等等良好的习惯，治学自然有好成绩。②

胡适所说的治学方法，主要是指治史方法，其治学方法实亦其治史经验之提炼。他治史重证据，有一分证据说一分话，有七分证据不说八分话；证据不足者应展缓判断；提倡实证，反对疏证。这与傅斯年的"史学即史料学"并无二致。由于他具有深厚的古典文学修养，故其考证文章也能写得如述说故事一般，层层剥脱，娓娓道来，读来一点也不使人感到枯燥。作为一个通才型的大家，他贯通中西，驰骋在文、史、哲诸领域而潇洒自如，因而克服了许多在专才那里所存在的限制。

三 史语所与现代中国学术的独立

傅斯年先生创办史语所，其所致力的一个目标是"要科学的东方学之正统在中国"，从而重新确立中国学人在世界中国学研究中的领先地位。胡适先生一生所追求的目标亦是学术独立，他所谓学术独立，从个体而言，是指学者应有独立人格，能摆脱世俗与政治的束缚，以求学术之自由。从国家而言，意指本国应建立独立的现代学术体系，本国学术机关和高等学校能独立地承担起培养现代学术人才，从事现代学术研究的重任。1947年他曾专门撰写《争取学术独立的十年计划》，提出中国学术独立的四个条件。③以这样一个要求来评估史语所70年走过的路程，今日之中国历史语言研究自非中国所独有，中国学已国际化，但陈寅恪先生当年所悲叹的"群趋东邻

---

① 胡适：《考据学的责任与方法》，收入《胡适文集》第10册，第196页。
② 陈之藩：《在春风里》十三，《第三信——纪念胡适之先生》，台北：远东图书公司，1995年8月版，第85页。
③ 胡适：《争取学术独立的十年计划》，原载《中央日报》1947年9月28日。《胡适文集》第11册，第805—808页。

受国史,神州士夫羞欲死"①的那种局面,经中国几代学人的努力,已成为过去。史语所已是当今国际学术界公认的研究中国历史、语言的重镇之一,其在过去70年所创造的累累硕果,也举世瞩目。胡适、傅斯年等前辈学者在前期所做的一切工作当为此铺垫了最重要的基础。

收入《新学术之路》上册,台北:"中研院"史语所,1998年10月出版,第217—232页。

---

① 陈寅恪:《北大(文)学院己巳级史学系毕业生赠言》,《陈寅恪诗集》,北京:清华大学出版社,1993年4月初版,第18页。

陆　胡适与中国传统文化

　　胡适与中国传统文化的关系，一直是暧昧不清、迭招物议的历史课题。胡适生前，围绕他对中国人文传统的看法、"整理国故"的主张、中西文化比较观，文化界聚讼纷纭、争论激烈。在他死后，上述问题作为历史遗案，更是吸引着一批文化历史学者为之不倦地探讨。显然，对于这样一个课题的研究，不仅与人们使用的历史方法密切相关，而且与各自所持的文化立场紧密相连。事实上，迄今为止对这一问题的解答很大程度上是研究主体根据自身的文化倾向去评判胡适与传统文化的关系。新儒家视之为背弃中国传统文化的"全盘西化"代表，激进的自由主义者则称之为"折中调和派"，这种以价值判断代替历史判断的做法，使得胡适与传统文化之间所存的复杂关系变得更为含混不清。

　　热闹的文化论争往往伴随研究主体炽热的情绪，相对的冷寂反而有助于呈现研究客体的真实面目。现在，当叱咤文坛风云的胡适成为一个默默不语的历史对象时，我们再平心静气地探讨这一问题，对胡适与中国传统文化的多重关系作多层面、多视角的历史揭示和文化分析，澄清长久以来人们在这一研究领域积存的某些误区，应属必要。

一　胡适早年深受中国传统文化的影响

　　胡适属于跨世纪的那一代知识分子。与同时期成长起来的许多新文化人一样，他青少年时代受过典型和严格的传统式教育，其文化背景可谓以传统旧学为底色，邃于国学。胡适早年所受传统文化的影响，可从他获取的教育内容、伦理规范、思想观念和治学方法诸方面得到印证。

　　胡适诞生在一个"世代书香"的家庭，他童年时代基本上是接受传统的蒙学教育。在家乡私塾的九年,胡适阅读的古书大致可分为三类:第一类为正统书,诸如《律诗六钞》、《孝经》、朱子《小学》、《四书》、《诗经》、《书经》、《易经》、《礼记》、《纲鉴易知录》、《资治通鉴》等;第二类为古典小说、弹词、传奇,包括《水浒传》、《三国演义》、《正德皇帝下江南》、《七剑十三侠》、《双珠凤》、《琵琶记》、《聊斋志异》等;第三类为杂学,内有《学为人诗》、《原学》、《幼学琼林》等。① 这些书籍浸润着胡适幼小的心灵,使他终身受益。他从《资治通鉴》中得到破除鬼神迷信的知识,从朱子《小学》中学会了"勤、谨、和、缓",从《水浒传》、《三国演义》这一大堆古典小说中不知不觉"得了不少白话散文的训练"。胡适后来在思想上标榜为一个"无神论者",在待人接物、为人处世、婚姻关系上持行中国的传统道德,在文学上力主"白话文学是中国文学的正宗",与其阅读这些书籍有着直接的关系。有幸的是,由于"那时候正是废八股时文的时代",胡适二哥三哥"在上海受了时代思潮的影响",不要他开笔做八股文和策论经义之类的文字,这是他不同于蔡元培、陈独秀等新文化人早期经历的一个地方。胡适在中国公学编撰《竞业旬报》,能写一手清爽、流畅、纯粹的白话文,与他早先运用白话作文有很大的关系。

在伦理道德方面,胡适的父母亲对他要求甚严,并树立了良好的榜样。胡适在谈到这一情况时说,家乡九年的教育生活,除了读书之外,"究竟给了我一点做人的训练。在这一点上,我的恩师就是我的慈母"。"如果我学得了一丝一毫的好脾气,如果我学得了一点点待人接物的和气,如果我能宽恕人、体谅人,——我都得感谢我的慈母。"② 母亲是他做人的楷模,父亲则告诫他为人的道理。胡适父亲胡传由于业师刘熙载先生的教诲,"是笃信宋儒的,尤其崇奉程颢、程颐和朱熹,是所谓'理学'"③。胡传为胡适最先自编手写的第一个课本——《学为人诗》,主要是论述传统儒家忠孝仁义那一套伦理观念,"学为人"的道理,其中也自然包含程朱理学讲"性命"、讲"伦

---

① 参见胡适:《四十自述·九年的家乡教育》,收入《胡适文集》第1册,北京大学出版社,1998年11月版,第47—51页。
② 胡适:《四十自述·九年的家乡教育》,收入《胡适文集》第1册,第56页。
③ 唐德刚译注:《胡适口述自传》第二章"我的父亲",收入《胡适文集》第1册,第190页。

常名分"的那一套。胡适读此书的时候,并不懂得它的意义,但他父亲留下的"程朱理学的遗风",对他不能不发生作用。胡适在家塾里读朱子《小学》,读经史典籍,大多取朱熹或他门生的注本,可以说就是这种遗风的承传。

在思想观念方面,胡适追崇的古代思想家是老子和墨子。他晚年曾无限深情地谈及这两位思想家:"原来在我十几岁的时候,我就已经深受老子和墨子的影响。这两位中国古代哲学家,对我的影响实在很大。墨子主'非攻';他底'非攻'的理论实在是篇名著,尤其是三篇里的《非攻上》实在是最合乎逻辑的反战名著,反对那些人类理智上最矛盾、最无理性、最违反逻辑的好战的人性。"①老子对胡适的影响主要是"不争","夫惟不争,故天下莫能与之争!"老子以"天下莫能柔弱于水,而攻坚者,莫之能先!"这一比喻来解释他的弱能胜强、柔能克刚的不抵抗哲学,他在1909年所作的一首《秋柳》的诗序中写道:"秋日适野,见万木皆有衰意,而柳以弱质,际兹高秋,独能迎风而舞,意态自如。岂老氏所谓能以弱者存耶。感而赋之。"②胡适留美时,面对硝烟弥漫的第一次世界大战,坚定地站在反战立场上,成为一个"极端的和平主义者",老子的"不争"和墨子的"非攻"思想是促使他走向反战的内驱动力。

在治学方法上,胡适早年于"朴学"钻研极深,染上了他所谓的"考据癖"。清代朴学以推崇汉儒朴实学风,反对宋儒空谈义理著称。这一学术思潮的倾向是"以厌倦主观的冥想而倾向于客观的考察"③。其内容主要是从文字音韵、名物训诂、校勘辑佚等方面从事经史古义的考证。清代朴学自明末顾炎武提倡肇始,到乾嘉年间戴震、惠栋、段玉裁、王念孙、王引之等汉学大师将其推向高潮,直到清朝末年,依然在学术界据有重要地位。胡适与同时代许多学子一样,亦接受了严格的朴学训练。与周氏兄弟、钱玄同拜业于经学大师章太炎门下不同,胡适的汉学造诣基本上是自修苦学而成。1910年,为了通过留美考试,胡适"闭户读了两个月的书",他二哥的好友杨

---

① 《胡适口述自传》第四章"青年期的政治训练",收入《胡适文集》第1册,第231页。
② 胡适:《秋柳》,收入《胡适文集》第9册,第222页。
③ 朱维铮校注:《梁启超论清学史二种·中国近三百年学术史》,上海:复旦大学出版社,1985年9月版,第91页。

景苏先生指点他读传统经籍,要他从《十三经注疏》用功起,胡适自认他"读汉儒的经学,是从这个时候起的"①。从此,他与朴学考据结下了不解之缘。他参加留美的国文考试题目是"不以规矩不能成方圆说",以考据见长的胡适借题发挥,不料碰着看卷子的先生也有考据癖,极为赞赏这篇短文,批了100分。

出国留学后,胡适继续留意考据之学,他一边"读王氏父子及段、孙、章诸人之学"②,一边撰写了《〈诗经〉言字考》、《尔汝篇》、《吾我篇》、《论汉宋说诗之家及今日治诗之法》、《论校勘之学》、《论训诂之学》、《诸子不出于王官论》等有关考据文字。胡适的"暴得大名"虽然是出于文学革命,但是他能进北京大学任教主要是因为蔡元培先生看到他发表的考据文字,对他的朴学功底十分赞赏。其中《诸子不出于王官论》成文于1917年4月,它是专为驳章太炎而作,也是胡适向汉学界最高权威正面挑战的第一声。海外著名学者余英时甚至认为:"就胡适对上层文化的冲击而言,《诸子不出于王官论》的重要性决不在使他'暴得大名'的《文学改良刍议》之下。"③1918年2月,胡适推出《中国哲学史大纲》(卷上),此书虽不属传统汉学的范畴,但它以西方哲学史、历史学和校勘学的方法论为其基本骨架,对清代考证学的各种实际方法作了一次系统的整理。故蔡元培在书前的序言里说:"现在治过'汉学'的人虽还不少,但总是没有治过西洋哲学史的。留学西洋的学生,治哲学的,本没有几人。这几人中,能兼治'汉学'的,更少了。适之先生生于世传'汉学'的绩溪胡氏,禀有'汉学'的遗传性;虽自幼进新式学校,还能自修'汉学',至今不辍;又在美国留学的时候兼治文学哲学,于西洋哲学史很有心得的。所以编中国古代哲学史的难处,一到先生手里,就比较的容易多了。"④蔡先生的这段话,除了说明胡适生于世传"汉学"的绩溪胡氏不是事实外,大体上是相当公允的。尤其是蔡序中特别强调胡适的

---

① 胡适:《四十自述·我怎样到外国去》,收入《胡适文集》第1册,第101页。
② 《胡适留学日记》第四册卷十五"十七,论训诂之学",收入《胡适作品集》第37册,第155页。
③ 余英时:《中国近代思想史上的胡适》,收入胡颂平编著《胡适之先生年谱长编初稿》第1册,台北:联经出版事业公司,1990年三版,第31页。
④ 蔡元培:《中国哲学史大纲》序,收入《胡适文集》第6册,第155页。

"汉学"功底,绝非虚言。此后,梁启超综论清末朴学的考据成就又以年纪不过而立之年的胡适为殿军,称"而绩溪诸胡之后有胡适者,亦用清儒方法治学,有正统派遗风"①。

综上所述,传统文化作为文化养料,积淀在胡适的内心深处,对其早年的成长产生了重要作用,胡适本人的读书兴趣、心理特征、道德涵养和治学嗜好无不深深烙上了传统文化的胎记。胡适逝世后,蒋介石以"新文化中旧道德的楷模,旧伦理中新思想的师表"为挽联悼之,可谓知人之语。胡适在新文化运动中倡导以传统的下层文化取代传统的上层文化,把白话文学扶上正宗的地位;胡适的治学倾向偏好于历史考据,治学构成唐德刚以"七分传统、三分洋货"来划分,这些都充分说明了胡适曾经历了传统文化的洗礼和陶塑。惟其如此,胡适才可能在新旧文化冲突、中西文化汇融的时代,呼风唤雨、左右逢源。事实上,传统文化作为胡适文化思想系统不可分割的重要来源,对他一生的治学路径和文化取向都具有深远的影响,一方面,胡适因具有深厚的朴学功底和旧学基础,而能吸收传统、承继传统、发扬传统;另一方面,由于他对传统文化的深切理解和对其内含的精华糟粕的清醒认识,又能批判传统、扬弃传统、超越传统。胡适在"五四"新文化运动中,在历次中西文化论战中,能以其渊博的文化素养与反对派和旧的文化势力展开抗争,表现出特有的睿智、机灵和雄辩,不能不归功于此。

二 胡适对中国传统文化的价值重估

胡适对中国传统文化所持态度的初次表述是在1919年11月他发表的《新思潮的意义》一文中,他认为,"新思潮的根本意义只是一种新态度。这种新态度可以叫做'评判的态度'"。这种评判的态度包括:"对于习俗传下来的制度习俗,要问:这种制度现在还有存在的价值吗?""对于古代遗传下来的圣贤教训,要问:这句话在今日还是不错吗?""对于社会上糊涂公认的行为与信仰,都要问:大家公认的,就不会错了吗?人家这样做,我也该这样

---

① 朱维铮校注:《梁启超论清学史二种·清代学术概论》,第6页。

做吗？难道没有别样做法比这个更好,更有理,更有益的吗？"①胡适由此而做出一个重要概括:"重新估定一切价值,便是评判的态度的最好解释。"胡适之所以提出对传统文化要"价值重估",这是他信奉实验主义哲学思想的必然结果。实验主义认为,一切知识、思想都是针对现实环境而发的,所以世界上没有永恒不变的、绝对而普遍的真理,被称之为"真理"的东西,不过是人造出来的应付现实环境的一种工具。基于这样一种真理观,胡适明确指出:"因为从前这种观念曾经发生功效,故从前的人叫做'真理';因为他们的用处至今还在,所以我们还叫他做'真理'。万一明天发生他种事实,从前的观念不适用了,他就不是'真理'了,我们就该去找别的真理来代他了。譬如'三纲五常'的话,古人认为真理,因为这种话在古时宗法的社会很有点用处。但是现在时势变了,国体变了,'三纲'便少了'君臣一纲','五伦'便少了君臣一伦。还有'父为子纲'、'夫为妻纲'两条,也不能成立。古时的'天经地义'现在变成废语了。有许多守旧的人觉得这是很可痛惜的。其实有什么可惜？"②以此时此地的现实功用衡量历史遗产,这就是胡适评估传统文化的价值标准。

"重新估定一切价值"是胡适对传统文化和历史遗产所持的根本态度,也是他为"五四"新文化运动打出的一面理论旗帜,周作人、陈独秀、鲁迅对此都有过高度评价。在"重新估定一切价值"的理论指导下,胡适与《新青年》同人一起对历来为人们视为神圣不可侵犯的事物进行无情的亵渎,对"至圣"孔子和奉若神明的"礼教"予以批判,对传统权威的"圣贤教训"和社会公认的习惯势力提出质疑并推倒。

具体言之,胡适本人对旧文化、旧观念、旧思想的批判表现在如下几个方面：

第一,胡适坚决反对一切历代统治者为实施专制主义和钳制言路所树立的精神支柱。自汉武帝采纳董仲舒"罢黜百家、独尊儒术"的建议以来,孔子遂成为历代统治者顶礼膜拜的文化偶像。民国初年,袁世凯在政治上复辟帝制的同时,在文化上也导演了"尊孔""祭孔"的丑剧。新文化运动初

---

① 《新思潮的意义》,《胡适文存》卷四,收入《胡适文集》第2册,第552页。
② 《实验主义》,《胡适文存》卷二,收入《胡适文集》第2册,第223页。

兴之时，反对复辟孔教逆流是其重要内容，也是新文化人的共识。其中，吴虞和陈独秀是抨击孔教"最有力的两位健将"，他们集中攻击的要点是"孔子之道不合乎现代生活"，胡适是他们的热情支持者。他在为《吴虞文录》作序时，支持吴虞对孔教的批判，称赞他是"四川省只手打孔家店的老英雄"。针对固守传统礼教的尊孔主义者，胡适大唱反调，尖锐地抨击孔教的价值："这个道理最明显，何以那种种吃人的礼教制度都不挂别的招牌，偏爱挂孔老先生的招牌呢？正因为二千年吃人的礼教法制都挂着孔丘的招牌，故这块孔丘的招牌——无论是老店，是冒牌——不能不拿下来，捶碎，烧去！"①

国民党在南京建立政权后，又拉出孔子作牌位，供人们跪拜，胡适针锋相对，理直气壮地宣布："新文化运动的一件大事业就是思想的解放。我们当日批评孔孟，弹劾程朱，反对孔教，否认上帝，为的是要打倒一尊的门户，解放中国的思想，提倡怀疑的态度和批评的精神而已。"②这就把"五四"时期"打倒孔家店"的意义说得更为透彻。1934年，国民党政府明令规定8月27日孔子诞辰为"国定纪念日"，全国奉命举行规模盛大的"孔诞纪念会"。胡适对当局的这一措施十分反感，专门作《写在孔子诞辰纪念之后》一文，斥责国民党当政者是"做戏无法，出个菩萨"，并列举明清两朝的历史作证，说明祭孔尊孔，究竟"何补于当时的惨酷的社会，贪污的政治"③？而"这二十年的一点进步不是孔夫子之赐，是大家努力革命的结果，是大家接受了一个新世界的结果"。在这样的进步面前，"反倒唉声叹气，发思古之幽情，痛惜今之不如古，梦想从那'荆棘丛生，檐角倾斜'的大成殿里抬出孔圣人来'卫我宗邦，保我族类！'这岂不是天下古今最可怪笑的愚笨吗？"④胡适的这些言论，最清楚不过地表明了他对任何利用孔教作为精神支柱的反对态度。

第二，胡适坚决反对一切愚昧落后的传统迷信和违背科学的人生玄谈。胡适早年编撰《竞业旬报》时，就致力于反对封建迷信，他先后发表了《说雨》、《论毁除神佛》、《无鬼丛话》等文，发出"神佛一定毁，僧道一定要驱

---

① 胡适：《吴虞文录》序，收入《胡适文集》第2册，第610页。
② 胡适：《新文化运动与国民党》，收入《胡适文集》第5册，第579页。
③ 《写在孔子诞辰纪念之后》，收入《胡适文集》第5册，第409页。
④ 同上书，第411页。

除"的呐喊。"五四"新文化运动以"民主"和"科学"相标榜,对于民主,文化界并无多大争议,阻力主要来自没落的旧社会政治势力;对于科学,有些知识分子则颇为怀疑。首先是梁启超在战后发表《欧游心影录》中感叹:"欧洲人做了一场科学无能的大梦,而如今却叫起科学破产来。"随后,张君劢推波助澜,在清华大学发表题为《人生观》的演讲,将科学排除在人生观之外,说什么"人生观问题之解决,决非科学所能为力,惟赖诸人类之自身而已"①。从而挑起了一场"科学人生观"的论战。为科学辩护的地质学家丁文江激烈抨击"玄学的鬼附在张君劢身上"②。与丁关系密切的胡适虽未直接参战,但在他为《科学人生观》一书作的序中表明了自己的立场:"我们以后的作战计划是宣传我们的新信仰,是宣传我们信仰的新人生观。……这种新人生观是建筑在二三百年的科学常识之上的一个大假设,我们也许可以给他加上'科学的人生观'的尊号。"③显然,作为科学人生观的文化背景是18、19世纪西方近代的科学及其精神和方法,而玄学派的文化依据仍是"还求诸己"、"修心养性"的"宋学",故这场论战的实质仍是传统与反传统在人生价值观中的运用和进行。胡适站在"科学人生观"一边,这与他历来反对传统的人生玄谈的立场是一致的。

第三,胡适坚决反对那种盲目自大、封闭固守、不思进取的民族文化惰性心理。他在分析比较东西方文明的特征时说:"东方的文明的最大特色是知足。西洋的近代文明的最大特色是不知足。知足的东方人自安于简陋的生活,故不求物质享受的提高;自安于愚昧,自安于'不识不知',故不注意真理的发现与技艺器械的发明;自安于现成的环境与命运,故不想征服自然,只求乐天安命,不想改革制度;只图安分守己,不想革命,只做顺民。"④这种文明可以遏抑而不能满足人类精神上的要求。为了打破这种自安、知足、封闭、守旧的陈腐局面,胡适主张:"让那个世界文化充分和我们老文化自由接触,自由切磋琢磨,借它的朝气锐气来打掉一点我们的老文化的惰性

---

① 张君劢:《人生观》,载《清华周刊》1923年2月14日第272期。
② 丁文江:《玄学与科学》,载《努力周报》1923年4月8日第48期。
③ 《科学与人生观》序,收入《胡适文集》第3册,第163—164页。
④ 《我们对于西洋近代文明的态度》,《胡适文存》三集卷一,收入《胡适文集》第4册,第12页。

和暮气。"①胡适这一要求"充分的世界化"的文化观点,对于推动民族文化走向世界、走向近代化,无疑是有积极意义的。而他那种敢于面对文化界的惰性力量的大无畏的批判精神,在当时也是难能可贵的。长久以来,人们片面地将胡适的"充分的世界化"的文化观看成是政治上的"洋奴买办思想",并加以全盘否定,忽视了这一思想的近代意义和反封建性质,应该说是不足为训的。

第四,胡适坚决反对一切束缚个性、桎梏人性、残害人体的旧习俗和造成这些恶习的传统文化思想。胡适早年受梁启超"新民说"的思想影响极大,认为"数千年来,旧习中人至深,遂至全国上下,道德日漓,而进取思想更沦丧久矣。国亡种贱,皆此种恶习阶之厉也"②。"五四"时期,胡适提倡个性解放和人格独立,并把这看成是摆脱封建束缚,谋求社会进步,走上现代化道路的基石。他传播"易卜生主义",创作反映人们反抗旧的婚姻家庭生活的剧本——《终身大事》,希望人们看到"人生的大病根在于不肯睁开眼睛来看世间的真实现状。明明是男盗女娼的社会,我们偏说是圣贤礼义之邦;明明是赃官污吏的政治,我们偏要歌功颂德;明明是不可救药的大病,我们偏说一点病都没有!却不知道:若要病好,须先认有病;若要政治好,须先认现今的政治实在不好;若要改良社会,须先知道现今的社会实在是男盗女娼的社会!"③他解剖旧的家庭有四大"恶德":"一是自私自利;二是倚赖性、奴隶性;三是假道德,装腔作戏;四是懦怯没有胆子。"④旧的家庭充满了虚伪的气氛,旧的社会也是如此。它"最爱专制,往往用强力摧折个人的个性,压制个人自由独立的精神;等到个人的个性都消灭了,等到自由独立的精神都完了,社会自身也没有生气了,也不会进步了"⑤。

新文化运动的反对派和旧的文化势力抱着传统的圣贤礼教不放,视之为"国粹",要求保存,这实际上是"中体西用"思维模式的翻版,胡适对这一

---

① 《试评所谓"中国本位的文化建设"》,收入《胡适文集》第 5 册,第 452 页。
② 胡适:《无鬼丛话》(一),载《竞业旬报》1908 年平 8 月 27 日第 25 期。收入《胡适文集》第 9 册,第 485 页。
③ 《易卜生主义》,《胡适文存》卷四,收入《胡适文集》第 2 册,第 476 页。
④ 同上。
⑤ 同上书,第 481 页。

论调给予了严厉的批驳。他认为,那些先知先觉的古代圣贤把"乐天"、"安命"、"知足"、"安贫"种种催眠药给人们吃,"叫他们自己欺骗自己,安慰自己。……这种自欺自慰成了懒惰的风气,又不足为奇了。于是有狂病的人又进一步,索性回过头去,戕贼身体,断臂,绝食,焚身,以求那幻想的精神的安慰。从自欺自慰以至于自残自杀,人生观变成了人死观,都是一条路上来的:这条路就是轻蔑人类的基本的欲望。朝这条路上走,逆天而拂性,必至于养成懒惰的社会,多数人不肯努力以求人生基本欲望的满足,也就不肯进一步以求心灵上与精神上的发展了"①。

胡适的上述言论,是和同时代新文化人一致的。陈独秀在《东西民族根本思想之差异》一文中,将"高谈礼教文明而不羞愧"的中华民族置于惭形秽的劣等民族之行列,指出其以"安息"、"家族"、"感情"、"虚文"为本位的民族劣根性。② 李大钊亦认为"中国文明之疾病已达炎热最高之度,中国民族之命运已臻奄奄垂死之期。此实无容讳言"。他大声疾呼,"将从来之静止的观念、怠惰的态度根本扫荡"③。鲁迅的看法也是异曲同工,他声称:"与其崇拜孔丘关羽,还不如崇拜达尔文易卜生;与其牺牲于瘟将军五道神,还不如牺牲于 Apollo。"④他在回答《京报》副刊征询《青年必读书》时说:"我以为要少——或者竟不——看中国书,多看外国书。"⑤并强调这个结论"乃是用许多苦痛换来的真话,决不是聊且快意,或什么玩笑、愤激之词"⑥。

从上可见新文化人在现实价值观念中对传统文化普遍采取了排斥的态度。之所以如此,是因为他们面临的论敌是从 19 世纪末以来盘踞中国,且

---

① 《我们对于西洋近代文明的态度》,《胡适文存》三集卷一,收入《胡适文集》第 4 册,第 5 页。
② 陈独秀:《东西民族根本思想之差异》,载《青年杂志》1915 年 12 月 15 日第 1 卷第 4 号。
③ 李大钊:《东西文明根本之异点》,载《言治季刊》1918 年 7 月第 3 册。
④ 《热风·四十六》,收入《鲁迅全集》第 1 卷,北京:人民文学出版社,1982 年版,第 333 页。
⑤ 《华盖集·青年必读书——应〈京报副刊〉的征求》,收入《鲁迅全集》第 3 卷,第 12 页。
⑥ 《坟·写在〈坟〉后面》,收入《鲁迅全集》第 1 卷,第 286 页。

在一般文人学子中根深蒂固的"中体西用"的思维模式,是那些仍以为"东方的精神实在比西方高"的文化保守主义者,这就不难想象他们对传统伦理道德、价值观念和思维方式会给予如此激烈的批判,从而要求"我们必须承认我们自己百事不如人","肯认错了,方才肯死心塌地的去学人家"①这才是他们的真正目的所在,也是胡适诸人以绝望之抗争求取希望之前景的良苦用心所在。不理解这一点,对于胡适或其他新文化人的只言片语的摘要批评,显然是貌似全面而实为形而上学的非历史主义表现。

应当看到,胡适在"五四"时期以及后来虽发表过不少批判传统文化的激越之词,但我们却没有丝毫理由证明他是一个民族文化的虚无主义者。他对传统文化的批判始终同建设新文化结合起来,把它看做是振兴民族精神、"再造文明"的必要手段,这种批判本身就贯注着理性精神和建设意义,并非非理性的否定和虚无主义的全部扔弃。而他对清代朴学"无征不信"科学方法的提倡,他对传统下层的白话文学的倡导,他对范仲淹、方孝孺传统士人"宁鸣而死,不默而生"抗争精神的颂扬,他在《说儒》一文中对孔子思想事业所作的客观的历史评价,他对"整理国故"的倡言,他身体力行地清理中国文化历史遗产,他把新文化运动纳入宋代以来中国文艺复兴运动的一部分,以及他晚年对中国人文传统内含的人文主义和理智主义因素的发掘,都证明了他是中国人文传统的深切关怀者。在传统文化秩序崩溃后,胡适一直谋求复兴中国文化,将无序的旧文化带向有序的新文化,最终实现传统向现代的创造性转换。故他对传统文化的态度只能用他自己最明白无误的语言来表述——"重新估定一切价值"。

三 胡适对中国传统文化遗产的整理

在价值判断上,胡适对传统文化确乎有过激烈的批判言词,称得上是一位反传统主义者。在历史判断上,胡适从"疑古"出发,提出要"整理国故"。胡适"整理国故"的理论依据在于他对人类文明的演变持一种进化论的观点。他认为:"文明不是笼统造成的,是一点一滴的造成的。进化不是一晚

---

① 《介绍我自己的思想》,收入《胡适文集》第 5 册,第 515 页。

上笼统进化的,是一点一滴的进化的。现今的人爱谈'解放与改造',须知解放不是笼统解放,改造也不是笼统改造。解放是这个那个制度的解放,这种那种思想的解放,这个那个人的解放,是一点一滴的解放。改造是这个那个制度的改造,这种那种思想的改造,这个那个人的改造,是一点一滴的改造。"① 既然破坏旧文化、建设新文化不可能一蹴而就,那么,这一文化转型必然是一个历史过程,对旧文化的处理也必然经历一番筛选、改造、利用和吸收的功夫。基于此,胡适在批判传统文化的同时,又提出"新思潮的意义"应包括"整理国故"。

所谓"整理国故"就是"从乱七八糟里面寻出一个条理脉络来;从无头无脑里面寻出一个前因后果来;从胡说谬解里面寻出一个真意义来;从武断迷信里面寻出一个真价值来"②。为什么要进行整理呢?从历史的角度看,一是古代的学术思想向来没有条理,没有头绪,没有系统;二是前人研究古书,很少有历史进化的眼光;三是前人读古书,除极少数学者以外,大都是以讹传讹的谬说;四是前人对于古代的学术思想,有种种武断的成见,有种种可笑的迷信。从现实的角度看,"现在有许多人自己不懂得国粹是什么东西,却偏要高谈'保存国粹'"。林琴南之流就是这样的典型代表。故"若要知道什么是国粹,什么是国渣,先须要用评判的态度,科学的精神,去做一番整理国故的工夫"③。怎样进行"国故整理"?胡适提出三项要求:"第一,用历史的眼光来扩大国学研究的范围。第二,用系统的整理来部勒国学研究的资料。第三,用比较的研究来帮助国学的材料的整理与解释。"④

从形式上看,胡适提倡"整理国故"与清代乾嘉汉学的古籍整理和近代"国粹派"的"国学研究"保持着某种历史的联系,然从内容上去细加分析,它们却有着极大的区别。这表现在研究范围上,乾嘉汉学和"国粹派"只把传统经史典籍视为"国故",而胡适则认为:"中国的一切过去的文化历史,都是我们的'国故';研究这一切过去的历史文化的学问,就是'国故学',省

---

① 《新思潮的意义》,《胡适文存》卷四,收入《胡适文集》第2册,第558页。
② 同上书,第557页。
③ 同上书,第558页。
④ 《〈国学季刊〉发刊宣言》,《胡适文存》二集卷一,收入《胡适文集》第3册,第17页。

称为'国学'。"①过去种种,上自思想学术之大,下至一个字、一只山歌之细,都属于国学研究的范围,这就为"国故整理"开辟了广阔的领域。在研究目的上,乾嘉汉学试图通过古籍整理和考订来恢复经典的原貌和至尊地位;"国粹派"则力图从故纸堆里搜寻"国粹",以宣扬汉民族的"文化统绪";而胡适则将其视为"再造文明"的必要准备,因此,他的研究方向不是回归传统,而是通过"整理国故",卸掉历史的包袱,走向未来。在研究态度上,乾嘉汉学的大师们只有断识史料的眼光,缺乏批判性的学术精神,故他们只愿做一些集大成式的整理,而不是开拓性的研究;"国粹派"则结合他们"种族革命"的政治主张,一切以"保种卫教"、"兴汉排满"为向背,这就大大折损了他们的学术价值和科学精神;胡适对旧有的学术思想,明确取"评判的态度","重新估定一切价值",根据此时此地的社会生活和文化精神的需要去重估过往文化历史遗产的价值,这种态度本质上体现了现代科学精神,是批判理性的表现。在研究方法上,乾嘉汉学"太注重了功力,而忽略了理解",学问的进步表现于"材料的积聚与剖解"和"材料的组织与贯通",结果有清三百年学术"几乎只有经师,而无思想家;只有校史者,而无史家;只有校注,而无著作";②"国粹派"虽受到西方文艺复兴运动思维模式的启迪,但他们接触西学的时间毕竟过短,西学的根底太浅,几乎无人受过系统的近代科学方法的训练和教育,故他们实在没有跳出清代所使用的那套陈旧方法。胡适本人留美七年,受过系统的近代西方哲学教育和训练,对近代科学精神,特别是实验科学的方法论原则有真切的了解,故他在"整理国故"中,除了继承传统的训诂、校释方法外,还提出了采用近代历史的方法、系统的方法和比较的方法。特别是他明确提出"大胆的假设,小心的求证",既表现了针对两千年因袭沿承的成见的科学怀疑精神,又反映了近代实验科学的"无证不信"的客观态度,可以说是中国人在方法论上突破传统思维模式的创试,也是新文化人在国学研究领域里创建自己的方法论,所迈出的第一步。

尽管如此,胡适提出并发动这样一场"整理国故"运动,在当时很少为

---

① 《〈国学季刊〉发刊宣言》,《胡适文存》二集卷一,收入《胡适文集》第3册,第10页。
② 同上书,第8页。

人们所真正理解,遭到许多新文化人的责难。鲁迅在 1925 年批评说:"前三四年有一派思潮,毁了事情颇不少。学者多劝人踱进研究室,文人说最好搬入艺术之宫,直到现在都还不大出来,不知道他们在那里面情形怎样。这虽然是自己愿意,但一大半也因新思想而仍中了'老法子'的计。我新近才看出这圈套。"①胡适的好友陈西滢在一封信中亦表示:"老实说,我对于'整理国故'这个勾当,压根儿就不赞成。……只有研究国故的人整日价的摇旗呐喊,金鼓震天,吵得我们这种无辜的人不能安居乐业,叫人不得不干涉。"②

　　平心而论,鲁迅的担忧、陈西滢的不满,自有他们的道理,且这些反对意见在实际生活中都有其合理的依据。问题是胡适的本意也非要大家都钻入故纸堆里,1928 年 9 月他写作《治学的方法与材料》一文时就已注意到,近三百年中西学术虽使用的方法相同,但因使用的材料不一样,却产生了迥然不同的文化效应:中国人陷入了故纸堆里,西方人却创造了近代实验科学。胡适谆谆告诫青年:"现在一班少年人跟着我们向故纸堆里去乱钻,这是最可悲叹的现状。我们希望他们及早回头,多学一点自然科学的知识与技术;那条路是活路,这条故纸的路是死路。"③

　　胡适步入故纸堆里"整理国故"自有他的道理。他曾"披肝沥胆"地奉告人们:"只为了我十分相信'烂纸堆'里有无数无数的老鬼,能吃人,能迷人,害人的厉害胜过柏斯德(Pasteur)发现的种种病菌。只为了我自己自信,虽然不能杀菌,却颇能'捉妖''打鬼'。"他还说:"我所以要整理国故,只是要人明白这些东西原来'也不过如此'!本来'不过如此',我所以还他一个'不过如此'。"④因此,胡适坚持自己的主张,"输入新知识与新思想"必须和"打鬼""捉妖"的"整理国故"紧密结合,双管齐下。胡适的自辩词再明白不过地宣告了其"整理国故"的社会功用和文化目的:用科学精神清

---

① 《华盖集·通讯》,收入《鲁迅全集》第 3 册,第 25 页。
② 《整理国故与"打鬼"》附录一《西滢跋语》,《胡适文存》三集卷二,收入《胡适文集》第 4 册,第 119 页。
③ 《治学的方法与材料》,《胡适文存》三集卷二,收入《胡适文集》第 4 册,第 114 页。
④ 《整理国故与"打鬼"》,《胡适文存》三集卷二,收入《胡适文集》第 4 册,第 117—118 页。

理中国传统文化中的"鬼""妖"观念,打破封建思想的束缚,"化黑暗为光明,化神奇为臭腐,化玄妙为平常,化神圣为凡庸"①,使人们的思想从传统的文化观念中解放出来。这实际上是其反传统主义的价值取向在文化历史领域的表现和应用。

胡适既倡导在先,更身体力行。他在"整理国故"方面所做的大量开拓性工作,成为一代学人的典范,从而奠定了其在中国现代国学研究中的历史地位。

胡适"整理国故"的成就表现在哲学方面:他于1919年2月出版了《中国哲学史大纲》,这是一部应用近代西方哲学观点和方法写成的中国哲学史的开山作,它是"一部具有划时代意义的书","对当时中国哲学史的研究有扫除障碍,开辟道路的作用"②。蔡元培在为之作的序中,指出此书包含的思想价值有:一、"证明的方法",包括考订时代,辨别真伪和揭示各家方法论的立场;二、"扼要的手段",也就是"截断源流,从老、孔子讲起";三、"平等的眼光",对儒、墨、孟、荀一律以平等眼光看待;四、"系统的研究",即排比时代,以见思想演进的脉络。③ 胡适本人对此书的历史地位亦很自负,他说:"我自信,中国哲学史,我是开山的人,这一件事要算是中国一件大幸事。这一部书的功用能使中国哲学史变色。以后无论国内国外研究这一门学问的人都躲不了这一部书的影响。凡不能用这种方法和态度的,我可以断言,休想站得住。"④

在文学方面,胡适最引人注目的是古典小说考证。在中国传统文学观念中,小说历来属于"闲书",即所谓"小说家者流,盖出于稗官、街谈巷语、道听途说者之所造也"⑤。小说不能算是文学的"正宗",不能登文学大雅之堂,那些醉心于经书考证的朴学大师们自然也不可能对它感兴趣,胡适则终

---

① 胡适:《整理国故与"打鬼"》,《胡适文存》三集卷二,收入《胡适文集》第4册,第117页。
② 冯友兰:《三松堂自序》,收入《三松堂全集》第1册,郑州:河南人民出版社,1985年9月版,第199、201页。
③ 参见蔡元培:《中国哲学史大纲》序,收入《胡适文集》第6册,第155—156页。
④ 胡适:《整理国故与"打鬼"》,《胡适文存》三集卷二,收入《胡适文集》第4册,第117—118页。
⑤ 《中国小说史略》,收入《鲁迅全集》第9卷,第6页。

身乐此不舍,从1917年5月的《再寄陈独秀答钱玄同》,到1962年2月逝世前夕发出的《红楼梦问题最后一信》,他一生撰写的中国古典小说考证文字达百余万字,内容几乎遍及所有的古典小说名著,其中尤以对《红楼梦》的考证影响最大,胡适一反以往索隐派、附会派等"旧红学"派的观点,创立了自叙传说为其特点的"新红学"。对于胡适的古典小说考证的某些具体结论,学术界仍存异议,但胡适本人将小说提高到与传统经学史学同等的地位,从而开创了中国现代古典小说研究,大家已公认无疑。此外,胡适还根据自己的古典文学研究,写作了一部《白话文学史》。这部较早系统探索中国文学历史的著作,"供给了一种根据历史事实的中国文学演变论,使人明了国语是古文的进化,使人明了白话文学在中国文学史上占什么地位"①。对传统的白话文学进行了一次全面的、初步的总结,为蓬勃发展的白话文运动提供了历史依据。

在史学方面,胡适提倡"宁疑古而失之,不可信古而失之"的怀疑精神,讲究"实事求是,莫作调人",在他的历史观影响和推动下,出现了顾颉刚、钱玄同等人的"古史辨"讨论,洋洋七大册《古史辨》,成绩斐然。对中国先秦以来紊乱杂糅的古史资料,作了大量的考辨、整理,为中国现代史学格局的形成打下了坚实的史料基础。胡适自己也专就一些中国历史典籍和史事进行了考订,其中以《说儒》、禅宗源流考和《水经注》研究影响最大,受到史学界同行的重视。

胡适一生辛勤耕耘于中国文化历史研究领域,取得了举世瞩目的成就。但若从整个文化历史研究的视野来考察,他的"整理国故"毕竟只是史料的辨认与考证,属于微观史学的范畴。与其所说的"整理国故"就是"价值重估",仍有相当距离。胡适沉溺于考据,陷身于毫无思想活力的故纸堆里,这就偏离了他的初衷,同代人中多有批评。特别是他晚年积二十余年时间搞《水经注》考证,与其文坛大师的地位更是不相称了,了解他的人深为之惋惜。梁实秋曾有一段颇令人回味的评论:"先生青年写《庐山游记》,考证一个和尚的墓碑,写了八千多字,登在《新月》上,还另印成一个小册子,引起常燕生先生一篇批评,他说先生近于玩物丧志,如今这样的研究《水经

---

① 胡适:《介绍我自己的思想》,收入《胡适文集》第5册,第515—516页。

注》,是否值得?胡先生说:不然,我是提示一个治学的方法。……胡先生引用佛书上常用的一句话'功不唐捐',没有功夫是白费。我私下里想,功夫固然不算白费,但是像胡先生这样一个人,用这么多功夫,做这样的工作,对于预期可能得到的效果,是否成比例,似不无疑问,不止我一个人有这样的想法。"①胡适的历史考证究竟是兑现他的实证主义方法,还是其"考证癖"的偏好,抑或是传统学术的承袭,这是值得探究的问题。它既构成了胡适文化成就的重要组成部分,又不可避免地成为他的缺陷,阻遏他对宏观历史哲学的建筑和把握。后来,新儒家们认为胡适这种以"考古董"对待历史的方式,只能说是求证"死的历史",其后果"必不可免地会造成文化心灵之闭塞和文化生命之萎顿"②。其说不无道理。

结　语

近现代中国处在一个中西冲突、新旧交替的文化转型过程。任何文化人对传统文化的态度不可能是绝对判然可辨的,他们往往呈现含糊、矛盾的态度,有时会表现出激烈反传统的倾向,有时会产生延续传统的思绪。胡适是这个时代的缩影。他本人既受到传统文化的熏陶和塑造,在情感上对传统文化有所依恋;又受到西方近代文化的浸染和牵引,在理智上要求对传统文化加以改造。在制度、风俗、习惯等层面,胡适对传统采取一种全面排斥与否定的态度,这与他对现实的关怀、对未来的关注有着密切的关系。在学术、知识、思想等层面,胡适对传统表现出犹豫不定与困惑的一面,他的态度只能说是怀疑批判,而不是拒斥否定。胡适"整理国故"的主张,就是最明显的证据。这种情感与理智、价值判断与历史判断的矛盾集于胡适一身,决定了他反抗传统、又联结传统的现实表现。

历史是一条发展的锁链。传统是割不断、切不开的,这就规定了人们必须承接传统,在此基础上进行创造和革新,不可能排除传统,不可能超越历

---

① 梁实秋:《怀念胡适先生》,收入《梁实秋文学回忆录》,长沙:岳麓书社,1989年版,第140页。
② 蔡仁厚:《新儒家的精神方向》,台北:台湾学生书局,1982年版,第5页。

史对自己的限制。但是，传统毕竟又是一种历史的惰力，它制约、阻碍着人们进行新的文化创造，构成人们革新文化的心理障碍，因而建设新文化的过程必然就是一个反传统的过程。胡适在对待传统文化上所表现的矛盾态度正是由传统内在的二重性决定的。

"历史学者应当不哭，不笑，而是理解。"① 站在今天的历史高度，回观胡适处理传统文化时的矛盾态度和二重性格，我们与其给他贴上一二项标签，简单地做出某种价值判断了事，不如对胡适在处理这一问题时所面临的困局，作实事求是的历史分析和文化阐释，理解他和时代的困惑。应该看到，胡适对待传统文化的态度反映了他及其所处时代不成熟的一面，胡适对传统的态度始终摆脱不了感性对理性的情结纠葛，致使他对传统的态度往往随着心理情绪的起伏而发生某种波动；他对传统文化的"价值重估"一直欠缺充分的思想表现和学术挖掘，而他对"整理国故"的热衷远远超过了他本身所提示的范围；他始终未能理顺历史的文化批判和现实的文化选择两者之间的关系，他所张扬的自由主义学说在传统文化空间里几乎是一块不毛之地，缺乏生存和扎根的土壤。这些都寓示了胡适对传统的批判，对历史的探讨，对民族文化的反省都只能在有限的范围内进行，不可能达到应有的广度和深度。

本文为作者1991年11月7—10日出席在安徽绩溪召开的首次"胡适学术讨论会"提交的论文，载《中国现代文学研究丛刊》1991年第4期，收入耿云志、闻黎明编：《中国现代学术史上的胡适》论文集，北京：生活·读书·新知三联书店，1993年出版。

---

① 〔俄〕戈·瓦·普列汉诺夫：《俄国社会思想史》序，收入《俄国社会思想史》第1卷，商务印书馆，1990年11月版，第9页。

柒　胡适与道家

道家作为中国传统重要学派之一,吸引了近代众多学者的研究兴趣。他们或承继清季朴学传统,对道家代表及其经典著作进行考证和注释;或固守道家立场,弘扬原道精神,以与新儒家抗衡;或将西方近代思想观念、方法与道家思想交融互释,寻求道家思想的现代意义,这些不同视角的研究从不同方面促进道家研究和道家精神的新发展。

胡适对道家的研究属于他的中国思想史(哲学史)的一部分。他有关道家的研究在学术界产生一定影响或引起争议的主要有三个问题:(一)关于老子的年代考证和确认。(二)关于道家源流的梳理。(三)关于道家思想的现代意义。应当说明的是,胡适虽然说不上是"新道家"这一类人,但道家思想的确对胡适的人生态度和政治思想有不小的影响,构成他思想的重要来源。因此,这一课题研究实际上具有双重的意义,一方面我们可以透视现代学人(以胡适为中心)在道家历史与思想研究中的新问题、新思路;一方面我们可以从中窥探胡适治中国思想史的特点和他本人思想的传统来源。前者属于道家学术史的范畴,后者则进入了"胡适学"的研究范围。

一　老子的年代问题及其考证方法

关于胡适与老子(《老子》)的年代问题,赵润海先生曾发表一篇《胡适与〈老子〉的时代问题——一段学术史的考察》,赵文对胡适与梁启超、顾颉刚等人的论争,作了平实而有条理的叙述。其结语中特别提到:胡适在整个《老子》时代问题的讨论中逐渐由一个被动的示范者,被迫反省、修正,然后率先从盲目疑古潮流中跳脱出来,走向一条更圆融的治学道路。表面上看来,是回到乾嘉考据之学的老路,事实上,他所走的只是清末今文家的学风走到尽头之后,必然要走的道路。① 赵文的这一观点大体与近年学术界对"古史辨"运动的检讨有其契合之处,②而他所作的分析和得出的结论,对我们进一步分析这一学案提供了一条新的思路。这里我想以此为基础,就这一论争所涉及的治史方法的问题,提出自己的一管之见。

胡适在历史(包括哲学史)研究中与一般学者有一不同的地方:即他重视治史方法,这大概与他对自己在学术界担当的角色的认同有关。作为学术界一个富有影响力的人物,他的学术研究不单是解决具体的个案问题,而且应具有普遍的示范意义。他对治史方法的探讨不仅表现在他谈治学方法的文章中,如前期的《清代学者的治学方法》和后期的《治学方法》;而且体现在他的具体个案研究中,如前期《红楼梦》考证和后期的《水经注》考证。胡适对老子(《老子》)的年代问题的考察,实际上也是他对治史方法探索的一个成果。

胡适最早是从思想线索的角度论述他的"老先孔后"的看法。1917 年 9 月,他发表于《留美学生季报》杂志中的《先秦诸子进化论》(改定稿)一文的"结论"说:"先秦诸子的进化论如今说完了,仔细看来,这几家的学说虽然不同,然而其间却有一线渊源不断的痕迹。先有老子的自然进化论,打破了'天地好生',上帝'作之君作之师'种种迷信。从此以后,神话的时代去,而哲学的时代来。孔子的'易'便从这个自然进化上着想。不过老子以为若要太平至治之世,须毁坏一切文明制度。'损之又损,以至于无为,无为而无不为'。孔子却不然。孔子以为变易的痕迹,乃从极简单的渐渐变成极繁赜的,只可温故而知新,却不可由今而反古,这个就比老子进一层了。后来列子、庄子都承认这个'由简而繁'的进化公式……所以列子、庄子的进化论,较之孔子更近科学的性质。"③后来胡适论及"思想线索论证法"的

---

① 赵润海:《胡适〈老子〉的时代问题》,收入《胡适与现代中国文化转型》,香港:香港中文大学出版社,1994 年版。

② 有关"古史辨"的讨论,80 年代以后的重要研究文献有:王汎森:《古史辨运动的兴起——一个思想史的分析》,台北:允晨文化实业股份有限公司,1993 年 8 月版。李学勤:《走出"疑古时代"》,载《中国文化》第 7 期,1992 年 11 月。

③ 胡适:《先秦诸子进化论》,原载《科学》1917 年 1 月第 3 卷第 1 期。《留美学生季报》1917 年 9 月秋季第 3 号发表该文的改定稿。收入欧阳哲生编:《胡适文集》第 9 册,北京:北京大学出版社,1998 年 11 月版,第 770 页。此稿现行的各种新编《胡适哲学思想资料选》(华东师大出版社版)、《胡适学术文集·中国哲学史卷》(中华书局版)均未见采用,改定稿主要修改了有关荀子和韩非子、李斯两章,修改内容因与本文无关,故不赘述。

危险性时,说这种方法自己是"始作俑"者,①大概说的就是这篇文章使用的方法。

1917年胡适在提交的博士论文《先秦名学史》中,第一次设定老子的生年约为公元前590年。孔子的生年是公元前551年,"据传他曾于公元前518年拜访过老子,并在其门下学习过一段时间"②。胡适这里立论的根据显然是依据《史记》中的《老庄申韩列传》和《孔子世家》。根据这一时序,他将老子放在孔子之前进行讨论。

胡适来北大任教后,在哲学门担任"中国哲学史大纲"一课。课后他将自己的讲稿整理成书,1919年商务印书馆正式出版他的《中国哲学史大纲》(卷上)。该书专辟"第三篇 老子",内中"一,老子略传"和"二,《老子》考"两节,详细讨论了老子的生平和《老子》一书。关于老子的生平,胡适除了例举《史记》中的《孔子世家》和《老庄申韩列传》外,又据《左传》"孟僖子将死,命孟懿子与南宫敬叔从孔子学礼(昭七年)"的记载,③和清代学者阎若璩《四书释地续》一文的考证,再次确认"孔子适周,终在他三十四岁以后,当西历纪元前518年以后。大概孔子见老子在三十四岁(西历前518年,日食)与四十一岁(定五年,西历前511年,日食)之间。老子比孔子至多不过大二十岁,老子当生于周灵王初年,当西历前570年左右"④。关于《老子》一书,胡适认为:"今所传老子的书,分上下两篇,共八十一章。这书原来是一种杂记体的书,没有结构组织。今本所分篇章,决非原本所有。"他还指出:"章太炎推崇《韩非子·解老》、《喻老》两篇。其实这两篇所说,虽偶有好的,大半多浅陋之言……但这两篇所据《老子》像是古本,可供我们校勘参考。"⑤这里,胡适对老子和《老子》一书的年代确认显然是尽量采用前人已有的材料和清代学者的结论。对于胡适这部书,蔡元培在序中特

---

① 胡适:《评论近人考据〈老子〉年代的方法》,《胡适论学近著》第1集卷一,《胡适文集》第5册,第86页。
② 参见胡适:《先秦名学史》第一编"历史背景·四"、第二编"孔子的逻辑·传略",《胡适文集》第6册,第21、27页。
③ 《中国哲古代学史》第三篇"老子",《胡适文集》第6册,第193页。
④ 同上书,第193—194页。
⑤ 同上书,第195页。

别提到该书所使用的"证明的方法",禀有"汉学"的遗传性。①

　　胡适"老子先于孔子"一说不过是沿承了清人的一种说法,不同的是,他将那个神仙化了的"老子"还原为哲学家的老子,这在中国思想史(哲学史)的研究中实为一大创举。胡适的说法首先引起梁启超的反对。1921年3月4日,梁氏到北京大学演讲《评胡适之〈中国哲学史大纲〉》,其意除了阐述自己新近发现的"《老子》书作于战国之末"的观点外,无疑还隐含有报自己"一箭之仇"的杂念。此前,梁启超曾将自己所写《墨经校释》请胡适写序,梁氏的想法大概是借胡适这位新秀的手来为自己捧场,没想到胡适"因他虚怀求序,不敢不以诚恳的讨论报他厚意,故序中直指他的方法之错误"②。此举颇使梁任公不满,书出版时,他将胡适的序置于书后,而将自己的答书放在书前。北大学生闻说此事,有意请任公来演讲,以添热闹,③遂出现了上述这一幕。

　　梁启超立论的主要论据为:第一,《史记·老庄申韩列传》所记"实在迷离惝恍",一个"老子"有三个化身,"第一个是孔子问礼于老聃,第二个是老莱子,第三个是太史儋"。此篇半是神话半是人话,但"前辈的老子八代孙,和后辈的孔子的十三代孙同时,未免不合情理"。第二,《史记》中的"老子若龙"一段,其他书均未提,《墨子》和《孟子》也未提。第三,据《礼记·曾子问篇》记述老子的五段话看来,"老聃是一位拘谨守礼的人,和五千言的精神,恰恰相反"。第四,《史记》中的那些神话"可以说十有八九是从《庄子》中《天道》、《天运》、《外物》三篇凑杂而成。那些故事,有些说是属于老聃,有些说是属于老莱子,《庄子》寓言十九,本就不能拿作历史谭看待"。第五,"从思想系统上论,《老子》的话太自由了,太激烈了……不大像春秋时人说的;果然有了这一派议论,不应当时的人不受他的影响,我们在《左传》、《论语》、《墨子》等书里头,为什么找不出一点痕迹呢?"第六,从文字语气上看,《老子》书中所用一些词汇和语气,都不似春秋时代的用语。梁启超结语曰:"胡先生对于诸子年代,考核精详,是他的名著里头特色之一,

---

① 蔡元培:《中国古代哲学史》序,收入《胡适文集》第6册,第155页。
② 《胡适的日记》(手稿本)第八册,台北:远流出版公司,1990年12月版。
③ 参见周谷城:《蔡元培与北京大学》,收入《论蔡元培》,北京:旅游教育出版社,1989年版,第13页。

不晓得为什么像他这样勇于疑古的急先锋,忽然对于这位'老太爷'的年代竟自不发生问题!"①

梁启超振振有词,不过,在这里他将老子的年代问题转换成《老子》一书(实际上是后人看到的本子)的时代问题。后来附和他的意见的论者沿承此法;梁氏的另一影响是他在材料欠缺的情况下,采用疏证的方法,来支持自己的观点。

梁文发表后,引起了各种议论,《古史辨》第四册汇集了这些讨论文字。与梁启超同调者中引人注目的有顾颉刚、冯友兰、钱穆三人。顾颉刚在1923年2月25日给钱玄同的信中说:"《老子》决当如梁任公先生说,是战国末年的书。"②他还于梁举的证据之外,又得两个证据。其一,战国后期,盛行"经"体著作,《老子》即为此类著作;其二,《老子》痛恨圣智,与《庄子·胠箧》、《韩非子》中的《五蠹》、《显学》虽归宿不同,而出发点则一。到了1932年,顾颉刚写成《从〈吕氏春秋〉推测〈老子〉之成书年代》一文,顾氏原持"经"体说被"赋"体说取代,在比较《荀子》与《老子》内容的时候说:"此等文辞实与《老子》同其型式,即此可以推知《老子》一书是赋体写出的;然而赋体固是战国之末的新兴文体呵!"③

1931年,冯友兰出版《中国哲学史》一书,亦将《老子》归到战国时的作品,他列举了三个证据:第一,"孔子以前,无私人著述之事,故《老子》不能早于《论语》"。第二,"《老子》之文体,非问答体,故应在《论语》、《孟子》后"。第三,"《老子》之文,为简明之'经'体,可见其为战国时之作品"④。在另一文中,他还说道:"就是现在所有的以《老子》之书是晚出之诸证据,若只举一,则皆不免有逻辑上所谓'丐辞'之嫌。但合而观之,则《老子》一书之文体、学说,及各方面之旁证,皆可以说《老子》是晚出,此则必非偶

---

① 梁启超:《论老子书作于战国之末》,收入顾颉刚:《古史辨》第4册,上海古籍出版社,1982年8月版,第305—306页。
② 顾颉刚:《论〈诗经〉经历及老子与道家书》,《古史辨》第1册,上海古籍出版社,1982年3月版,第56页。
③ 顾颉刚:《从〈吕氏春秋〉推测〈老子〉之成书年代》,《古史辨》第4册,第481页。
④ 冯友兰:《中国哲学史》上册,第八章《〈老子〉及道家中之〈老〉学》,《三松堂全集》第2卷,河南人民出版社,1988年,第162页。

然也。"①

　　1930年12月,钱穆在《燕京学报》上发表自己民国十二年的旧作《关于〈老子〉成书年代之一种考察》也提出类似的看法。他认定"以思想发展之进程言,则孔墨当在前,老庄当在后。否则老已先发道为帝先之论,孔墨不应重为天命天志之说,何者? 思想上之线索不如此也"②。

　　仔细推敲上述几家的论证,他们都有一个共同之处:即在直接材料缺乏的情况下,尽量采用相关的辅助材料(旁证)和自己设定的知识前提,作为证据支持自己的观点,这实际上是一种梳理证明的方法。对于这些相反的意见,胡适在《与冯友兰先生论〈老子〉问题书》、《与钱穆先生论〈老子〉问题书》和《评论近人考据〈老子〉年代的方法》等文中作了回应。大概是由于不自觉地受到对手思维的牵引,胡适也将问题放到《老子》的年代问题上,对论敌所提的论据从实证到方法都提出了自己的反驳。不过,值得注意的是,胡适通过检讨对手和自己的研究,对自己的考据学方法重新作了说明。

　　本来胡适在《中国哲学史大纲》第一篇《导言》里曾花了相当篇幅讨论审定哲学史料的方法。他把哲学史的史料分为原料和副料,而审定史料之法可分五端:(一)史事,(二)文字,(三)文体,(四)思想,(五)旁证。③胡适对老子年代的认定实际上即是依此法推断。④ 他的论敌的结论似乎也不离此法。但到了他发表《评论近人考据〈老子〉年代的方法》时,胡适对于孤立运用其中一种方法可能引起的误判提出了尖锐的批评,他首先批评冯友兰的"丐辞"说,认为"在论理上,往往有人把尚待证明的结论预先包含在前提之中,只要你承认了那前提,你自然不能不承认那结论了:这种论证叫丐辞"。但逻辑上的所谓"丐辞"不能成为定案的证据,而"冯友兰先生提出了三个证据,没有一个不是这样的丐辞"。然后,胡适将梁启超、顾颉刚、冯友兰、钱穆诸人在方法论上的错误分成两组:第一组是"思想系统"或"思想

---

① 冯友兰:《老子年代问题》,收入《古史辨》第4册,第421页。
② 钱穆:《关于〈老子〉成书年代之一种考察》,原载《燕京学报》1930年12月第8期。又收入《古史辨》第4册,第387页。
③ 《中国古代哲学史》第一编"导言·哲学史的史料",《胡适文集》第6册,第175—176页。
④ 参见胡适:《先秦名学史》、《中国古代哲学史》有关老子的论述。

线索",第二组是文字、术语、文体。最后,胡适对顾颉刚的《从〈吕氏春秋〉推测〈老子〉之成书年代》一文所举的两条理由给予反驳,这里实际上是就如何使用旁证问题展开讨论。

显然,受当时条件的限制,胡适尚无法拿出新的材料,或更多的更直接的证据来论证自己的观点,但他意识到一种危险的情势正挟持"疑古"之风蔓延开来。故从他这篇文章的立意来看,主要是反对在考证史实中以疏证代替实证的做法,有一分证据说一分话,有七分证据不说八分话。对于证据不足者,宁肯悬而不断,或尊重古说。从这个意义说,胡适这时已对原来的"疑古"立场谨慎地保留。故他在文后说:

> 我至今还不曾寻得老子这个人或《老子》这部书有必须移到战国或战国后期的充分证据,在寻得这种证据之前,我们只能延长侦查时期,展缓判决的日子。

> 怀疑的态度是值得提倡的,但在证据不充分时肯展缓判断(Suspension of judgement)的气度是更值得提倡的。①

胡适对"疑古"的保留,据顾颉刚回忆是在 1929 年:"那时胡适是上海中国公学的校长,我去看他,他对我说:'现在我的思想变了,我不疑古了,要信古了!'"②胡适在此后所作的《说儒》明显带有这种痕迹。为什么胡适会从原来鼓励"疑古"的立场游离出来?我以为,这只能从他对治史方法的取向中去寻找,实际上他不管是先前的"疑古"也罢,还是后来有分析地"信古"也好,其基本原则并未改变,这就是尊重史料和证据。这一立场贯彻到底,在方法上必然是对疏证的拒斥,对实证的认同。

有意思的是,作为胡适的宿敌的郭沫若,在 1944 年 9 月写作的《稷下黄老学派的批判》一文中,却支持胡适的观点,大概他敏感到《老子》一书给论争投下的阴影,所以他有意将老子和《老子》区别开来。他说:

> 老聃的存在,近年来又大成了问题。原因是一向被传为老子所著

---

① 胡适:《评论近人考据〈老子〉年代的方法》,《胡适文存》第四集卷一。《胡适文集》第 5 册,第 102 页。
② 顾颉刚:《我是怎样编写〈古史辨〉的?》,《文史哲学者治学谈》,长沙:岳麓书社,1983 年 1 月版,第 95 页。

的《道德经》被近人发觉着充满了战国时代的色彩,故书必晚出。因而作者的老聃也就不得不成为疑案了。汉初的"老子是谁"的问题又复活了起来……至今都还争辩未决。但据我的看法,《老子》其书是一个问题,老子其人又是一个问题。这两者在汉代和现代似乎都被含混了。《道德经》晚出是不成问题的,在我认为就是环渊所著的《上下篇》……至于老聃本人,在秦以前是没有发生过问题的,无论《庄子》、《吕氏春秋》、《韩非子》以至儒家本身,都承认老聃有其人而且曾为孔子的先生,我看这个人的存在是无法否认的。①

近年战国秦汉时期简帛佚籍的大量出土,其中 1973 年底在长沙马王堆三号墓出土的帛书——《老子》甲乙两本和《黄帝书》,为研究早期道家的历史和重勘《老子》的年代,提供了新的材料。著名学者陈鼓应、李学勤根据这些新的材料(特别是《黄帝书》)再次确认老子早于孔子,《老子》一书不会晚于战国早期。② 1993 年冬郭店竹简本《老子》的出土,为人们进一步深入研究《老子》提供了更早更古的可靠的材料,一般论者均认定简本《老子》要比帛书《老子》提前了大约一个世纪左右的时间。③ 胡适当年的立论又得到了新的佐证和强有力的支持。

从胡适有关老子的年代考证中,我以为最大的收获还不是胡适再次确认老子是春秋晚期的人,或"老子先于孔子"这一结论,而是胡适所坚持的治史方法。现代学者可能由于缺乏材料,在古史研究中采用"疏证",以填补史料不足所出现的空间,这种做法常为一些训练有素的学者所用,胡适感到这种做法很危险,故他从这一论争中引申出要坚持实证的结论。我以为从治史方法的角度而言,这是继前此王国维提出的"二重证据法"后,给人

---

① 郭沫若:《稷下黄老学派的批判》,《郭沫若全集》(历史编)第 2 卷,北京:人民出版社,1982 年 9 月版,第 158—159 页。
② 参见陈鼓应:《老学先于孔学》,收入氏著《老庄新论》,香港:中华书局,1995 年版。陈鼓应:《关于〈黄老帛书〉四篇成书年代等问题的研究》,收入《马王堆汉墓研究文集》,长沙:湖南出版社,1994 年版。李学勤:《申论〈老子〉的年代》,载《道家文化研究》第六辑,上海古籍出版社,1995 年 6 月版。
③ 有关郭店竹简《老子》本的研究,参见许抗生:《初读郭店竹简〈老子〉》,郭沂:《楚简〈老子〉与老子公案》等文,均收入《中国哲学》第 20 辑"郭店楚简研究",沈阳:辽宁教育出版社,2000 年 1 月 2 版。

们的又一重要启示,不理解这一点,就不能把握胡适写作《评论近人考据〈老子〉年代的方法》一文的真实动机。

二 道家的源流

胡适的治史倾向明显受到清代朴学方法和西方历史学中实证方法的影响,这是众所周知的事实。胡适的治史特点反映在他的先秦思想史(哲学史)研究中,即是对直接材料的重视,他自始就反对以汉儒的观点来描述先秦诸子学说和先秦思想史的图景,他主张依据比较可靠的先秦典籍来重新清理,他有关道家源流的研究大体依循这一思路。

胡适留美期间已开始悉心研读《老子》。其留学日记中对这方面的情况也有反映。如1914年7月7日有《读〈老子〉——"三十辐共一毂"》一则。① 1914年8月21日有《读〈老子〉(二)——记韩非〈解老〉、〈喻老〉之章次》一则。② 在《读〈老子〉(二)》中,胡适已注意到:"《老子》一书,注之最早者,莫如韩非矣。其所引《老子》原文之先后,颇不与今本《道德经》同。不知非著书时,初不循原书次第乎?抑其所据本果为古本,而吾人今日所见为后人颠倒更置者乎?盖未尝无探讨之价值也。"他这则札记将韩非所引《老子》次第与今传各本稍有异同者,一一录出,供人们参考。这是现今我们能发现胡适考证《老子》的最早文字。

在1915年8月9日《老子是否主权诈》的札记中,胡适注意到国内学者谢无量在《大中华》第6号上发表的《老子哲学》一文的下篇。他评论说:"其'宇宙论'极含糊不明,所分两节,亦无理由。其下诸论,则老子之论理哲学耳,所分细目,破碎不堪。其论'老子非主权诈'一章,颇有卓见,足资参考。"③

胡适1917年发表《诸子不出于王官论》,该文直接针对章太炎"九流出于王官之说"而发。章氏之说"盖本于刘歆《七略》"。在反驳"九流出于王

---

① 《读〈老子〉——"三十辐共一毂"》,《胡适留学日记》卷四。
② 《读〈老子〉(二)——记韩非〈解老〉、〈喻老〉之章次》,《胡适留学日记》卷六。
③ 《老子是否主权诈》,《胡适留学日记》卷十。

官"时,胡适列举的第一条理由即"刘歆以前之论周末诸子学派者,皆无此说也"。他所举四本书《庄子·天下篇》、《荀子·非十二子篇》、司马谈《论六家要指》、《淮南子·要略》,前两篇均为先秦典籍。他认为"《艺文志》所分九流,乃汉儒陋说,未得诸家派别之实也。古无九流之目,《艺文志》强为之分别,其说多支离无据"。章太炎先生《诸子学略说》曰"古之学者多出王官。世卿用事之时,百姓当家则务农商畜牧,无所谓学问也。其欲学者,不得不给事官府,为之胥徒,或乃供洒扫为仆役焉"①。胡适则认为"古者学在王官,是一事。诸子之学是否出于王官,又是一事。吾意以为即令此说而信,亦不足证诸子出于王官。盖古代之王官,定无学术可言"。他的结论是"吾意以为诸子自老聃、孔丘至于韩非,皆忧世之乱而思有以拯济之,故其学皆应时而生,与王官无涉"②。胡适这篇文章虽泛论诸子的起源,但其中当然包括道家。从他的论证中,自然诸子各家均出于王官这一说法值得商榷,但完全断然否认,证据似也不易成立。胡适当时立论的其中一个理由是根据自己的西方文化史知识推论而出,即西方近代学术并不是从教会中产生(这实际上也是一种疏证)。而他所提示的"诸子之学皆春秋战国之时势世变所产生,其一家之兴,无非应时而起"。这一观点实际上是揭示诸子学说产生的时代背景,它与诸子的文化渊源似还并非一回事。

胡适写作《中国哲学史大纲》时,其所持的一个独特观点是"不承认司马谈把古代思想分作'六家'的办法","不承认古代有什么'道家'、'名家'、'法家'的名称",他这本书里"从没有用'道家'二字。因为'道家'之名是先秦古书里从没有见过的"。他想"这样推翻'六家'、'九流'的旧说,而直接回到可靠的史料,依据史料重新寻出古代思想的渊源流变"③。这是胡适这本书的一个重要基点。由此出发,胡适对老子、庄子这两位先秦道家的代表人物的思想虽作了富有现代意义的阐释,但并未将其归属为道家。胡适的《中国哲学史大纲》虽然影响很大,但他的这一独特处理在以后却很少见人采纳。

---

① 参见章太炎:《诸子论略说》,收入汤志钧编:《章太炎政论选集》上册,北京:中华书局,1977年11月版,第287页,此段用胡适标点。
② 胡适:《诸子不出于王官论》,《胡适文存》卷二,《胡适文集》第2册,第180—186页。
③ 《中国哲学史大纲》台北版自记,《胡适文集》第6册,第160页。

胡适对老子哲学思想的介绍主要有五点：(1)"老子哲学的根本观念是他的天道观念"，老子以前的天道观念，都把天看作一个有意志，有知识，能喜能怒，能作威作福的主宰。老子的天道观念一方面"打破古代的天人同类说"，一方面在天地万物之外，别假设一个自然的"道"，"道常无为"。(2)老子最先发现"道"，但道的观念太抽象，他又从具体的方面提出"无"，"道与无是万物之母"，可见道即是无，无即是道。(3)老子是最早提出名与无名的问题。(4)老子在社会政治方面主张"无为放任"。(5)老子的人生哲学是要人无知无欲，"见素抱朴，少私寡欲，绝学无忧"①。显然，胡适以"革命家之老子"冠之，可见其对老子哲学是比较欣赏和推崇的。

胡适对庄子哲学思想的诠释包括：(1)《庄子》书中的生物进化论。(2)庄子的名学。(3)庄子的人生哲学。与对老子哲学的评价有明显区别的是，胡适对庄子哲学多持批评态度，他在结论中说："庄子的哲学，总而言之，只是一个出世主义。因为他虽然与世人往来，却不问世上的是非、善恶、得失、祸福、生死、喜怒、贫富，……一切只是达观，一切只要'正而待之'，只要'依乎天理，因其固然'。""庄子是知道进化的道理，但他不幸把进化看作天道的自然，以为人力全无助进的效能，因此他虽说天道进化，却实在是守旧党的祖师。他的学说实在是社会进步和学术进步的大阻力。"②从这段评语中看得出来，胡适对庄子思想是贬抑的。但胡适对《庄子》"万物皆种也"一段的解释，遭到了章太炎的严厉批评。③胡适后来在"台北版自记"中自我检讨道："此书第九篇第一章论'庄子时代的生物进化论'，是全书里最脆弱的一章，其中有一节述'《列子》书中的生物进化论'，也曾引用《列子》伪书，更是违背了我自己在第一篇里提倡的'史料若不可靠，历史便无信史的价值'的原则。我在那一章里述'《庄子》书中的生物进化论'，用的材料，下的结论，现在看来，都大有问题"④。实际上是接受了章太炎的意见。

胡适对道家源流的系统探索是在1930年完成的《中国中古思想史长

---

① 《中国古代哲学史》第三编"老子"，《胡适文集》第6册，第198—207页。
② 《中国古代哲学史》第九编"庄子"，《胡适文集》第6册，第326—342页。
③ 参见章太炎：《与胡适论庄子书》，收入《章太炎学术史论集》，北京：中国社会科学出版社，1997年6月版，第255页。
④ 《中国古代哲学史》台北版自记，《胡适文集》第6册，第159页。

编》。有意思的是,这部书开首一章是讲"齐学"。齐学包括阴阳家、神仙家和道家。胡适认为"古代无'道家'之名,秦以前的古书没有提及'道家'一个名词的。'道家'一个名词专指那战国末年以至秦汉之间新起来的'黄老之学',而黄老之学起于齐学。齐学成了道家,然后能征服全中国的思想信仰至二千多年而势力还不曾消灭"①。

有关道家,胡适提出了一些独特的观点:(1)关于道家与杂家的关系,胡适认为,"杂家是道家的前身,道家是杂家的新名。汉以前的道家叫做杂家,秦以后的杂家应叫做道家"。在胡适看来,司马谈所谓道家,即是《汉书》所谓杂家。先秦未尝有"道家"之名。"《庄子·天下篇》(不是庄周所作)所举老聃、关尹、墨翟、禽滑厘、慎到、彭蒙、田骈、宋钘、尹文、庄周等人,都称'道术'。道即是路,术是方法,故不论是老聃,是墨翟,是慎到、尹文,他们求的都是一条道路,一个方法,尽管不同,终究可称为'道术'。故秦以后的思想,凡折衷调和于古代各派思想的,使用这个广泛的道术原意,称为'道家'。道家本有包罗一切道术的意义,所谓'因阴阳之大顺,采儒墨之善,撮名法之要'是也。故司马谈所谓道家,正是《汉书》'兼儒墨,合名法'的杂家。这是'道家'一个名词的广义。"②(2)"道家虽然兼收并蓄,毕竟有个中心思想,那便是老子一脉下来所主张的无为而无不为的天道自然变化的观念。""因为这个大混合的中心思想在此,所以'道家'之名也可以移到那个中心思想系统的一班老祖宗的身上去,于是老子、庄子一系的思想便也叫做'道家'了。这便是'道家'一个名词的狭义。"③(3)"依司马谈的话,道家是用老子的'无为'思想作中心的大混合,是一个杂家。《汉书·艺文志》的'杂家'有《吕氏春秋》和《淮南王书》,其实这两部书都可以代表那中心而综合儒墨阴阳名法各家的道家。故我用《吕氏春秋》来代表汉以前的道家,用《淮南王书》来代表秦以后的杂家。其实都是杂家,也都是道家,都代表思想混一的趋势。"④对《吕氏春秋》和《淮南王书》这两部书在道家发展史上的地位给予了很高的评价。

---

① 《中国中古思想史长编》第一章"齐学",《胡适文集》第6册,第440页。
② 《中国中古思想史长编》第二章"杂家",《胡适文集》第6册,第446—447页。
③ 同上书,第447页。
④ 同上。

具体来说,关于《吕氏春秋》,胡适认为该书的主旨在于"法天地",其意有三:"第一是顺天,顺天之道在于贵生。第二是固地,固地之道在于安宁。第三是信人,信人之道在于听言。'三者咸当,无为而行'。"《吕氏春秋》用这三大纲"总汇古代的思想"。而"法天地的观念是黄老一系的自然主义的主要思想"。《吕氏春秋》的政治思想是以此为基础,"充分发展贵生的思想,侧重人的情欲,建立一种爱利主义的政治哲学"①。其中亦包含"无知无为的君道论"。《吕氏春秋》"病万变,药亦万变"的道家思想,其实正是司马谈的"与时迁移,应物变化,立俗施事,无所不宜"的道家要旨。而书中思想来源,如十二月令是阴阳家的分月宪法,五德转移论(《应同篇》)完全是邹衍的话,贵生重己是杨朱一派的贵己主义,孝治之说是儒家的,无为无知的君道论是慎到等人的思想,尚贤主义杂采儒墨之说,反对无欲之说颇近于荀卿,主张不法先王,因时而化,是根据于庄子一派的自然演变论和韩非的历史演进论的。这一切正是《史记》称之为"道家",《汉书》称之为"杂家"的理由。

关于《淮南王书》,胡适认为:这部书与《吕氏春秋》性质最相似,取材于吕书之处也最多。"但淮南之书编制更精审,文字也更用气力,的确是后来居上了。"《淮南王书》是继《吕氏春秋》之后的又一次思想总结。它的出现是适应汉初无为而治的政治的产物。胡适非常推重《淮南王书》,称"道家集古代思想的大成,而《淮南王书》又集道家的大成"②。道家的中心思想是"(一)自然变化的宇宙观,(二)养生保真的人生观,(三)放任无为的政治观"。《淮南王书》对之都作了充分的发挥。首先,道家的中心思想是"那自然无为而无不为的'道'"。《淮南王书》以之为基本思想,"不但是把'道'看作实有的存在,并且明白规定了他的特性:一是无往而不在;一是万物所以成的原因;一是纤微至于无形,柔弱至于无为,而无不为,无不成"③。其次,道家对无为与有为的关系处理是倾向于"无为而无不为"。而《淮南王书》把这种无为主义应用到人生和政治上去。第三,"《淮南王书》的政治思

---

① 《中国中古思想史长编》第二章"杂家",《胡适文集》第 6 册,第 449、453 页。
② 《中国中古思想史长编》第五章"淮南王书",《胡适文集》第 6 册,第 512 页。
③ 同上书,第 514 页。

想,虽然处处号称'无为',其实很有许多精义,不是'无为'一个名词所能包括。约而言之,此书的政治思想有三个要义:一是虚君的法治,一是充分的用众智众力,一是变法而不拘故常"①。第四,道家思想是齐学,受神仙出世之说和阴阳禨祥之说的影响都很大。"《淮南王书》中,这两种思想都占重要的地位。"②最后,阴阳感应的宗教。"道家出于齐学,齐学之神仙阴阳都挂着黄帝的招牌,故号称黄老的道家吸收了阴阳家的许多禁忌思想,这是不可避免的。"③对《淮南王书》的思想内容,胡适最欣赏其中的社会政治思想,这实际上也是胡适推重这部书的一个主要原因。

胡适这部《中国中古思想史长编》,无论是从他的行文结构看,还是从他表述的观点看,实际上是以道家为主干来贯穿战国中后期到西汉前期这一段的思想史。胡适的这一处理,除了为这段思想史提供一种新的历史叙述外,应当说,还表示他对这时期道家思想历史作用的重视。事实上,后来他在演讲中多次提及这一点。

1934年,胡适发表了《说儒》一文。本来这是一篇论述儒家起源的文字,然其中涉及儒道的关系,故也论到老子的历史定位。《说儒》有些观点是针对章太炎的《国故论衡》而发,《国故论衡》中有《原道》三篇,其上篇之末有注语云:"儒家法家皆出于道,道则非出于儒也。"照章太炎此语,儒家不过是道家的一个分派。胡适不同意章氏的这一观点。他的新见是:老子"不过是代表那六百年以来柔道取容于世的一个正统老儒;他的职业正是殷儒相礼助葬的职业,他的教义也正是《论语》里说的'犯而不校'、'以德报怨'的柔道人生观。古传说里记载着孔子曾问礼于老子,这个传说在我们看来,丝毫没有可怪可疑之点。……孔子和老子本是一家,本无可疑。后来孔老的分家,也丝毫不足奇怪。老子仍旧代表那随顺取容的亡国遗民的心理,孔子早已怀抱着'天下宗予'的东周建国的大雄心了"④。胡适的这个观点可能是受到《韩非子·显学》篇中"世之显学,儒、墨也"一语的影响,故《说儒》一文是从儒、墨两系来把握先秦思想脉络。实际上,在文后结语中,

---

① 《中国中古思想史长编》第五章"淮南王书",《胡适文集》第6册,第531页。
② 同上书,第538页。
③ 同上书,第552页。
④ 《说儒》,《胡适文存》第四集卷一。《胡适文集》第5册,第60页。

他也只是提及儒、墨先后兴起的过程。1993年郭店楚简《老子》本的出土,其中为论者们注意到的一点,即是简本《老子》没有今本《老子》中非黜儒家之语,从而引起了学者们对早期儒道之间关系的重新探讨的兴趣,其实胡适当年在《说儒》中所表述的观点,对我们认识这一问题应有参考之助。

胡适上述对道家源流的勾勒和对道家思想的阐释,不无缺陷甚至问题,如他将老子归类为儒家,对庄子思想消极意义的理解,但在强调思想史(哲学史)研究应依据历史原型和挖掘道家思想的现代意义这方面来说,胡适的确表现了他的特长,在同时代的思想史(哲学史)研究中,可以说是鲜见的范例。

三 道家思想的现代意义

道家构成胡适思想史研究的一个组成部分,道家思想亦构成胡适本人思想的一个重要传统来源。

胡适一生非常重视从道家思想中吸取养料。早在1906年9月,胡适在上海中国公学读书,当时具有革命倾向的《竞业旬报》创刊,他应约给该刊撰稿,他写作《四十自述》提及此事时说:"第一期里有我的一篇通俗《地理学》,署名'期自胜生'。那时候我正读《老子》,爱上了'自胜者强'一名话,所以取了个别号叫'希强',又自称'期自胜生'"。① 据他晚年回忆:"老子对我幼年的思想影响很深。记得我在一九〇九年(清宣统元年,己酉)作了一首咏'秋柳'的诗。这是一首绝句,在这诗前的小序上,我写道:'秋日适野,见万木皆有衰意。而柳以弱质,际兹高秋,独能迎风而舞,意态自如。岂老氏所谓能以弱者存耶?感而赋之。'"②他讲的这首诗原文是:

> 但见萧飕万木摧,尚余垂柳拂人来。
> 西风莫笑长条弱,也向西风舞一回。

胡适留美的第四年,正逢第一次世界大战爆发,他研读《老子》,受老子

---

① 《四十自述·在上海(二)》,《胡适文集》第1册,第80页。
② 唐德刚译注:《胡适口述自传》,台北:传记文学出版社,1986年版,第58页。

的"不争"思想影响很大。"老子主张'不争'(不抵抗)。'不争'便是他在耶稣诞生五百年之前所形成的自然宇宙哲学之一环。老子说:'夫惟不争,故天下莫能与之争!'他一直主张弱能胜强,柔能克刚。老子总是拿水作比喻来解释他底不抵抗哲学。老子说:'天下莫柔弱于水,而攻坚强者,莫之能先!'"①老子的"不争"和墨子的"非攻",教友派基督徒的基本信仰成为这时在他心中占有主导地位的和平主义思想的主要来源。

在写作《先秦名学史》时,胡适已获得了两个重要认识:一是在研究对象上,他认为"中国哲学的未来,似乎大有赖于那些伟大的哲学学派的恢复,这些学派在中国古代一度与儒家学派同时盛行"。"在这些学派中可望找到移植西方哲学和科学最佳成果的合适土壤。"②他特别提到"关于方法论问题,尤其是如此。如为反对独断主义和唯理主义而强调经验,在各方面的研究中充分地发展科学的方法,用历史的或者发展的观点看真理和道德,我认为这些都是西方现代哲学的最重要的贡献,都能在公元前五、四、三世纪中那些伟大的非儒学派中找到遥远而高度发展了的先驱"③。正是从这一认识出发,他对非儒学派的"名学"作了较多的挖掘,内容几乎占全书篇幅的三分之二。如其中论及老子的哲学思想时,胡适盛赞老子"是古代中国的普罗塔哥拉。在他身上,我们可以找到启蒙年代精神的体现。他是他那个时代的最大批评者,并且他的批评总是带破坏性的和反权威性的"。不过,"虽然老子的思想是破坏的和虚无主义的,但是在他的哲学中有某种东西超出了他的偶像破坏和虚无主义,而且可能为后来的哲学家,特别是孔子,建立他们的建设性体系提供了基础"。在这些建设性因素中,对孔子产生影响的有:(1)老子的时间和变化的概念。即天下万物生于有,而有生于无。"在这一虚无主义的观点背后,可以看出他的作为连续过程的变化的观念。"(2)老子"残缺不全的知识理论","有时他似乎主张:由累积的学习得来的知识和智慧,就真正的'道'来说,是没有什么用的。真的知识的获得仅在于一个人如此简化或减少他的愿望和欲望,以达到自然的无所断定

---

① 唐德刚译注:《胡适口述自传》,台北:传记文学出版社,1986年版,第57页。
② 胡适:《先秦名学史》,"导论 逻辑与哲学",《胡适文集》第6册,第11页。
③ 同上。

的目标(见四十八章)"。"这样一个知识观念正好说明那个时代鼓吹个人智力的趋势。"①

二是在研究方法上,他强调用中西互释的方法来研究中国哲学。他说:

> 新中国的责任是借鉴和借助于现代西方哲学去研究这些久已被忽略了的本国的学派。如果用现代哲学去重新解释中国古代哲学,又用中国固有的哲学去解释现代哲学,这样,也只有这样,才能使中国的哲学家和哲学研究在运用思考与研究的新方法与工具时感到心安理得。②

正是基于这一认识,在论及老子的思想时,胡适如是说:"他的自然的概念相似于霍伯特·斯宾塞的观点。'天地不仁,以万物为刍狗。'他借着类比,加上一句:'圣人不仁,以万物为刍狗'(五章)。这种从严酷的自然律到政治上的放任自流学说的演变,正是斯宾塞所做过的。"③

胡适十分推崇老子"无为"的社会政治思想。在《中国哲学史大纲》中,他将其提高到一个特殊的高度,称之为"革命家之老子"。他讲老子的哲学思想,首先是从讲解老子的政治哲学开始,足见其对之重视。胡适认为,老子"反对有为的政治,主张无为无事的政治",这是当时政治的反动。"凡是主张无为的政治哲学,都是干涉政策的反动。因为政府用干涉政策,却又没干涉的本领,越干涉越弄糟了,故挑起一种反动,主张放任无为。""老子的无为主义,依我看来,也是因为当时的政府不配有为,偏要有为;不配干涉,偏要干涉,所以弄得'天下多忌讳而民弥贫;民多利器,国家滋昏;法令滋彰,盗贼多有'。""老子对那种时势,发生激烈的反响,创为一种革命的政治哲学。"④

胡适在《中国中古思想史长编》中,对于《淮南王书》的政治思想,主要是"虚君的法治"、"充分的用众智众力"、"变法而不拘故常"极表赞赏。依胡适的眼光看来:他特别提到《淮南王书》"无为"政治哲学所包含的民治主

---

① 《先秦名学史》,第一编"历史背景·五",《胡适文集》第6册,第25—26页。
② 《先秦名学史》,"导论 逻辑与哲学",《胡适文集》第6册,第11页。
③ 《先秦名学史》,第一编"历史背景·四",《胡适文集》第6册,第23页。
④ 《中国古代哲学史》,第三编"老子",《胡适文集》第6册,第196—197页。

义思想因素。其一,"虚君之政治,君主不但不轻于为暴,并且要不轻于施恩惠。必须能'重为惠,若重为暴',然后可以做到慎到所谓'动静无过,未尝有罪',立宪国家所谓君主不会做错事,即是此意"。其二,"无为的政治还有一个意义,就是说,君主的知识有限,能力有限,必须靠全国的耳目为耳目,靠全国的手足为手足。这便是'众智众力'的政治,颇含有民治的意味"。所谓"无愚智贤不肖,莫不尽其能"(《淮南王书·主术训》)的原则即是一个例证。其三,"善否之情日陈于前而无所逆"(《淮南王书·主术训》)说明其尊重人民的舆论。其四,"承认统治者与被统治者是对等的,只有相互的报施,而没有绝对服从的义务"①。

　　胡适对《淮南王书》的上述看法甚至反映在同时期的其他活动中。如他1932年11月27日南下武汉等地,在武汉大学发表的《谈谈中国政治思想》的演讲,其中就涉及《淮南王书》的政治思想。而在11月29日傍晚他与蒋介石晤面时,送给蒋的见面礼居然是一部《淮南王书》,这不能不说是意味深长的一个举动。这天,胡适日记中如是记道:"六点半,黎琬(公琰)来,小谈,同去蒋宅晚会。同席者孟余、布雷、立夫。今晚无谈话机会,我送了一册《淮南王书》给蒋先生。"②

　　在四五十年代发表的一些演讲和文章中,胡适更是不遗余力地开掘中国传统思想(包括道家)的现代意义。1942年3月23日,胡适在华盛顿纳德克立夫俱乐部(The Radcliffe Club)以"中国抗战也是要保卫一种文化方式"为题演讲,其中言及"中国民主思想形成的哲学基础"时,开首举例即为"'无为而治'的黄老治术为最高政治形态。老子和他的门人认为,最好的政治,是使人民几乎不知有政府的存在;而最坏的政治,是人民畏惧政府。所以他主张:'一切听其自然……无为而无不为'"③。

　　1954年3月12日在台湾大学以"中国古代政治思想史的一个新看法"为题演讲时,提到中国古代政治思想史的几种观念——威权与自由冲突的观念,或四件大事,"第一,是无政府的抗议,以老子为代表。这是对于太多

---

① 《中国中古思想史长编》第五章"淮南王书",《胡适文集》第6册,第531—534页。
② 《胡适的日记》(手稿本)第11册,1932年11月27日,台北:远流出版公司,1991年版。
③ 胡适:《中国抗战也是要保卫一种文化方式》,《胡适文集》第12册,第782页。

的政府,太多的忌讳,太多的管理,太多的统治的一种抗议。这种中国古代的政治思想,能在世界上占有一个很独立的,比较有创见的地位"。"他对政府抗议,认为政府应该学'天道'。'天道'是什么呢?'天道'就是无为而无不为。这可说是一个很重要的观念。他认为用不着政府;如果有政府,最好是无为、放任、不干涉,这是一种无政府主义的政府理想:有政府等于没有政府;如果非要有政府不可,就是无为而治。所以第一件大事,就是中国政治思想史上第一个放大炮的——老子——的无政府主义。他的哲学学说,可说是无政府的抗议。"胡适还说道:"在西方恐怕因为直接间接的受了中国这种政治思想的起来,到了十八世纪才有不干涉政治思想的起来。""我颇疑心十八世纪的欧洲哲学家已经有老子的书的拉丁文翻译本:因为那时他们似乎已经受到老子学说的影响。"①像胡适这样将老子思想在中国政治思想史和世界政治思想史上提升到如此高度,在近人著述中确属鲜见。

1960年7月10日在美国西雅图华盛顿大学以"中国传统与将来"(The Chinese Tradition and the Future)为题演讲,在谈到中国文化传统的第二个阶段——"中国固有哲学思想的'经典时代'",亦即"老子、孔子、墨子和他们的弟子们的时代"。

> 这个时代留给后世的伟大遗产有老子的自然主义的宇宙观,他的无为主义的政治哲学;有孔子的人本主义,他的看重人的尊严,看重人的价值的观念,他的爱知识,看重知识上的诚实的教训,他的"有教无类"的教育哲学;还有大宗教领袖墨子的思想,那就是反对一切战争,鼓吹和平,表扬一个他心目中的"兼爱"的"天志",想凭表扬这个"天志"来维护并且抬高民间宗教的地位。

中国文化传统的基本特色,多少都是这个"经典时代"几大派哲学塑造磨琢出来的。到了后来的各个时代,每逢中国陷入非理性、迷信、出世思想,——这在中国很长的历史上确有过好几次——总是靠孔子的人本主义,靠老子和道家的自然主义,或者靠自然主义、人本主义两

---

① 胡适:《中国古代政治思想史的一个新看法》,《胡适文集》第12册,第179、184、185页。

样合起来,努力把这个民族从昏睡里救醒。①

他还提到在汉朝的头几十年"有意采用无为的政治哲学,使一个极广大的帝国在政治规模上有了一个尽量放任,尊重自由,容许地方自治的传统,使这样一个大帝国没有庞大的常备军,也没有庞大的警察势力"。对老子和道家的思想在西汉前期以及以后的历史中所起的作用,作了高度评价。

胡适在上述演讲中一再重复自己的观点,这表明他力图开掘自由、民主思想的传统资源,为民主政治在中国生根培植历史文化土壤,其中老子和道家,可以说是他这一工作中非常重要的组成部分。胡适的这一做法,构成他后期思想较为成熟的一面。

结　语

胡适对道家的研究,在中国近现代学术史、思想史上有着极为特殊的示范意义。他鉴于中国历史材料的复杂性,强调哲学史研究应以实证为基础,而不能靠疏证来把握;他提出研究先秦思想史应尽量摆脱汉儒的陋见,直接返回到原始材料中去,依据历史原型进行研究;他注重传统思想现代意义的开掘,用"中西互释"的眼光透视中国传统哲学,凸显中国思想传统中被压抑的自由意识;这是胡适治中国哲学史(思想史)的突出特点,也是值得今人借鉴之处。从20世纪中国学术的发展实际来看,胡适的这一方向,代表着中国学术比较健康但却未被充分发展的一个传统。

载《中国哲学史》1997年第4期。收入陈鼓应主编:《道家文化研究》第20辑当代专辑,北京:三联书店,2003年9月版。

---

① 胡适:《中国传统与将来》,《胡适文集》第12册,第198、199页。

捌　胡适与西方近世思潮

近代中国文化发展的基本趋向是从传统向新文化转型。这里的新文化之所谓"新"主要表现在吸收西方文化和传统文化的自我更新。其中吸收西方文化又更为重要、更具拓展性意义,这是因为在西方文化处于强势文化的大背景之下,传统文化的"推陈出新"很大程度上也有赖于与西方文化的碰撞、交流和融汇。西方文化构成中国文化的"新"的元素,它具有激活中国文化的作用,这是近代文化的一种特殊现象,也是中国走向世界之必然。

在近代中国输入西方文化的过程中,严复与胡适是前后两个最为关键的人物。严复译述多部西方名著,引进了西方的社会学、自然哲学、政治学、经济学、逻辑学等近代学科,为中国建构具有近代意义的学术门类奠定了基础。胡适是继严复以后又一位大师级人物,他引进具有浓厚美国本土意味的个人主义、实验主义、自由主义,对进化论做出合乎"美国经验"的解释,他是美国文化在中国的大力传播者。严复与西学接引的媒介是他的"英国经验",胡适接触西学的传媒是他的"美国经验"。严复获取的是英国维多利亚时代的成功经验,这时英国已率先完成工业化、国力走向鼎盛,成为举世瞩目的日不落帝国。胡适在美国学习、生活、工作达25年之久,此时正是美国经历由一个新大陆国家走向世界第一强国的过程,胡适目睹了美国在政治、经济、文化、军事诸方面的崛起和社会发展的循序渐进之历程,对美国模式的成功之处颇有领悟。因此,严、胡两人在传输他们的"英国经验"或"美国经验"时都表现了相当程度的自信。

不过,20世纪中国之历史进程并不是循依英美式的改革道路或现代化模式,而是主要取法法国大革命和俄国十月革命的成功经验,故不管是严复,还是胡适,虽然在学术上取得了相当程度的成功,但在政治上,他们所走的道路却并未被视为正途,他们始终饱受争议,甚至受到非议。现在当20

世纪革命的帷幕已经降下，人们在开始反思这一革命进程的诸种历史遗留问题时，对严复、胡适在这一过程中所表现的"偏执"也逐渐给予"同情的理解"。

在从传统向新文化的转型过程中，西学的地位是最难把握、最不易处理的"问题"。这里不仅存在获取途径的困难、语言交流的障碍，而且还有民族文化的隔阂、社会认知的成见。事实上，近代中国真正有资格谈论"西学"的学人为数极少。像梁漱溟这样没有去过西方、也不懂西语，却放胆纵论《东西文化及其哲学》的人大有人在。① 严复、胡适是在他们生活的年代最有资格谈论他们的西方经验的中国学人，这一资格的获取，不仅来自于他们的西方生活经验和西方文化修养，而且与他们对英美主流文化的认同有相当程度的关系。开放的社会环境为各种言论和选择提供了空间，但言论和主张是否具有真实价值，又值得人们嚼味和推敲。

西学是19世纪末20世纪初一代新文化人最重要的思想文化背景。甲午海战的巨大风浪和《辛丑条约》的奇耻大辱，把中国社会进一步推入半殖民地的苦难深渊，同时也把一部分失重心态的青年知识分子从科举体制内扫除出来，促使他们睁眼看西方，自觉地投入吸收、引进西学的新潮流，胡适即是被卷进这一浪潮中的一个分子。他从1904年投身上海新学堂，学习"即中即西"的新学开始，到1910年赴美留学达七年之久，深深浸染欧美近世思潮。从戊戌维新到抗日战争发生前的三十多年期间，文化交流方式主要以输入外来文化为主，西方思潮随之潮水般涌入中国，时人惊呼这一"欧化"、"西化"现象为新潮或西潮，这也是当时中国最优秀的知识分子选择出国留学的时代背景。追溯胡适向西方寻求真理的历程，理清他与西方近世思潮的关系，对我们进入胡适的思想世界和理解他所处的那个时代至关重要。这里我们试图通过借助分析胡适与西方近世思潮接触过程中的个案"经验"，探讨近代中国新文化与西学之间的历史关系。

---

① 胡适对梁漱溟的批评，参见《读梁漱溟先生的〈东西文化及其哲学〉》，收入《胡适文集》第2册，北京：北京大学出版社，1998年版，第182—199页。胡适在私下对梁有更为严厉的批评："梁漱溟既不曾出过西洋，又连电影戏都不肯看，他那配谈东西文化！"参见耿云志编：《胡适语萃》，北京：华夏出版社，1993年版，第275页。

一 从接受进化论开始切入西方思想

19世纪后期,达尔文的"进化论"在欧美学界风行一时,给西方传统文化和宗教精神以极大的冲击,带来了一场思想、学术革命。赫胥黎是传播达尔文进化论的一个主要人物,他在诠释"进化论"思想中发挥了突出作用。从戊戌维新到"五四"时期,进化论是在中国广泛流行并最具影响力的西方思潮,也是西方近世思潮对中国最先发生极大影响力的一股思潮。[①] 生活在这个年代的中国学人多多少少都受到了进化论的影响和洗礼。

"进化论"在中国传播经历了一个过程,最早介绍进化论的是来华传教士,但真正产生影响的是从英国留学归来的中国学人严复,他所编译的《天演论》即是取自赫胥黎的《进化论与伦理学》,是中国人介绍进化论第一部产生重大思想影响的经典著作。

进化论对胡适的思想影响包括三个层次:一是"物竞天择,适者生存"的社会达尔文主义思想。二是循序渐进的思想。三是"存疑"的思想方法。如果说在前两个层次,胡适的思想还保留着严复影响的痕迹,第三个层次则是胡适在接受进化论影响时显示的创意。进化论构成胡适思想的底色。

1905年胡适第一次接触进化论即是经吴汝纶删节的严复译的《天演论》。该书出版后,不到几年,便风行全国,"竟做了中学生的读物了"。在中国屡次战败后,在庚子辛丑大耻辱之后,它所宣传的"优胜劣败"的公式确是给人们心灵以强烈的震撼,它"像野火一样,燃烧着许多少年的心和血",澄衷学堂的国文教师杨千里先生是胡适最为尊崇的老师,他对胡适"影响最大"。杨先生在胡适的作文稿本上题签"言论自由"四个字,并要求以吴汝纶删节的严译《天演论》做课本。[②] 胡适在《物竞天择,适者生存,试申其义》这篇命题作文里,首次试用进化论的观点,分析了中国社会之危难命运。胡适写道:

[①] 有关进化论在中国的传播及其影响,参见王中江:《进化主义在中国》,北京:首都师范大学出版社,2002年12月版。王中江:《进化主义在中国的兴起——一个新的全能式世界观》,北京:中国人民大学出版社,2010年版。

[②] 参见胡适:《四十自述》,收入《胡适文集》第1册,第70—71页。

>　　国魂丧尽兵魂空,兵不能竞也;政治、学术西来是效,学不能竞也;国债累累,人为债主,而我为借债者,财不能竞也;矿产金藏,所在皆有,而不能自辟利源,必假手外人,艺不能竞也。以劣败之地位资格,处天演潮流之中,既不足以赤血黑铁与他族相角逐,又不能折冲樽俎战胜庙堂,如是而欲他族不以不平等之国相待,不惭溃以底灭亡亦难矣。呜呼!吾国民其有闻而投袂奋兴者乎?

杨先生在其文后有批语道:"富于思考力,善为演绎文,故能推阐无遗。"①从这篇文章可见,胡适最初接受进化论的影响主要是受到社会达尔文主义的冲击。

不过,留美时期的胡适由于受到"不争主义"、"世界主义"的思想影响,开始批评"弱肉强食"的帝国主义逻辑,这从他对尼采哲学的态度可见一斑。"五四"时期,鉴于革命思潮从进化论获取思想资源,铸造革命的逻辑,胡适似不太愿从这一层面发挥进化论的意义。

1919年胡适在《新思潮的意义》一文中指出:"文明不是笼统造成的,是一点一滴的造成的。进化不是一晚上笼统进化的,是一点一滴的进化的。现今的人爱谈'解放与改选',须知解放不是笼统解放,改造也不是笼统改造。解放是这个那个制度的解放,这种那种思想的解放,这个那个人的解放,是一点一滴的解放。改造是这个那个制度的改造,这种那种思想的改造,这个那个人的改造,是一点一滴的改造。"②胡适强调"进化"的渐进性质,这是进化论对他的社会历史观的一个重要影响,这与进化论对严复的思想影响有类似之处,表现了中国自由主义从严复到胡适一脉相承的继承关系。

1922年,胡适写作《演化论与存疑主义》一文,其重点是放在进化论的方法论上。他说:"达尔文与赫胥黎在哲学方法上最重要的贡献,在于他们的'存疑主义'(Agnosticism)。存疑主义这个名词,就是赫胥黎造出来的,直译为'不知主义'。孔丘说:'知之为知之,不知为不知,是知也。'这话确

---

① 原载上海澄衷学堂《智识》1924年6月16日,转引自耿云志:《胡适年谱》,成都:四川人民出版社,1989年12月版,第12页。
② 《新思潮的意义》,收入《胡适文集》第2册,第558页。

是'存疑主义'的一个好解说。但近代的科学家还要进一步,他们要问,'怎样的知,才可以算是无疑的知'?赫胥黎说,只有那证据充分的知识,方才可以信仰,凡没有充分证据的,只可存疑,不当信仰。这是存疑主义的主脑。"①胡适对进化论的取舍转向"存疑"的思想方法。

1930年胡适在总结自己的思想,谈及进化论对自己的影响时说:"我的思想受两个人的影响最大:一个是赫胥黎,一个是杜威。赫胥黎教我怎样怀疑,教我不信任一切没有充分证据的东西。杜威先生教我怎样思想,教我处处顾到当前的问题,教我把一切学说理想都看作待证的假设,教我处处顾到思想的结果。这两个人使我明了科学方法的性质和功用。"②从胡适的这段自白可以看出,赫胥黎对他的重要影响即是"存疑主义"的思想方法。进化论对戊戌维新以来好几代知识分子产生了重要影响,但像胡适这样从"存疑主义"的角度解释进化论,却极为罕见,这表现了胡适思想的个性或胡适思想的选择性。

赫胥黎及其进化论对胡适影响极大,他将这一思想认识直接运用到自己的学术研究。在史学方面,胡适提出:"宁疑古而失之,不可信而失之。"③这对顾颉刚等人倡导的古史辨讨论影响极大。在文学方面,胡适认为"文学者,随时代而变迁者也。一时代有一时代之文学"。"然以今世历史进化的眼光观之,则白话文学之为中国文学之正宗,又为将来文学必用之利器,可断言也。"④从而"供给了一种根据于历史事实的中国文学演变论,使人明了国语是古文的进化,使人明了白话文学在中国文学史上占什么地位"⑤。由于胡适等新文化人的有力推动,白话文终于取代文言文,在文学界取得了正宗的地位。胡适还把进化论的存疑主义思想推进到价值系统,进而提出所谓"科学的人生观"。他说:"赫胥黎教人记得一句'拿证据来!'我现在教

---

① 《演化论与存疑主义》,收入《胡适文集》第10册,第350页。
② 《介绍我自己的思想——〈胡适文选〉自序》,收入《胡适文集》第5册,第507—508页。
③ 顾颉刚编著:《古史辨》第1册,第22—23页。
④ 《文学改良刍议》,收入《胡适文集》第2册,第14页。
⑤ 《介绍我自己的思想——〈胡适文选〉自序》,收入《胡适文集》第5册,第515—516页。

人记得一句'为什么？'少年的朋友们，请仔细想想：你进学校是为什么？你进一个政党是为什么？你努力做革命工作是为什么？革命是为了什么而革命？政府是为了什么而存在？请大家记得：人同畜牲的分别，就在这个'为什么'上。"①人类是一种意志化的动物，人因为有生活的目标而寻出有意义的生活，胡适对此能有深入浅出的论述，它是对带玄学意味的人生观的否定。

　　不过，胡适与赫胥黎的进化观毕竟存有一定差异。赫胥黎从"存疑主义"立场出发，逐渐陷入"不可知论"的境地，最终成为上帝的信徒。赫胥黎曾如是表态："灵魂不朽之说，我并不否认，也不承认。我拿不出什么理由来信仰他，但是我也没有法子否认他。"胡适自幼因受范缜《神灭论》一书的影响，自始至终保持其无神论者的立场。他否认神不灭论，否认上帝，否认寻求万事万物的神秘因素，超越传统的"三不朽"人生观，自创"社会不朽论"。1921年5月18日他的日记记载的一则故事，颇能反映他坚定的无神论立场与意志力：

　　　　上午，司徒尔先生(Dr Stuart)与刘廷芳牧师与霍进德先生(H. T. Hodgkin)来谈。霍君是一个"匡克"(Quacker)，他的宗教信心很强，他以为一个若不信上帝，若不信一个公道的天意，决不能有改良社会的热心与毅力。我说，我不信上帝，并且绝对否认他这句通则。大贤如John Stuart Mill, T. H. Huxley, Charles Darwin，都不信上帝，但谁敢说他们没有热心与毅力吗？②

　　在接受实验主义思想影响后，胡适更是对实证主义的方法笃信不疑，坚决主张"凡是没有充分证据的，只可存疑，不当信仰"。胡适进化观中所包含的这种科学主义因素，与赫胥黎明显构成一定的差异。胡适一生与不同的宗教打过交道，从东方的佛教，到西方的基督教，但他终究与宗教无缘，不信仰任何宗教。这究竟是其内在的科学精神使然，还是其本性与宗教绝缘，或是中国人文传统的影响，是一个值得探究的疑问。

---

①《介绍我自己的思想——〈胡适文选〉自序》，收入《胡适文集》第5册，第510页。
②《胡适全集·日记(1919—1922)》第29册，合肥：安徽教育出版社，2004年版，第256页。

二 推崇美国式的个人主义精神

易卜生主义是青年胡适在美国接触并受之影响颇深的西方思潮之一。胡适接触易卜生和其作品,可能最早不会迟于1912年春间,康乃尔大学"理学会"当时举行了两场"易卜生的伦理"讲座,讲演者 N. Schmidt 教授事先开设了一个供听讲者阅读的书目,其中就有《布兰德》、《社会的栋梁》、《国民公敌》、《玩偶之家》、《罗斯马庄》、《海上夫人》、《大匠》,据考胡适在《易卜生主义》一文所征引的文献与之颇为雷同。1914年8月9日胡适在日记中写道:"昨日读易卜生名剧《海妲传》(Hedda Gabler),极喜之。此书非问题剧也,但写生耳。海妲为世界文学中第一女□,其可畏之手段,较之萧氏之麦克伯妃(Lady Macbeth)但有过之无不及也。"[①]这可能是在为写作《易卜生主义》一文作材料上的准备。胡适后来自述:"《易卜生主义》一篇写的最早,最初的英文稿是民国三年在康乃尔大学哲学会宣读的,中文稿是民国七年写的。易卜生最可代表十九世纪欧洲的个人主义的精华,故我这篇文章只写得一种健全的个人主义的人生观。"[②]遗憾的是,我们至今未找到胡适所提到的这篇英文稿。有关这篇论文英文稿的写作过程,胡适在1921年5月19日日记中有简略回忆:"他(指 M. W. Sampson 教授,引者按)的话,我深信不疑,因为我第一次做成一篇《易卜生主义》时,我拿去请教他,我并不是他的学生,而且我们已做了一年多的朋友,他竟全不客气,说我不应该强作'什么主义'、'什么主义'的分别;他替我改了好几处,直到后半篇,他才说一两句赞辞。这种态度,使我敬畏。我自从听他那番话以后,也立誓不徇情面,不说违心的应酬话。"[③]可见,他最初写作这篇文章,受到了美国 M. W. Sampson 教授的指导。在这一学习过程中,胡适对易卜生的作品及其思想精髓有了一定的把握。[④]

---

① 《胡适全集·日记(1906—1914)》第27册,第440页。
② 《介绍我自己的思想》,收入《胡适文集》第5册,第510页。
③ 《胡适全集·日记(1919—1922)》第29册,第261页。
④ 有关胡适这一学习过程,参见江勇振:《舍我其谁:胡适》第一部,北京:新星出版社,2011年版,第627—631页。

易卜生主义的主旨在于提倡一种所谓"健全的个人主义"。易卜生本人对个人主义曾有过一段精辟的论述:"我所最期望于你的是一种真正纯粹的为我主义,要使你有时觉得天下只有关于我的事最要紧,其余的都算不得什么……你要想有益于社会,最好的法子莫如把你自己这块材料铸造成器……有的时候我真觉得全世界都像海上撞沉了船,最要紧的还是救出自己。"① 易卜生这一观念渗透于胡适的思想深处,使他形成了与传统价值观念完全有别的、以个人为本位的新人生观。

1918年6月15日出版的《新青年》4卷6号为胡适编辑,该号为"易卜生专号",胡适刊出《易卜生主义》一文,他宣称:"把自己铸造成武器,方才可以希望有益于社会。真正的为我,便是最有益的为人,把自己铸造成了自由独立的人格,你自然会不知足,不满意于现状,敢说老实话,敢攻击社会上的腐败情形,做一个'贫贱不能移,富贵不能淫,威武不能屈'的斯铎曼医生。"② 他对个人主义的辩护词是"争你们个人的自由,便是为国家争自由!争你们自己的人格,便是为国家争人格!自由平等的国家不是一群奴才建造得起来的"③。当时,新文化运动高举反孔教大旗,狂飙突进;《新青年》杂志刊登的激进言论,在社会上产生了巨大反响,广大青年受之启发,走上了与传统离异的道路。传统的家族观念要求"子从父,妻从夫,幼从老",以家庭为本位,结果为了所谓家庭的整体利益,个人的意志牺牲了。易卜生那鲜明的个人主义思想所显现的魅力,强烈地打动了一代新青年,为"五四"时期一代新青年反叛传统提供了强有力的理论依据。

胡适倡导"健全的个人主义",力主个性解放,这恰好适应了当时历史发展的需要。胡适谈及易卜生主义在"五四"时期的社会影响时说:"这篇文章在民国七八年间所以能有最大的兴奋作用和解放作用,也正是因为他所提倡的个人主义在当日确是最新鲜又最需要的一针注射。"④ 胡适宣传的易卜生主义之所以在"五四"时期产生广泛的社会影响,正是因其与当时的历史要求紧密相连。儒家伦理及其礼教积存数千年,像网罗一样牢笼人们

---

① 参见胡适:《易卜生主义》,收入《胡适文集》第2册,第486页。
② 《介绍我自己的思想——〈胡适文选〉自序》,收入《胡适文集》第5册,第511—512页。
③ 同上书,第511页。
④ 同上书,第510页。

的思想,要冲破它不得不花大气力。中国虽然经历了推翻清王朝的辛亥革命,建立了民国,但并没有真正确立民主政治制度,只是以新的军阀政权代替旧的君主专制。民国初年的黑暗局面日甚一日。至于在文化思想这一深层的社会结构里,传统的儒家伦理纲常并没有根本动摇,人们仍旧受制于旧伦理、旧道德、旧思想的束缚,将人们从旧伦理、旧道德中解放出来,理所当然成为迫切要求解决的问题。易卜生主义中内含的个性解放,人格独立,要求自由发展的权利,自然蕴含强烈的现代意义,它比传统的儒家伦理更适合人性。

"五四"以后,胡适继续坚持其个人主义立场,他甚至以此为标准划分20世纪初以来中国历史的分期,将其断分为两个历史阶段:"(一)维多利亚思想时代,从梁任公到《新青年》,多是侧重个人的解放。(二)集体主义(Collections)时代,1923年以后,其沦为民族主义运动,共产革命运动,皆属于这个反个人主义的倾向。"①1930年代以后,随着民族矛盾的急剧上升,民族主义思潮很快成为思想界的主潮。胡适对此颇有感触,他感叹地说:"这年头是'五四运动'最不时髦的年头。"1935年5月6日,胡适发表《个人自由与社会进步——再谈五四运动》一文,表示同意他的朋友张熙若的观点:"五四运动的意义是思想解放,思想解放使得个人解放,个人解放产出的政治哲学是所谓个人主义的政治哲学。"②他还认为:"张先生所谓'个人主义',其实就是'自由主义'(Liberalism)。我们在民国八九年之间,就感觉到当时的'新思潮'、'新文化'、'新生活'有仔细说明意义的必要。无疑的,民国六七年北京大学所提倡的新运动,无论形式上如何五花八门,意义上只是思想的解放与个人的解放。"针对30年代对个人主义的各种批评和指责,他辩护道:"平心说来,这种批评是不公道的,是根据于一种误解的。他们说个人主义的人生观是资本主义社会的人生观。这是滥用名词的大笑话。难道社会主义的国家里就可以不用充分发展个人的才能了吗?难道社会主义的国家里就用不着有独立自由思想的个人了吗?难道当时辛苦奋斗创立社会主义共产主义的志士仁人都是资本主义社会的奴才吗?""一个新社会、新国家,总是一些爱自由爱真理的人造成的,决不是一班奴才造

---

① 《胡适全集·日记(1931—1937)》第32册,第244页。
② 《胡适文集》第11册,第584页。

成的。"①对"五四"精神的这种理解、对个人主义的强烈肯定,显然是胡适对自己当年宣传"健全的个人主义"的一种自我肯定。

第二次世界大战以后,胡适对个人主义的辩护与当时的意识形态之战联结在一起。1941 年,胡适发表著名的英文演讲《意识形态的冲突》(The Conflict of Ideologies,一译为《民主与极权的冲突》),对民主与极权作了严格区别,即民主与极权的冲突主要来自于两个方面:一是"急进革命的方法,与渐进改善的方法之冲突";二是"企图强迫划一,与重视自由发展的冲突"②。这篇文章已经包含胡适后期政治思想的所有线索,只是它的中译文直到 1949 年方出现在《自由中国》的创刊号上,才引起中文世界的人的注意。在文中,胡适追溯了民主主义生活方式的历史起源,将个人自由看成是宗教改革的产物。"民主主义的生活方式,根本上是个人主义的。由历史观点看来,它肇始于'不从国教',这初步的宗教个人主义,引起了最初的自由观点。保卫宗教自由的人们,宁愿牺牲自己的生命财产,而反抗压迫干涉的斗争。个人按照自己的意思敬奉上帝,乃是近代民主精神制度在历史上的发端。这种不从国教的精神,也和其他各种自由,有密切的关系,如思想、言论、出版、集会等自由。"③至于个人主义与民主的生活方式的关系,胡适表示:"为民主的生活方式和民主的制度而辩护,须对于健全的个人主义的价值,具有清楚的了解";"如果个人不能自由发展,便谈不到文明"④。这种将个人主义视为民主的生活方式,是极权主义的对立面,是一种典型的美国式自由主义哲学。

1954 年,胡适在解释资本主义文明时,再次指出:"使人人自己能自食其力,'帝力何有于我哉!'这是资本主义的哲学,个人主义、自由主义的哲学。"⑤从这一言论看,胡适并不回避个人主义与资本主义的相关性联系,完

---

① 《胡适文集》第 11 册,第 584—587 页。
② 《民主与极权的冲突》,胡颂平:《胡适之先生年谱长编初稿》第 5 册,台北:联经出版公司,1985 年第 3 版,第 1739 页。
③ 参见胡颂平:《胡适之先生年谱长编初稿》第 5 册,台北:联经出版公司,1985 年三版,第 1737—1738 页。
④ 同上书,第 1739 页。
⑤ 胡适:《从〈到奴役之路〉说起》,收入《胡适文集》第 12 册,第 836 页。

全认同个人主义的生活方式,这反映了他对美国式的价值观的偏爱。

个人主义作为一种近代的人生价值观,是个性解放潮流的哲学基础,它带有鲜明的现代性特征。那些眷恋传统或具有后现代意识的思想家对个人主义的流弊多有批评,在西方对个人主义的争议和辩驳始终不断,但个人主义作为一种颇为流行,甚至是主流的价值观又长存于世。严复作为中国自由主义的先驱人物,在一战时期即对个人主义开始有所反省,"五四"时期的文化保守主义者张君劢、梁漱溟等人对西方的个人主义价值取向颇不以为然,后来的马克思主义者更是视之为资本主义的人生哲学加以否定,胡适一生对个人主义所张扬的个性解放和思想自由笃信不疑,这一方面表明了他的个人思想选择,另一方面也反映了他的思想限制。如果说在二战前胡适为个人主义的辩护是与五四传统、五四精神联结在一起的话,二战后胡适对个人主义的维护很大程度上是与当时冷战时期的意识形态之战结合在一起,从这个意义上说,胡适后期的这一主张确实带有相当强的政治意味和政治色彩。

三 终身服膺杜威的实验主义

杜威的实验主义,是一种美国本土哲学,也是对胡适影响最为深刻的西方哲学思潮。现代西方著名哲学家罗素曾说:"杜威的兴趣不是数学的,而是生物学的兴趣,他把思维理解为一种进化过程。"① 理解这一点,对我们探讨为什么胡适能将赫胥黎和杜威的思想集于一身会有一定助益。

胡适接触杜威哲学,可能是在他就读于康乃尔大学的第三、四年(1913—1914)。1915年夏,胡适离开康乃尔大学,其中一重要原因就是因为他厌恶了康乃尔大学塞基派的与黑格尔哲学有承继渊源关系的所谓"新唯心主义"。正是从塞基派对杜威哲学的猛烈批判中,胡适对杜威思想发生了探究的兴趣。胡适在自传中详细记录了这一思想转变过程:"我转学哥大的原因之一便是因为康乃尔哲学系基本上被'新唯心主义'学派(New Idealism)所占据了的缘故。所谓'新唯心主义'又叫做'客观唯心论'(Objective Idealism),是19世纪末期英国思想家葛里茵(Thomas Hill Green)等

---

① 罗素著、马元德译:《西方哲学史》下册,北京:商务印书馆,1988年版,第379页。

由黑格尔派哲学中流变出来的。康乃尔的塞基派的哲学动不动就批评'实验主义'。他们在讨论班上总要找出一位重要的对象来批评。杜威便是被他们经常提出的批判对象。……在聆听这些批杜的讨论和为着参加康大批杜的讨论而潜心阅读杜派之书以后,我对杜威和杜派哲学渐渐的发生了兴趣,因而我尽可能多读实验主义的书籍。在1915年暑假,我对实验主义作了一番有系统的阅读和研究之后,我决定转学哥大去向杜威学习哲学。"①杜威宣传的实验主义,其积极意义在于以思想为工具,去改造社会和教育。与欧洲传统的经院哲学或德国古典哲学相比较,杜威哲学思想是相对通俗的,其基本信条是"经验即生活,生活即是应付环境",这对一个流落异域、生活窘迫的青年留学生来说,无疑具有极大的吸引力。在哥大攻读博士学位期间,胡适选修了杜威的两门课:"论理学之宗派"和"社会政治哲学"。谈及对所选这两门课的感受,胡适表示:"我非常喜欢'论理学之宗派'那一课。那门课也启发我去决定我的博士论文的题目:《中国古代哲学方法之进化史》。"②从此以后,实验主义便成了胡适的"哲学基础",成了他生活和思想的"一个向导",胡适与实验主义结下了不解之缘。

胡适最初接受杜威哲学影响的成果,集中表现在他1919年写作的长篇哲学论文——《实验主义》。这篇论文对美国实验主义哲学流派的主要代表皮耳士、詹姆士、杜威等人的思想作了系统论述和思想溯源,其中涉及杜威的思想则占了文章的大半篇幅。胡适从三个方面介绍了杜威的思想:(一)杜威哲学的根本观念,(二)杜威论思想,(三)杜威的教育哲学。胡适认为对"经验"一词的新阐释是杜威哲学的根本观念,亦是杜威哲学与一切传统哲学派别相区别的根本标志。杜威的这一根本观念可以概括为:(1)"经验就是生活,生活就是对付人类周围的环境";(2)"在这种应付环境的行为之中,思想的作用最为重要;一切有意识的行为都含有思想的作用;思想乃是应付环境的工具";(3)"真正的哲学必须抛弃从前种种玩意儿的'哲学家的问题',必须变成解决'人的问题'的方法"。③ 胡适完全认

---

① 唐德刚译注:《胡适口述自传》第五章"哥伦比亚大学和杜威",收入《胡适文集》第1册,第263页。
② 同上。
③ 《实验主义》,《胡适文集》第2册,第231页。

同这些杜威哲学的根本观念,这是他接受杜威思想的明证。

实验主义作为解决问题的一种具体方法,有人甚至称之为"工具主义"(Instrumentalism),胡适对此亦有所悟,这可能是实验主义影响他思想层面的最重要的方面。胡适对此有所交代:"杜威对我其后一生的文化生命既然有决定性的影响,我也就难于作详细的叙述。他对我之所以具有那样的吸引力,可能也是因为他是那些实验主义大师之中,对宗教的看法是比较最理性化的了。杜威对威廉·詹姆士的批评甚为严厉。老实说我也不欢喜读詹氏的名著《信仰的意志》(The Will to believe)。我本人就是缺少这种'信仰的意志'的众生之一;所以我对杜威的多谈科学少谈宗教的更接近'机(工)具主义'(Instrumentalism)的思想方式比较有兴趣。"①从胡适这段自我表白可以看出,他与杜威思想接近的一个重要原因是两人对宗教的态度比较一致或情趣相投,他们都是标榜科学而避谈宗教的学者。从这个角度出发,胡适对杜威哲学的这一取向做了解释:"一切的思想、知识、经验,都是生活的工具,生活的基础。每一个人所有过去的经验、和现在的经验,都是为帮助将来生活的工具。天地间一切真理、一切学术、一切教育,以及什么圣人贤人的话,天经地义的金科玉律,都不过是工具。这都是帮助我们解决问题的,帮助我们提一个暗示、一个假设的工具,所以便有人说杜威是工具主义(Instrumentalism)的一派。"②胡适后来写作的《工具主义的政治哲学》(The Political Philosophy of Instrumentalism, 1940)、《作为一种政治哲学的工具主义》(Instrumentalism as a Political Concept, 1941)实际表现了他这方面的思想收获。

杜威哲学对胡适思想影响的另一个重要层面是在思想方法。胡适自认:"'方法'实在主宰了我四十多年所有的著述。从基本上说,我这一点实在得益于杜威的影响。"③胡适在进哥大以前就已读过杜威的《思维术》(How We Think),并对之"发生兴趣,也受其影响"。杜威将实验主义解决问

---

① 唐德刚译注:《胡适口述自传》第五章"哥伦比亚大学和杜威",收入《胡适文集》第1册,第264页。
② 《杜威哲学》,《胡适文集》第12册,第369页。
③ 唐德刚译注:《胡适口述自传》第五章"哥伦比亚大学和杜威",收入《胡适文集》第1册,第265页。

题的思想过程分为五个步骤:(1)疑难的境地是思想的起点。(2)指定疑难之点究竟在何处?(3)假定种种解决疑难的办法。(4)决定哪一种假设是比较适用的解决。(5)证实这种解决的办法使人信用或者谬误。① 胡适将这一思想方法运用于自己的学术研究,受益极大。胡适在总结自己的学术研究时说:"杜威对有系统思想的分析帮助了我对一般科学研究的基本步骤的了解。他也帮助了我对我国近千年来——尤其是近三百年来——古典学术和史学家治学的方法,诸如'考据学'、'考证学'等等。(这些传统的治学方法)我把它们英译为 evidential investigation(有证据的探讨),也就是根据证据的探讨(无征不信)。在那个时候,很少人(甚至根本没有人)曾想到现代的科学法则和我国古代的考据学、考证学,在方法上有其相通之处。我是第一个说这句话的人,我之所以能说出这话来,实得之于杜威有关思想的理论。"②

注重所谓"生活教育",这是胡适传播杜威教育哲学中值得称道的一点。在杜威看来,"教育即是生活,并不是将来生活的预备",因而他视"教育目的与教育的进行是一件事,不是两件事"。杜威教育宗旨的要义可以归纳为二:(1)"教育即是生活。"(2)"教育即是继续不断的重新组织经验,要使经验的意义格外增加,要使个人主持指挥后来经验的能力格外增加。"③胡适认同杜威思想的平民主义教育主张,强调"学校自身须是一种社会的生活,须有社会生活所应有的种种条件";"学校里的学业应当同学校外的生活连贯一气"。④ 提倡发展职业教育、技术教育,这对破除传统教育中那种"教育与社会脱节,生活与教育脱节"的现象,确有其积极意义。

将实验主义运用于研究社会问题,胡适强调从研究一个一个具体问题入手,不要空谈理论。胡适的这一思想在《多研究些问题,少谈些"主义"》一文中得到了充分的表现,他认为:"凡是有价值的思想,都是从这个那个

---

① 《实验主义》,收入《胡适文集》第 2 册,第 233 页。
② 唐德刚译注:《胡适口述自传》第五章"哥伦比亚大学和杜威",收入《胡适文集》第 1 册,第 268 页。
③ 《实验主义》,《胡适文集》第 2 册,第 241 页。
④ 同上书,第 248 页。

具体的问题下手的。"①针对"五四"时期各种流行的主义、思潮,他表示了自己的不同意见:"第一,空谈好听的'主义',是极容易的事,是阿猫阿狗都能做的事,是鹦鹉和留声机器都能做的事。""第二,空谈外来进口的'主义',是没有什么用处的。一切主义都是某时某地的有心人,对于那时那地的社会需要的救济方法。""第三,偏向纸上的'主义',是很危险的。这种口头禅很容易被无耻政客用来做种种害人的事。"②他希望人们从具体的社会环境出发,多研究些现实社会问题。

实验主义在"五四"时期风靡一时,这与胡适的有力提倡及杜威本人的来华讲学是分不开的。杜威从1919年5月1日到沪,至1921年7月返美,在华停留两年多时间,除在北京作多场演讲外,在国内各地巡回演讲,这是西方思想家前所未有的盛事。③加上胡适的翻译介绍,实验主义遂成为对当时中国知识界最有影响力的西方思潮。杜威离华时,胡适曾作预言:"在最近的将来几十年中,也未必有别个西洋学者在中国的影响可以比杜威先生还大的。"④历史的发展却出乎胡适的意料之外,"五四"运动以后,随着马克思主义的广泛传播,社会主义思潮在中国的影响力越来越大,1930年代以后,实验主义的影响力逐渐式微。杜威的实验主义除了在中国教育界真正有所"试验"外,并没有产生胡适所期盼的社会影响和作用。

杜威哲学是近代美国资本主义文明发展的产物,胡适应新文化运动思想解放之需要,把实验主义拿过来为我所用,作为冲击传统文化秩序的一个有力武器,包含有不少的合理因素。它表现在打破旧的宗教迷信上,胡适宣传的实验主义推崇"科学态度",讲究"实验是真理的唯一试金石"⑤,不迷信宗教,主张"科学证据"。这样一来,不但同善社、悟善社等等变相的道教要受理性主义的评判和打击,就是基督教教义与信条也免不掉它的评判与

---

① 《问题与主义》,收入《胡适文集》第2册,第252页。
② 同上书,第249—250页。
③ 有关杜威来华讲学的研究,参见元青:《杜威与中国》,北京:人民出版社,2001年版。拙作《胡适与哥伦比亚大学》,收入《欧阳哲生讲胡适》,北京大学出版社,2008年版,第101—107页。
④ 《杜威先生在中国》,《胡适文集》第2册,第279页。
⑤ 同上书,第280页。

打击。表现在社会历史观上,传统的历史观囿于"天不变,道亦不变"的老调,恪守儒家的"纲常伦理"。胡适宣传的实验主义,只承认真理的相对性,蔑视传统的权威,不拘守陈腐的教条,破除固有的伦理秩序,这对于动摇儒学的统治地位,摧毁儒学意识形态,无疑具有极大的冲击作用。同时我们还应看到,中国与美国的历史传统和社会条件大相径庭,实验主义毕竟是典型的美国本土哲学,在中国特殊的历史条件下,它的应用和影响范围确实有限,有其难以克服的外在的、内在的限制。

胡适从留学美国时代开始接触杜威著作,获得新的思想生命,直到1950年代在台湾发表《杜威哲学》《杜威在中国》等演讲,终身奉行实验主义而不渝,表现了一以贯之、固守实验主义的态度,这在中国近代思想史上提供了一个典型的思想标本。然而正是如此,这对他的思想眼光和学术眼光多少又是一个限制。随着历史的演进,实验主义与其他众多在中国曾经流行过的西方哲学思潮一样,在完成了它的历史使命以后,也逐渐泡沫化。

四 胡适新文化观与西方近世文明之关联

1840年鸦片战争以降,西方殖民者运用军事战争、外交讹诈、经济掠夺、文化渗透等多种方式,冲击中国固有的社会结构,给清王朝以空前的挫辱和削弱。为挽救中国的社会危机,中国近代社会变革者根据自己对西方的认识,先后采取过几种不同的变革方案。一是曾国藩、李鸿章受西方技术方面的刺激,发动了以器用"自强"为主的洋务运动;二是康有为、梁启超和孙中山等受西方政治方面的影响,发动了具有政治革新意义的"维新变法"和民主革命;三是陈独秀、胡适等人受西方近世思想文化的影响,将改革锋芒直指传统文化,发动了具有思想变革意义的新文化运动。作为新文化运动的主要代表胡适,他的新文化观与其对近世西方文明的理解有着密切的关联。

第一,胡适是从整体上把握西方近世文明,认为西方近代文明是精神与物质的有机结合体。"没有一种文明是精神的,也没有一种文明是物质的。"中国不但在物质上应吸收西方近代文明,而且在精神上也要向西方学习。这一观点在《我们对于西洋近代文明的态度》得到充分的诠释,这对自19世纪下半期以来在国人心中占有主导地位的"中体西用"模式是一个有力的冲击和强烈的挑战。

第二,胡适认为西方近代文明的精髓是民主与科学,民主与科学是一种具有普世意义的价值观,这与陈独秀在《本志罪案之答辩书》中所表明的观点基本一致,也可以说是新文化运动健将们的共识,胡适晚年对"五四"时期所主张的民主、科学所应有的含义重新给予了解释,认定:"民主是一种生活方式;是一种习惯性的行为。'科学'则是一种思想和知识的法则。科学和民主两者都牵涉到一种心理状态和一种行为的习惯,一种生活方式。"①

第三,胡适认为循序渐进是美国现代化道路的成功之处,所以他不遗余力地推销"美国经验",这一观点虽与国、共两党有别,但从长远的观点看,对中国现代化运动仍具有重要的启示意义。从他1927年访美归来发表的《漫游的感想》,到1941年发表的《民主与极权的冲突》,胡适一再强调社会发展的渐进模式是现代化的正途,中国应采取这一方向,这表现了他对美国发展模式经验的吸收和偏爱。

第四,胡适喜欢把新文化运动定位为"中国之文艺复兴运动",并认为中国的新文化运动与西方的文艺复兴运动"有很多的相同之处",②有时甚至断定其间"实在没有什么不同之处"。胡适的这一看法说明他的新文化观确曾受到西方文艺复兴运动模式的影响。胡适最初提倡白话文,常将之与西方各国近代国语文学的产生相提并论。更为重要的是,胡适力图把文艺复兴运动模式贯彻到中国的新文化运动中去,因而提出"研究问题,输入学理,整理国故,再造文明"③的方针,以指导中国新文化运动。

总之,进化论、易卜生主义、杜威的实验主义、欧洲文艺复兴的思维模式,实为胡适的社会历史观、人生价值观、哲学方法和新文化路线的理论基础。从这一基础出发,二三十年代,胡适又先后提出了"国际的中国"、"全

---

① 唐德刚译注:《胡适口述自传》第九章"'五四运动'——一场不幸的政治干扰",收入《胡适文集》第1册,第356页。
② 参见唐德刚译注:《胡适口述自传》第八章"从文学革命到文艺复兴",收入《胡适文集》第1册,第340页。
③ 胡适:《新思潮的意义》,收入《胡适文集》第2册,第551页。

盘西化"、"充分的世界化"、"一心一意的现代化"或"全力现代化"等主张。其中的所谓"西化"其实是现代化的代名词。在现代化一词没有流行开来之前,中文的"欧化"、"西化"其实表达的就是一种现代化的价值取向或对现代化的诉求。1940年代以后胡适不再使用"西化"、"全盘西化"这类颇易让人产生歧义的词汇。胡适的"西化"思想是建构在其西学的知识大厦之上,没有充分的西学准备,没有开阔的世界视野,就不会有这样一种开放的心态和对外来文化包容的思想。

　　本文为作者2011年4月17—18日在南京大学出席"胡适学术与思想"国际学术研讨会提交的论文,载《安徽大学学报》(哲社版)2012年第2期。

玖　中国近代学人对哲学的理解
——以胡适为中心

"哲学"一词对中国学人来说,是舶来之语。哲学这一学科也是在近代中、西学术的冲突与交融中逐渐构建并发展起来的。中国学人对哲学的理解与认识经历了一个从引进外来术语,到理解诠释,再到确立自身的哲学体系的过程。追溯中国学人对哲学的认识过程,可以帮助我们把握中国近代哲学学科的建设思路及其某些特点,对新世纪中国哲学的学科建设不无裨益。

一　从王国维到蔡元培:西方"哲学"观念的输入

哲学(Philosophy)一词非中国所本有,而是一外来名词,它源自古代希腊,原意为"爱智"。近代中国在引进、传输"西学"的过程中,译介 Philosophy 时先后出现过两个中文译名:"智学"和"哲学"。"智学"译名大约出现于19世纪七八十年代,西方传教士花之安、李提摩太等在介绍西方学校的分科制度时,都提到了"智学"一词①。中国士人接受了传教士的影响,彭玉麟在1883年所写《广学校》一文亦提到仿效欧洲学校设"大学院",分经学、法学、智学、医学四科。"智学者,讲求格物性理,各国言语语文系统之事。"②1896年严复翻译的《天演论》,将 Philosophy 直译"斐洛苏非(译言爱

---

① 参见花之安:《德国学校论略》,同治十二年(1873)刻本,羊城小书会真宝堂藏本。李提摩太:《论不广新学之害》,收入陈忠倚编:《皇朝经世文三编》卷四十一,宝文书局1898年刊印本。
② 彭玉麟:《广学校》,收入陈忠信编:《皇朝经世文三编》卷四十一。

智)",①提到希腊哲学家时,或曰"智学家"、或称"理家"、或略"诸智"。可见,中国学人最初对 Philosophy 的理解与西方的本意并无区别,其所取译名也明显是直译。

"哲学"译名最早出现于 1887 年(光绪十三年)黄遵宪撰就的《日本国志》一书,黄氏在述及日本东京大学校的分科时,提到该校分"法学、理学和文学三学部"。"文学分为两科:一、哲学(谓讲明道义)、政治学及理财学科,二、和汉文学科。"②但此书稿本仅抄写四部,分别呈送总理各国事务衙门、李鸿章、张之洞和自存一部,当时并未引起当局的重视,被束之高阁,故此书内容几无外人所知,"哲学"的译名也未见他人采用。"哲学"译名的流行是在甲午战争以后,由于中国败于日本的惨痛现实,中国士人自然高度注意吸收日本经验。康有为在 1898 年 6 月所上《请广译日本书派游学折》,已明确提到"哲学"诸科"皆我所无,亟宜分学"③。他同时所上的《请开学校折》,也提到欧美大学"其教凡经学、哲学、律学、医学四科"④。此说与早先彭玉麟对西方大学分科制度的提法雷同,只是将"智学"换成了"哲学"。康有为的这一处理明显是受到日本的影响,同年刊行的康氏著作《日本书目志》,将日本书目分为生理、理学、宗教、图史、政治、法律、农业、工业、商业、教育、文学、文字语言、美术、小说、兵书十五大门类,其中在"理学门"中即列有"哲学"一科⑤,将哲学与物理、化学、天文学、气象学、地质学、动物学、植物学、人类学、论理学、心理学、伦理学等并列。这种归类与先前黄遵宪将"哲学"放在"文学"学科的做法颇有出入,反映了康有为对日本学术界的某种隔膜。日本学术界由于将自然科学归于"理学"一类,故其放弃了将 Philosophy 可能译为"理学"的做法,以免重名。不过,采用 Philosophy 为"哲学"这一译名反映了日本人对 Philosophy 所含哲理、玄想、形而上这一特性

---

① 〔英〕赫胥黎著、严复译:《天演论》,北京:商务印书馆,1981 年 10 月版,第 65 页。
② 黄遵宪:《日本国志》卷三十二《学术志一·西学》,收入陈铮编:《黄遵宪全集》下册,北京:中华书局,2005 年 3 月版,第 1412 页。
③ 康有为:《请广译日本书派游学折》,收入汤志钧编:《康有为政论集》上册,北京:中华书局,1998 年 6 月版,第 303 页。
④ 康有为:《请开学校折》,收入汤志钧编:《康有为政论集》上册,第 306 页。
⑤ 康有为:《日本书目志》,收入《康有为全集》第 3 册,上海:上海古籍出版社,1992 年 12 月版,第 652—653 页。

的深刻理解，可以说它更准确地把握了 Philosophy 与 Science（科学）、Religion（宗教）之间的区别。

近代中国介绍西方哲学，首推严复，他主要译介英国哲学，如赫胥黎、穆勒、斯宾塞等人的著作，偏重于逻辑学、政治哲学、伦理学方面，对"哲学"本身不求甚解。真正对"哲学"概念最先做出科学解释的中国学者是王国维，王氏主要介绍德国哲学，尤重康德、叔本华、尼采的哲学。蔡元培先生曾谓："王氏介绍叔本华与尼采的学说，固然很能扼要；他对于哲学的观察，也不是同时人所能及的。"①可谓一语中的。王国维在《哲学解惑》一文中首次对 Philosophy 译为"哲学"一说做了明确解释："夫哲学者，犹中国所谓理学云尔。艾儒略《西学（发）凡》有'费禄琐非亚'之语，而未译其义。'哲学'之语实自日本始。日本称自然科学曰'理学'，故不译'费禄琐非亚'曰理学，而译曰'哲学'。我国人士骇于其名，而不察其实，遂以哲学为诟病，则名之不正之过也。"②接着，他详解"哲学非有害之学"、"哲学非无益之学"、"中国现时研究哲学之必要"、"哲学为中国固有之学"、"研究西洋哲学之必要"等问题。这不啻是一篇"哲学"发凡。针对时人对哲学的"诟病"，王国维建议将"哲学"或可易名为"理学"，"吾国人士所以诟病哲学者，实坐不知哲学之性质故，苟易其名曰'理学'，则庶几可以息此争论哉！"③此说虽不曾通用，但后来的哲学家如冯友兰、张岱年诸人，亦曾持此见解，以为哲学与中国"义理之学"可对应。冯氏认为："西洋所谓哲学，与中国魏晋人所谓玄学，宋明人所谓道学，及清人所谓义理之学，其所研究之对象，颇可谓约略相当。"④张岱年也有类似冯氏的看法。⑤ 在《论哲学家与美术家之天职》一文中，王国维强调哲学研究的独立性，批评"披我中国之哲学史，凡哲学家，无不欲兼为政治家者，斯可异已！""故我国无纯粹之哲学，其最完备者，唯道

---

① 蔡元培：《五十年来中国之哲学》，收入中国现代学术经典丛书《蔡元培卷》，石家庄：河北教育出版社，1996 年 8 月版，第 336 页。
② 王国维著、佛雏校释：《王国维哲学美学论文辑佚》，上海：华东师大出版社，1993 年 12 月版，第 1 页。
③ 同上书，第 6 页。
④ 参见冯友兰：《中国哲学史》第一章"绪论"，收入《三松堂全集》第 1 卷，郑州：河南人民出版社，1988 年 5 月版，第 9 页。
⑤ 参见张岱年：《中国哲学大纲》，北京：中国社科出版社，1985 年 3 月版，第 1—3 页。

德哲学与政治哲学耳。""愿今后之哲学、美术家,毋忘其天职,而失其独立之位置,则幸矣。"①首次表达了追求哲学独立的理念。在《教育偶感·大学及优级师范学校之削除哲学科》一文中,王国维一方面认同叔本华的观点:"大学之哲学,真理之敌也。真正之哲学,不存于大学,哲学惟恃独立之研究始得发达耳。"对经院哲学提出了严苛批评。一方面又认为教育与哲学关系至为密切,"师范学校之哲学科仅为教育学之预备,若补助之用,而其不可废亦即存乎此。"②要求在师范学校保留哲学课程。王国维以其深厚的中西哲学素养,对"哲学"的理解和中西哲学对应关系的理解,的确表现了其个人的卓识。

在清末民初介绍西洋哲学(特别是德国哲学)方面,蔡元培发挥了重要作用,他以自己所掌握的日语、德语的优势③和在日本、德国多次游学的经历,持续地跟踪日本、德国两国的哲学动态,并迅速地将其成果介绍给中国学术界。蔡元培曾经三次译介、撰写"哲学概论"一类的教科书,成为20世纪初至1930年代传输西方哲学观念的主要代表。1903年9月商务印书馆出版的蔡元培翻译的《哲学要领》,此书系德国教授科培尔在日本文科大学授课的讲稿,先由日本下田次朗笔述,蔡元培再从日文转译,这可能是中国最早译介的"哲学概论"一类的教科书,该书内容包括四部分:"哲学之总念第一"主要讨论哲学的含义,哲学与真理、科学、宗教之间的关系;"哲学之类别第二"则将哲学分物界、心界两类,心界又分知识、感情、意志;"哲学之方法第三"则介绍了归纳法、演绎法、类推法和辨证法;"哲学之系统第四"则讨论了哲学的形式(独断、怀疑、批评、折中)、人间知识之机关(合理说、

---

① 王国维:《论哲学家与美术家之天职》,收入《静庵文集》,沈阳:辽宁教育出版社,1997年3月版,第120—121页。
② 王国维:《教育偶感》,收入《静庵文集》,第124页。
③ 蔡元培在翻译《哲学要领》一书时,特别强调"通德语"对"专攻哲学者"的重要性:"其理有三:一、哲学之书,莫富于德文者;二、前世纪智度最高学派最久诸大家之思想,强半以德文记之;三、各国哲学家中,不束缚于宗教及政治之偏见,而一以纯粹之真理为者,莫如德国之哲学。观此三者,德语与哲学有至要之关系,亦已明矣。"这大概是蔡元培个人经验的总结。参见《哲学要领》,收入高平叔编:《蔡元培全集》,第1卷,北京:中华书局,1984年9月版,第177页。

经验说、感觉说)、世界之价值(厌世教、乐天教、厌世教之进化说)①。在该书"绪言"中,论及"专攻哲学"与"深谙德语"的关系,提示国人进入哲学的门径应从学习德语、学习德国哲学家的著作开始。该书虽题名"哲学要领",实则对西方哲学各家各派做了系统评介,可谓第一次以德国人的著作对国人所作的学术意义上的"哲学启蒙"。

1915年1月商务印书馆出版蔡元培编译的《哲学大纲》,据该书《凡例》称:"本书以德意志哲学家厉希脱尔氏之《哲学导言》(Richter: Einführung in die Philosophie)为本,而兼采包尔生(Paulsen)、冯德(Wunde)两氏之《哲学入门》(Einleitung in die Philosophie)以补之。亦有取之他书及参以己意者,互相错综,不复一一识别。""本书可供师范教科及研究哲学之用。"②此书虽仍是蔡元培编译的一本教科书,但它并非直译,而是蔡先生以自己的语言将上述三书及其他书的内容的串述。该书至1931年8月已印行11版,可谓"五四"前后十余年间最为流行的"哲学概论"一类的教科书。在首编"通论"中,对哲学的定义、哲学与科学、哲学与宗教、哲学的部类等问题做了系统的探讨,"哲学者,希腊语'斐罗索斐'之译名。斐罗者,好也;索斐者,知也。合而言之,是为好知。"③在回顾西方哲学家从古希腊的拍拉图、雅里士多德到近代英国的的洛克、谦谟(今译休谟)对哲学的看法后,蔡先生以为"哲学为学问中最高之一境,于物理及心理界之知识,必不容有所偏废,而既有条贯万有之理论,则必演绎而为按切实际之世界观及人生观,亦吾人意识中必然之趋势也。"④强调哲学为实际的世界观、人生观,这是蔡元培哲学观的一个特点,这对当时中国学人的哲学观念的形成有着重要影响。而是书对哲学的认识论、本体论、价值论所作的系统介绍,相对前书也更为成熟。据蔡氏后来交代:"其时编《哲学大纲》一册,多采取德国哲学家之言,惟于宗教思想一节,谓'真正之宗教,不过信仰心。所信仰之对象,随哲学之进化而改变,亦即因各人哲学观念之程度而不同。是谓思想自由。凡现在有

---

① 《哲学要领》,收入高平叔编:《蔡元培全集》,第1卷,第176—228页。
② 《哲学大纲》,收入高平叔编:《蔡元培全集》,第2卷,北京:中华书局,1984年9月版,第345页。
③ 同上书,第346页。
④ 同上书,第347页。

仪式有信条之宗教,将来必然淘汰'。是子民自创之说也。"①

1924年8月商务印书馆出版的蔡元培编译《简易哲学纲要》一书,是蔡氏贡献给学界的又一部译著。是书在《凡例》中交代:"是书除绪论及结论外,多取材于德国文德而班的《哲学入门》(W. Windelband: Einleitung in die Philosophie)。文氏之书,出版于1914年及1920年。再版时稍有改订。日本宫本和吉氏所编的《哲学概论》,于大正五年出版的,就是文氏书的节译本。这两本都可作为本书的参考品。"②可以说,这是最新德文哲学教材的引进。在《绪论》中蔡先生探讨了"哲学的定义",其定义虽仍取自西义:"哲学是希腊文philosophia的译语。这个字是合philos和sophia而成的,philos是爱,sophia是智,合起来是爱智的意思。所以哲学家并不自以为智者。而仅仅自居于求智者。他们所求的智,又不是限于一物一事的知识,而是普遍的。"但他对于中文的对应词提出了新见,"若要寻一个我用过的名词,以'道学'为最合。"他以韩非子《解老》篇解释了古代的"理"与"道"之间的区别:"他所说的理,是有长广厚可以度,有轻重可以权,有坚度感到肤觉,有光与色感到视觉,而且有存亡死生盛衰的变迁可能记述。这不但是属于数学、物理学、化学、天文学、地质学等的无机物,而且属于生物学的有机物,也在其内;并且有事实可求,有统计可考的社会科学,或名作文化科学的,也在其内,所以理学可以包括一切科学的内容。至于他所说的道,是'尽稽万理','所以成万物'的,就是把各种科学所求出来的公例,从新考核一番,去掉他们互相冲突的缺点,串成统一的原理。这正是哲学的任务。""但是宋以后,道学、理学,名异实同,还不如用哲学的译名,容易了解。"③以下接着论述"哲学的沿革"、"哲学的部类"和"哲学纲要的范围",其内容与前此两书虽有雷同之处,但在思考中西哲学关系这一方面,蔡先生亦有其自觉意识,他对哲学译名的取舍即是一例。

另外,蔡元培与北大学生傅斯年就"哲学门隶属文科之流弊"的讨论④,

---

① 《哲学大纲》,收入高平叔编:《蔡元培全集》,第2卷,第345页。
② 《简易哲学纲要》,收入高平叔编:《蔡元培全集》,第4卷,第390页。
③ 同上书,第391—392页。
④ 参见《傅斯年致蔡元培函——论哲学门隶属文科之流弊》及蔡元培按语,原载《北大日刊》1918年10月8日第222号。收入高平叔编:《蔡元培全集》第3卷,第194—197页。

就"大战与哲学"关系在北大"国际研究"演讲会上所发表的演说词①,就"哲学与科学"的区别与联系所展开的探讨②,在"五四"时期的哲学界都有一定影响。1923 年 12 月《申报》出版《最近之五十年》一书,其中《五十年来中国之哲学》一文请蔡元培撰写,可见蔡先生在中国哲学界之地位,已为学界承认。蔡先生在文中自认为:"最近五十年,虽能渐渐输入欧洲的哲学,但是还没有独创的哲学。所以严格的讲起来,'五十年来中国之哲学'一语,实在不能成立。现在只能讲讲这五十年中,中国人与哲学的关系,可分为西洋哲学的介绍与古代哲学的整理两方面。"③蔡先生对 1923 年前五十年中国人与哲学的关系所作的这一评价,可谓恰如其分,也可以说是自我定位。实际上,中国学人(包括蔡元培先生本人在内)对哲学的理解,在当时基本上处在接受西方哲学的层次。

"哲学"被纳入新教育体制的时间稍晚。京师大学堂开办后,初拟设政治、文学、格致、农业、工艺、商务、医术七科,其中在文学科下设经学、理学、诸子学等,其所分门类和内容与传统学术无别;后增设经科,由原七科扩为八科,并在经科之下分周易、尚书、毛诗等 11 门④,实际是更为突显经学的地位,反映了清朝欲延续经学正统地位的意图。在这样一种情形下,自然不可能将西方意义上的"哲学"纳入教学体制。民国元年,蔡元培制定新的教育方针,颁布新的《大学令》,明令取消经科。1914 年北大进行学科调整,在文科新增设中国哲学门,是为中国大学将哲学科目纳入体制内之始,由此也开启了传统的经学教育向近代哲学教育的转型。值得一提的是,在北大增设哲学一科时,曾就哲学的分科问题展开了一场讨论。问题是因北大学生傅斯年投书蔡元培"论哲学门隶属文科之流弊"而起,傅君以为"哲学与科学之关系长,而与文学之关系薄也","为使大众对于哲学有一正确之观念,不得不入之理科;为谋与理科诸门教授上之联络,不得不入之理科;为预科

---

① 《大战与哲学》,收入高平叔编:《蔡元培全集》第 3 卷,第 200—205 页。
② 参见《哲学与科学》,收入高平叔编:《蔡元培全集》第 3 卷,第 249—254 页。
③ 蔡元培:《五十年来中国之哲学》,收入高平叔编:《蔡元培全集》,第 4 卷,第 351 页。
④ 有关京师大学堂分科的情况,参见萧超然等著:《北京大学校史》(增订本),北京:北京大学出版社,1988 年 4 月版,第 18—26 页。

课程计,不得不入之理科。"①显然,这是一种将哲学科学化的观点。蔡先生不同意傅斯年的看法,他以为"治哲学者不能不根据科学,即文学、史学,亦何莫不然"。"如以理科之名,仅足为自然科学之代表,不足以包文学,则哲学之玄学,亦决非理科所能包也。"②应该说,蔡元培对哲学的玄思性质有比较恰当的理解,对哲学与自然科学的关系及其分际有较为准确的把握。"五四"以后就科学与人生观展开过一场激烈的论战,科学派强调人生观与科学的密切关系,玄学派则将主张人生观与科学区别开来,虽然论战并未直接涉及哲学的学科属性,但因人生观属于哲学的重要内容,在中国哲学中,人生哲学所占比重较大,故它实际上也关涉到对哲学的理解,特别是对中国哲学的理解。玄学派表达了对纯粹哲学的追求,因而他们更偏向于哲学的人文、玄思和感悟的一面,而科学派(以丁文江、胡适为代表)把人生观科学化,断然否定哲学玄思的一面,对哲学的理解则倾向于实证、实验、怀疑的一面,由此他们与哲学的关系也日渐疏离。因此,在科学与人生观的论战中,科学派虽然大获全胜,但他们以后在哲学界的地位和影响则呈现出日渐下降的趋势,这与他们对哲学理解的歧义应有一定关系。

二 胡适:西方化的中国哲学

　　胡适是中国哲学创建过程中的关键一环。他的这一地位很大程度上得自于他最早系统地接受了西方哲学的教育和训练,并成功地将之与中国哲学研究结合起来,从而真正在近代的意义上开创了中国哲学史这一学科。

　　胡适晚年自述:"中国古代哲学的基本著作,及比较近代的宋明诸儒的论述,我在幼年时,差不多都已读过。"③证之于他此前写作的《四十自述》,

---

　　① 傅斯年:《致蔡元培:论哲学门隶属文科之流弊》,原载《北京大学日刊》1918年10月8日。

　　② 蔡元培按语,见傅斯年:《致蔡元培:论哲学门隶属文科之流弊》,原载《北京大学日刊》1918年10月8日。

　　③ 参见唐德刚译注:《胡适口述自传》,收入《胡适文集》第1册,北京大学出版社,1998年11月版,第211页。

胡适早年阅读的哲学典籍主要是朱熹注释的儒家经典和《十三经注疏》①，这构成他留学前的"文化背景"。他进入哲学专业是在留美时期，1910年9月他初入康乃尔大学农学院学习农科，1912年2月他转入文理学院学习文科，主修哲学，副修是英国文学和经济等课程。不过在他未转学前，胡适自称曾选修了克雷敦教授（J. E. Creighton）所开设的"哲学史"，并因此萌发了"研究哲学——尤其是中国哲学"的兴趣。② 康乃尔大学哲学系主要由"新唯心主义"（New Idealism）统治，它是十九世纪末期英国思想家葛里茵（Thomas Hill Green）等由黑格尔派哲学衍变而来，与当时在美国颇有影响的"实验主义"哲学尖锐对立。胡适"在聆听这些批杜的讨论和为着参加康大批杜的讨论而潜心阅读杜派之书以后"，"对杜威和杜派哲学渐渐的发生了兴趣"③。1915年暑假，他"发愤尽读杜威先生的著作"④，转向信仰实验主义。在康大时，胡适已表现出他在哲学方面的才赋，大多数哲学科目的成绩为优秀⑤，并被委任为该校学生会"哲学教育群学部委员长"⑥。1915年9月他进入哥伦比亚大学文学院哲学系，当时的哥大哲学系"实是美国各大学里最好哲学系之一"，这里有着全美最强的教授阵营，胡适的学术天地大为扩展，在此他接受了终身受用的哲学训练和实验主义理论，形成了自己的哲学理念⑦。与近代中国的许多思想家、哲学家思想多变的历史表现不同，胡适终身持守实验主义的理念，表现了惊人的坚强思想个性。

1917年9月胡适登上北大讲坛，此前北大的中国哲学门教授阵营主要是由传统学者（如陈黻宸、陈汉章等）和留日学生（如陈大齐、马叙伦等）这两类人组成，故哲学一门的教学具有浓厚的传统色彩或日本影响的痕迹。

---

① 参见《四十自述》，收入《胡适文集》第1册，第47、101页。
② 参见唐德刚译注：《胡适口述自传》，收入《胡适文集》第1册，第212页。但查证胡适在康乃尔大学的成绩表，胡适是转入文理学院后，才修了"哲学"课程，选修课程未登入成绩表则不得而知。
③ 参见唐德刚译注：《胡适口述自传》，收入《胡适文集》第1册，第263页。
④ 《胡适留学日记》自序，收入《胡适全集》第27册，第104页。
⑤ 参见拙作《胡适与哥伦比亚大学》（上），载台北《传记文学》2004年12月第85卷第6期，第72—73页。
⑥ 《胡适全集》第27册，第306页。
⑦ 参见唐德刚译注：《胡适口述自传》第五章"哥伦比亚大学和杜威"，收入《胡适文集》第1册，第257—269页。

陈黻宸、陈汉章讲授的中国哲学史一课分不清神话与哲学的区别，其大部分内容为叙述周代以前的神话传说①，中国哲学史亟待按照"哲学"的要求重新构建。胡适的到来无疑是北大哲学门的一个异数，以他所受系统的西方哲学教育和训练，加上自学苦修的"汉学"，在知识结构上明显表现出他人无可替代的优势，时任北大校长的蔡元培正是看中的这一点②。

　　在传统经学向近代哲学转型时，中国学者主要面临两大问题：一是需要正确理解西方的"哲学"理念，它是中国学者建构自己的哲学体系可能凭借和依傍的范式；一是必须处理西方的"哲学"与"中学"的对应问题，即"中学"哪些部分可以作为"哲学"素材来处理。前者需要西方哲学的训练，后者需要传统"中学"（特别是经学）的修养。"五四"前后，近代中国学术界几乎不可能就西方意义上的"哲学"问题与西方学者展开平等的高层次的对话，学者们限于自己的学力和兴趣主要是传输西方哲学理念和致力于建立"中国哲学"，更为确切地说是依傍西方哲学理论构建一套"中国哲学"，这是传统经学意识形态被解构后的基本趋向。胡适是这一背景下应运而生的领军人物，他对"哲学"的理解紧紧伴随在其"中国哲学（史）"的研究过程中，既反映了西方"哲学"理念进入中国的历史进程，也表现了中国哲学自我探索的独立意识。故追溯胡适对"哲学"（包括"中国哲学"）的理解，实有助于我们从一个侧面把握中国近代哲学产生、发展的历史过程。

　　胡适对"哲学"理解的最初层面是关注哲学与逻辑的关系。他认识到，"哲学是受它的方法制约的，哲学的发展是决定于逻辑方法的发展的"③。这实际上是西方学术界对哲学与逻辑关系普遍持有的一种观点。胡适从不讳言自己与"实验主义"的密切关系，他强调哲学与逻辑的相互依存也是这方面的一个例证。胡适晚年曾明白交代："我治中国思想与中国历史的各种著作，都是围绕着'方法'这一观念打转的。'方法'实在主宰了我四十多

---

①　参见陈黻宸：《中国哲学史》，收入《陈黻宸集》，北京：中华书局，1995年6月版，第413—503页。关于陈汉章的授课，参见冯友兰：《三松堂自序》，收入《三松堂全集》第1卷，郑州：河南人民出版社，1985年9月版，第186—187页。
②　参见蔡元培：《中国哲学史大纲》序，收入《胡适文集》第6册，第155页。
③　胡适：《先秦名学史》"导论　逻辑与哲学"，收入《胡适文集》第6册，第6页。

年来所有的著述。从基本上说,我这一点得益于杜威的影响。"①胡适特别提到杜威的《实验逻辑论集》(*Essays in Experimental Logic*)中的《逻辑思维的诸阶段》(Some Stages of Logical Thought)一文,这篇论文着重谈到了"亚里斯多德的形式逻辑之所以能在中古欧洲更完满地复振的道理,就是因为教会正需要形式逻辑来支持一种信仰体系。这一思想体系如无形式逻辑的支持,便要支离破粹,根基动摇"②。胡适因此联想到了古代印度的"因明学"和中国先秦的墨子名学。在他看来,"近代中国哲学与科学的发展曾极大地受害于没有适当的逻辑方法"③。

胡适对"哲学"的这一理解直接制导着他对中国哲学史的研究。胡适写作博士论文《先秦名学史》(*The Development of Logical Method in Ancient China*)在理论上的一个重要缘由就是挖掘中国先秦的"名学",借以向西方世界展现中国的古典哲学。一般人认为,"中国哲学的特点之一,是那种可以称为逻辑和认识论的意识不发达"④。西方哲学界甚至有一种权威观点,东方(主要包括中国和印度)缺乏实体、普遍和客观的知识,"所以这种东方的思想必须排除在哲学史以外","真正的哲学是自西方开始"⑤。基于逻辑(Logic)在哲学中的特殊地位,要研究中国哲学,首要的问题是证明中国古代哲学有其自身的"逻辑"(名学)。胡适写作《先秦名学史》即是为了重现"中国古代逻辑理论与方法"。他说:"我渴望我国人民能看到西方的方法对于中国的心灵并不完全是陌生的。相反,利用和借助于中国哲学中许多已经失去的财富就能重新获得。更重要的还是我希望因这种比较的研究可以使中国的哲学研究者能够按照更现代的和更完全的发展成果批判那些前导的理论和方法,并了解古代中国的自然的和社会的进化理论没有获致革命的效果,而达尔文的理论却产生了现代的思想。"⑥

---

① 唐德刚译注:《胡适口述自传》,收入《胡适文集》第1册,第265页。
② 同上书,第266页。
③ 胡适:《先秦名学史》"导论 逻辑与哲学",收入《胡适文集》第6册,第9页。
④ 金岳霖:《中国哲学》,收入胡军编:《金岳霖选集》,长春:吉林人民出版社,2005年5月,第67页。
⑤ 参见〔德〕黑格尔著,贺麟、王太庆译:《哲学史讲演录》第1卷,北京:商务印书馆,1983年版,第98页。
⑥ 胡适:《先秦名学史》"导论 逻辑与哲学",收入《胡适文集》第6册,第12页。

西方的"逻辑"概念最早经严复译介传入中国，严氏将英文的"Logic"译为"名学"，而后来的章士钊则径直音译为"逻辑"。胡适当时采用了严氏译名，其中隐含的深意，则在理顺中西哲学之间的关系，证明逻辑在中国古代并非无，先秦所谓"名学"，其意可与西方"逻辑"同。从这个意义上说，胡适的英文版《先秦名学史》实际上表现了他个人的民族主义情结。而他重视对非儒学派（特别是一度与儒家并行的墨家）思想的阐释，明显表现了他自觉与当时的孔教运动的领导者及其信徒区隔的态度。

胡适对"哲学"理解的第二个层面是哲学与人生的关系。新文化运动是一场个性解放运动，它关注的焦点问题是人的问题、伦理的问题。胡适归国时，正值新文化运动轰轰烈烈地开展之时，他在北大教授"中国哲学史大纲"一课，由于语境的变化（受众从美国人转到中国人，写作语言从英语转到中文），问题的视点也不同了，胡适对"哲学"理解有了新的调整，强调哲学与人生的关系。他给哲学所下的定义是："凡研究人生切要的问题，从根本上着想，要寻一个根本的解决，这种学问叫做哲学。"①后来他在一次《哲学与人生》为题的演讲中进一步展开了这一看法，即"哲学是研究人生切要的问题，从意义上着想，去找一个比较可普遍适用的意义"。哲学的起点是由于人生切要的问题，哲学的结果，是对于解决人生问题的适用。"人生离了哲学，是无意义的人生，哲学离了人生，是想入非非的哲学。"②胡适对哲学的理解建立在"人"的基础上，他给哲学提出的六大问题，表现出对人生现实、终极的关怀，这些问题包括：（一）"天地万物怎样来的（宇宙论）"；（二）"知识思想的范围、作用及方法（名学及知识论）"；（三）"人生在世应该如何行为（人生哲学，旧称'伦理学'）"；（四）"怎样才可使人有知识，能思想，行善去恶呢（教育哲学）"；（五）"社会国家应该如何组织、如何管理（政治哲学）"；（六）"人生究竟有何归宿（宗教哲学）"③。这里的后四个问题都是与"人"直接相关的问题。一部哲学的历史也就是哲学家们关于种种人生切要问题思考、探讨和解决的历史。

---

① 《中国古代哲学史》第一篇"导言"，《胡适文集》第 6 册，第 163 页。
② 《哲学与人生》，原载《东方杂志》1923 年 12 月 10 日第 20 卷第 23 期。收入《胡适文集》第 12 册，第 282 页。
③ 《中国古代哲学史》第一篇"导言"，收入《胡适文集》第 6 册，第 163 页。

胡适对哲学的这种理解既是继承了中国哲学重视人伦哲学的传统，也是为中国哲学本身的主体内容所决定。在"五四"时期它深刻地影响着当时中国哲学界，对人生问题的探究几成为哲学界关注的焦点，梁启超的《欧游心影录》、梁漱溟的《东西文化及其哲学》、冯友兰的英文博士论文《人生理想之比较研究》和后来出版的《人生哲学》、《一种人生观》，以及一度热烈展开的科学与人生观论战，都是以讨论人生观为主题，尽管梁启超、梁漱溟、冯友兰、张君劢这些人在文化立场上与胡适截然相反，因而彼此在哲学上的"竞技"是不言而喻的，科学与人生观的论战实际上是这种"竞技"的爆发，但大家对人生观和人生问题的关注却是惊人的一致，胡适对"五四"时期人生观的讨论可以说具有先导的作用。

胡适对"哲学"理解的第三个层面是哲学与新旧思想冲突的关系。1925年5月17日胡适在北大哲学研究会演讲"从历史上看哲学是什么"这一题目时，表示"一方面要修正我在《中国哲学史》上卷里所下哲学的定义"，"一方面要指示给学哲学的人一条大的方向，引起大家研究的兴味"。胡适新看法是以为"无论以中国历史或西洋历史上看，哲学是新旧思想冲突的结果。而我们研究哲学，是要哲学当成应付冲突的机关。现在梁漱溟、梁任公、张君劢诸人所提倡的哲学，完全迁就历史的事实，是中古时代八百年所遗留的传统思想，宗教态度，以为这便是东方文明"①。显然，经过"五四"时期新旧思想的激烈冲突，特别是科学与玄学论战，胡适对哲学又有了一番新的体认，这就是哲学与新旧思想的冲突密不可分。

胡适对哲学的这一理解同样与实验主义的影响密不可分。胡适曾翻译了杜威《哲学的改造》一书中的第一章"正统哲学的起源"，杜氏明确表示："哲学的目的是要尽力做成一个应付这些冲突的机关。凡是化成了形而上学的区别，便觉得很不真实的东西，现在联上了社会上种种信仰和理想的竞争大武剧，便觉有很深的意义了。哲学若能抛下它那没出息的'绝对的，最后的本质的专卖'，他是不会吃亏的；因为以后的哲学能教导那些变动社会的精神动力，若能对于人类想做到一种更有意义的快乐之希望上有所贡献，

---

① 胡适：《从历史上看哲学是什么》，收入《胡适文集》第12册，第285、288页。

那就是很大的酬报了。"① 近代哲学自笛卡儿以来,把自然科学引为自己的思维范型,以思维与存在、主观与客观作为自己研究的主题,这种情形发展到黑格尔那里达到极至,变成了建立一套追求"绝对真理"的庞大哲学体系。后黑格尔时代的种种哲学潮流都以突破黑格尔的哲学体系为目标,实验主义哲学亦表达了一种追求新哲学的声音,杜威把"经验"、"生活"、"应付冲突"作为新哲学的目标,撇开"本体的争执",撇开"那些关于绝对本体的性质的种种无谓的玄谈","只看见一班深思远虑的人在那儿讨论人生应该是怎样的,在那儿研究人类的有意识的活动应该朝着什么目标去着力"②。这就使"哲学的性质、范围、方法,都要改变过了"③,胡适专取《哲学的改造》第一章翻译的目的,即在于向人们展示实验主义重视人生经验的这一特性。

胡适曾有一篇未刊的《杜威的"正统哲学"观念与中国哲学史》文稿,试图将杜威的上述观点直接应用于中国哲学史研究,这篇文章开首介绍杜威"正统哲学"的观念,其实不过是《哲学的改造》第一章的摘要介绍,"正统哲学"的三种性质为:(1)哲学的使命是要从那些已经动摇的旧信仰里提出精华来;所以哲学总不免给传统的信仰礼俗作辩护。(2)哲学因为要替传统的东西作辩护,因为要替那向来全靠感情契合和社会尊崇的东西作合理的辩护,所以不能不充分运用辩证的工具。(3)那些传统的信仰,起于人类的欲望与幻想,靠群居生活的影响而成为一种有权威的共同信仰,他的性质是无所不包的;在民族生活的各方面,他是无往而不在的。④ 胡适运用杜威"正统哲学"理论分析中国哲学,以为"杜威的正统哲学起源论竟可以完全适用于中国哲学史","中国的正统哲学也是有使命的:他的使命是要给传统的旧信仰作辩护,要从那些已经动摇了的旧信仰之中,提出一些精华来,加上理性化的作用,组成哲学系统。他的来源也是那些已经整统了的古代

---

① 杜威著,胡适、唐擘黄译:《哲学的改造》,合肥:安徽教育出版社,1999年10月版,第17页。
② 同上书,第16页。
③ 《实验主义》,《胡适文存》卷二。《胡适文集》第2册,第229页。
④ 胡适:《杜威的"正统哲学"与中国哲学史》,收入《胡适全集》第8册,第366—368页。

经典;他的动机也是旧信仰与新知识的冲突与调和"①。胡适以这一理论具体讨论了儒家哲学,遗憾的是,他只讨论了第一期的"显学"(儒与墨)就截稿了,第二期的"儒教"和第三期的"宋明理学"只能凭借他的其他论著,如《从历史上看哲学是什么》、《中国中古思想史长编》和《中国传统与将来》等文来想象了。

　　胡适理解哲学的第四个层面是未来哲学的趋向。在《哲学的将来》这篇演讲提要中,胡适表达了对哲学新的理解,他以为"过去的哲学只是幼稚的,错误的或失败了的科学","过去的哲学学派只可在人类知识史与思想史上占一个位置,如此而已"。哲学的将来或面临更换问题,或面临根本取消。"将来只有一种知识,科学知识。将来只有一种知识思想的方法:科学证实方法。将来只有思想家,而无哲学家;他们的思想,已证实的便成为科学的一部分,未证实的叫做待证的假设(Hypothesis)。"②按照这一理解,胡适的治学倾向明显表现了三个特点:一是越来越重视证实的事实,这一取向导致他"历史癖"和考据癖的发作;二是强调"科学证实方法",将之视为哲学、历史学唯一的方法到处宣传;三是越来越轻蔑哲学,疏离哲学,他中断了中国哲学史的写作计划,转而开始写作《中国中古思想史长编》,1930年代担任北京大学文学院院长时,甚至公开"主张哲学关门"③。胡适这种"取消哲学"的倾向,究竟是个人对哲学自信心不足的表现,还是内心深处"历史癖"使然,这是一个值得探究的问题。现在保存的《哲学的将来》这篇演讲提要是一份未公开发表的文稿,它虽然反映了胡适内心的思想和"取消哲学"的倾向,胡适后来日渐疏离哲学的表现由此也有迹可循,但它毕竟是一个"孤本",故对此文本的解读,我们不能随意地夸大和发挥。

　　尽管哲学对近代中国人来说是一门外来学问,胡适确实是实验主义的门徒,胡适哲学理念的形成也受到西方哲学(特别是实验主义)的塑造。但从胡适对哲学的理解过程来看,他更多的是表现在他研究中国哲学史的著述中。事实上,胡适本人既没有留下一本哲学概论之类的著作,甚至也没有

---

① 胡适:《杜威的"正统哲学"与中国哲学史》,收入《胡适全集》第 8 册,第 370 页。
② 胡适:《哲学的将来》,收入《胡适文集》第 12 册,第 294—295 页。
③ 参见钱穆:《八十忆双亲、师友杂忆》,长沙:岳麓书社,1986 年 7 月版,第 144 页。

写作一篇纯粹哲学理论的论文,胡适对"哲学"的理解与他的中国哲学史研究密不可分,他对"哲学"的理解与"中学"(国学)有着直接的关系。如使用"名学"而不用"逻辑",实际表达了胡适对中国哲学独立性的认同;强调哲学是"研究人生切要的问题",这与中国古代哲学偏重人生哲学(伦理学)的这一特性有关;以为只有实证的知识才是科学的知识、实证的方法才是科学的方法,这与清代汉学家的"实事求是"理念一脉相承;预测未来要取消哲学,这与"中学"本身缺乏"哲学"的传统和胡适反"玄学"的立场有关。有的论者以为,胡适的这种研究倾向,至多只能将他定位为哲学史家,而不能看做是哲学家。胡适本人似乎也并不反感这样一种评断。

胡适对哲学的理解带有他个人的"偏见"或成见,这里所谓成见是指胡适拘泥于实验主义而言。金岳霖曾批评说:"哲学中本来是有世界观和人生观的。我回想起来胡适是有人生观,可是,没有什么世界观的。看来对于宇宙、时空、无极、太极……这样一些问题,他根本不去想;看来他头脑里也没有本体论和认识论或知识论方面的问题。他的哲学仅仅是人生哲学。"①这种说法略带偏见,胡适的确重视人生哲学在哲学体系中的地位,但他对于方法论(尤其是他认为具有科学性质的实验方法或实证方法)也是颇为重视的。他一再公开地宣称自己是实验主义的信徒,实验主义"本来是一种方法,一种评判观念与信仰的方法"②,"只是一个方法,只是一个研究问题的方法。"③除了个别哲学家追求建立完整的哲学体系外,大多数哲学家往往只能就其所长,在某一方面加以发挥。在中国构建自己的哲学学科的初始阶段,胡适对中国哲学学科的建立可以说具有奠基的作用。他是第一个在北大哲学门开设"西方哲学史"课程的教授,也是最早以现代意义的哲学观念写作"中国哲学史"讲稿的学者。他在吸收、介绍、运用西方哲学理论的同时,注意到中国哲学的特殊性,并试图摸索描述中国哲学(中国思想)特殊性的叙事方式,尽管在这一点上他还未成熟到运用自如的地步,但在一个依傍西方哲学方法建构中国哲学的时代,这几乎是任何一位中国哲学家

---

① 刘培育主编:《金岳霖的回忆与回忆金岳霖》,成都:四川教育出版社,1995年7月版,第29页。
② 《五十年来之世界哲学》,《胡适文存》二集卷三。《胡适文集》第3册,第286页。
③ 《我的歧路》,《胡适文存》二集卷三。《胡适文集》第3册,第365页。

都难以避免的局限。

三 现代新儒家:中国哲学的现代化与民族化

对中国哲学的现代化和民族化的自觉认识,要推现代新儒家的两位主要代表梁漱溟和冯友兰,他们分别是"中国哲学现代化时代中的"理学和心学的主要代表①。

在新文化运动初期,许多学人喜以东(中)西文化对比的方式表达自己的文化见解,如陈独秀的《东西民族根本思想之差异》、李大钊的《东西文明根本之异点》,他们的总体倾向是抑中扬西,这是新文化运动的主流选择。在这样一种主流选择的支配下,衍生出一股强大的"西化"潮流。第一个对此潮流提出挑战的是梁漱溟的《东西文化及其哲学》一书。本来在梁氏以前,胡适在《中国哲学史大纲》的导言中,曾将世界哲学分成东西两支。东支分为中国、印度两系,西支分为希腊、犹太两系。汉代以后,"犹太系加入希腊系成了欧洲的中古哲学。印度系加入中国系成了中国的中古哲学","到了近代印度系的势力渐衰,儒家复起,遂产生了中国近世的哲学"。"欧洲思想渐渐脱离犹太系的势力,遂产生了欧洲的近世哲学。"胡适预言"到了今日这两大支的哲学互相接触互相影响,五十年后一百年后或竟能发生一种世界的哲学也未可知"。②梁漱溟沿用了以往学者(包括胡适在内)将世界文化(哲学)分成东、西两大支的做法,但他强调西洋、印度、中国三大系统的各自特点,并对它们在宗教、哲学(形而上之部、知识之部、人生之部)的各自特点及主张列表做了区隔。③梁氏表明了自己对哲学的看法,"所谓哲学就是有系统的思想,首尾衔贯成一家言的";哲学包括形而上学之部、知识之部和人生之部。中国哲学在形而上之部"自成一种,与西洋、印度者全非一物,势力甚普,且一成不变"。知识之部"绝少注意,几可以说

---

① 有关这方面的论述,参见冯友兰:《中国现代哲学史》,广州:广东人民出版社,1999年8月版,第84、174、218页。
② 胡适:《中国古代哲学史》第一篇"导言",收入《胡适文集》第6册,第165—166页。
③ 梁漱溟:《东西文化及其哲学》第四章"西洋中国印度三方哲学之比较",收入《梁漱溟全集》第1卷,济南:山东人民出版社,1989年5月版,第396页。

没有"。人生之部"最盛且微妙,与其形而上学相连,占中国哲学之全部"①。梁漱溟预言"世界未来文化就是中国文化的复兴,有似希腊文化在近世的复兴那样"②。他明确批评新文化运动中胡适这一派的主张:"有人以清代学术比作中国的文艺复兴,其实文艺复兴的真意义在其人生态度的复兴,清学有什么中国人生态度复兴的可说?有人以五四而来的新文化运动为中国的文艺复兴;其实这新运动只是西洋化在中国的兴起,怎能算得中国的文艺复兴?若真中国的文化复兴,应当是中国自己人生态度的复兴;那只有如我现在所说可以当得起。"③梁氏赞成新文化运动向西方学习科学、民主的态度,但不同意新文化运动对孔子和儒家所作的负面评价,他对于孔子和儒家的"仁"做了新的解释,以为孔子和儒家的"仁"才是其思想的中心。冯友兰认为"梁漱溟的哲学思想是陆王派所本有的,但梁漱溟是'接着'陆王讲的,不是'照着'陆王讲的","梁漱溟比以前的陆王派进了一步"。所以冯友兰认定梁氏是"中国哲学现代化时代中的心学"的代表性人物④。梁漱溟对中国文化及其哲学特性的认识并不新鲜,他的创新之处在于他自觉追求对这种特性的肯定,以及对中国文化及其哲学在未来世界的地位的充分自信,这是此前的新文化运动所未有的新见。梁氏的观点在新文化运动进入高潮之时如投石击水,引起了巨大反响,但他对于中西文化相互关系的重新思考,对中国哲学的特殊性的重视和认可,对后来的中国哲学界的确有着先导的作用。现代新儒家从此开始崛起,义无反顾地朝着建立中国化的哲学体系这一方向迈进。梁漱溟对中国人生哲学的价值体认,也成为他一生持续不断地研究中国人生哲学的内在动力,晚年以一部《人心与人生》殿后,可谓他一生探索人生问题的结晶。

现代新儒家中的另一支——"新理学"的代表冯友兰,对"哲学"有着更为自觉的认识,因而他对"哲学"的理解较前此诸家,都向前推进了一大步,

---

① 梁漱溟:《东西文化及其哲学》第四章"西洋中国印度三方哲学之比较",收入《梁漱溟全集》第 1 卷,济南:山东人民出版社,1989 年 5 月版,第 396 页。
② 梁漱溟:《东西文化及其哲学》第五章"世界未来之文化与我们今日应持的态度",收入《梁漱溟全集》,第 1 卷,第 525 页。
③ 同上书,第 539 页。
④ 冯友兰:《中国现代哲学史》,第 84 页。

这种进步不仅表现在对"哲学"概念本身的理解上,而且表现在对中西哲学对应关系的把握上,冯友兰对此都有更为到位的诠释。

首先,冯友兰更为准确地确定了哲学的范围。在《人生哲学》一书中,冯氏明确"哲学"包涵三大部:"宇宙论,目的在求一对于世界之道理(a theory of the world)。人生论,目的在求一对于人生之道理(a theory of life)。知识论,目的在求一对于知识之道理(a theory of knowledge)。"这种三分法"自柏拉图以后,至中世纪之末,普遍流行;即到近世,亦多用之"①。宇宙论分两部:"一研究'存在'之本体,及'真实'之要素者,此是所谓本体论(ontology);一研究世界之发生及其历史,其归宿者,此是所谓宇宙论(cosmology,狭义)。"人生论有两部:"一研究人究竟是什么者,此即人类学、心理学等;一研究人究竟应该怎么者,此即伦理学(狭义的),政治哲学等。"知识论亦有两部:"一研究知识之性质者,此即所谓知识论(epistemology,狭义);一研究知识之规范者,此即所谓论理学(狭义的)。"冯友兰对哲学系统的这种看法,比起此前胡适在《中国哲学史大纲》中不分一般哲学(宇宙论、人生论、知识论)和哲学分支(政治哲学、教育哲学、宗教哲学)的做法,明显进了一步。

其次,冯友兰明确了哲学与科学的分际。关于科学与人生观的关系,在1920年代初,思想界曾有一场讨论。以丁文江、胡适为代表,主张科学可以运用于人生观领域,人生观受科学的支配;以张君劢为代表则强调科学与人生观的分隔,双方的分歧构成所谓科学与玄学之争。冯友兰在双方论战正酣之时,也曾发表过一篇演讲——《对于人生问题的一个讨论——在中州大学讲演会讲演稿》,但他并没有就双方争执的焦点表明自己的态度②。随后发表的《对于哲学及哲学史之一见》一文对此问题有了明确的立场。"哲学与科学之区别,即在科学之目的在求真;而哲学之目的在求好。"不过,冯友兰并不同意张君劢、梁漱溟将"直觉"纳入哲学方法的做法。他表示:"我个人以为凡所谓直觉,领悟,神秘经验等,虽有甚高的价值,但不必以之混入

---

① 冯友兰:《人生哲学》,收入《三松堂全集》第1卷,郑州:河南人民出版社,1985年9月版,第353—354页。

② 冯友兰:《对于人生问题的一个讨论——在中州大学讲演会讲演稿》,收入《三松堂全集》第11卷,郑州:河南人民出版社,2001年1月版,第58—63页。

求知识之方法之内。无论科学、哲学,皆系写出或说出之道理,皆必以'严刻的理智态度'表出之。""故谓以直觉为方法,吾人可得到一种神秘的经验(此经验果与'实在'[reality]符合否,是另一问题)则可;谓以直觉为方法,吾人可得到一种哲学则不可。换言之,直觉能使吾人得到经验,而不能使吾人成立一个道理。"①冯友兰以为"哲学方法,即是科学方法,即是吾人普通思想之方法"②。对哲学与科学的联系与区别,冯友兰的认识既与将人生观与科学叠合的科学派有别、也与将人生观与科学分割处理的玄学派明显区隔。

值得一提的是,冯友兰在美留学时,曾有《为什么中国没有科学——对中国哲学的历史及其后果的一种解释》一文,其探讨的问题是"中国产生她的哲学,约与雅典文化的高峰同时,或稍早一些。为什么她没有在现代欧洲开端的同时产生科学,甚或更早一些?"冯友兰根据自己的中国哲学史研究,所得结论是:"中国没有科学,是因为按照她自己的价值标准,她毫不需要。"③"中国哲学家不需要科学的确实性,因为他们希望知道的只是他们自己;同样地,他们不需要科学的力量,因为他们希望征服的只是他们自己。在他们看来,智慧的内容不是理智的知识,智慧的功能不是增加物质财富。在道家看来,物质财富只能带来人心的混乱。在儒家看来,它虽然不像道家说的那么坏,可是也绝不是人类幸福中最本质的东西。那么,科学还有什么用呢?"④这样一种将近代科学未能首先在中国产生归咎于哲学家所树立的"价值标准"的观点,似乎简化了近代中国科学落后的原因,但它对中国传统哲学的反省,却至少表明冯友兰在"五四"时期,并不像梁启超、梁漱溟那样,对中国古典哲学(包括儒家、道家)表现出强烈的依恋感、认同感,冯友兰有其自身的批评态度。

再次,冯友兰对如何把握西方哲学与中国哲学的关系,有了更为深入的认识。关于中西哲学的对应问题,冯友兰明确指出:"西洋所谓哲学,与中国魏晋人所谓玄学,宋明人所谓道学,及清人所谓义理之学,其所研究之对

---

① 冯友兰:《对于哲学及哲学史之一见》,收入《三松堂全集》第11卷,第66—67页。
② 同上书,第67页。
③ 冯友兰:《为什么中国没有科学》,收入《三松堂全集》第11卷,第32页。
④ 同上书,第52页。

象,颇可谓约略相当。"①故处理中国哲学有两种办法:一是按照西洋所谓哲学之标准,取中国义理学中可与之相对应者,写作中国哲学史。二是以中国义理之学本身的体系为主体,作中国义理学史;甚至可就西洋历史上各种学问中,将其可以义理之学名之者,选出而叙述之,以成西洋义理学史。在这两种选择中,冯友兰以为后者不可行。因为"就原则上言,此本无不可之处。不过就事实言,则近代学问,起于西洋,科学其尤著者。若指中国或西洋历史上各种学问之某部分,而谓为义理之学,则其在近代学问中之地位,与其与各种近代学问之关系,未易知也。若指而谓为哲学,则无此困难。此所以近来只有中国哲学史之作,而无西洋义理之学史之作也。以此之故,吾人以下即竟用中国哲学及中国哲学家之名词。所谓中国哲学者,即中国之某种学问或某种学问之某部分之可以西洋所谓哲学名之者也。所谓中国哲学家者,即中国某学者,可以西洋所谓哲学家名之者也"②。冯友兰以为"无论科学哲学。皆系写出或说出之道理,皆必以严刻的理智态度表出之"③。哲学有形式上的系统和实质上的系统的区别,"中国哲学家之哲学之形式上的系统,虽不如西洋哲学家,但实质上的系统,则同有也。讲哲学史之一要义,即是要在形式上无系统之哲学中,找出其实质的系统"④。从内容与形式的关系把握上,冯友兰尽管与胡适并无本质的区别,两者都是依傍西方哲学的形式来写作中国哲学史,但是因为冯友兰有了寻求中国哲学"实质的系统"的自觉,他的《中国哲学史》则有了明显不同的效果,这可从金岳霖对该书的《审查报告》中看得出来。

金岳霖先生在《审查报告》中指出:"哲学是说出一个道理来的成见。""哲学中的见,其论理上最根本的部分,或者是假设,或者是信仰;严格的说起来,大都是永远或暂时不能证明与反证的思想。"写作中国哲学史的态度,"一个态度是把中国哲学当作中国国学中之一种特别学问,与普遍哲学不必发生异同的程度问题;另一态度是把中国哲学当作发现于中国的哲

---

① 冯友兰:《中国哲学史》第一章"绪论",《三松堂全集》第2卷,郑州:河南人民出版社,1988年5月版,第9页。
② 同上书,第9—10页。
③ 冯友兰:《中国哲学史》上册,收入《三松堂全集》第2卷,第7页。
④ 同上书,第13—14页。

学。"金先生以为第一种态度在现代中国已不可能,而如取第二种态度,"我们可以根据一种哲学的主张来写中国哲学史,我们也可以不根据任何一种主张而仅以普通哲学形式来写中国哲学史。胡适之先生的《中国哲学史大纲》就是根据于一种哲学的主张而写出来的。我们看那本书的时候,难免一种奇怪的印象,有的时候简直觉得那本书的作者是一个研究中国思想的美国人;胡先生于不知不觉间流露出来的成见,是多数美国人的成见。""冯先生的态度也是以中国哲学史为在中国的哲学史;但他没有以一种哲学的成见来写中国哲学史。""他说哲学是说出一个道理来的道理,这也可以说是他主见之一;但这种意见是一种普遍哲学的形式问题,而不是一种哲学主张的问题。冯先生既以哲学为说出一个道理来的道理,则他所注重的不仅是道而且是理,不仅是实质,而且是形式,不仅是问题而且是方法。"①金先生区别了在中国的哲学史和中国的哲学史两个概念,以为"中国哲学史就是在中国的哲学史"②。金岳霖这段话语中所提以一种普遍哲学的形式研究中国哲学,实际上提出了中国哲学研究的一个方向。但在当时的历史条件下,这种普遍哲学的形式显然非取法西方哲学不可,这一点冯友兰与胡适并无本质的区别。1930年代,冯友兰发表了类似蔡元培的观点:"中国哲学,没有形式上的系统,若不研究西洋哲学,则我们整理中国哲学,便无所取法;中国过去没有成文的哲学史,若不研究西洋哲学史(写的西洋哲学史),则我们著述中国哲学史,便无所矜式。据此,可见西洋哲学之形式上的系统,实是整理中国哲学之模范。"③冯先生认定现在只有"西洋哲学之形式上的系统"可供人们效法。在这一点上,冯友兰与强调中国哲学(中国文化)的未来典范作用的梁漱溟有很大不同,梁氏因没有受过西方哲学的教育和训练,显然很难真正欣赏西方哲学的光彩,吸收她的优长,冯友兰则与之不同,他对西方哲学的优长及其强势地位有着清醒的认识。至于金岳霖所提到的冯著"没有以一种哲学的成见来写中国哲学史"这一点,自然很难成立。事实上,冯友兰受美国新实在论的影响甚深,但在寻求中国哲学"实质

---

① 金岳霖:《审查报告二》,收入《三松堂全集》第2卷,第379—380页。
② 同上书,第379页。
③ 冯友兰:《怎样研究中国哲学史?》,《三松堂全集》第11卷,郑州:河南人民出版社,2001年1月2版,第403页。

的系统"上他确比胡适有了新的自觉。

金岳霖在评价冯著所表现的这种扬冯抑胡的做法,多少表现出他的宗派之见,这就是他与冯友兰一样,对中国传统的宋学、理学、道学有偏爱的一面,而与喜好清学、汉学、朴学的胡适异趣;但他们对哲学的形式与内容之间的关系的把握,多少有助于对中国哲学的特殊性(民族性)的"同情的理解",而这也应是中国学人对待本国哲学的基本立场(态度)。

冯友兰、金岳霖力求表现中国哲学民族性的倾向在后来冯友兰的《贞元六书》和金岳霖的《论道》中淋漓尽致地表现出来。关于《论道》一书,冯友兰如是评价:"《论道》这个体系,不仅是现代化的,而且是民族化的。关于这一点,金岳霖是自觉的。""现代化与民族化融合为一,《论道》的体系确切是'中国哲学'。"①冯友兰的《贞元六书》构造了一个"新理学"体系,他宣称自己的"新理学""是'接着'宋明以来底理学讲底,而不是'照着'宋明以来底理学讲底"。"中国需要现代化,哲学也需要现代化。现代化的中国哲学,并不是凭空创造一个新的中国哲学,那是不可能的。新的现代化的中国哲学,只能用近代逻辑学的成就,分析中国传统哲学中的概念,使那些似乎是含混不清的概念明确起来,这就是'接着讲'与'照着讲'的分别。"②也就是说,冯友兰的"新理学",其历史的出发点虽是宋明理学,但他逻辑的起点却是近代逻辑学,这是他区别于旧理学的所在。

综上所述,以冯友兰为代表的新理学和以梁漱溟为代表的新心学在"五四"以后对胡适的哲学观有了新的反思和超越。这种反思和超越主要是以强调中国哲学的特殊性(指中国哲学"实质的系统")和追求建立现代性与民族性相统一的中国哲学体系为指向。在西方文化处于强势的时代,这样一种趋向并没有因全球化的浪潮而稍减其发展的势头,这说明中国哲学自身具有强大的生命力。经过一个多世纪的交流和学习,中国学者已经将西方哲学引进中国,并以之解析中国的传统哲学。与此同时,中国学者(尤其是梁漱溟、冯友兰为代表的现代新儒家)也强烈地意识到中国哲学内容的特殊价值及其表现样式的差异性,他们希望摆脱那种附会西方哲学的

---

① 冯友兰:《中国现代哲学史》,广州:广东人民出版社,1999年8月版,第195、198页。
② 同上书,第200页。

被动状态,表现中国哲学应有的精彩,使之在现代世界重放光芒,这样一种使命感在民族文化濒临危亡时愈加显现,1930年代以后逐渐成为中国哲学界的一种主流选择。

本文为2005年12月3—4日参加由南开大学与日本爱知大学合办的"现代中国学的方法论研究"中日学者学术研讨会提交的论文,载《中国哲学史》2006年第4期。收入《现代中国学方法论とその文化の视角(方法论・文化篇)》,爱知大学2006年11月20日出版。

拾　中国现代哲学史上的胡适

北京大学哲学系在建系 90 周年(1914—2004)之际,为总结该系学术研究成就,陈来先生主编了一套《北大哲学门经典文萃》,选收在该系任教的十位名家的代表作,以彰显北大哲学系的历史传统。主编设计每位名家一卷,其中有"胡适卷"。承蒙陈来先生的"钦点",邀约我编辑此卷,共襄盛举。

编辑《北大哲学门经典文萃·胡适选集》,我以为这等于发问:胡适对中国现代哲学做出了什么贡献?胡适的哲学成就对北大的哲学学科建设具有什么样的意义?尝试回答这两个问题,是撰写《北大哲学门经典文萃·胡适选集》前言的要旨所在。

1923 年 12 月蔡元培先生应《申报》社之约撰文发表《五十年来中国之哲学》,内中提到:中国人与哲学的关系,"可分为西洋哲学的介绍与古代哲学的整理两方面"①。其中特别提及胡适的即为:一是从介绍西洋哲学这方面看,"胡氏可算是介绍杜威学说上最有力的人";二是从整理古代哲学而言,"绩溪胡适把他在北京大学所讲的《中国哲学史大纲》上卷,刊布出来,算是第一部新的哲学史。"②蔡先生发表这段话时,胡适不过 32 岁,尽管他的生命后来还延续了 39 年,他的哲学研究工作仍在继续,但他与中国哲学的关系,他对北大哲学学科建设所发挥的作用,并未脱离蔡先生所提示的轨迹。因此,我们今天来总结胡适的哲学成就时,大体也只能从介绍西洋哲学和研究中国哲学(或中国思想)这两方面来讨论。

---

① 蔡元培:《五十年来中国之哲学》,收入《中国现代学术经典丛书·蔡元培卷》,石家庄:河北教育出版社,1996 年 8 月版,第 329 页。
② 同上书,第 359 页。

一 介绍西方哲学

在胡适之前,中国学人介绍西洋哲学有严复、李石岑、王国维诸人,但他们主要介绍的是欧洲哲学。具体地说,严复迻译英国哲学家赫胥黎、斯宾塞、约翰·穆勒等人的作品;李石岑介绍法国哲学家卢梭、伏尔泰、拉马尔克等人的学说,王国维评述德国哲学家叔本华、尼采的思想。介绍美国这块"新大陆"的哲学则自胡适始,他对美国本土哲学的系统介绍始于1919年4月15日在《新青年》上发表的《实验主义》一文,这篇论文从辨析"实验主义"名称的"引论"开始,到逐一介绍皮耳士、詹姆士、杜威的学说,尤其是对杜威哲学的推介给予了较大的篇幅,反映了胡适对杜威的"应用主义"(或"器具主义",Instrumentalism)的偏爱。胡适之所以将这派哲学的中文译名定为"实验主义",是因为他认为:"'实际主义'(Pragmatism)注重实际的效果;'实验主义'(Experimentalism)虽然也注重实际的效果,但他更能点出这种哲学所最注意的是实验的方法。实验的方法就是科学家在试验室里用的方法。这一派哲学的始祖皮耳士常说他的新哲学不是别的,就是'科学试验室的态度'(The Laboratory Attitude of Mind)。这种态度是这种哲学的各派所公认的,所以我们可用来做一个'类名'。"①对自己的这篇文章,胡适颇为自信,1921年7月4日他在日记中写道:"我当初本想不把《实验主义》全部钞入,现在仔细看来,这几篇确有存在的价值。恐怕现在英文的论'实验主义'的书,如Murray的 *Pragmatism* 之类——没有一部能比我这一本小册子的简要而精彩。"②遗憾的是,后来许多国人囿于偏见,有意无意地扭曲胡适的本意,常常使用"实用主义"这一在中文中明显带有贬义的名称。《实验主义》发表于杜威来华讲学前夕,它对实验主义的系统评介等于是为杜威来华讲学做了一个巨大的广告。

杜威在华讲学长达两年(1919年4月30日—1921年7月),为"实验主

---

① 《实验主义》,《胡适文存》卷二,收入《胡适文集》第2册,北京:北京大学出版社,1998年11月版,第208—209页。

② 《胡适的日记》,香港:中华书局,1985年9月初版。第125页。

义"在华夏大地布道,同时也将近代以来的中美文化交流推向了一个新的高潮。在杜威的巡回讲学中,胡适与杜威的其他嫡传弟子蒋梦麟、陶行知、刘伯明等随侍左右,为其讲演担任翻译。胡适出力尤大,杜威在北京、天津、山西、山东等处的讲演几乎全为胡适担任口译,经胡适翻译而整理出来的《杜威五大讲演》(1920年8月《晨报》出版)影响极大,短短一年间,即已印行11版,每版都在10000册以上,实验主义蔚然成为"五四"时期最有影响力的西方哲学理论,对推动当时的思想解放运动起了积极的作用。以后,胡适又在北大开设"杜威著作选读"课程(1921年10月),与唐钺合译杜威的哲学著作《哲学的改造》(1934年商务印书馆出版),毫不掩饰地多次公开宣布自己是"实验主义的信徒",他的政治主张和学术方法都是为了践行实验主义。抗战期间胡适撰写了讨论杜威政治哲学的两篇英文论文:《工具主义的政治哲学》(The Political Philosophy of Instrumentalism)和《作为一种工具主义的政治概念》(Instrumentalism as a Political Concept)。胡适晚年以"杜威哲学"(1952年12月)、"杜威在中国"(1959年7月)为题发表演讲。可以说,胡适终其一生从理论传播到学术研究,都身体力行地推行实验主义,成为实验主义哲学在中国的第一传人。

胡适介绍西方哲学的另一项工作就是在北大首先开设西方哲学史课程。1917年9月胡适来北大任教之初,即在哲学系开设"西洋哲学史大纲"一课,另在哲学门研究所承担"欧美最近哲学之趋势"一课,指导学生冯友兰、张崧年、唐伟。① 据冯友兰先生回忆:1915年9月他进入北大,"但是并没有达到我原来要学习西方哲学的目的。当时的北京大学,照章程上说,有三个哲学门:中国哲学门、西洋哲学门和印度哲学门。实际上是印度哲学门压根就没人提。西洋哲学门,本来说是要在1915年开的,可是只找到了一位教授,名叫周慕西,不久他就去世,所以也开不成了。已经开的只有中国哲学门,这个学门已经有了比我高的一班,我们这班算是这个学门的第二班。"② 由此不难看出当时北大哲学门西洋哲学史这一科目教学状况的窘

---

① 《哲学门研究所》,载1917年11月29日《北京大学日刊》第12号。
② 冯友兰:《三松堂自序》,收入《三松堂全集》第1卷,郑州:河南人民出版社,1985年9月版,第186页。

境。胡适登上北大讲台,实为填补这一空白。可惜这方面他留下的材料只有一部《西洋哲学史大纲》讲义稿残稿,内容仅有"导言"和"希腊哲学"部分。①

胡适还写过一篇《五十年来之世界哲学》。1922年《申报》为纪念该报五十周年编辑、出版一册《最近五十年》,邀约各领域最有代表性的学者撰稿。其中涉及哲学部分的《五十年来之中国哲学》由蔡元培先生承担,而胡适被分配撰写《五十年来之世界哲学》,可见胡适当时被人们看成是这方面的最佳人选。胡适之前,虽有不少学者介绍西洋哲学,但他们却大多没有在欧美系统接受西方哲学教育和训练的经历,更说不上像胡适这样经历了从学士到博士一个完整的学术训练过程,因此他们对西方哲学的介绍只可能是个别的或随感性的,而"五十年来之世界哲学"这样一个题目对当时的中国学术界来说,显然是一个前沿课题,它需要在欧美国家有过系统哲学训练背景,且对欧美哲学的最新发展动态有详尽了解的学者才可能承担。在《五十年来之世界哲学》一文中,胡适着重介绍了新意象主义、尼采的哲学、演化论的哲学、实验主义、柏格森的哲学、新唯实主义、政治哲学(此节由高一涵代作)。这几方面的内容大都虽已有学者在某一方面做过专题介绍,但胡适独立承担,并在一篇只有三万三千多字的文章里,对如此纷繁的哲学流派做一有力的介绍,决非一般行家能够做到。窥察这两件事例,在五四时期中国的西方哲学史教学和研究中,不难看出胡适发挥了筚路蓝缕的作用。

二 中国哲学史(思想史)研究

胡适将"新思潮的意义"概括为:"研究问题,输入学理,整理国故,再造文明。"②对他个人来说,"整理国故"则为中国文学史和中国哲学史"两大目标",后来他又"喜欢把'中国哲学史'改称为'中国思想史'"。胡适晚年

---

① 手稿影印本收入《胡适遗稿及秘藏书信》第9册,合肥:黄山书社,1994年12月版。第219—281页。整理本收入《胡适全集》第7册,合肥:安徽教育出版社,2003年9月版,第272—323页。

② 《新思潮的意义》,《胡适文存》卷四。收入《胡适文集》第2册,北京:北京大学出版社,1998年11月版,第551页。

自认:"这两方面也是我留学归国以后,整个四十年成熟的生命里'学术研究'的主要兴趣之所在。"①

胡适一生研究中国哲学史(思想史),大致可分三个阶段:第一阶段是在1919年以前,主要研治中国古代哲学史,其代表作为其英文博士论文《先秦名学史》和在北大的讲义稿《中国哲学史大纲》(卷上)。

胡适萌发研究中国哲学史(思想史)的念头是1905—1906年在上海澄衷学堂读书时期,当时他阅读了梁启超的《中国学术思想变迁之大势》这部著作,梁启超在书中"分中国学术思想史为七个时代",即:一、胚胎时代(春秋以前),二、全盛时代(春秋末及战国),三、儒学统一时代(两汉),四、老学时代(魏晋),五、佛学时代(南北朝、唐),六、儒佛混合时代(宋、元、明),七、衰落时代(近二百五十年)。但梁氏未写完此书,胡适"眼巴巴的望了几年",在失望之余,他忽发野心:"我将来若能替梁任公先生补作这几章缺了的中国学术思想史,岂不是很光荣的事业?"这一点野心就是他"后来做《中国哲学史》的种子"。②

1912年春,胡适在美国康乃尔大学由农学院转入文学院,其主修即为哲学和心理学。1915年秋,胡适进入哥伦比亚大学文学院,主修仍为哲学,受导师杜威先生"论理学之宗派"一课的影响,胡适决定将他的博士论文选题定为"中国古代哲学方法之进化史"(A Study of the Development of the Logical Method in Ancient China),此论文的撰稿大约1916年5月即已启动,至1917年4月27日完稿。③ 1922年在国内由亚东图书馆正式出版时改名为《先秦名学史》(The Development of Logical Method in Ancient China,出版时胡适可能小有修改)。写作这篇论文,胡适抱有一个雄心:"但愿它成为用中文以外的任何语言向西方介绍古代中国各伟大学派的第一本书!"这一点

---

① 《胡适口述自传》第十二章"现代学术与个人收获",收入《胡适文集》第1册,第415页。
② 胡适:《四十自述·在上海(一)》,《胡适文集》第1册,第73页。
③ 关于胡适写作博士论文的时间,他本人提供了两个开始写作的时间,一是1916年5月10日《致母亲》一信提到"儿之博士论文,略有端绪",《胡适全集》第23册,合肥:安徽教育出版社,2003年9月版,第99页。二是他在1917年5月4日日记中记道:"原稿始于去年八月之初"。《胡适全集》第28册,第555页。此两说,笔者从前一说。

似与此前在哥大留学的陈焕章写作的博士论文《孔门理财学》(The Economic Principles of Confucius and His School)有异曲同工之处。陈书是中国留美学生第一本以西方经济理论分析孔儒经济思想的博士论文,而胡书则是第一本以西方哲学方法研讨中国古代哲学的博士论文,在这一点上胡适可能是受到陈书的影响,至少可能受到了间接的影响,因为曾为陈书作序的夏德教授(Friedrich Hirth)亦为胡适的"汉学"一课的教师,胡适与他也有着密切的联系。① 事实上,胡书在论证主题上与陈书也有着密不可分的关系,胡书写作的一个重要动机是与陈焕章所推动的孔教运动进行论辩,这一点胡适在导论中毫不掩饰地承认。② 陈氏是抱着阐述孔教学理的目的来写作他的博士论文,而胡适则是抱着参与反对孔教运动的动机来写作自己的博士论文,他把阐述非儒学派的思想学说和恢复儒家学派的原初地位作为自己写作的两大目标。但胡适与陈焕章两人的博士论文在哥大的命运却大相径庭。陈书受到哥大两位权威学者:夏德(Friedrich Hirth,汉学教授)、西格(Henny R. Seager,经济学教授)的大力推荐,荣幸地跻身于由哥大政治学教师编辑的《历史、经济与公共法丛书》;而胡适的博士论文却在博士论文答辩中未能顺利通过,当年他没能顺利拿到博士学位。其中的原因至今仍是一个让人们迷惑的悬案。但夏德教授给陈书作序表现出的好感所产生的先入为主的偏见,很可能是阻碍胡适论文通过的重要原因。胡适博士答辩的受挫,反映了欧美知识界对中国文化的主流看法很大程度上仍受传教士(他们往往在西方被视为中国通)观点的支配,正是这些传教士对清末民初的孔教运动抱以热烈的支持,③而对方兴未艾的新文化运动,他们却视而不见。

《中国哲学史大纲》(卷上)是胡适在北大的讲义稿,此课先前由颇具旧学根柢的老先生陈汉章讲授,胡适接任此课,对他无疑是一个强烈的挑战。但与在哥大的命运不同,胡适获得了巨大的成功。他的讲义稿1919年2月

---

① 《胡适口述自传》第五章"哥伦比亚大学和杜威",收入《胡适文集》第1册,第260—261页。
② 胡适:《先秦名学史·导论 逻辑与哲学》,收入《胡适文集》第6册,第11页。
③ 参见陈焕章:《孔教论》,香港:孔教学院,1990年12月9日。此书前有美国李佳白、英国梅殿华、英国李提摩太、德国费希礼的序,这些人显然代表西方传教士和所谓"中国通"的主流观点。

在商务印书馆出版后,不到两个月就重印再版,在知识界产生了轰动性效应,众多名家对之评点。这部书的成功得益于胡适具有系统的西方哲学训练和中国汉学训练的学术背景,这一点为蔡元培先生在序中所点明。而胡适此书成功背后还有一个常被人忽略的政治背景,即北大作为新文化运动的大本营,当时正在寻找各种攻击康有为、陈焕章领导孔教运动的有力武器,胡适此书无论在学术方法上,还是在学术观点上,都与康、陈相对立,而与当时北大的主流派章太炎派(即汉学派)相一致。正如胡适的"文学革命"主张在保守的留美学生中应者寥寥,而在国内因得到陈独秀的鼎力推荐,在国内激起巨大反响一样;胡适的《中国哲学史大纲》因有蔡元培先生这位新文化运动"保护神"作序予以大力推荐,亦迅速成为新学术的典范。①

第二阶段从 1919 年至 1937 年,主要代表作为《戴东原的哲学》(1925)、《中国中古思想史长编》(1930)、《中国中古思想小史》(1931)等。

出版《中国哲学史大纲》(卷上)后,胡适有意续写下去,他在北大开设了"中国中古思想史"、"近世中国哲学"、"清代思想史"等课,留有手稿:《中国哲学史》、《中国哲学史大纲》(卷中)、《近世哲学》、《清代思想史》②。发表了《记李觏的学说》(1922)、《费经虞与费密》(1924),出版专著《戴东原的哲学》(1925)。1922 年 2 月 23 日哥伦比亚大学方面聘请胡适赴该校任教的邀请函到达胡适的手里,胡适"颇费踌躇",最后考虑到要续写完《哲学史》中下卷,还是"拟辞不去"。③

1927 年 5 月胡适从欧美访问归来,落居上海。在上海的三年半,是胡适"一生最闲暇的时期",他写作了"约莫有一百万字的稿子",其中有《中国中古思想史长编》,"有十几万字的中国佛教史研究"(包括《神会和尚遗集》和《荷泽大师神会传》)。1930 年 11 月胡适回到北平,继续做中国思想史的专题研究,又发表了《说儒》(1934)、《楞伽宗考》(1935)、《颜李学派的程廷祚》(1936)等专题论文。与此同时,他还在北大哲学系开设"中国哲学

---

① 关于对胡适《中国哲学史大纲》(卷上)一书各家观点的述评,参见拙作《自由主义之累——胡适思想之现代阐释》,南昌:江西教育出版社,2003 年 7 月版,第 126—143 页。
② 《中国哲学史大纲》卷中收入《胡适遗稿及秘藏书信》第 6 册。《中国哲学小史》、《近世哲学》、《清代思想史》收入《胡适遗稿及秘藏书信》第 7 册。
③ 《胡适全集》第 29 册,第 523 页。

史"(1931年9月—1932年6月、1932年9月—1933年6月、1936年9月—1937年6月)、"中古思想史"(1932年2月—6月)、"中国近世思想史问题研究"(1934年9月—1935年6月、1936年9月—1937年6月)、"汉代思想史"、"唐宋思想史"(1936年9月—1937年6月)等课。看得出来,胡适有意写作一部新的《中国思想史》。

胡适在上海动手写《中国中古思想史长编》时,就"决定不用《中国哲学史大纲卷中》的名称了",他把《中国哲学史大纲》改名为《中国古代哲学史》收入商务印书馆的"万有文库",以便让其单独流行,而打算用自己"中年以后的见解来重写一部《中国古代思想史》"。① 为什么不续写《中国古代哲学史》,而要重写一部《中国古代思想史》? 对于这个问题,胡适本人并没有细加说明。从他后来成稿的《中国中古思想史长编》、《中国中古思想小史》可以看出,他很难再采取《中国古代哲学史》的写法来处理中古时期(公元前200年至公元1000年)的哲学史,这是因为这一段"宗教化的普遍"影响到"思想的宗教化",②故要写一部纯粹的"哲学史"著作已不可能,他研治中古思想史时有一个看法,"讲思想史必不离开宗教史,因为古来的哲学思想大都是和各时代的宗教信仰有密切关系的"③。故胡适的中古思想研究,宗教史所占比重很大,这是他治中古思想史的一个特点,④这一特点甚至反映在1934年他发表的《说儒》一文中,他以西方人解释基督教的方式来说明中国原始儒家的兴起更是表明了类似的倾向;另外一个原因可能是与胡适对中西哲学的关系的看法有关,在写作《先秦名学史》时,胡适已表示:"如果用现代哲学去重新解释中国古代哲学,又用中国固有的哲学去解释现代哲学,这样,也只有这样,才能使中国的哲学家和哲学研究在运用思考与研究的新方法与工具时感到心安理得。"⑤这样一种"中西互释"

---

① 胡适:《〈中国古代哲学史〉台北版自记》,收入《胡适文集》第6册,第158页。
② 参见胡适:《中国中古思想小史》第一讲"中古时代",收入《胡适文集》第6册,第629页。
③ 胡适:《中国中古思想小史》,收入《胡适文集》第6册,第632页。
④ 有关胡适中古思想史的评述,参见楼宇烈:《胡适的中古思想史研究述评》,收入耿云志、闻黎明编:《现代学术史上的胡适》,北京:三联书店,1993年5月版,第45—59页。
⑤ 胡适:《先秦名学史》导论"逻辑与哲学",《胡适文集》第6册,第11页。

的设想只能说是一种理想。在实际处理中,往往是把西方哲学作为一种普遍范式运用于中国哲学领域,①这样中国哲学就不可避免地"西化"、"洋化"、"欧化"、"美(国)化"、"汉(学)化"。金岳霖批评胡适的《中国哲学史大纲》:"有的时候简直觉得那本书的作者是一个研究中国思想的美国人;胡先生于不知不觉间流露出来的成见,是多数美国人的成见。"②就是这样一个道理。梁漱溟的《东西文化及其哲学》将世界文化区分为三:西方、中国、印度,并对这三大系统的文化作了区隔。他的观点引起了极大的争议,胡适对之持激烈的反对态度。③但梁氏的观点唤起了人们对中国文化及其哲学的特殊性的重视,也引发了中国学术界对中西哲学相互关系的重新思考,此后出现的冯友兰的《中国哲学史》在某种程度上反映了这一新的趋势。④ 1926年8月17、18日傅斯年得知胡适在撰写中古哲学史时,曾给胡适一信,率直地批评胡适的《中国哲学史大纲》:"这本书的长久价值论,反而要让你先生的小说评居先。何以呢?在中国古代哲学上,已经有不少汉学家的工作者在先,不为空前;先生所用的方法,不少可以损益之处,难得绝后。"⑤这可能是胡适周围的朋友中对《中国哲学史大纲》最为低调的评价。类似傅斯年这种贬胡适的《中国哲学史大纲》,而抬其中国古典小说考证的倾向,陈寅恪亦有之。⑥ 在傅斯年看来:"因为中国严格说起,没有哲学,(多

---

① 有关这方面的意见,参见蔡元培:《中国哲学史大纲》序,收入《胡适文集》第6册,第155页。冯友兰:《怎样研究中国哲学史?》,收入《三松堂全集》第11卷,第403页。

② 金岳霖:《审查报告二》,冯友兰:《三松堂全集》第2卷,第379—380页。

③ 《读梁漱溟先生的〈东西文化及其哲学〉》,《胡适文存二集》卷二。收入《胡适文集》第182—199页。

④ 有关冯友兰对梁漱溟的《东西文化及其哲学》一书的评论,参见其英文论文 Liang Shuming: Eastern and Western Cultures and their Philosophies,此文刊于哥伦比亚大学《哲学杂志》第19卷第22期。冯氏对梁书的反应与胡适有很大不同。参见蔡仲德:《冯友兰先生年谱初稿》,收有此文的中译文,郑州:河南人民出版社,2000年12月版,第58页。

⑤ 欧阳哲生主编:《傅斯年全集》第7卷,长沙:湖南教育出版社,2003年9月版,第38页。

⑥ 参见陈寅恪:《冯友兰〈中国哲学史〉上册审查报告》,收入《陈寅恪集·金明馆丛稿二编》,北京:三联书店,2001年7月版,第279—281页。此文虽明评(扬)冯友兰的《中国哲学史》,却暗寓有贬胡适的《中国哲学史大纲》之意。陈寅恪对胡适的中国古典小说考证评价很高,参见邓广铭:《在纪念陈寅恪教授国际学术讨论会闭幕式上的发言》,收入《邓广铭学术文化随笔》,北京:中国青年出版社,1998年4月版,第214页。

谢上帝,使得我们大汉的民族走这么健康的一路!)至多不过有从苏格拉底以前的,连柏拉图的都不尽有。……故如把后一时期,或别个民族的名词及方式去解决它,不是割离,便是添加。故不用任何后一时期印度的、西洋的名词和方式。"①说中国没有哲学(实际上是没有西方意义上的哲学),这并不是傅斯年的发明,西方学者早有此类观点,迄今这种观点仍持续不断。但强调依照中国"方术"的原形研治中国哲学史或中国思想史这样的论调,从傅斯年这样比较欧化的留学生口中发出,对胡适不能不产生震撼性的作用。当胡适的研究工作由上古移至中古,他所面对的是一个更为庞杂的思想系统,他显然感到以一种比较固定的西方哲学形式来处理这样一个庞杂的中国思想系统已不可能,故不如采取一种比较灵活、宽泛的办法来处理,这样给自己的写作以更大的空间,以便能反映丰富的中国思想史内容,这也许是他改写一部《中国思想史》的动机。实际上,20世纪30年代以后,随着中国哲学史研究的深入,中国哲学史研究的"思想史"色彩越来越浓厚,出现这样一种情形,一方面与中国哲学史自身的内容相关,即中国哲学本身相对于西方哲学来说,更注重对人生哲学和政治哲学的思考,在写作方式上也表现出更为随意、灵活的样式;一方面是近代中国的历史环境使然,近代中国的大思想家的思想和著述活动,往往构成时代思潮的中心,"要想在他们的思想和活动之外另找一个纯哲学的中心问题,那是不现实的,也是不可能的"②。胡适的特殊地位多少也受到这一限制。由于当时中国濒临深重的民族危机和政治危机,胡适的"中古思想史"写作也加大了政治思想史的篇幅,他特意将其中的第五章——"淮南王书"出版单行本,且在面见蒋介石时,将此书赠给蒋氏,以委婉地表达自己对现实政治的关切和不满,即是一例。

第三阶段从1937年到1962年去世,这时期胡适除了1946年7月至1949年4月在大陆,1958年至1962年2月在台北外,其他时间几乎全在欧美(主要是在美国)。由于工作、生活环境的变更,受众对象的改变,胡适的学术研究工作也受到了极大的影响,他这一阶段很少用中文撰写有关中国

---

① 《致胡适》,收入《傅斯年全集》第7卷,长沙:湖南教育出版社,2003年9月版,第38页。

② 冯友兰:《中国哲学史新编》第6册,北京:人民出版社,1989年1月版,第2页。

哲学史(思想史)方面的论著,留下的主要是一些英文论文或讲演稿,如《中国思想史纲要》(Chinese Thought,1942、1946)、《中国人思想中的不朽观念》(The Concept of Immortality in Chinese Thought,1945)、《中国传统中的自然法则》(The Natural Law in the Chinese Tradition,1951)、《佛教禅宗在中国:它的历史与方法》(Ch'an(Zen) Buddhism in China: Its History and Method,1952)、《古代亚洲世界的权威与自由》(Authority and Freedom in the Ancient Asian World,1954)、《古代中国思想中怀疑的权力》(The Right to Doubt in Ancient Chinese Thought,1954)、《杜威在中国》(John Dewey in China,1959)、《中国哲学里的科学精神与方法》(The Scientific Spirit and Method in Chinese Philosophy,1959)、《呼吁系统地调查多年散失在日本的唐代早期禅宗资料》(An Appeal for a Systematic in Japan for Long-Hidden T'ang Dynasty Source-Materials of the Early History of Zen Buddhism,1960)、《中国传统与将来》(The Chinese Tradition and the Future,1960)、《科学发展所需要的社会改革》(Social Changes and Science,1961)等。这些英文文章或向美国民众介绍中国哲学思想,或与美国学术界展开对话、辩论。在当时中国哲学界,像胡适这样在美国大量发表自己的英文作品,并产生了广泛影响者,可以说极其罕见。

与自己在国内发表的中文作品不同,胡适的英文作品较多地是向外国人正面介绍中国哲学(中国思想),或者反驳西方学者对中国文化的偏见,这表现了胡适的中国情怀的另一面,他在《中国哲学里的科学精神与方法》一文中根据中国哲学史,反驳了西方学者诺斯罗普(Filmer S. C. Northorp)所谓"东方人用的学说是根据由直觉得来的概念造成的,西方人用的学说是根据由假设得来的概念造成的"这种"东西二分的理论",认为其"是没有历史根据的,是不真实的",①即是一个实例。有趣的是,冯友兰在他的英文版《中国哲学简史》一书中,却接受了诺斯罗普以直接和假设的概念类型来区分中西哲学史的观点,以为他"抓住了中国哲学和西方哲学之间的根本区别"②。在英文世界,冯、胡对诺斯罗普的依违之差,与他们在中文世界处

---

① 胡适:《中国哲学里的科学精神与方法》,收入《胡适文集》第 12 册,第 396—421 页。
② 冯友兰:《中国哲学简史》,收入《三松堂全集》第 8 卷,郑州:河南人民出版社,1989 年 11 月版,第 22 页。

理中西文化的态度似乎交换了位置,产生这一情形的原因颇耐人寻味。

胡适一生只留下《先秦名学史》(The Development of Logical Method in Ancient China)、《中国的文艺复兴》(The Chinese Renaissance)两部英文著作,他原还有写作英文本《中国哲学史》的打算。胡适最早设想写作英文本《中国哲学史》的想法是在 1920 年 9 月,当时他考虑接受哥伦比亚大学邀请去该校任教,以便"作英译哲学史",① 后来哥大聘书果然来了,但胡适又改变这一主意。② 1927 年 1 月胡适来到美国,应邀在哥大中文系作过六次以"中国哲学中的六个时期"为题的英文演讲,获得了哥大师生的热烈反响,胡适遂计划利用这些讲稿,"预备将来修正作一本英文书",并称"我的《哲学史》上册,先作英文的《名学史》。今又先作英文的全部《哲学小史》,作我的《新哲学史》的稿子,也是有趣的偶合"③。遗憾的是,胡适为准备这些演讲所写的讲稿,今天仍不知存在何处。迄今出版的《胡适英文文存》和《胡适全集》都未见收入这些讲稿。这个想法一直延续到胡适的晚年,1944 年 11 月至 1945 年 5 月胡适在哈佛大学讲授"中国思想史",课程结束时,胡适亦曾打算将讲稿整理成书,他在 1945 年 5 月 21 日给王重民的信中说:"此间教课,每讲都有草稿,用'拍纸'写。夏间想整理成一部英文《中国思想史》。"④ 1950 年代初,胡适读到 1948 年由美国麦克米兰公司出版的冯友兰著英文本《中国哲学简史》(A Short History of Chinese Philosophy),颇感不快。⑤ 胡、冯两人先后在哥大留学,同学一个专业,又同治中国哲学史,故人们喜欢将他俩进行比较,两人又曾就老子的年代问题等学术问题展开过激辩,胡、冯两人似乎成为一对学术"冤家",在行家的眼里,冯友兰大有后来居上的势头。当胡适收到普林斯顿大学"Special Program in the Humanities"主席 Prof Whitney J. Oates 的来信,提名他为 Alfred Hodder Fellowship 之候选人时,他

---

① 参见胡适 1920 年 9 月 4 日日记,《胡适全集》第 29 册,合肥:安徽教育出版社,2003 年 9 月版,第 203 页。
② 《胡适全集》第 29 册,第 523 页。
③ 《胡适全集》第 30 册,第 481 页。
④ 《致王重民》,《胡适全集》第 25 册,第 135 页。
⑤ 参见 1950 年 1 月 5 日胡适日记:"前些时曾见冯友兰的 A Short History of Chinese Philosophy,实在太糟了。我应该赶快把《中国思想史》写完。"《胡适全集》第 34 册,第 5 页。

即打算"把《中国思想史》的英文简本写定付印"①。究竟是这一计划未付诸实现,还是胡适本人因另有其他工作而搁置,我们最终还是没有看到他的英文本《中国思想史》付梓,这大概是胡适晚年所抱憾的未能完成的两三部书之一吧!在英文世界里,我们今天看到的流行的介绍中国哲学的著作,仍然是冯友兰的《中国哲学简史》和《中国哲学史》德克·包德(Derk Bodde)的英译本。

胡适治中国哲学史(思想史),重视依据历史材料呈现历史原形,力求挖掘被压抑的异端思想和非正统学说,这是他的优长,这样一种讲究实证、崇尚自由的学风与着意表现道统和注重阐释义理的现代新儒家迥然不同。作为近现代中国思想文化史上的一代大师,胡适的中国哲学史研究在该学科亦占有十分重要的历史地位。他的《先秦名学史》是五四时期反对孔教运动的经典学术文献,他的《中国哲学史大纲》已被公认为中国哲学史研究范式的一次革命,他的中古思想史有关道家、佛教和儒家宗教化的精湛研究,他对以神会和尚为中心的禅宗史新材料的挖掘和考证,他在北大哲学系长期任教(1917年9月—1926年7月、1931年2月—1937年6月)所培养的一批又一批学生,这些工作都足以奠定他在中国哲学史学科的一代宗师地位。

三 胡适哲学成就的检讨

胡适的哲学成就无论是在输入欧美哲学方面,还是在中国哲学史研究方面,他的代表作都是在40岁以前就已完成。可以说,他的哲学著述相对早熟,像《先秦名学史》、《中国哲学史大纲》(卷上)、《实验主义》这几部代表作则更早,都是在30岁以前就已出版,胡适算得上是近代中国成名最早的哲学家了。

以胡适所受到的哲学训练和他具有的学养来说,他的一生应该留下一部更为完整、更为成熟的《中国哲学史》或《中国思想史》,甚或如他自己所计划的再写一部英文《中国哲学史》,可惜这些他都未能如愿完成,这多少

---

① 《胡适全集》第34册,第5页。

成为我们总结他一生哲学研究工作所深感遗憾之处。

限制胡适哲学研究的内在原因是他以汉学家的方法研治中国哲学史。梁启超综论清代学术,以胡适为殿军,称其"亦用清儒方法治学,有正统派遗风";①蔡元培为胡适《中国哲学史大纲》作序时称赞胡适"禀有'汉学'的遗传性";②冯友兰比较自己与胡适治中国哲学史的各自特点时,亦点明其中一点就是"汉学与宋学的不同",他批评胡适道:"他的书既有汉学的长处又有汉学的短处。长处是,对于文字的考证、训诂比较仔细;短处是,对于文字所表示的义理的了解、体会比较肤浅。宋学正是相反。它不注重文字的考证、训诂,而注重文字所表示的义理的了解、体会。"③话中寓含贬义,以为胡适的中国哲学史没有阐释,此说并不完全客观,但点明胡适的中国哲学史注重材料的考证,这一点并不为过。

胡适治中国哲学史的确首先看重史料的采用,他以为治中国哲学史"第一步须搜集史料,第二步须审定史料的真伪,第三步须把一切不可信的史料全行除去不用,第四步须把可靠的史料仔细整理一番:先把本子校勘完好,次把字句解释明白,最后又把各家的书贯串领会,使一家一家的学说,都成有条理有系统的哲学。做到这个地步,方才做到'述学'两个字。"④他反对甚或不采用未经考证的"存疑"的材料,以这样一种方法治中国哲学史,对学者所提出的要求自然很高,它需要学者从一个一个具体的问题研究入手,才可能构筑通论性的中国哲学史。胡适给自己规定的工作程序也是如此,先做"整理原料"性的"长编"和专题性的研究,在此基础上再写通史。⑤ 正是这一要求的限制,胡适治中国哲学史(思想史),需要从一个一个具体的专题研究着手,这自然是颇费时日,以至他终身未能完成一部通论性的中国哲学史。有些学者(如梁漱溟)或以为胡适不懂佛学,故没能写完中国哲学史,此说实不能成立。冯友兰曾明白承认自己的《中国哲学史》有两个弱

---

① 《梁启超论清学史二种·清代学术概论》,上海:复旦大学出版社,1985年9月版,第6页。
② 蔡元培:《中国古代哲学史》序,收入《胡适文集》第6册,第155页。
③ 冯友兰:《三松堂全集》第1卷,郑州:河南人民出版社,1985年9月版,第208页。
④ 胡适:《中国古代哲学史》第一篇"导言",收入《胡适文集》第6册,第183页。
⑤ 参见《台北商务印书馆影印本〈淮南王书〉序》,收入《胡适文集》第6册,第617页。

点:"第一点是,讲佛学失于肤浅。""第二点是,讲明清时代,失于简略。"①如以这两点来比较胡、冯,胡适可能还要占上风,尤其是对于中国的禅宗史研究,胡适本人还有不少发明。② 有些学者(包括冯友兰)则以为胡适治中国哲学史,过于强调考证,而忽略理解,劳思光甚至说:"胡先生写这部书有一个极大的缺点,就是,这部书中几乎完全没有'哲学'的成分。""我们如果着眼在中国哲学史的研究风气中,则我们固可以推重胡先生作品,承认它有开风气的功用,但若以哲学史著作应具的条件来衡度胡先生这部书本身的价值,则我们只能说,这部书不是'哲学史',只是一部'诸子杂考'一类考证之作。"③话中极尽讥讽之能事,它一方面表明哲学界的学风沿承"宋学"一路的学脉达到了巅峰,因而对胡适的开创之作表现出不屑的态度;一方面说明胡适的"汉学"特点和因这一特点所表现的拘谨,多少束缚了他对"义理"一面的极度挖掘。无论如何,由于胡适在学风上过于拘泥"汉学"的严谨,加上背负盛名的包袱,不敢随意铺陈通论性的中国哲学史,致使他一生未能如愿完成一部完整的《中国哲学史》或《中国思想史》,以致屡遭人诟病。

从学术环境来看,中国哲学界在 20 世纪 20 年代以后发生了极大的变化,1925 年 4 月中国哲学会成立,中国哲学工作者开始有了自己相互探讨、相互切磋的学术组织;1926 年清华大学创设哲学系,先后聘请金岳霖、冯友兰为系主任,他们以成为"一个东方的剑桥派"相标榜,这无异是在北大派之外别树一帜;1927 年瞿菊通、黄子通诸人创刊《哲学评论》,这是第一家专门性质的哲学刊物,它实际由冯友兰负责主编;1941 年中国哲学会西方哲学名著编译委员会成立,对西方哲学的译介被纳入科学化、组织化的管理;这些机构和组织的成立,对促进中国哲学的专业化建设有着极为重要的作用。但这些哲学界的新资源,由于胡适抗战时期长期出国在外而渐渐疏远,与冯友兰的关系则越来越密切,并逐渐成为以后者为代表的现代新儒家的

---

① 冯友兰:《三松堂自序》第五章"三十年代",收入《三松堂全集》第 1 卷,郑州:河南人民出版社,1985 年 9 月版,第 210 页。
② 有关胡适禅宗史研究的学术价值的评述,参见楼宇烈:《胡适禅史研究评议》,收入耿云志编:《胡适评传》,上海:上海古籍出版社,1999 年 7 月版,第 501—508 页。
③ 劳思光:《论中国哲学史之方法》,收入韦政通编:《中国思想史方法论文选集》,台北:大林出版社,1981 年版,第 176—177 页。

主要阵地。这对胡适来说,显然失去了其应有的与哲学专业人士对话的渠道。20世纪30年代以后的中国哲学界,或借助革命的风潮向左朝着马克思主义方向发展,或利用文化民族主义的传统资源向右向现代新儒家这一方向演变。胡适夹在二者中间,没有能够建构起自己的哲学理论体系,一味地继续念"实验主义"这本经,与他在政治上构筑的自由主义群体和在史学上形成的北大——史语所派相比,在哲学领域,他可以说是势不成军,相对孤立,故在他之后,实验主义几无传人。

本文为陈来主编《北大哲学门经典文粹》丛书所编《胡适选集》一书所写的"前言",收入中国文库第3辑《胡适选集》前言,长春:吉林人民出版社,2008年1月版。

拾壹　胡适与中美文化交流

谈到古代中印文化交流,人们会首先想到玄奘。说到中日文化交流,人们自然会想起鉴真。而要谈中美文化交流,胡适则不能不被置于重要的地位。

在西方国家中,美国立国时间较短,它与中国接触的时间也稍晚。近代以来,由于西方国家在现代化道路上先行一步,中西之间呈现出新的差距。中西之间的文化交流在相当长一段时间,主要是以西方文化影响中国为主。扫描美国文化对中国影响最巨者,哲学上当推实验主义,政治上则是民主思想,而这二者都与胡适的名字密不可分。应当说,胡适在中国传播的"美国经"并不只限于这些,对它们的成效,中国方面也有着不同的反应和评价。以中国这样一个处在社会转型期的国家来说,这是一种自然而正常的现象。另一方面,胡适在美国居留了相当长一段时间,他在美国除了完成学业外,还以其学者、外交官的身份进行了大量活动,他给美国人民解读"中国经",帮助他们理解中国,是美国人民最为信赖的中国朋友。

胡适在中美文化交流的双向影响中所发挥的中介作用,对中美两国都有相当的正面性。诚如 Hyman Kublin 教授所说:"胡适博士是被誉为现代中国的杰出学者、哲学家、教育家之一,他不仅在他的祖国而且在他曾经工作过数年的美国备受人们的称赞。"①遗憾的是,由于各种原因,20世纪的中美关系和中美文化交流曾经历了一段曲折、复杂的历史过程,胡适这一扮演过折冲樽俎的重角,其个人经历自然也深深打下了这一复杂关系的烙印。因此,研究胡适在中美文化交流中的遭遇,对于抱着善意要求发展中美关系

---

① Hu Shih, *The Chinese Renaissance*. Hyman Kublin, Introduction to the Second Edition. Paragon Book Reprint Corp. 1963. New York.

和中美文化交流的人们来说,也是一个值得解剖的标本。

一 胡适在美国

　　1910年8月16日,年仅18岁的胡适作为第二批清华庚款留学生踏上了其赴美留学的旅程。从此开始,一直到他1962年2月24日在台北逝世,在这52年的时间里,胡适共赴美9次,在美学习、生活、工作,计25年,可以说他成年后几乎有近一半的光阴是在美国度过,因此要研究胡适,不能不研究胡适的这一半。但在相当长一段时间,由于资料的限制,过去出版的数十种胡适传记、年谱对这一段都语焉不详,相关的研究论著也对这一问题缺乏系统的、深度的研究。近年来整理、公布的一些历史资料,①为这一问题的研究提供了诸多新的线索。

　　这里,我们先对胡适在美国的经历做一扼要回溯:

　　第一次:赴美留学。胡适于1910年8月16日从上海乘"支那号"(S. S. China)轮船赴美,9月初到达美国旧金山。② 先在绮色佳(Ithaca)的康乃尔大学习农科,1912年初转入文学院。1915年9月20日离开绮色佳,21日抵纽约进入哥伦比亚大学研究院,1917年6月14日离开绮城经加拿大温哥华乘船返国。历时六年零十月。关于胡适的留学情形和经历,《胡适留学日记》有较为详尽的纪录,胡适晚年所作的英文口述自传亦有近一半的篇幅

---

　　① 这方面的文献有:《胡适驻美大使期间来往电文选》,北京:中华书局,1978年3月版。《胡适来往书信选》(3册),北京:中华书局,1979年5月—1980年8月版。《胡适的日记》(2册),北京:中华书局,1982年版。《胡适的日记》(手稿本)18册,台北:远流出版公司,1990年版。耿云志主编:《胡适秘藏书信及遗稿》(42册),合肥:黄山书社,1994年12月版。周质平主编:《胡适英文文存》(3册),台北:远流出版公司,1995年5月版。周质平译著:《不思量自难忘——胡适给韦莲司的信》,台北:联经出版公司,1999年12月版。周谷著:《胡适、叶公超使美外交文件手稿》,台北:联经出版公司,2001年12月版。周质平编:《胡适未刊英文遗稿》,台北:联经出版公司,2001年版。

　　② 关于此次乘船赴美的情形,参见胡适:《追忆胡明复》,收入《胡适文存三集》卷九。赵元任在其《赵元任早年回忆》中亦有记载,参见赵新那、黄培云:《赵元任年谱》,北京:商务印书馆,1998年12月版,第58页。

述及这段历史。① 他留学的康乃尔大学、哥伦比亚大学至今还保存了他的一些与学业有关的档案。胡适晚年回忆这段历史时,特别提到这段生活经验对他成长的深刻影响:一、与各种不同种族和不同信仰(特别是基督教)人士的密切接触,这是他美国经验的一部分,也是他了解的美国生活方式。二、对美国政治的兴趣和对美国政治制度的研究,决定了他对民主政治的态度,也决定了他对政治的态度——不感兴趣的兴趣。三、对世界主义、和平主义和国际主义的信仰,使得他能从一个新的高度观察世界。四、在哥伦比亚大学接触到全美最有影响的一批文科教授,特别是杜威教授的授课,决定了他终身对实验主义的信奉。五、在治学方法上,他逐渐领悟中国清代的考据方法和西方历史学重证据的实证方法,基本上形成一套自己终身受用的治学方法。另外,在美国的数百次演讲,给了他一个训练口才的绝好机会,训练了一种不易在当时中国那种比较封闭的社会所具有的技能——演讲,这一点对他也十分重要,胡适利用演讲这一技能,很快在中国社会形成相当大的影响力。关于这段历史,人们过去颇具疑虑的是胡适与韦莲司的情爱关系,随着他俩来往书信的解密,近来的研究成果亦已揭开了这一关系的神秘面纱。②

第二次:1927年月1月11日—4月12日赴美访问。此次胡适是应邀赴英国参加庚款咨询委员会的会议,于1926年7月17日离京赴欧,先取道苏联,8月上旬到达伦敦,在英、法停留五月,于这年12月31日离英乘船去美国。1927年1月11日到达美国纽约,在美国停留三月,经日本回国。这次美国之行,胡适办理了他的博士学位手续(1927年3月21日注册),在哥伦比亚大学、哈佛大学、旧金山、波特兰(Portland)等处作了多场演讲。关于他的演讲行程安排,现在保留的部分胡适日记和他给韦莲司的信作了

---

① 参见唐德刚译注:《胡适口述自传》第三至八章,收入《胡适文集》第1册,北京大学出版社,1998年版。
② 关于胡适与韦莲司的情恋关系,参见周质平:《胡适与韦莲司——深情五十年》,台北:联经出版公司,1998年版。

交代。①

第三次:1933年6月底—10月7日到美、加访问。6月18日胡适从上海乘船出发,中经日本,6月底到达美国。7月12—14日,胡适应芝加哥大学贺司克讲座(Haskell Lectures)邀请到该校演讲"中国文化之趋向"(*Cultural Trends in China*),演讲分六讲,后结集为《中国的文艺复兴》(*The Chinese Renaissance*),由芝加哥大学出版。随即贺司克基金会主办了为期四天的"世界六大宗教"学术演讲会,胡适就儒教作了三次演讲:一、儒教与现代科学思想。二、儒教与社会经济问题。三、儒教的使命。② 8月14—28日出席在加拿大班福(Banff)举行的太平洋国际学会第五届常会。10月7日从加拿大温哥华与陈衡哲同行回国。此次访问美、加时间为三个多月。③

第四次:1936年7月14日由上海启程赴美国,中途在日本停留,7月24日到达檀香山,7月29日到达旧金山。④ 此次胡适是应邀出席在美国加州约瑟米岱(Yosemite)举行的第六次太平洋国际学会常会(8月12—29日),并发表了题为"中国的重建"(Reconstruction in China)的演讲,⑤会议选举胡适为太平洋国际学会副主席。⑥ 9月16—18日他代表北大、南开、中研院参加哈佛大学成立三百周年校庆活动,作了以"中国的印度化:文化借鉴的范

---

① 参见《胡适的日记》(手稿本)第6册,收有胡适1927年1月11日至2月5日的日记。周质平译《不思量自难忘——胡适给韦莲司的信》,台北:联经出版公司,1999年版。其中第90—97封亦写于此时。

② 这三次演讲收入 A. Eustace Haydonm:*Modern Trends in World—Religions*. University of Chicago Press, 1934. 袁同礼与 Eugene L. Delafield 合编《胡适西文著作目录》和周质平编:《胡适英文文存》、《胡适未刊英文遗稿》均漏收此文。此文的第三部分有徐高阮中译文,收入《胡适文集》第12册,第296—300页。

③ 关于此次胡适访美情形,参见《胡适的日记》(手稿本)第十一册1933年6月18日至10月13日日记,中间有缺。周质平编译《不思量自难忘——胡适给韦莲司的信》,台北:联经出版公司,1999年版。其中第100—114封写于此时。陈衡哲:《重访北美的几点感想》、《回到母校去》,两文收入《衡哲散文集》,石家庄:河北教育出版社,1994年版。

④ 胡颂平:《胡适之先生年谱长编初稿》第4册第1538页,将胡适到美日期定为"8月初旬",现据《胡适的日记》(手稿本)第13册当日日记订正。

⑤ *Asian Magazine*,1936—Nov. Vol. 36 No. 11, pp. 737—740. 收入周质平主编:《胡适英文文存》第2册,第657—660页。

⑥ 胡不归:《胡适之先生传》,收入《胡适传记三种》,第103页,合肥:安徽教育出版社,2002年3月版。

例研究"(The Indianization of China: A Case Study in Cultural Borrowing)为题的著名演讲①。随后曾在加拿大威里佩(Winnipeg)停留三天(10月下旬),11月6日离开旧金山。此行哈佛大学、南加州大学给胡适颁发了荣誉博士学位。② 在美停留时间三个月零九天。

第五次:1937年9月23日—1946年6月5日(中间1938年7月13日—9月28日前往欧洲访问)寓美。先作为国民政府的特使在美游说,1938年9月17日国民政府任命胡适为驻美大使,10月6日到馆视事,1942年9月8日卸任大使职务。随后离开华盛顿,闲居纽约东81街104号。1944年11月至1945年6月应哈佛大学之聘,讲授"中国思想史"课程。此次在美时间约八年零七月。美国先后有26所大学给胡适颁发荣誉博士学位,它们是:哥伦比亚大学、芝加哥大学、柏令马学院、宾夕法尼亚大学、韦斯理阳大学、杜克大学、克拉克大学、卜隆大学、耶鲁大学、联合学院、加州大学、佛蒙特州大学、森林湖学院、狄克森学院、密达堡学院、达脱茅斯大学、茅第纳逊大学、纽约州立大学、俄亥俄州立大学、罗却斯德大学、奥白林书院、威斯康星大学、妥尔陀大学、东北大学、普林斯顿大学、伯克纳尔大学。浏览这份名单,我们可以看到,它几乎囊括了美国所有最重要的大学。据说当时还有一些大学欲给胡适颁发荣誉博士学位,胡适因时间精力不济而婉拒前往领取的尚不在其列。这时期,胡适在全美各地的演讲次数之多,听众人数之广,在中国人中都是空前的,可以说这是胡适在美国最为风光的时期。③胡适与美国朝野上下,上至总统议长,下至平民百姓,都有广泛的接触,成为美国各界熟知的文化大使。由于活动频繁,以至积劳成疾,1939年12月胡

---

① *Independence, Convergence, and Borrowing in Institute, Thought, and Art.* Cambridge: Harvard College,1937. pp.219—247.

② 关于此次胡适访美情形,参见《胡适的日记》(影印本)第13册"第四次出国日记 July. 4.1936—Sept.21.1936"。周质平编译《不思量自难忘——胡适给韦莲司的信》第118—124封,台北:联经出版公司,1999年版。胡适:《太平洋国际之认识与感想》,载1936年12月12日北平《晨报》。胡适:《海外归来之感想》,载1937年1月1日《正风杂志》半月刊第3卷第10期。

③ 关于胡适任驻美大使的文章有:傅安明:《如沐春风二十年》,收入李又宁主编:《回忆胡适之先生文集》第1集,纽约:天外出版社,1997年版。张忠栋:《出使美国的再评价》,收入氏著《胡适五论》,台北:允晨义化实业股份有限公司,1987年版,第113—156页。

适因心脏病住院,达 77 天,因此又与一位看护他的护士哈德曼夫人(Mrs Virginia Davis Hartman)建立了亲密的关系。①

第六次:1949 年 4 月 21 日—1958 年 4 月 4 日寓居美国。1949 年 4 月 6 日胡适从上海登轮赴美,21 日抵达旧金山。1950 年 7 月 1 日受聘担任普林斯顿大学葛思德东方图书馆馆长,这所图书馆规模很小,胡适受聘担任这个职务,除了经济上的考虑,还有学术上的因素,因为这所图书馆保存了一些有价值的中国古书。尽管如此,1952 年 6 月 30 日校方终止了聘任他的合同。② 在这段期间,胡适两度短暂离美到台湾活动,第一次是 1952 年 11 月 19 日应台湾大学和台湾师范学院之邀,赴台讲学,1953 年 1 月 17 日离台返美,途经日本东京,1 月 23 日抵美。第二次是 1954 年 2 月 11 日离美返台参加"国大",4 月 8 日回到旧金山。这两次回台约四个月。此次在美寓居约八年零八个月。这期间美国的考尔开特大学、东莱蒙研究院授予胡适荣誉博士学位。胡适除了在葛思德东方图书馆工作的那一段时间有固定的收入外,其他则主要靠自己的稿费和积蓄维持生计。胡适在美国的这段日子可谓黯淡已极,大陆组织"胡适大批判",美国冷淡他,台湾顾不上他。这是胡适一生最潦倒的时期。当时,从中国去美国的各种人员颇多,一时形成新的移民热。胡适的一些朋友为自己的生计、出路着想,亦纷纷设法加入美国籍,胡适则没有这方面的打算。胡适在美国的这一段经历,说明他的个人命运仍摆脱不了他的中国身份给他带来的限制,这一点在他潦倒困顿之时表现得极为明显,对此他自己也承认。③

第七次:1958 年 6 月 18 日—11 月 3 日访问美国旧金山、纽约、华盛顿等地。9 月 5 日在华盛顿主持"中华教育文化基金会董事会"第 29 次会议,10 月 11、12 日曾在纽约召集"中研院"院士谈话。

第八次:1959 年 7 月 4 日—10 月 12 日访问美国。其中 7 月 4 日至 8 月

---

① 参见傅安明:《如沐春风二十年》,收入李又宁编:《回忆胡适之先生文集》第一集,纽约:天外出版社,1997 年版,第 17 页。关于胡先生与哈德曼夫人的亲密关系,傅安明先生亦曾与笔者谈及。

② 参见周质平:《胡适的暗澹岁月》,收入《胡适与韦莲司》,北京:北京大学出版社,1998 年版,第 205—234 页。

③ 胡适:《北大同学会欢迎会上讲话》,《胡适言论集》(乙编),台北:自由中国社,1953 年版。

1日应邀访问夏威夷大学,参加第三次"东西方哲学讨论会",提交论文《中国哲学里的科学精神与方法》,接受夏威夷大学所颁荣誉博士学位。随后去纽约活动。

第九次:1960年7月9日—10月18日赴美国参加中美学术合作会议(Sino-American Conference on Intellectual Cooperation)。7月10日胡适在西雅图华盛顿大学举行的"中美学术合作会议"开幕典礼上作题为"中国传统与将来"的著名演讲。此次在美停留三个月零十天。

实际上,胡适一生出国也就是这九次。其中第二次,胡适的朋友李大钊曾劝他在访问英、法以后,仍取道苏联回国,没想到胡适还是"往西走",经美国折返。① 在胡适九次旅美之行中,有三次时间较长,其中第一次是留美,为胡适学业成长最重要的阶段。第五次是担负国家的外交使命,胡适成为全美最有声誉、最具影响力、也是美国人最看好的中国人。第六次胡适居美时间虽长,却无所作为,这也是他打定主意去台湾的原因。②

考察胡适在美国的生活过程,我们可以发现:与其他旅美的中国学人相比,胡适有其个人的独特之处。首先,他既不像林语堂那样以撰写通俗读物为生,在中美之间从事一种大众化的文化工作;也不像赵元任、杨联陞那样,专注于本职的专业工作,完全是一个学院派的学者。胡适是一个兼济多重角色的学者。一般中国学人在美的活动主要以写作、教书或科研为主,这是一种职业化很强的工作。胡适除了这种职业化的活动以外,还有其他大量的社会活动,他的演讲活动之多,简直令人难以置信。胡适因演讲在美国而获得广泛的知名度,进入了所谓公众人物的行列。其次,胡适的活动范围不同于一般的学者,也非一般的政客、外交家所能比。他既与美国学术界有着广泛的联系,也与美国政界有着密切的关系,他基本上融入了美国主流社会,并能对其产生一定的影响。胡适一生获得35个荣誉博士学位,其中31个系美国高等学院颁发,这也说明美国知识界给予胡适高度评价。再次,胡

---

① 参见《漫游的感想》"四,往西走",收入《胡适文存三集》卷一。《胡适文集》第4册,第34—36页。

② 关于胡适欲定居台北的打算,参见胡适致赵元任信(1949年8月16日、1955年12月19日、1956年11月18日)。这些信均收入《胡适书信集》中、下册,北京:北京大学出版社,1996年9月版。

适在中美之间扮演着双重角色。一方面胡适属于在美的中国人,而非美籍华裔。胡适在美时间虽长,但他没有在美定居的打算,即使在50年代也是如此,这一点又多少反映了他本人无法改变的中国情结。① 他在美国的演讲内容和撰写文章大都与中国政治文化有关,基本上可以说他是以中华文化或中国人的代表这一身份出现。他以个人的才华、魅力和品德,赢得了美国公众对他的信赖和喜爱,被视为最诚实可信的中国人。一方面胡适在中国被视为美国文化的主要代言人,胡适不仅大力宣传美国经验,且直接参与决策中美文化交流,推荐中国学生、学者赴美交流。胡适因与美国主流社会接触密切,能准确把握美国社会的脉搏,故在中国这一方,他对美国的评介具有一定的权威性和客观性。这也是中国方面对胡适在美动向关注的原因。此外,40年代后期至50年代初期,大批中国人从大陆、港台来到美国,出现了中国人第二次移民热。与第一次移居美国的中国人都是劳工不同,二战后移居美国的中国人知识层次较高,胡适与这一群体的许多人都有着密切的私人关系,且成为他们心仪的一尊精神偶像。

二 近世传播美国文化第一人

胡适去美九次,每次美国之行,他都获得了某种灵感和激励,他将自己的见闻和思想收获报告国人,与他们分享美国经验,帮助国人追踪美国的最新动态。由于胡适在中国知识界的特殊地位,胡适的美国观自然就不仅仅是他个人的思想,而往往能产生一定的思想影响力,成为人们思考、观察美国的一个重要参照系,或一种可能性极大的选择。这对中国的现代化、中国的现实社会政治、中方处理中美关系的态度,都势必产生一定的作用。需要说明的是,胡适除了九次赴美以外,还两次去欧洲访问,多次路经日本,这些

---

① 1949年8月16日胡适致赵元任信,明确表示:"你们劝我在外教书,把家眷接来。此事我也仔细想过,但我不愿意久居外国。读了 White Book 之后,更不愿留在国外做教书生活。"收入《胡适书信集》中册,第1181页。1956年11月18日胡适致赵元任信,表示自己不愿留在美国教书的原因:一是不愿与外国学者"抢饭吃";二是美国的东方学学者政治倾向比较"进步",与他"隔教";三是自己年纪大了,积蓄在美使用不够;四是想去台北工作,完成自己的著述。收入《胡适书信集》下册,第1291页。

游历足以使他在同时代学人中,成为最具世界眼光的中国人。那么,胡适的美国观或他从美国取回的"经"到底是什么呢?

五四时期叱咤风云的新文化运动健将们多具外国教育背景,其中以留学日本居多,如陈独秀、周氏兄弟、钱玄同、李大钊等,这与 20 世纪初中国一度出现的留学日本热有关。从美国归来者甚少,胡适是这少数人中间的顶尖人物,自然成了美国文化的权威介绍者。有趣的是,胡适留美提出的"文学革命",在美国留学生中却极为孤立,仅得陈衡哲这样一位女同志的支持,反而是在国内被陈独秀所看好,带头为之力倡。

五四时期,胡适直接以美国为介绍题材的文章只有《美国的妇人》一篇,文中介绍了美国妇女"超于良妻贤母的人生观","自立"的观念,自由择偶的婚姻;美国妇女的教育,特别是男女同校的大学教育;美国妇女的政治活动,包括参与公共事业。文章还针对中国社会对美国婚姻关系的误解,特别解释了美国男女不婚不嫁和离婚夫妻多的社会现象。① 这篇文章在《新青年》上发表后,对当时的妇女解放运动产生了强烈的推动力。胡适还发表了一篇《大学开女禁的问题》,其中提出"大学当延聘有学问的女教授","大学当先收女子旁听生",②北京大学接受了胡适的建议,最早在中国大学招收了第一批女子旁听生,实行男女同校;延聘从美国留学归来的陈衡哲为北大的第一位女教授。

五四运动是一场思想解放运动,思想解放的哲学则是实验主义。而实验主义在中国的流传也与胡适密不可分。在杜威来华讲学前夕,胡适在《新青年》上发表了长文——《实验主义》,③这是一篇专业色彩较浓的哲学论文,也是在中国第一次系统介绍美国本土的哲学,它拉开了传播实验主义的序幕。实验主义的大师杜威先生来华讲学时,在北京一地的演讲主要由

---

① 胡适:《美国的妇人》,原载《新青年》1918 年 9 月 15 日第 5 卷第 3 号,收入《胡适文存》卷四。《胡适文集》第 2 册,第 490—502 页。
② 胡适:《大学开女禁的问题》,载《少年中国》1919 年 10 月 15 日第 1 卷第 4 期。收入《胡适文集》第 11 册,第 44—45 页。
③ 胡适:《实验主义》,原载《新青年》1919 年 4 月 15 日第 6 卷第 4 号。收入《胡适文存》卷二。《胡适文集》第 2 册,第 208—248 页。

胡适担任口译,并结集为《杜威的五大演讲》出版。① 杜威离开中国时,胡适又作《杜威先生与中国》一文,称:"自从中国与西洋文化接触以来,没有一个外国学者在中国思想界的影响有杜威先生这样大的。"②1922年9月5日胡适完成的《五十年来之世界哲学》,再一次辟专节介绍了"实验主义";并在第六节"晚近的两个支流"介绍了美国的新实证主义,如何尔特(E. B. Holt)、马文(W. T. Marvin)等。③ 在胡适之前,中国学术界介绍西洋哲学,有介绍英国哲学的,如严复;有介绍法国哲学的,如李石岑、张君劢;有介绍德国哲学的,如王国维;唯美国哲学独缺。介绍美国哲学,当推胡适为第一人。实验主义在中国的广泛传播与杜威来华巡回讲学有着相当大的关系,但胡适的助力也起了很大作用。对此蔡元培先生曾如是评价:

> 杜威在中国两年,到的地方不少,到处都有演讲。但是长期的学术演讲,只在北京、南京两处,北京又比较的久一点。在北京有五大演讲,都是胡适口译的……胡氏不但临时的介绍如此尽力,而且他平日关于哲学的著作,差不多全用杜威的方法,所以胡氏可算是介绍杜威学说上最有力的人。④

胡适在新文化运动中提出的最有影响力的思想主张,也深深地烙上了美国文化的痕迹。他所宣传的"易卜生主义",其实即是一种地道的美国个人主义人生哲学。以后他一直坚持个人主义是五四运动的精神,坚持个人主义是民主社会的基石,这也是基于他对一种美国式的现代精神的理解。

1920年代以后,中国知识界出现了两股颇具影响力的思潮:一派是与俄国十月革命有关的社会主义思潮,它否定欧美的资本主义制度,主张中国应"以俄为师"。一派是对新文化运动主流的反动,认为西方资本主义百病丛生,东方文明在精神文明方面可以补救其弊。此派或称为东方文化派,或称为本位文化派。对于前者,胡适虽存不同看法,但因与陈独秀、李大钊这

---

① 《杜威的五大演讲》,1922年北京《晨报》社版。
② 《杜威先生与中国》,收入《胡适文存》卷二。《胡适文集》第2册,第279页。
③ 《五十年来之世界哲学》,收入《胡适文存二集》卷二。《胡适文集》第3册,第280—293、296—303页。
④ 《五十年来中国之哲学》,《蔡元培全集》第4卷,北京:中华书局,1984年版,第363—364页。

些朋友的密切关系,多少受到它的一些影响。对于后者,胡适则毫不留情地予以反驳。胡适的这种态度反映在他第二次出国前夕发表的《我们对于西洋近代文明的态度》一文中,一方面他对文化保守主义把西洋文明看做是唯物的文明,物质文明与精神文明二分法的观点作了系统的批评;一方面他也承认"十九世纪以来,个人主义的趋势的流弊渐渐暴白于世了,资本主义之下的苦痛也渐渐明了。""社会主义的大运动现在还正在进行的时期,但他的成绩已很可观了。"①看得出来,社会主义作为新思潮的一部分,胡适在1926年6月写作此文时,仍持肯定的态度。

　　胡适第二次从美国访问回来,发表了两篇与美国有关的文章。一篇是《漫游的感想》,这篇文章借谈欧美之行,来谈国内所存在的问题,故文中处处是两相对比的描写,如说到美国是"摩托车的文明",即提到东方仍是"人力车的文明";述及"美国是不会有社会革命的,因为美国天天在社会革命之中",针对的则是国内在革命名义下所出现的"扰乱"。他提出"世间大的问题决不是一两个抽象名词所能完全包括的。最要紧的是事实"。"拿一个'资本主义'来抹杀一个现代国家,这种眼光究竟比张作霖、吴佩孚高明多少?"②这当然是对国内流行的反资本主义观点的商榷。显然,这篇文章的讨论对手不局限于保守的"东方文化派",而且包括新兴的社会主义者,胡适试图以自己的所见所闻表达一种与这两派不同意见的声音。这说明胡适思想的微妙变化。胡适已欲特立独行,在中国传播美国式的现代化发展道路。

　　人们常常喜欢引用胡适《欧游道中寄书》③来说明胡适对苏联社会主义实验的看法,这几封信是胡适途经苏联时所写,发表在《晨报副镌》时,还被编者冠以《新自由主义》的标题。④　不错,的确当时有不少的自由主义者对苏联的社会主义实验持同情的态度,对其经济上的成就亦表赞赏。胡适在

---

　　① 《我们对于西洋近代文明的态度》,收入《胡适文存》三集卷一。《胡适文集》第4册,第11页。
　　② 胡适:《漫游的感想》,收入《胡适文存三集》卷一。《胡适文集》第4册,第29—40页。
　　③ 胡适:《欧游道中寄书》,收入《胡适文存三集》卷一。《胡适文集》第4册,第41—50页。
　　④ 胡适:《新自由主义》,载《晨报副镌》1926年12月8日。

前面提到的《我们对于西洋近代文明的态度》和这篇文章中的一些议论亦表现了这种倾向。胡适在苏联访问时所写的日记也流露了这种心态。① 但他从美国回国后在《漫游的感想·往西走》一节中所表达的意见表明,他对美国的发展仍是有信心且很乐观的。一年后,他发表的《请大家来照照镜子》,借美国驻华使馆商务参赞安诺德先生所制的三张表,即"中国人口的分配表"、"中国和美国的经济状况、生产能力、工业状态的比较"、"美国在世界上占的地位",来说明"中国今日的三大根本问题":"第一,怎样赶成全国铁路的干线,使全国的各部分有一个最经济的交通机关。第二,怎样用教育及种种节省人力,帮助人力的机器,来增加个人生产的能力。第三,怎样养成个人对于保管事业的责任心。"② 亦可再次证明这一点,他试图从经济建设入手为人们思考中国问题提出一个新的具有建设意义的参考视角。

1930 年代,在欧洲,德国、意大利相继建立法西斯政权,苏联的社会主义实验也获得了相当的成功。在亚洲,日本帝国主义咄咄逼人,将战火由东北烧到华北。面对日本的侵略,中国的自由主义知识分子在策略上发生了争议,这反映在《独立评论》一刊所展开的民主与独裁的论争,即是择取苏俄模式,或德日模式,还是美国模式来建国的问题。胡适的朋友蒋廷黻、丁文江都主张中国建立苏俄式的革命独裁,以集中国力,统一人心。胡适不同意他们的观点,他写下的《建国问题引论》、《建国与专制》、《再论建国与专制》、《武力统一论》、《政治统一的途径》等文章,为民主政治辩护,其所凭又是美国民主政治的经验,这除了以他个人的政治信念作为底色外,还应与1933 年他的美国之行有关。在《欧游道中寄书》中,他还表示过"我们应当学德国;至少应该学日本。我们要想法子养成一点整齐严肃的气象"③。此时他完全排拒苏、德、日模式,他郑重表示:"我近年观察考虑的结果,深信英美式的民主政治是幼稚园的政治,而近十年中出现的新式独裁政治真是一种研究院的政治;前者是可以勉强企及的,而后者是很不容易轻试的。有

---

① 《胡适的日记 1926 年 7 月 17 日—8 月 20 日》,收入《胡适研究丛刊》第 2 辑,北京:中国青年出版社,1986 年 12 月版,第 335—351 页。
② 胡适:《请大家来照照镜子》,收入《胡适文存三集》卷一。《胡适文集》第 4 册,第 23 页。
③ 《欧游道中寄书》,《胡适文存三集》卷一。《胡适文集》第 4 册,第 44 页。

些幼稚民族,很早就有一种民主政治,毫不足奇怪。"①胡适还特别根据自己的经验来说明这一观点:

> 民主政治只要有选举资格的选人能好好的使用他们的公权:这种训练是不难的。(我在美国观察过两次大选举,许多次地方选举,看见许多知识程度很低的公民都能运用他们的选举权。)新式独裁政治不但需要一个很大的"智囊团"做总脑筋,还需要整百万的专家做耳目手足:这种需要是不容易供给的。苏联与意大利都不是容易学的。②

表现了对美国式民主政治的情有独钟。③

胡适第四次访美归来时,在他的谈话中,提出了两个引人注目的观点。一个是在教育方面,中国虽为五千年文明古国,但却没有一所40年历史的大学,胡适代表北大参加哈佛校庆,被大会排在419位(大会按各校成立日期排列),这对胡适触动很大。中国大学历史不长,"这固然由于政治经济不安定。然而一个学术机关的不能机关化,不能组织化,也是极大的原因"④。胡适以后在许多演讲中,都一再引用此例说明中国大学教育未能持续发展的问题。另一点是中日关系问题,各国参加太平洋学会的代表都关注这一问题,三年前胡适在大会上"谈到日人横行,竟无一人肯表同情"。故胡适在中日关系上也比较低调,以为国际形势尚不成熟。"迄至此次前往出席,形势大变,这就是一味侵略的结果。"胡适提请人们注意,"所以远东一旦有事,我们的敌人自己也会将他的敌人请来的"⑤。国际舆论的变化,对胡适是一大鼓舞,从此胡适由"低调俱乐部"转向对日的强硬态度。⑥

---

① 胡适:《一年来关于民主与独裁的讨论》,载《东方杂志》1935年1月1日第32卷第1号。收入《胡适文集》第11册,第509页。
② 胡适:《中国无独裁的必要与可能》,载《独立评论》1934年12月9日第130号。《胡适文集》第11册,第505页。
③ 有关胡适在30年代民主与独裁讨论中的情形,参见张忠栋:《胡适五论》"四、在动乱中坚持民主",台北:允晨文化实业股份有限公司,1987年5月版,第157—258页。
④ 胡适:《海外归来之感想》,载《正风杂志》半月刊1937年1月1日第3卷第10期。《胡适文集》第12册,第659—660页。
⑤ 同上书,第661页。
⑥ 有关30年代胡适对日态度的转变,参见耿云志:《七七事变后胡适对日态度的改变》,收入氏著《胡适新论》,长沙:湖南出版社,1996年5月版,第102—115页。

抗战时期胡适出使美国,此时胡适完全成为一个公众人物,与美国主流社会打成一片。对于这一阶段的胡适,人们一般将注意力集中于他的外交活动,而容易忽略他的政治思想,其实他对美国主流政治的观察有了进一步的认识,他开始力图建立自己的政治哲学,这反映在他的《工具主义的政治哲学》(The Political Philosophy of Instrumentalism, 1940)、《作为一种政治哲学的工具主义》(Instrumentalism as a Political Concept, 1941)《意识形态的冲突》(或译为《民主与极权的冲突》)(The Conflict of Ideologies, 1941)等文中,胡适已由一个单纯对民主政治的信奉者,上升到对自由主义政治理论的思索。在《民主与极权的冲突》一文中,他已意识到,民主与极权的冲突主要来自于两个方面:一是"急进革命的方法,与渐进改善的方法之冲突";二是"企图强迫划一,与重视自由发展的冲突"①。这篇文章已经包含胡适后期政治思想的所有线索,只是它的中译文直到 1949 年方出现在《自由中国》的创刊号上,才引起中文世界的注意。

　　第二次世界大战以后,世界很快进入新的冷战,中国的国共两党也陷入内战。世界局势和中国政局的变化影响到知识界,如何处理中国与苏、美的关系成为一个不仅与国家前途相关,且与个人命运关联至密的决定性问题。胡适结合国内外形势,写下了一系列时评政论,它们结集在《我们必须选择我们的方向》。这些文章系统地表达了他的自由主义思想,充分展现了他对一种美国式的民主政治的信念。即使在当时中国知识分子中,甚至具有自由主义思想的知识分子当中,像胡适这样对美国模式如此崇拜,以至迷恋的人并不多。著名社会学家费孝通根据一本美国人所写的分析美国人性格的书,写了一本读书札记——《美国人的性格》,此书分节在《观察》上连载,胡适读到第八节"负了气出的门"时,发现其中有两处"硬伤",一处是作者说丘吉尔"显然的歪曲了历史,即使没有歪曲,也不免是断章取义";一处是对著名哲学家怀特海先祖的名字 North 的解说。胡适以很严厉的语气指出了这两处小错是"两个大错",并严肃地劝告费"不可不多读一些美国人人知道的历史"②,也可看出他对美国问题的认真。

---

　　① 《民主与极权的冲突》,胡颂平:《胡适之先生年谱长编初稿》第 5 册,第 1739 页。
　　② 《关于美国人的性格》(通信),原载《观察》1947 年 9 月 20 日第 3 卷第 4 期,第 23 页。后来费孝通在该书重印时,采纳了胡适的意见,对这两处作了修改。参见费孝通:《美国与美国人》,北京:三联书店,1986 年 12 月版,第 197 页。

当时的中国自由主义者中有两种比较普遍的观点,一种观点认为美国在政治上民主,苏联是经济上民主,所谓"美国给人民一张选举票,苏联给人民一块面包"。胡适以为这"不是公允的比较论"。美国人民未尝没有面包,苏俄人民也未尝没有选举票。"但这两个世界的根本不同,正在那两张选举票的使用方式的根本不同。"①也就是政治的不同。胡适以两国选举投票的结果为例说明:"所谓'两个世界'的划分正在这自由与不自由,独立不独立,容忍与不容忍的划分。"②在谈到"用社会化的经济制度来提高生活程度"时,胡适还特别提到美、英的福利、均富政策,以为其经济制度辩护。他说:"我特别用'社会化的经济制度'一个名词,因为我要避掉'社会主义'一类的名词。'社会化的经济制度'就是要顾到社会大多数人民的利益的经济制度。最近几十年的世界历史有一个很明显的方向,就是无论在社会主义的国家,或在资本主义的国家,财政权已经不是私人的一种神圣不可侵犯的人权了。社会大多数人的利益是一切经济制度的基本条件。美国、英国号称资本主义的国家,但他们都有级进的所得税和遗产税。"③在中国,胡适大概是最早主张以每个国家的人民生活水平来考量、评估它的经济制度的好坏,而不是简单地在意识形态上拘泥于姓"社"姓"资"的问题。

另一种观点则认为,在世界两大阵营对峙的情形下,中国应该保持中立。胡适在《国际形势里的两个问题——给周鲠生先生的一封信》中,对这个问题作出了自己的回答。他说自己曾对苏俄"怀着很大的热望",他"总希望革命后的新俄国继续维持他早年宣布的反对帝国主义,反对侵略主义的立场","但是《雅尔达秘密协定》的消息,中苏条约的逼订,整个东三省的被拆洗,——这许多事件逼人而来。……我不能不承认这一大堆冷酷的事实,不能不抛弃我二十多年对'新俄'的梦想,不能不说苏俄已变成了一个很可怕的侵略势力。"④胡适与周鲠生在对待苏联的问题上可能早有歧见,他在1941年8月1日的日记中即写道:

---

① 胡适:《两种根本不同的政党》,收入《胡适的时论》一集,南京:六艺书局,1948年6月版。
② 胡适:《两种根本不同的政党》,收入《胡适的时论》一集。
③ 胡适:《眼前世界文化的趋向》,收入《胡适的时论》一集。
④ 胡适:《国际形势里的两个问题——给周鲠生先生的一封信》,收入《胡适的时论》一集。

> 读完了 *Darkness at Noon*。这部小说写一个苏俄革命老同志,被"刷新"而关在监里,受种种的拷问,终于自承种种罪名,并在公庭上宣布自己的罪状。结果还是枪毙了。作者很能体会这位共产党的心理,描写很有力量。我劝鲤生读此书。①

周鲤生(1889—1971),湖南长沙人。1913—1921 年,先后在英国爱丁堡大学、法国巴黎大学留学,获博士学位。回国后曾一度担任北大政治系教授、系主任,抗战时期赴美讲学,大概在这时他与胡适已在如何看待苏联这一问题上产生分歧,各执己见,谁也说服不了谁。1949 年后,周鲤生留在大陆,1956 年加入中国共产党,也就是在这一年,周以外交学会副会长身份访英,会见陈源时说,要胡适"应放眼看世界上的实在情形,不要将眼光拘于一地"②。这里的"一地"当然是指美国。胡、周两人相交甚密,却因为对待苏、美的观点不同,最后分道扬镳。

50 年代以后,胡适的活动空间主要在美国和台湾,由于台湾对美国的依附关系,美国对台湾的影响力也比过去大得多。在这样一种背景下,胡适宣传、介绍美国的力度也随之增大,他直接以美国为题材的演讲、文章、序言亦明显见多,可谓对美国政治、文化的推介不遗余力。涉及政治方面的即有:《五十年来的美国》(1953 年 1 月 5 日讲演)、《美国的民主制度》(1954 年 3 月 17 日讲演)、《〈司徒雷登回忆录〉导言》(Introduction to John Leighton Stuart's Fifty Years in China, 1954)、《述艾森豪总统的两个故事给蒋总统祝寿》(1956 年 10 月 21 日)、《美国选举的结果及其对参议院的影响》(1958 年 12 月 25 日讲演)、《纪念林肯的新意义》(1959 年 1 月 29 日讲演)、《读程天放先生的〈美国论〉后记》(1960 年 4 月 16 日)等。有关文化方面的有:《美国大学教育的革新者吉尔曼的贡献》(1954 年 3 月 26 日讲演)、《记美国医学教育与大学教育的改造者弗勒斯纳先生》(1959 年 11 月 9 日)、《美国如何成为世界学府》(1959 年 12 月 19 日讲演)、《终身做科学实验的爱迪生》(1960 年 2 月 11 日讲演)等。其意是介绍美国政治文化,希望在台湾落

---

① 参见胡适日记(1941 年 8 月 1 日),《胡适的日记》(手稿本)第 15 册,台北:远流出版公司,1990 年 12 月版。
② 陈漱渝:《飘零的落叶——胡适晚年在海外》,载《新文学史料》1991 年第 4 期。

实美国式的政治、教育制度,给蒋介石政权施加政治压力。这种倾向在他为蒋介石七十大寿所写的那篇《述艾森豪总统的两个故事给蒋总统祝寿》的文章中表露无遗,胡适为了表达自己对台湾政治现状的不满,要蒋介石学习艾森豪,做一个"无智、无能、无为"的"三无"总统。1960 年他以美国总统任期的惯例,反对蒋介石连任总统,并在"国大"代表主席团会议上讲 104 年无记名投票的历史与意义,其用意也是如此。民国时期主张民主政治最力者,前后有两位人物与蒋介石关系密切,一位是被蒋介石称为"国父"的孙中山先生,一位是想做蒋介石"诤友"的胡适,二人在树立民主政治理念时,都对美国政治制度有过悉心的研究。但他们在这方面的教导与军人出身的蒋介石均无缘。

从以上胡适宣传、介绍美国的言论中,我们看出胡适的工作,可归纳为两点:一是正面介绍美国,这里包括美国的民主制度、经济制度、实验主义,为中国现代化提供一个他亲身接触的样板,这是基于他本人的美国经验。一是为美国模式辩护,在与其他国家的现代化模式(主要是苏联模式)比较中,力主选择美国模式,这与他所处的国内外环境有关。

在 20 世纪上半期,美国已是世界上最强大的国家,这是举世公认且有数据可以证明的事实。但如何处理与这样一个强大国家的关系?则须看双方的互动情形。从中美两国来看,除了在两次世界大战结束时,中国人曾对美国有过短暂的好感外,美国的形象对中国人来说始终没有摆脱"列强"、"强权"、"帝国主义"的影子。美国将庚子赔款用于资助中国学生留美,美国在华兴办教育文化事业,这对改善美国在中国人心目中的形象,对中美两国的文化交流自然极有帮助,对中国人民直接认识、了解美国亦提供了一个有效渠道。但这毕竟只与少数知识分子有关。在中国与日本、俄国和美国的关系中,应当说与中国相邻的日本、俄国对中国威胁更大,事实上,也是这两个国家对中国造成了更为严重的危害。沙皇俄国从中国掠夺了 150 多万平方公里的土地,日本军国主义从《马关条约》后即与中国结下了不解之仇,但这两个国家因与中国相邻,也更容易施加它们的影响,在战略利益上它们将中国放在重要位置,甚至头等位置。它们的变革对中国一度都有过震撼性的影响,造成中国内部变革的急剧酝酿,以至出现了"以夷为师"、化敌为友的局面。美国则不然,它的战略利益在欧洲,因而其注意力也主要放在欧洲,它对中国投射的影响相对有限,在一些重要关头,它以牺牲中国的利益而求自保,这也伤害了中国人民的民族感情。就像它自身的改革方式一样,总是保持在温和的层面上,美国对中国的影响力有限,并常常被其他国家所抵消。对此,司徒雷登先生在反思美国对华政策时意味深长地说过一段话:"美国政府过去曾经几次卷入中国问题并作了妥协,非但没有哪一次对美国有利,而且每一次对中国有害。我记得 1917 年美国在《兰辛一石井协定》,1919 年在巴黎做出的在山东问题上对日本的让步,以及 1945 年在雅尔塔签订的'远东协定'这些明显的例子。"①司徒雷登所提的几次都是在历史的关键时刻,美国对中国利益的出卖以及它所作的害人又损己的选择,给中美关系带来了严重后果,对中国民族主义情绪也有强烈的刺激,胡适到 50 年代也认识到这一点。② 因此,他在中国传输美国经验,虽具有增强美国文化影响,促进中国现代化的动机,但毕竟无法改变这样的国际国内格局,这大概也是他在中国屡受挫折的原因之一吧。

三 宣传中国文化的特使

对中国人讲美国文化,反过来,对美国人则讲中国文化,这是胡适承担的另一个角色。胡适一生发表了大量英文作品,他逝世后,1963 年袁同礼和 Eugene L. Delafield 合编了一份《胡适西文著作目录》。③ 1992 年周质平先生也整理编辑了一份《胡适英文著作编年及分类目录》,④随后,他又将搜集到的单篇胡适英文作品编为三卷《胡适英文文存》出版。但可以肯定,这还不是胡适英文作品的全部,他在美国各地的英文演讲、英文来往书信散落在各处,⑤尚未能尽收其中。胡适英文作品按照体裁大致可分为:专著、论

---

① 〔美〕约翰·司徒雷登著、程宗家译:《在华五十年——司徒雷登回忆录》,北京:北京出版社,1982 年月 4 版,第 301 页。

② 参见 Hu Shih, *Introduction to Leighton Stuart's Fifty Years in China*, New York, Random House, 1954, pp. vii—ix.

③ 收入《中央研究院历史语言研究所集刊》第三十四本《故院长胡适之先生纪念论文集》。

④ 收入周质平:《胡适丛论》,台北:三民书局,1992 年 7 月版。

⑤ 据笔者所知,在台北胡适纪念馆、北京中国社科院近代史研究所、北京大学还保留了部分胡适英文手稿和英文来往书信,美国的报纸杂志亦应有胡适的文章或报道值得挖掘。

文、演讲、书评序跋和被译为英文的作品。就内容来说,则可分为如下几个方面:

首先,探讨中国古代哲学、宗教,以加深对中国传统文化的理解。

哲学是胡适的专业,有关中国哲学、宗教的英文作品在他的英文学术著述中所占比重也最大。

胡适的第一本英文专著,也就是他的博士论文——《先秦名学史》(The Development of the Logical Method In Ancient China),此书的英文版第一次于1922年在上海由亚东图书馆出版,1963年在美国纽约Paragon重印再版,1968年又重印了一次。这是一本以讨论中国先秦诸子逻辑哲学为对象的书籍。胡适期望它能"成为用中文以外的任何语言向西方介绍古代中国各伟大学派的第一本书"①。在书的导言中,胡适一方面表示:

> 就我自己来说,我认为非儒学派的恢复是绝对需要的,因为在这些学派中可望找到移植西方哲学和科学最佳成果的合适土壤。关于方法论问题,尤其是如此。如为反对独断主义和唯理主义而强调经验,在各方面的研究中充分地发展科学的方法,用历史的或者发展的观点看真理和道德,我认为这些都是西方现代哲学的最重要的贡献,都能在公元前五、四、三世纪中那些伟大的非儒学派中找到遥远而高度发展了的先驱。因此,新中国的责任是借鉴和借助于现代西哲学去研究这些久已被忽略了的本国的学派。如果用现代哲学去重新解释中国古代哲学,又用中国固有的哲学去解释现代哲学,这样,也只有这样,才能使中国的哲学家和哲学研究在运用思考与研究的新方法与工具时感到心安理得。②

另一方面,胡适也说明"我不想被误认为我之所以主张复兴中国古代哲学学派是由于我要求中国在发现那些方法和理论中的优先荣誉这一欲望所促成——那些方法和理论直至今天都被认为发源于西方。我最不赞成以此自傲。仅仅发明或发现在先,而没有后继的努力去改进或完善雏形的东西,那

---

① 《先秦名学史》"导论　逻辑与哲学",《胡适文集》第6册,第11页。
② 同上书,第11页。

只能是一件憾事,而不能引以为荣"①。我之所以长篇引述这段话,不仅因为它是胡适这部书一个理论上的动机,而且是他本人一生研究中国哲学史的指南。可见,胡适治中国哲学史从一开始就有中西结合、中西沟通的自觉。胡适接着撰写的《中国哲学史大纲》,系他在北大讲课时的讲义,一般人批评它的西方色彩太浓,吴稚晖、金岳霖等人甚至批评该书像一个美国人写的书,②其实它成书于《先秦名学史》之后,两书处理的题材、内容基本相同,只是《先秦名学史》当时还是一本未出版的英文著作,《中国哲学史大纲》反而先以中文著作行世,弄清了这两书之间的内在联系,对《中国哲学史大纲》遗留着前一书向美国人讲中国文化的痕迹也并不为怪。

二三十年代,胡适的英文学术论文主要有:《佛教对中国人宗教信仰生活的影响》(Buddhist Influence on Chinese Religious Life, 1925)、《儒教》(Confucianism, 1931)、《中国历史上的信仰与哲学》(Religion and Philosophy in Chinese History, 1931)、《中国禅宗的发展》(Development of Zen Buddhism in China, 1932)、《中国的印度化:文化借鉴的范例研究》(The Indianization of China: A Case Study in Cultural Borrowing, 1937)等。在内容上均偏重于佛教禅宗,在方法上亦借鉴了西方汉学的方法。

1940年代以后,胡适与中国文化相关的英文学术著述,明显以阐释中国文化的现代意义为主。这些论文包括《中国思想》(Chinese Thought, 1942)、《中国人思想中的不朽观念》(The Concept of Immortality in Chinese Thought, 1945)、《中国思想》(Chinese Thought, 1946)、《中国传统中的自然法》(The Natural Law in the Chinese Tradition, 1951)、《禅宗在中国:它的历史与方法》(Ch'an(Zen) Buddhism in China: Its History and Method, 1953)、《古代亚洲世界权威与自由的斗争》(Authority and Freedom in the Ancient Asian World, 1954)、《中国哲学里的科学精神与方法》(The Scientific Spirit and Method in Chinese Philosophy, 1959)、《中国传统与将来》(The Chinese

---

① 《先秦名学史》"导论 逻辑与哲学",《胡适文集》第6册,第11页。
② 参见金岳霖:《冯友兰〈中国哲学史〉审查报告》,《金岳霖学术论文选》,北京:中国社会科学出版社,1990年12月版,第281页。吴稚晖对胡适《中国哲学史大纲》的评价为"只有三分中国思想,却有七分美国思想"。参见周谷城:《蔡元培先生与北京大学》,收入《论蔡元培》,北京:旅游教育出版社,1989年4月版,第14页。

Tradition and the Future, 1960)等。这些论文大都是从现代意义的角度或现代性的高度对中国文化、思想内涵的价值作充分的肯定和挖掘。如在《中国思想》一文中，胡适分三个时期述说了中国思想的发展：

> 耶稣纪元前的一千年为上古时期，伟大的中古佛教及道教时代，以及一直通过了纪元后一千年的全部时间，都为中古时期。而近世这一时期则为中国理智复兴期；这一时期，远从第十世纪大规模的刊印书籍，以及第十一世纪、第十二世纪新孔子学派起来的时代起，一直延长到我们这个时代，每一时期，都占了将近千年的光景。①

胡适对上古时代的人文主义(Humanism)、理性主义(Rationalism)、自由精神(Spirit of freedom)，以及近世的"实事求是，莫作调人"的怀疑态度作了高度赞扬。在《中国传统中的自然法》一文中，胡适探讨的问题是"中国在其漫长的历史中是否形成了任何能够与我们所知的欧洲，特别是盎格鲁—撒克逊法律和宪法传统中的'自然法'或'自然的法则'相媲美的道德或法律概念？"他的回答是肯定的，胡适以老子、孔子、墨子、儒家经典(五经)为例讨论了"理"、"天理"的意义，他认为"在中国漫长的社会、政治思想史中是这样。研究者们可以从中发现一系列努力求助于更高的法则或权威的形异实同的方式"。他指出了求助于更高权威的五种形式，它们"与历史上西方世界求助于自然法和自然权利是基本相同的"②。

胡适在美国人面前对中国传统人文主义、自然法意识、怀疑意识的证明，并非是一种民族主义意识的简单显现，而是他对一个古老民族文明生命力的信心，是他对世界现代化理念的把握，这种信心将唤起美国人民对中国文化的尊重和重新认识。

其次，介绍中国新文化的现状，增加美国人民对中国进步事业的了解，特别是对中国现代文化发展进程的理解。胡适是新文化运动的主要代表，也是中国现代化的积极推动者，以历史见证人的姿态，介绍这方面的情形，是胡适义不容辞的使命。在这方面，他发表的论文、演讲不少，所尽的心力

---

① Hu Shih, Chinese Thought. *Asia Magazine*, Oct. 1942, Vol. 42. No. 10. p. 582.

② Hu Shih, The Natural Law in the Chinese Tradition. Edward F. Barrett, *Natural Law Institute Proceedings*. University of Notre Dame Press, 1953. Vol. 5. p. 123.

也较多。

短短几年内,"文学革命"蔚然成为一股不可阻挡的风潮,在国内教育界占据了主流地位,但外界对这一运动和它对中国文化的巨大影响仍知之甚少。五四时期,胡适就写下了《中国的一场文学革命》(A Literary Revolution in China,1919)、《1919 年的知识分子中国》(Intellectual China in 1919, 1919)、《文学革命在中国》(The Literary Revolution in China,1922)等文章,及时报道了这一运动的来龙去脉,这大概是新文化运动的主要代表人物当时向英语世界报道新文化运动的最早一批文章。

在阐释"文学革命"的过程中,胡适喜欢使用一个名词——"文艺复兴",这个名词并非胡适的发明,它是近代西方早已发明并使用的一个名词。胡适使用该词,意在说明中国文化通过自我的革新,完全拥有走上现代化之路的能力;以胡适的眼光看来,中国自宋以降在其内部即出现了一种"文艺复兴"的趋势。"五四"以来的新文化运动"也不过是这个一千年当中,中国文艺复兴的历史当中,一个潮流、一部分、一个时代、一个大时代里面的一个小时代"①。1926 年 11 月 9 日胡适在英国第一次公开以"文艺复兴在中国"(The Renaissance in China)②为题演讲;1931 年 10 月 21 日在杭州举行的第四届两年一度的太平洋国际学会,他再次发表以"文学的复兴"(Literary Renaissance)为题的演讲。1933 年 7 月胡适应邀到芝加哥大学比较宗教学系"哈斯克讲座"讲学,哈斯克基金是由卡罗琳·E.哈斯克夫人设立,旨在促进世界上处在不同文化、宗教背景下的民族的相互了解。该讲座认为"不论是作为一个中国文化复兴的阐释者,还是作为一个沟通不同种族和不同文化的文化大使。胡适教授都是理想的哈斯克讲座的讲演者。在文化上,他既属于东方,也属于西方"③。胡适的系列演讲结集出版,书名亦题"中国的文艺复兴",这是胡适在美国第一次出版自己的单行本著作。该书内容正如胡适在前言所说:它"首先是要描述中国文化的某些方面是如

---

① 参见胡适:《中国文艺复兴运动》,收入《胡适作品集》第 24 册,台北:远流出版公司,1988 年 9 月版,第 180 页。

② Hu Shih, The Renaissance in China. *Journal of Royal Institute of International Affairs*, 1926. Vol. 5. pp. 265—283.

③ Hu Shih, *The Chinese Renaissance*. Foreword. University of Chicago, 1934.

何发生变革的;其次,是要解释这些变革怎样采取其特殊的途径与方式"。"中国的文艺复兴正在变成一种现实。这一复兴的结晶看起来似乎使人觉得带着西方色彩。但剥开它的表层,你就可以看出,构成这个结晶的材料在本质上正是那个饱经风雨侵蚀而可以看得明白透彻的中国根柢——正是那个因为接触新世界的科学、民主、文明而复活起来的人文主义与理智主义的中国。"① 这本书的出版引起了美国读者的极大兴趣。Betty Drury 在一篇书评中如是评价道:

> 他的新书在简短的篇幅中蕴含了广博的内容。他以 110 页的篇幅提纲挈领地展示了整个中国历史。事实上,它是有关现代中国文化走向的有价值的研究,对国际上了解这一问题将极有帮助。②

1963 年纽约 Paragon 重印该书时,Brooklyn 学院的历史学教授 Hyman Kublin 回忆起初读此书时的情形:

> 二十五年前,那时我是波士顿大学的一名学生,我第一次读到胡适博士的《中国的文艺复兴》,我至今仍生动的记忆起被这本书唤起的知识的激情,这本只有一百多页的小册子所给予我有关正在中国发生的划时代的变化的丰富知识远远超过了从一打书和数百篇期刊论文中所学到的东西。③

胡适还积极向美国人民推介中国的文化艺术。1927 年著名京剧艺术家梅兰芳组团访美,胡适为介绍该团出访的书籍作序。④ 1943 年 1 月 15 日至 3 月 14 日在纽约市大都会艺术博物馆主办的现代中国绘图展,1943 年 5 月 24 日至 6 月 12 日在纽约现代艺术馆主办的王济远(Wang Chi-Yuan)绘图展,1943 年 5 月至 6 月在纽约 Bignou 美术馆主办的古代中国与现代欧洲

---

① Hu Shih, *The Chinese Renaissance*. Preface. University of Chicago 1934.
② The Chinese Renaissance Is Becoming a Reality, *The New York Times Book Review*, July 1, 1934.
③ Hu Shih, *The Chinese Renaissance*. Introduction to the Second Edition. Paragon Book Reprint Corp. 1963. New York.
④ Ernest K. Moy, Mei Lanfang: Chinese Drama. Hu Shih, Mei Lanfang and the Chinese Drama Being an Introduction to Mei Lanfang's American Tour in 1927. 此文目录收入袁同礼和 Eugene L. Delafield 编:《胡适西文著作目录》,笔者未见。

绘图展,1946年1月7日至2月4日在华盛顿艺术俱乐部主办的重庆张书旂教授画展,1954年10月10日至11月7日在印第安纳州印第安纳波里斯主办的凌叔华绘图展,胡适都出面为这些画展作介绍辞。杨步伟撰写的《中国饮食》在纽约出版时,胡适亦欣允为之作序。此外,胡适还有专文介绍孙中山、康有为、张伯苓等近代中国历史中的风云人物,赞扬他们对推动中国现代化所起的历史作用。

  第三,与美国学术界对话,澄清西方对中国文化历史一些流行的误解和偏见,以求得对中国人文传统的客观评估,这也是胡适关注的一个课题。

  早在1925年,胡适在《目前的汉学研究》(Sinology Research at the Present Time)一文中,就提到汉学研究的两种态度:一种是宣传的态度(propagandist attitude),它从成见出发,力图证明中国文化在许多方面优越于西方文化;一种是客观的态度(objective attitude),它仅仅以事实为依据,不管以事实研究得出的结论如何。① 胡适自然是取第二种态度。西方著名史学家韦尔士在《世界史纲》一书中认定中国文明在唐朝已达到顶点,近一千年停滞不前。这种观点在西方学术界有很大影响,胡适对此颇不以为然。1926年11月11日在英国剑桥大学演讲时,他从文学、哲学、宗教、科学研究方法等方面详细论述了唐以后的继续发展。② 同样的问题在美国也被提了出来,1927年2月26日在美国外交政策协会组织的一次题为"中国是前进还是倒退?"的午餐讨论会上,聚集了一千五百多听众,主席James G. McDonald 和胡适、Grover Clark、Dr. Stanlay K. Hornback 分别作了讲演。胡适在讲演中,介绍了五四时期的文学革命、白话文运动和思想革命,并认为"这场在中国的思想信仰革命与1911年的革命相比,是一场更为根本性的革命",辛亥革命"不过是一个政府的更换,一个朝代的更换",但是新文化运动却是一场广泛的知识改革,它影响了人们的思想信仰、社会生活、家庭习俗和

---

  ① Hu Shih, Sinological Research at the Present Time. Peking:Peking leader Press,1925. 收入周质平主编:《胡适英文文存》第1册,第177—183页。
  ② Hu Shih, Has China Remained Stationary During the Last Thousand Years? *The Promotion of Closer Cultural Ties Between China and Great Britain*. London:The Universities China Committee. 1926. 收入周质平主编:《胡适英文文存》第1册,第221—224页。

学者们的基本态度。① 胡适也介绍了孙中山领导的国民党和孙中山先生的基本思想,包括三民主义、五权宪法和知难行易的哲学等等,一般认为孙中山领导的国民革命受到了布尔什维克的影响,而在胡适看来,中国的前途究竟是进步还是倒退,则取决于中国是受到盎格鲁—撒克逊民族的民主传统影响,还是受到苏俄的极权主义的理想的影响。②

对这个问题的探讨似乎长期缠绕着胡适,直到晚年他在美国讲演《中国传统与将来》时仍然以此作为一个问题来讨论,他坚持"不要把中国传统当作一个一成不变的东西看,要把这个传统当作一长串重大的历史变动进化的最高结果看",胡适将中国传统的发展分为六个阶段:一、上古的"中国教时代";二、中国固有哲学思想的"经典时代";三、秦朝以后的历史的大进化;四、佛教传入引起的一场革命;五、对佛教的一连串反抗;六、中国的文艺复兴。他深信,"那个'人本主义与理智主义的中国'的传统没有毁灭,而且无论如何没有人能毁灭"③。

与对中国人文传统的偏见相联,西方学者有的认为(如 Prof. W. H. Sheldon)东方没有产生自然科学。有的认为(如 Prof. Filmer S. C. Northrop)东方很少有超过最浅近最初步的自然史式的知识的科学。针对这些观点,尤其是诺斯罗普教授的观点,1959 年 7 月胡适在夏威夷大学第三届东西方哲学家会议上发表了题为"中国哲学里的科学精神与方法"的演讲,他确认"古代中国的知识遗产里确有一个'苏格拉底传统'。自由问答、自由讨论、独立思想、怀疑、热心而冷静的求知,都是儒家的传统"④。还有考据学中"严格的靠证据思想,靠证据研究的传统,大胆的怀疑与小心的求证的传统"⑤。

一些美国学者撰写的汉学著作凭空议论,十分粗糙。胡适对这类出版物毫不留情地给予批评。如约翰·德·弗兰西斯(John De Francis)撰写的

---

① Hu Shih, Forward or Backward in China. Peking: Peking Leader Press, 1927. 收入周质平主编:《胡适英文文存》第 1 册,第 235—242 页。
② 同上。
③ 胡适:《中国传统与将来》,收入《胡适文集》第 12 册,第 197—210 页。
④ 胡适:《中国哲学里的科学精神与方法》,收入《胡适文集》第 12 册,第 401 页。
⑤ 同上书,第 421 页。

《中国民族主义与语言改革》(Nationalism and Language Reform in China)一书,得出"语言改革运动和中国的民族主义运动紧密联系在一起"的结论,并在具体史实上杜撰胡适对自己提倡的白话文感到怀疑的细节,胡适不得不据理起而驳斥,在《美国历史评论》上发表书评指出:"在中国所有的语言改革,无论是白话文运动也好,提倡拼音也好,无一不是由国际主义者(包括无政府主义和共产主义者)来领导。"①另一位美国学者罗伯特·培恩(Robert Payne)在《毛泽东:红色中国的统治者》一书中,根据毛泽东、蒋介石两人签字字形的比较,即得出毛胜蒋败的结论。胡适指出这样的研究"荒诞"、"离奇"、"荒唐"、"胡说八道",是"对中国语言和中国历史的无知"②。

在胡适对西方汉学界评介文章中,也有一篇例外,这就是他为《清代名人传略》所写的前言,此书由恒慕义先生主编,中国学者房兆楹夫妇为其助手,经九年努力完成。在为此书所作的序中,胡适表示:"它是目前可以看到的关于近三百年中国历史的最翔实最优秀的一部著作。""谨对编者和五十余位作者在中国历史和人物传记方面的第一次国际合作研究获得巨大成功表示祝贺。"③他称赞了该书在选题、翻译和编辑方面的"工作量确实大得惊人"。

第四,评介中国与世界的时事动态,宣传中国人民抵抗日本侵略的正义性,争取美国人民的同情和支持,以形成中美结盟共同反对日本法西斯的国际统一战线。

胡适在美国触及中国政治,主要有三段时间。一段是在民国初年,这是他自动投入,他谈论的主题是宣传辛亥革命。当时他到处演讲,成为留学生中的演讲明星。第二段时间是在抗日战争时期,他担负着国民政府的外交使命,胡适这时不仅是谈政治,且是在干政治,而其介入政治的目的主要是推动美国支持中国抗战。第三段是在50年代,这时国民党退至台湾,胡适介入政治的话题是检讨美国的对华政策。与前两段到处演讲不同,此时胡

---

① 收入周质平主编:《胡适英文文存》第3册,第897—899页。
② Hu Shih, My Former Student, Mao Tse-tung. *Freeman*, July 2,1951.
③ *Eminent Chinese of the Ch'ing Period*,1644—1912. Washington DC,1943, pp. v,vii.

适闭门不出,演讲活动亦大为减少。从胡适自身的政治地位看,抗战时期他负命赴美这一段最值得注意。

"七七事变"以后,胡适负命欧美做外交工作,"正是美国新中立法成为法令的第三个月,胡先生到任时正是美国孤立和平政策盛行之时"①,"美国人对亚洲战争最初的反应,反映了深刻的中立主义及和平主义情绪,由于世界未能阻止日本人入侵'满洲',令人大失所望,中立主义、和平主义情绪笼罩全美国"②。胡适面对这一严重形势,一方面在美国政府中活动,力争其对中立法的修订;一方面演说造势。据他身边的秘书傅安明先生回忆,"胡先生在美演说可分为三类:第一类是把中国抗战比喻为美国独立革命时期的苦斗,希望美国援华,一如当年法国之援美","第二类是在1939年9月欧战全面爆发时,他的演说在强调中国绝对不会对日妥协,并指出中国抗战和欧洲战事密不可分","第三类强调中国是为全球民主而战"③。

应当说,这时期胡适发表的演讲,不仅发挥了他的演讲口才之长,且展示了他作为一个现代学者的才识和修养,更重要的是他知道如何利用自己通晓的美国人民习惯的方式调动他们的情绪,这使得日本驻美使馆人员大为恼火。这时期,胡适发表的著名讲演有:《日本在中国之侵略战》、《中国抗战的展望》、《我们还要作战下去》、《伟大的同情心》、《中国目前的情势》、《中国和日本的西化》、《民主中国的历史基础》、《中国为一个作战的盟邦》、《中国抗战也是要保卫一种生活方式》等。如为了说明中国的国家性质是有别于日本军国主义的民主国家,胡适列举了中国发展现代民主制度所具的历史基础,它们主要体现在:

第一,一个彻底民主化的社会结构;第二,2000年客观的、竞争性的官吏考试甄选制度;第三,政府创立其自身"反对面"的制度和监察制度。④

---

① 傅安明:《如沐春风二十年》,收入李又宁主编:《回忆胡适之先生》第1集,纽约:天外出版社,1997年5月出版,第11页。
② 〔美〕孔华润著,张静尔译:《美国对中国的反应——中美关系的历史剖析》,上海:复旦大学出版社,1997年第2版,第125页。
③ 傅安明:《如沐春风二十年》,收入李又宁主编:《回忆胡适之先生》第1集,纽约:天外出版社,1997年5月出版,第19页。
④ Hu Shih, *Historical Foundation for a Democratic China*. Edmund J. James Lectures on Government: Second Series. Urbana: University of Illinois Press, 1941, p.1.

胡适还对比了中日两国文化的历史差别。他列举了六条"有关中国民主基础思想形成的哲学基础",一、"以'无为而治'的黄老治术为最高政治形态",二、"墨家的兼爱精神",三、"本着'人皆可教'的原则,产生了社会不分阶级的理想",四、"中国具有言论自由,及政治上采纳坦诚谏奏的悠久传统",五、"人民在国家生活中,占极重要地位",六、"均产的社会思想"。中国历史有三个特点:"(一)中国在两千年前,即已废弃封建制度,成为一个统一的大帝国。""(二)两千一百年来,中国发展成为一个几乎没有阶级的社会组织。""(三)中国在权威鼎盛时期,也从不鼓励武力侵略,而且一向厌弃战争,谴责帝国主义的领土扩张行为。"而"日本历史,在政治组织上,一直是极权统治;在学术上,是愚民教育;在教育上,是军事化训练;其抱负则是帝国主义的思想"①。胡适这些千方百计地将中国并入民主国家行列的言论,与他在国内要求民主、自由,反抗独裁的政治主张似相矛盾。但在抗战这样一个特殊的历史时刻,胡适为博得美国公众的理解,他不得不采取一种能与现行美国意识形态相适应的宣传方式,介绍中国的文化历史,以取得最好的造势效果。

分析胡适的英文作品,我们不难看出,胡适对中国文化历史评介的视角与他的中文作品有很大调整,这就是他更多的是从正面的角度介绍中国的文化历史,而不像他在中文作品中,比较多的是批评传统文化的缺陷、民族性格的劣根。胡适虽从未说明他何以要作这样的调整,但从他的对话对象变化,我们不难体悟,这里既有民族自尊心的情结,有历史主义的态度,还有沟通中西方之间的良苦用心。一个拥有优越感的民族不可能平等地对待异族文化,因而也不可能进行平等的文化交流。而非平等的文化交流,往往以伤害对方为代价。中国曾以这种方式蔑视西方文化,西方随之又以这样一种方式粗暴对待中国,胡适处在西方傲视中国的环境里,他不能不谨慎而机智地寻求一种平等沟通中美文化的方式,一种能够使美国人民接受和理解的方式。

---

① Hu Shih, *China Too is Fighting to Defend a Way of Life*. San Francisco: The Grabborn Press,1942.有张为麟中译文小册子,台北:胡适纪念馆,1972年2月出版。

四　结语：以胡适为例看中美文化交流的历史经验

1959年11月30胡适在美国远东文化会议的餐会上谈到"文化交流的感想"这个主题时，承认自己"是早期中美文化交流的受惠者"，他谈到自己的三点感受：一、致力于理解对方。二、理解对方的最好办法就是深入社会，学习它的文化优点。三、长期的在外国学习才能有机会深入了解该国的一切。① 这可以说是胡适的切身体会。他从中美文化交流获得种种益处，在充实自身的同时，他又做出更大的回馈。从这个意义上说，胡适是中美文化交流成功的一个标本、一个中美文化结合孕育的文化巨人。

整体评估近现代中美文化交流的历史，有其相当成功的地方。从美国归来的留学生在中国教育界、科学界举足轻重，其中一部分人走上了领导者的岗位。他们以自由、民主为政治理想，对中国与世界的关系持一种开放的姿态，在中美之间架起一座理解的桥梁，以所学之长报效祖国，全力推动中国的现代化。另一方面，他们中的一部分人或申请加入美国籍，或长期居住美国，成为美国文化的一部分，对所在国做出了自己的贡献，这又极大地丰富了美国文化，成为美国丰富多彩的多元文化的一部分。可以说，中美文化交流构成了我们这个时代世界文化绚丽灿烂的图景的一个篇章。

毋庸讳言，中美文化交流也出现过一些波折。中国是一个历史悠久的最大发展中国家，美国是世界上最强大的发达国家，要在两者之间沟通并不是一件容易的事！中国作为美国文化的受众，主要承受来自于美国的影响，但这一影响的接受也是在中国各种力量的较量中进行，接受什么、吸收什么很大程度取决于中国的社会文化背景，取决于美国经验与中国文化传统相容的程度。美国作为世界第一强国，在文化上拥有天然的优越感，它往往关心的是美国文化、美国价值的输出，而对中国文化、中国价值容易视而不见，或有意无意地贬低。胡适看到这一点，他在中国介绍美国经验，为中国现代化提供样板，反对将美国"妖魔化"；同时在美国希望通过解读中国文化的

---

① 胡颂平：《胡适之先生年谱长编初稿》第8册，台北：联经出版公司，1990年版，第3082页。

现代意义,来提升中国文化在美国人心目中的地位,以化解美国人对中国文化所存的偏见,在中美之间建立一种平等、正常的交往关系。

探讨胡适与中美文化交流这一个案,胡适说过的一段话仍值得我们深思,也值得我们记取。在文化交流中,"吸取什么,如何利用所吸取的东西,从所吸取的东西中又会产生出什么来——这都决定于种族的、文化的核心,即决定于受容的人民。受容的人民,是一切事物的量度器,并且从长远看,还是一切事物的最佳评判者"。"只要有必要的接触、比较、评判的自由,只要有必要的提倡、接受、拒绝的自由,那就会产生出真正的'有选择的吸收'——这是唯一可取而且持久的有选择的文化吸收。"[1]我相信,只要保持和增加中美文化交流的趋势,时间就会对两国人民有利,在交流接触中遇到的矛盾和障碍,通过两国人民的共同努力也必将克服。

本文为作者2000年10月应邀参加在纽约举行的"华族对美国的贡献"国际学术研讨会提交的论文,载《现代中国》第3辑,武汉:湖北教育出版社,2003年5月版。英译文载 *Chinese Studies in History*, Winter 2008—2009 Vol. 42, No. 2.

---

[1] Hu Shih, The Exchange of Ideas Between the Occident and the Orient: A Case Study in Cultural Diffusion, *Contemporary China*, Nov. 3, 1941, Vol. 1, No. 12, pp. 3—4.

拾贰　中国的文艺复兴

——胡适以中国文化为题材的英文作品解析

近代以降,中西文化交流进入一个新的阶段,双边的文化互动以前所未有的规模展开。一方面,西方文化潮水般地涌向中国,其途径或经西方人士直接传输,或由中国知识分子自觉吸收、译介。一方面,中国文化亦被引入西方,承担这一工作的除了西方的传教士、汉学家外,中国少数知识分子在其中亦扮演了重要角色。西方文化凭借其各方面的优势,在这一双向交流过程中处在强势地位。中国文化则以其深厚的文化底蕴和丰富的文化资源,同样对西方具有不可抗拒的魅力。向西方世界传播中国文化,不仅需要具备良好的中国文化素养,而且要求传输者本身拥有相当的西学背景(包括使用西方语言的能力和西方文化素养),故有能力承担这样一种角色的中国学人可以说是寥若晨星,在这份罕见的名单中,除了已有专著论述的辜鸿铭、林语堂这两位大家外,胡适应属缺乏研讨的一位大师。

胡适英文写作、演讲能力俱佳,英文著述宏富。他的英文作品除了少数是以西方文化为讨论对象外,大部分作品的主题是中国文化(包括中国思想、中国哲学和中国宗教),它们表现了胡适在异域的中国文化情怀。向中国人传播西方文化,向西方人宣传中国文化,这是胡适在中、英文语境里扮演的双重角色。胡适在前一方面的工作已广为国人所知,在后一方面所做的工作则鲜见人论述,其中一个重要原因是搜集胡适英文作品实为不易。最早从事胡适英文作品搜集工作的是美国人尤金·L. 德拉菲尔德(Eugene L. Delafield)和袁同礼先生,1956 年 12 月出版的《中央研究院历史语言研究所集刊》第 28 本《庆祝胡适先生六十五岁论文集》下册载有他俩合编的《胡适先生著作目录》(中、西文),这大概是最早出现的胡适西文著作目录。1962 年 12 月出版的《中研院史语所集刊》第 34 本《故院长胡适先生纪念论文集》下册再次刊登他俩整理的《胡适西文著作目录》，共收文237篇。以后，胡颂平在其撰写的《胡适之先生年谱长编初稿》书后附录《胡适之先生著作目录》(台北：联经出版公司，1984年版)，内有"西文部分"；美国普林斯顿大学东亚系教授周质平撰著的《胡适丛论》(台北：三民书店，1992年版)书后亦附录一份《胡适英文著作编年及分类目录》，胡、周使用的目录仍为尤金·L.德拉菲尔德和袁同礼此前在《中研院史语所集刊》所刊的目录。1995年台北远流出版公司出版了周质平先生主编的《胡适英文文存》(3册)，内收胡适英文作品147篇，这是我们首次见到系统整理的胡适英文作品集。胡适的两部单行本英文著作：*The Development of the Logical Method in Ancient China*(《先秦名学史》)和 *The Chinese Renaissance*(《中国的文艺复兴》)，因较为流行，编者未予收入。接着，周先生又编辑整理了《胡适未刊英文遗稿》(台北：联经出版公司，2001年版)，增补胡适英文作品66篇；将胡适给他的美国女友韦莲司的英文信译成中文，结集为《不思量自难忘——胡适给韦莲司的信》(台北：联经出版公司，1999年版)，收入胡适致韦莲司信175通。2003年9月安徽教育出版社出版的《胡适全集·英文著述》第35—39卷(周质平、韩荣芳整理)，收文239篇；第40—41卷《英文信函》(韩荣芳整理)，收函844通。这是胡适英文作品收文数量最多的一次结集。不过，这还不是胡适英文作品、书信的全部①。尽管如此，已经整理

---

① 据笔者所知，漏收或未查获的胡适英文作品，主要有五类：一是胡适发表在美国报刊中的作品，如《胡适留学日记》卷十五提到的"Review of Prof. B. K. Sarkar's Chinese Religion through Hinda Eyes(登 *The Hindusthanee Student*. Nov. 1916), A Documentary History of the Recent Monarchical Movement in China(登 *The Journal of Race Development*)."参见《胡适全集·日记(1915—1917)》第28册，合肥：安徽教育出版社，2003年版，第493页。胡适发表在 The *Chinese Students' Monthly*(《中国留美学生月报》)上的作品亦未见收。二是美国报刊刊载的有关胡适发表英文演讲的报道，这类报道尤以抗日战争时期为多。三是胡适在美国各大学讲学的文字。如1927年2月胡适在哥伦比亚大学讲演"中国哲学中的六个时期"(6次)、1943年10月胡适在哈佛大学为美国陆军训练班所作关于中国历史文化(The Historical Culture of China)的演讲(6次)。1944年11月至1945年6月在哈佛大学讲授"中国思想史"课程。1945年冬季在哥伦比亚大学讲授"中国思想史"课程。1956年在加利福尼亚大学以"中国的文艺复兴运动"为题所作的演讲(10次)。这些演讲稿或记录稿，今均未见出版。四是胡适的英文书信，特别是1949年以后胡适的英文书信，这些信件现在大都保存在台北胡适纪念馆。五是未刊的胡适英文遗稿，这些手稿原件主要保存在台北胡适纪念馆、中国社会科学院近代史研究所和北京大学图书馆等处。

出版的胡适英文著述、信函，为我们研究胡适在中美文化交流史上的作用，毕竟已提供了基本的文献材料，这就使得以胡适的英文作品为研究对象，解剖其在中美文化交流史上的历史经验成为可能。

尤金·L. 德拉菲尔德和袁同礼将胡适已发表的英文作品按体裁分为七类：书(Books)，散见于各书的著作(Articles Forming parts of books)，小册子(Pamphlets)，期刊论文(Periodical article)，书评(Book reviews)，引言、前言、序言(Introductions, Forewords and Prefaces)，讲演、报告、评论(Addresses, Statements, Comments)。未刊的遗稿尚未计入其内。如就胡适英文作品的内容看，主要涉及有：一、关于中国历史、文化、哲学、宗教及其中西文化关系。二、时评政论。三、关于西方文化、思想的介绍和评论。在这三类作品中，以第一、二类为主。即使在第二类作品中，也常常包含了关于中国文化的评论或介绍。胡适英文作品内容的这一特点，反映了他本人作为一个专业中国思想史研究者身份的特质。因此，我们讨论胡适以中国文化为题材的英文作品实有必要①。这里我想就胡适以中国文化为题材的英文作品涉及的几个主要问题加以讨论，以显现胡适英文作品给我们带来的新信息。

一 博士论文背后隐藏的较量

关于胡适在留美时期对国内孔教运动的观察及其意见，已有相关研究论及②。但有关胡适的第一本英文专著，也就是他的博士论文《先秦名学

---

① 有关这一问题的论著现有周质平：《胡适英文著作中的中国文化》，收入氏著《胡适与中国现代思潮》，南京：南京大学出版社，2002年9月版，第250—286页。周文主要探讨了胡适中、英文作品表述、观点的差异。殷志鹏：《赫贞江畔读胡适》第七章"胡适的英文训练与发表能力——读《胡适英文文存》"，台北：国家出版社，2005年8月版，第133—170页。殷文主要展现了胡适发表英文作品的能力及水平。

② 参见拙作《胡适与儒学》，收入《新文化的传统——五四人物与思想研究》，广州：广东人民出版社，2004年5月版，第242—245页。

史》(*The Development of the Logical Method in Ancient China*)①与当时反对孔教斗争的密切关系以及背后隐藏的思想冲突,人们对其中蕴含的信息仍缺乏足够的挖掘,而对其中可能牵涉的两个关键人物——孔教运动的主要组织者陈焕章和哥大汉学教授夏德(Friedrich Hirth),人们则几乎毫无察觉。所以,这里我们有必要首先讨论陈焕章和夏德教授。

陈焕章(1881—1933)早年曾入万木草堂受学于康有为,1904 年(光绪三十年)入京参加科举考试,获进士。1907 年赴哥伦比亚大学经济系留学,接受系统的西方学术训练和教育,1911 年毕业,获博士学位。其博士论文《孔门理财学》(*The Economic Principles of Confucius and His School*)当年即收入由哥大政治学教师编辑的"历史、经济和公共法律研究"丛书,由哥大出版社分两册精装本出版。中国留美学生在美国出版博士论文,这可能是首例。该书出版后,除了书前有哥大两位著名教授夏德(Friedrich Hirth)、亨利·R. 西格(Henry R. Seager)的序言鼎力推荐外,美国《独立报》、《历史评论》、《东方评论》、在华的英文报《字林西报》等报刊登载了报道和书评。该书按照西方经济学原理,分别讨论孔子及其儒家学派的一般经济学说及其在消费、生产、分配、财政方面的思想,从学术上而言,此书的价值自不待言。正因为如此,它获得西方著名经济学家马克斯·韦伯(Max Weber)、罗斯(E. Ross)、凯恩斯(John Maynard Keynes)、熊彼特(Joseph Alois Schumpeter)等人的推介和好评,很快成为西方读者了解中国经济思想的经典著作,后来在西方一再重印②。但作者向西方学术界介绍孔门理财精义,其目的是致力于在中国建立孔教。

民国初年,陈焕章回到国内,迅即在国内发起成立孔教会,刊布《孔教会杂志》,与其老师康有为一起大力推动孔教运动,其主旨是将孔教立为国

---

① 胡适的博士论文初题为:*A Study of the Development of Logical Method in Ancient China*(《中国古代哲学方法之进化史》),参见《胡适留学日记》卷十六"一六、我之博士论文",收入《胡适全集·日记(1915—1917)》第 28 册,合肥:安徽教育出版社,2003 年 9 月版,第 555 页。1922 年亚东图书馆出版该书时改题为 *The Development of the Logical Method in Ancient China*(《先秦名学史》)。

② 有关陈焕章著《孔门理财学》在西方的出版情形,参见《孔门理财学》上册"出版说明",长沙:岳麓书社,2005 年 5 月版。该"出版说明"为笔者所拟。有关该书的影响及其相关书评,参见梁捷:"生财有大道"——陈焕章的〈孔门理财学〉》,载《博览群书》2007 年第 4 期。

教,并将其写进宪法,从制度上确立孔教的国教地位。这一主张一方面是康有为在戊戌变法时期倡导的孔教运动的继续,一方面又带有在政治文化上与以孙中山为代表的国民党人争夺话语权的意味,说明"共和政体不能行于中国"。远在海外的胡适对于这一运动颇为关注,早在1912年6月25日梅光迪致信胡适,即赞扬《孔门理财学》为"奇书",称"陈君真豪杰之士,不愧为孔教功臣"①。他们之间就孔教问题开始讨论。随后胡适在自己的日记中持续跟踪孔教运动的进展,1915年5月23日他在日记中提到陈焕章:"任公又有一文论孔子教义,其言显刺康南海、陈焕章之流,任公见识进化矣。"②经过审慎的思考,胡适做出了反对孔教的抉择③。

夏德(1845—1927)德国人。1870年被招聘进入中国海关工作,1876年任厦门海关帮办,1877—1886年在上海海关造册处任职。以后历任九龙、淡水、镇江、宜昌、重庆等口副税务司、代理税务司和税务司职。1886—1887年任亚洲文会主席。1897年回到德国。1902年接受美国哥伦比亚大学聘任,成为该校第一位汉学教授和"丁龙讲座"教授。夏氏的主要学术兴趣是研究中西关系史和中国上古史。1917年返回德国。著述颇丰,主要有:《中国与罗马的东方》(*China and Roman Orient*,1885)、《古代的瓷器》(*Ancient Porcelain*,1888)、《中国研究》(*Chinesische Studien*,1890)、《周朝末年以前的中国古代史》(*The Ancient History of China, to the End of the Chou Dynasty*,1908)等。陈焕章的博士论文《孔门理财学》在哥大出版社出版时,他曾为之作序推介。1921年他在自传中回忆,他在纽约时书斋里的常客有维新派哲学家康有为④。可见,他与康有为、陈焕章师徒二人的关系非同寻常。

1914年5月胡适发表过一篇《孔教运动在中国——一个历史的解释与

---

① 《致胡适》第12函,收入罗岗、陈春艳编:《梅光迪文录》,沈阳:辽宁教育出版社,2001年2月版,第135页。

② 《胡适全集》第28册,合肥:安徽教育出版社,1994年版,第148页。

③ 关于这方面的情形,参见拙作《胡适与儒学》,收入《新文化的传统——五四人物与思想研究》,广州:广东人民出版社,2005年4月版,第240—264页。

④ 有关夏德的介绍,参见张国刚:《德国的汉学研究》,北京:中华书局,1994年7月版,第27—28页。中国社会科学院近代史研究所翻译室编译:《近代来华外国人名辞典》,北京:中国社会科学出版社,1984年6月版,第208—209页。Friedrich Hirth: Biographisches nach eigenen Aufzeichnungen, in: *Asia Mayor Hirth Anniversary Volume*, London. 1921. S. XXXV.

批评》(The Confucianist Movement in China: an Historical Account and Criticism)的文章,开首即指出:"目前在中国正在进行中的将孔教立为中华民国国教的运动并不是一场新的和意外的运动。"(The Movement now on foot in China for the establishment of Confucianism as the state religion of the Chinese Republic is by no means a new and unexpected movement.)文章回顾了自1898年戊戌变法以来康有为倡导孔教运动的历史和民国初年孔教会开展活动的情况,公开表明自己不同意孔教运动的立场,他说:"决不能希望以任何官方的崇拜仪式来复兴儒学,也不可能以宪法或法律来复兴,更不可能让学校重新读经来复兴。"(Confucianism can never hope to be revived by any official formulation of its rituals of worship, nor by a mere constitutional or statutory provision, nor by the re-introduction of the study of Confucian classics into the schools.)①但当时他的诉求还相对温和,他撰文的目的仍是围绕"我们怎样能使孔子的教诲适合现代需要或现代变化"这一问题来展开。

　　胡适撰著的《先秦名学史》与当时的孔教运动有着密切的关系。这种关联主要来自于两条线索:一是胡适与陈焕章共同的老师,都是哥大著名汉学教授夏德。胡适在哥大时以夏德的"汉学"(Sinology)为副修,与夏氏关系熟稔。夏德的学术兴趣在中国与东罗马交通史和中国上古史,这一点对于胡适的博士论文选题范围可能产生影响。但从学术倾向看,夏德则明显倾向于陈焕章的观点,从他为陈氏博士论文《孔门理财学》所撰写的序言,并给予其高度评价可以见证这一点,他说:"陈博士之为后学也,诚可谓有功于其大教主者矣。彼爱护大圣及其教旨之热心,未有能过者也。彼既为孔教中人,又得西方科学之法以精研之,西方之读者,于其书也,其将由纯粹之孔教家,而孔教之代表也乎。"(Dr Chen proves a disciple worthy of his great

---

① Suh Hu, The Confuciunist Movement in China: an Historical Account and Criticism, *Chinese Students' Monthly*. Vol. 9, No. 7, May 12, 1914, pp. 533—536.《胡适全集》和各种《胡适英文著作目录》均漏收此文,它实为研究留美时期胡适对孔教运动意见最重要的一篇英文文章。周明之先生在其著《胡适与中国现代知识分子的选择》一书中引用了此文, Min-chih Chou, *Hu Shih and Intellectual Choice in Modern Chin*, Ann Arbor: The University of Michigan Press, 1987. pp. 181—182. 中译文参见周明之著、雷颐译:《胡适与中国现代知识知识分子的选择》,桂林:广西师大出版社,2005年2月版,第202页。

teacher. His enthusiasm for the great sage and his doctrine could not be surpassed; western readers will find in his book the representation of Confucianism from the purely Confucianist point of view by an author who is a Confucianist himself and has had the advantage of sifting his ideas through the methods of western science.)①陈焕章作为当时哥大最知名的归国留学生和孔教运动的领导人,其动向成为胡适的关注点,是一件自然的事。但胡适做出反对孔教的选择,与夏氏所持理解甚至支持孔教的态度明显抵触。二是胡适写作博士论文时,正是国内孔教运动及其反对者双方斗争十分激烈的时期。胡适当时既然注意到这一事态的发展,以他对学术与政治密切关系的敏感性,自然对此会有所领悟。他的博士论文《先秦名学史》导论明确提到时在进行的孔教运动和它的反对者,并将之与自己的博士论文写作联系起来。他说:"中国哲学的未来,似乎大有赖于那些伟大的哲学学派的恢复,这些学派在中国古代一度与儒家学派同时盛行。这种需要已被我们有思考力的人朦胧地或半自觉地觉察到,这可以从这样的事实看出来:尽管反动的运动在宪法上确立儒学,或者把它作为国教,或者把它作为国家道德教育的制度,但都受到国会内外一切有思想的领导人物的有力反对,而对知识分子有影响的期刊在最近几年中几乎没有一期发表关于非儒学各派的哲学学说的论文。"②这段话表现了胡适写作《先秦名学史》的现实动机是反对孔教运动的需要:即"对知识分子有影响的期刊在最近几年中几乎没有一期发表关于非儒学各派的哲学学说的论文",这是他写作博士论文的一个重要出发点。胡适在这里虽未公开点康有为、陈焕章的名字,可能是为了减少论文对现实的刺激和论辩的火药味。一般读者对这段话所内含的现实意义很容易忽略。而作为胡适博士论文答辩评委之一的夏德教授对此则应有警觉,他对陈焕章所推动的孔教运动的同情,极有可能最终成为他阻止胡适博士论文

---

① 陈焕章:《孔门理财学》下册,长沙:岳麓书社,2005年5月版,第816页。
② 中译文参见胡适:《先秦名学史》"导论 逻辑与哲学",收入欧阳哲生编:《胡适文集》第6册,北京:北京大学出版社,1998年11月版,第11页。胡适上述说法有误,1915年10月15日《青年杂志》第1卷第2号刊发易白沙《述墨》一文,是阐释先秦非儒家学说的一篇重要论文。胡适在美国哥大留学时是否读到此文,仍待考。

通过的深层原因①。

在《先秦名学史》中，胡适展示了反对孔教，或解构儒学意识形态最有效的三条途径：一是大力输入西方哲学。二是恢复儒学在历史上的原形。三是恢复非儒学派的历史地位。胡适说："中国哲学的将来，有赖于从儒学的道德伦理和理性的枷锁中得到解放。这种解放，不能只用大批西方哲学的输入来实现，而只能让儒学回到它本来的地位；也就是恢复它在其历史背景中的地位。儒学曾经只是盛行于古代中国的许多敌对的学派中的一派，因此，只要不把它看作精神的、道德的、哲学的权威的唯一源泉，而只是在灿烂的哲学群星中的一颗明星，那末，儒学的被废黜便不成问题了。"②这是当时许多新文化人的共识。胡适的特殊之处或特别关注点在于对非儒学派思想的肯定，他说："就我自己来说，我认为非儒学派的恢复是绝对需要的，因为在这些学派中可望找到移植西方哲学和科学最佳成果的合适土壤。关于方法论问题，尤其如此。如为反对独断主义和唯理主义而强调经验，在各方面的研究中充分地发展科学的方法，用历史的或者发展的观点看真理和道德，我认为这些都是西方现代哲学的最重要的贡献，都能在公元前五、四、三

---

① 胡适博士学位最后考试是在1917年5月22日，主试者六人：John Dewey(杜威)，D. S. Miller, W. T. Montague W. T. Bush, Frederich Hirth(夏德)，W. F. Cooley。"此次为口试，计时二时半。"参见《胡适全集》第28册，第561—562页。胡适在1917年未获博士学位，其中原因主要有二说：一是唐德刚先生的"大修通过说"。唐指出，除了夏德教授"略通汉文"，其他评委因不懂中文，对胡适的博士论文难以评判。参见《胡适口述自传》第五章"哥伦比亚大学和杜威"，收入《胡适文集》第1册，第272页。二是余英时先生的"补缴博士论文副本100本，只是履行手续而已"说，参见余英时：《重寻胡适历程：胡适生平与思想再认识》，台北：联经出版公司，2004年5月版，第3—13页。笔者同意唐先生的判断，但不同意唐先生对胡适未能通过原因的推测。笔者以为其他评委因不懂中文，不易对胡适的博士论文价值做出评判，因而他们的判断反而有可能依赖于夏德教授。而如夏德不同意胡适博士论文的观点，则完全可能对之做出否定性的评判。因此，夏德教授作为胡适博士论文的"问题"人物的可能性更大。金岳霖在回忆录中提到他间接听到有关胡适博士论文答辩的一个情节："在论文考试中，学校还请了一位懂中国历史的，不属于哲学系的学者参加。这位学者碰巧是懂天文的，他问胡适：'中国历史记载是在什么时候开始准确的？'胡适答不出，那位考官先生说：'《诗经》上的记载"十月之交，率日辛卯，日有食之"，是正确的记载，从天文学上已经得到了证实。'这个情节是我听来的，不是胡适告诉我的。虽然如此，我认为很可能是真的。"参见刘培育主编：《金岳霖的回忆与回忆金岳霖》，成都：四川教育出版社，1995年7月初版，第30页。金氏所说的这位考官正是夏德，可见，夏氏"为难"胡适的说法并非空穴来风，在留学生中早有流传。

② 胡适：《先秦名学史》"导论 逻辑与哲学"，收入《胡适文集》第6册，第10—11页。

世纪中那些伟大的非儒学派中找到遥远而高度发展了的先驱。因此,新中国的责任是借鉴和借助于现代西方哲学去研究这些久已被忽略了的本国的学派。"①本此原则,胡适除了介绍"孔子的逻辑"以外,其他还评介了"墨翟及其学派的逻辑"(约占全书的三分之一),这是《先秦名学史》的一个主要特色,也是被罗素认为是该书"最为有趣"的一部分②。

胡适对儒学的批评还表现在他提出儒学的逻辑阻碍科学发展这一观点。中国哲学缺乏逻辑,或者逻辑学不发达,这是西方学术界普遍的观点。基于此,西方某些学者甚至认为中国没有哲学。胡适在书前开首即指出:"哲学是受它的方法制约的,也就是说,哲学的发展是决定于逻辑方法的发展的。""中国近代哲学的全部历史,从十一世纪到现在,都集中在这作者不明的一千七百五十字的小书(指《大学》——引者按)的解释上。确实可以这样说,宋学与明学之间的全部争论,就是关于'格物'两字应作'穷究事物'或'正心致良知'的解释问题的争论。"宋明两代学者"他们对自然客体的研究提不出科学的方法,也把自己局限于伦理与政治哲学的问题之中。因此,在近代中国哲学的这两个伟大时期中,都没有对科学的发展做出任何贡献。可能还有许多其他原因足以说明中国之所以缺乏科学研究,但可以毫不夸张地说,哲学方法的性质是其中最重要的原因之一"③。换句话说,中国哲学是有它的方法(逻辑),但这种方法(逻辑)将人们引向对政治伦理的研究,从而阻碍了科学的发展。所以胡适明确得出结论:"近代中国哲学与科学的发展曾极大地受害于没有适当的逻辑方法。"④

将儒学的逻辑方法误导看成是中国科学未能发达的重要原因,这一观点不独胡适特有,冯友兰早年也曾发表过类似的看法。他在《为什么中国没有科学——对中国哲学的历史及其后果的一种解释》(Why China Has no Science: An Interpretation of the History and the Consequences of Chinese Philosophy?)也表达了类似的看法。"中国哲学家不需要科学的确实性,因为

---

① 胡适:《先秦名学史》"导论 逻辑与哲学",收入《胡适文集》第6册,第10—11页。
② 罗素对《先秦名学史》的英文书评: Early Chinese Philosophy 及中译文,参见《胡适全集·日记(1923—1927)》第30册,第89、94页。
③ 胡适:《先秦名学史》"导论 逻辑与哲学",收入《胡适文集》第6册,第6、7、8页。
④ 同上书,第9页。

他们希望知道的只是他们自己;同样地,他们不需要科学的力量,因为他们希望征服的只是他们自己。在他们看来,智慧的内容不是理智的知识,智慧的功能不是增加物质财富。在道家看来,物质财富只能带来人心的混乱。在儒家看来,它虽然不像道家说的那么坏,可是也绝不是人类幸福中最本质的东西。那么,科学还有什么用呢?"①可以说,近代科学为什么未能在中国首先产生?这是"五四"时期思想界共同思考的一个问题,胡适、冯友兰对儒家哲学及其方法论的局限的反省,从一个侧面反映了当时先进知识分子对科学的探求。

一般认为,《先秦名学史》是胡适后来在北大的讲义《中国哲学史大纲》的先导,这并没错。胡适的英文作品就其内容看,与中文作品之间的关系大致可分为三种情形:一是其思想内容主要是针对西方人士而发,故其内容基本上只在英文作品中表述。二是先以英文发表,后以中文发表。三是先以中文发表,后以英文发表。第二、三种情形,中、英文著作在内容上或基本重叠,或相互交错。因对象不同,中、英文著作的表述方式可能会有所差异。《先秦名学史》与《中国哲学史大纲》之间的联系属于第二类情形。试比较两书,我们发现至少有两大区别:一是《先秦名学史》的导论部分凸显了胡适写作该书的思想的、现实的动机。而《中国哲学史大纲》的"导言"在体例上则完全更像一部教材,事实上也是如此。二是《先秦名学史》是以思想逻辑为其主线,其反对孔教的意义更为突出;而《中国哲学史大纲》则主要以"平行地说明"诸子哲学为其特点。但贯穿两书的基本之处则在于"平等的眼光",即对儒学和非儒学一视同仁的处理。这样的学术处理,在学术史上有着重要的示范意义和开拓性质。《先秦名学史》反对孔教的现实意义常常被人们忽略,这是论者研究该书的一个重要缺陷。在这一点上,可能当时参加胡适博士论文答辩的评委夏德教授有一定敏感性。作为陈焕章博士论文的评阅者和作序者,他对两篇博士论文的观点所呈现的对立自然会有一定的警觉和选择,而他对陈文的欣赏极有可能促使他阻碍胡适博士论文通过答辩②。

---

① 冯友兰:《为什么中国没有科学》,收入《三松堂全集》第11卷,郑州:河南人民出版社,2000年12月版,第52页。

② 如对陈焕章、胡适二篇博士论文作一比较,陈著分上下两册,长达756页,而胡著只有187页,明显单薄。

西方知名的汉学家、传教士支持孔教运动,是当时孔教运动赖以发展的重要舆论资源。只要看一看 1913 年陈焕章的《孔教论》一书出版时,美人李佳白(Gibert Raid)、英人梅殿华(C. Spurgeon Medhurst)、李提摩太(Timothy Richard)、德人费希礼(Karl Fischer)诸人联袂为之作序,大力推荐该书,以示奥援,即可看出当时在华的西方人士的动向。正如袁世凯起用美人古德诺、澳人莫理循、日人有贺长雄为其政治、法律顾问,以为其复辟帝制宣传鼓噪①,孔教运动得力于外力的支持也是其一时气盛的重要原因。西人改变对中国新思想界,或对新文化运动的态度,是在"五四"时期杜威、罗素来华讲学之后,杜、罗两大思想家与新文化运动诸领导者的密切接触,以及他们对新文化运动的热情赞助,才使外部世界对中国文化界的新趋势有了新的认识和转变②;也是杜、罗两位大哲学家对胡适的《先秦名学史》首先作了热情洋溢的赞扬③,使这部书的影响力扩及到欧美学术界。1932 年 6 月 2

---

① 《中国留美学生月刊》(*The Chinese Students' Monthly*)对古德诺担任袁世凯政府的法律顾问一事作了报道,并组织讨论,胡适撰有专文批评。参见 Suh Hu, A Philosopher of Chinese Reactionism. *The Chinese Students' Monthly*, Vol XI. No. 1. November,1915.《胡适全集》和各种《胡适英文著作目录》均漏收此文。

② 有关这方面的情形,参见张宝贵编著:《杜威与中国》"杜威眼中的新文化运动"一节,石家庄:河北人民出版社,2001 年 1 月版,第 31—37 页。冯崇义:《罗素与中国——西方思想在中国的一次经历》"罗素与五四新文化运动的主题"一节,北京:三联书店,1994 年 2 月版,第 180—188 页。

③ 杜威对胡适博士论文的评论,参见《陶履恭教授致胡适之教授函》,载 1919 年 3 月 27 日《北京大学日刊》第 6 版。陶孟和在该信谈及他在日本会见杜威的情形,信中说:"今早到东京,午后往访 Prof Dewey 于新渡户家。彼极赞兄之论冶。恭告以现著《中国哲学史》已经出版,乃根据于前论文之研究更扩充之。"罗素为《先秦名学史》撰有书评,参见:Early Chinese Philosophy,原文及中译文收入《胡适全集·日记(1923—1927)》第 30 册,第 87—96 页。在文中,罗素说:"对于试图把握中国思想的欧洲读者来说,这本书标志着一个崭新的开端。要求欧洲人既是一个一流的汉学家,又是一个合格的哲学家,这是几乎不可能的。""但现在,胡适先生的出现使之得以改观。他对西方哲学的精通丝毫不逊于欧洲人,而英文写作的功力则可与许多美国教授相媲美,同时在移译中国古代典籍的精确性方面外国人更是无可望其项背。"罗素甚至还说:"许多中国哲学的根本目的是为帝国的管理和合乎礼仪的行为提供准则。但胡适所引证的一些早期学者的论述却远比孔子及其门徒缺少道德说教的气息。"罗素不仅赞扬了胡适西方哲学和英文写作的素养,而且还称许了他不同于孔教及其门徒的论述方式。据余英时先生在《从〈日记〉看胡适的一生》一文称,此文原载美国 Nation 杂志,参见氏著《重寻胡适历程——胡适生平与思想再认识》,台北:联经出版公司,2004 年版,第 13 页。杜威、罗素对胡适博士论文的赞扬,多少带有追认的性质,反映了西方思想界对蓬勃发展的新文化运动重新认识的一面。

日德国普鲁士国家学院致函,聘请胡适为该院哲学史学部通讯会员,这是该院第一次聘请中国会员①,它表达了国际学术界对胡适中国哲学史研究成就的高度承认。夏德对陈焕章的赞扬和推介,不过是其沿承欧洲汉学传统观点的一个例证。从这个意义上说,胡适的反孔教立场也是对西方传统汉学观点的一大挑战。

二 新文化运动的另一种解释——中国的文艺复兴

胡适是新文化运动的主要代表,也是新文化运动的历史见证人。胡适对新文化运动有他自己的理解,在中文著作中,他最初在《新思潮的意义》一文中说明了自己的观点:"新思潮的根本意义只是一种新态度。这种新态度可叫做'评判的态度'。""尼采说现今时代是一个'重新估定一切价值'(Transvaluation of all Values)的时代。'重新估定一切价值'八个字便是评判的态度的最好解释。"他将这种"评判的态度"分作四层理解:"研究问题,输入学理,整理国故,再造文明。"②在英文著作中,胡适解释新文化运动或新文学运动时,特别喜欢以"中国的文艺复兴"(The Chinese Renaissance)来形容之,这不单是一个用词问题,而是有其特殊的内涵和意义,它表明胡适对新文化运动的价值取向有其自身的选择。"文艺复兴"这个名词是近代西方早已发明并使用的一个名词,胡适最初也是从西方文艺复兴运动那里获得以白话文作为国语的灵感和启示。胡适使用该词时,或特指新文化运动,或指近代以来中国的现代化运动,或指明末清初以来中国包括考证学在内的"文艺复兴",或泛指宋代以降包括宋明理学、清代考证学、近代新文化运动在内的"文艺复兴"趋势。胡适之所以喜欢使用"文艺复兴"这个词,一方面是便于西方民众对中国新文化运动的理解,一方面也是强调新文化运动的人文主义(Humanism)、理性主义(Rationalism)性质,其意在说明中国人文传统通过自我的革新,完全拥有走上现代化之路的能力。当胡适将

---

① 参见耿云志:《胡适年谱》,成都:四川人民出版社,1989年12月版,第200页。
② 胡适:《新思潮的意义》,收入《胡适文存》卷四。《胡适文集》第2册,第552页。胡适晚年在口述自传中将之概括为"中国文艺复兴运动的四重意义",参见《胡适口述自传》第八章"从文学革命到文艺复兴",收入《胡适文集》第1册,第339页。

新文化运动置于"中国的文艺复兴"这一思想框架时,新文化运动显现的意义的确与我们熟悉的"革命话语"或"启蒙话语"的解释有了新的不同:第一,他认可新文化运动与中国人文传统的历史传承性,新文化运动是中国文化的再生或更生。第二,他重视新文化运动应含的人文主义、理性主义的意义。第三,他注重中国新文化与西方近代文化,特别是文艺复兴运动的相通一面。在新文化阵营中,像胡适这样理解新文化运动,特别是如此追溯新文化运动的历史渊源,如此定位新文化运动的性质,实属个别,反映了他作为一个自由主义者的特性①。

胡适可能是中国作家以英文文章向外界介绍新文化运动和"文学革命"的第一人。早在1919年2月,胡适在《北京领袖》(The Peking Leader)发表《文学革命在中国》(A Literary Revolution in China)一文,该文分"第一枪是怎样打响"(How the First Shot Was Fired)、"新的'实验诗'"(New "Experimental Poetry")、"运动是怎样散布的"(How the Movement Is Spreading)、"历史的辩护"(Historical Justification)四节简要地评介了新文化运动开展以来"文学革命"的情形。它向外界明确宣告:

> 引起保守派圈子反对的所谓"中国文学革命"确定会获得成功,它不仅意味着自觉要求一种活文学——一种以口语作为写作语言、并能真正代表人民的生活和需求的文学。
>
> The so called "Chinese literary revolution" which has aroused so much opposition in conservation but which certainly has all promise of success, means simply a conscious demand for a living literature—a literature which shall be written in the spoken tongue and shall truly represent the life and needs of the people.②
>
> 为了表现一个丰富的内容,首先有必要解放文学形式。旧瓶不能再装新酒。

---

① 有关这方面的论述,参见拙作《自由主义与五四传统——胡适对五四运动的历史诠释》,收入《新文化的传统——五四人物与思想研究》,广州:广东人民出版社,2004年5月版,第141—165页。

② A Literary Revolution in China,收入《胡适全集·英文著述一》第35册,第236页。

In order to express an enriched content, it is necessary first to secure the emancipation of the literary form. The old bottles can no longer hold the new wine. ①

同年 12 月,胡适就在《中国社会政治科学评论》(The Chinese Social and Political Science Review)发表了《中国知识分子在 1919 年》(Intellectual China in 1919)一文,介绍了 1919 年中国新知识界的活动情况。他在文中开首即称:

在整个中国现代史上,1919 年无疑是值得称作惊天动地的一年。一长串的值得纪念的事件是如此闻名,以至值得在此一提,它们始于五月四日,终于本年最近几周的教师罢课。但是本年真正的奇迹似乎是表现在整个国家思想和观念的改变。知识界变化的速度如此之快,以至那些对它最终的胜利不抱任何期望的人也大为惊异。

In the whole modern history of China the year 1919 certainly deserves the name Annus mirabilis. The long series of memorable events beginning with the Fourth of May and ending in the teachers' strike during the last weeks of the year, are too well known to require mentioning here. But the real miracle of the year seems to be the marked change in the thoughts and ideas of the nation. So rapid indeed has been the spread of the intellectual transformation that it even astounded those who have entertained the wildest expectations for its final triumph. ②

1922 年胡适再次在《中国社会政治科学评论》以《文学革命在中国》(The Literary Revolution in China)为题,从近代以来欧洲弃用拉丁文作为文学语言以后的国语运动,讲到中国古代的白话文学史和新近发生的"文学革命",以及在"文学革命"中提出的"国语的文学,文学的国语"。(Produce literature in the national language and you shall have a national language of literary worth.)③系统评介了白话文运动的历史和现状。同年,他还以"中国诗

---

① A Literary Revolution in China,收入《胡适全集·英文著述一》第 35 册,第 242—243 页。
② Intellectual China in 1919,收入《胡适全集·英文著述一》第 35 册,第 244 页。
③ The Literary Revolution in China,收入《胡适全集·英文著述一》第 35 册,第 274—286 页。

歌中的社会信息"(The Social Message in Chinese Poetry)为题发表演讲,介绍了中国历代诗歌中蕴含的丰富社会生活内容。①

1923年,胡适第一次使用《中国的文艺复兴》(The Chinese Renaissance)的题目,讨论中国自宋明以来文化学术的演变。胡适以为可用西方的"文艺复兴"这一名词称呼中国现今的文化运动:

> 许多学说提出将欧洲历史上的这个时代描绘为文艺复兴。有人认为欧洲文艺复兴最伟大的进步是世界的发现和人的再发现。另一些人则声称文艺复兴最好形容为一个反抗权威和批评精神兴起的年代。所有这些描述都可以应用于我们现在称之为中国文艺复兴的这个年代,而这一指称仍被证明是相当准确的。
>
> Many a theory has been advanced to characterize that epoch in European history known as the Renaissance. Some hold that the greatest achievements of the European Renaissance were the discovery of the world and the rediscovery of man. Others maintain that the Renaissance may be best described as an age of rebellion against authority and of the rise of a critical spirit. Each of these descriptions may be readily applied to what we now call the age of Chinese Renaissance and the application will still be found remarkably accurate.②

在文中,胡适将中国文艺复兴的最早阶段追溯自宋代的理学;随之而来的第二阶段是明末清初出现的第一批反宋学思想家,如毛奇龄(1623—1716)、黄宗羲(1610—1695)、胡渭(?—1714);第三阶段是反宋学的"汉学"或考证学;第四阶段是近代以来伴随各种维新运动、政治革命而出现的"文学革命"。胡适详细探讨了戊戌维新、辛亥革命、第一次世界大战对中国的影响,以及新文学运动兴起的过程。1923年4月3日胡适在日记中对写作这篇文章的初衷有明确的说明:"用英文作一文,述'中国的文艺复兴时代'(The Chinese Renaissance)。此题甚不易作,因断代不易也。友人和兰国

---

① The Social Message in Chinese Poetry,*The Chinese Social and Political Science Review*, Jan. 1923, Vol. 7. pp. 66—79. 收入《胡适全集·英文著述一》第35册,第607—631页。

② The Chinese Renaissance,收入《胡适全集·英文著述一》第35册,第632页。

Ph. De Vargas 先生曾作长文 Some Elements in the Chinese Renaissance,载去年四月—六月之 The New China Review。此文虽得我的帮助,实不甚佳。""我以为中国'文艺复兴时期'当自宋起。""王学之兴,是第二期。""清学之兴,是第三期。""近几年之新运动,才是第四期。"①这里所谓"断代不易"大概是指他心中的"中国文艺复兴"究竟是从明末清初开始,还是应从宋代开始?其中最大的难题主要是对宋明理学的处理及其历史定位。胡适在日记中特别列举了宋代学术文化的诸项成就,以证其从宋代开始的理由。胡适如此表露其对"宋学"的好感②,尚未见载他公开发表的中文文字,他在1928年发表的《几个反理学的思想家》一文所表述的观点与此文更是南辕北辙。胡适在此文中所展示的"中国文艺复兴"的思想线索成为他以后讨论类似主题的基调。从此以后,胡适经常使用"中国的文艺复兴"这一题目发表演讲或撰文。

1926年11月9日、25日胡适在英国三次以"文艺复兴在中国"(The Renaissance in China)③为题演讲。在演讲中胡适表示:

> 中国文艺复兴运动代表我们国家和我们人民在现代化过程中的一个新的阶段。这个过程中可划分为三个显而易见的阶段。第一阶段可描述为机械化阶段——引入机器、战舰、枪炮和蒸汽船。第二阶段是政治改革。然后是第三阶段,就是我今晚要讲的运动。
>
> The Chinese Renaissance movement represents a new stage in the process of modernizing our country and our people, and in that process three stages have already been manifested. The first may be described as the mechanical stage—the introduction of mechanical implements, of battleships,

---

① 《胡适全集·日记(1923—1927)》第30册,第5—6页。
② 胡适对新儒学(理学)的好感在他晚年的英文口述自传中亦有明确的说明:"有许多人认为我是反孔非儒的。在许多方面,我对那经过长期发展的儒教的批判是很严厉的。但是就全体来说,我在我的一切著述上,对于孔子和早期的'仲尼之徒'如孟子,都是相当尊崇的。我对十二世纪'新儒学'(Neo-Confucianism)('理学')的开山宗师的朱熹,也是十分崇敬的。"参见唐德刚译注:《胡适口述自传》,收入《胡适文集》第1册,第418页。
③ Hu Shih, The Renaissance in China. Journal of Royal Institute of International Affairs,1926. Vol. 5. pp.265—283. 演讲文字参见《胡适全集·英文著述二》第36册,第156—190页。

guns and steamships. The second was the stage of political reform. Then came the third stage, the movement of which I am to speak tonight.

这是胡适第一次将"中国文艺复兴"与中国现代化运动联系在一起。一部中国近代史,是中国走向现代化的历史,也是中国文艺复兴运动的历史。正是在这次旅英的演讲中,英方为胡适11月18日演讲"第一次中国文艺复兴"(The First Chinese Renaissance)做广告时使用了"中国文艺复兴之父"(The Father of the Chinese Renaissance)来推介胡适①。从此在中文世界里被推为"文学革命"第一人的胡适,在英文世界里摇身一变成了"中国文艺复兴之父",这样一种称谓更符合西方文化的习惯。

1931年10月21日至11月4日在杭州举行的第四届太平洋国际学会,胡适提交了以"文学的复兴"(The Literary Renaissance)为题的英文论文。该文回顾了新文学运动的发生、发展过程②,该文与此后胡适发表的同类题材的中文文章,如《逼上梁山——文学革命的开始》(1933)、《中国新文学大系》第一集《建设理论集》"导言"(1935)内容有互补之处。如文章开首引用的刊登在1915年《甲寅》第1卷第10期黄远庸致章士钊信,文中对中国、西方近代国语运动比较的内容,都未见在中文文章中出现。陈衡哲将这次会议论文编辑、结集为《中国文化讨论会》(Symposium on Chinese Culture),作者均为当时活跃在中国文化、教育界的名流人物,如丁文江、蔡元培、赵元任、朱启钤、余上沅、任永叔、翁文灏、李济、秉志、朱经家、何廉、曾宝荪、陶孟和、陈衡哲等,但从提交的英文论文的文字能力看,胡适明显属于其中的佼佼者③。

1933年7月胡适应邀到芝加哥大学比较宗教学系"哈斯克讲座"讲学,

---

① 《胡适的日记》第5册,1926年11月18日,台北:远流出版公司,1990年12月17日版。

② The Literary Renaissance, Sophia H. Chen Zen, ed, Symposium on Chinese Culture. Shanghai:China Institute of Pacific Relations,1931 pp.150—164。收入《胡适全集·英文著述二》第36册,第607—628页。

③ 参见《丁文江致胡适》1930年12月9日,收入耿云志主编:《胡适遗稿及秘藏书信》第23册,合肥:黄山书社,1994年12月版,第162页。丁信对与会者提交的英文论文的文字水平有严苛批评。

第二年胡适的系列演讲结集由芝加哥大学出版社出版,书名为"中国的文艺复兴"。这是胡适在美国第一次出版自己的单行本著作,也是胡适向英文世界最为系统的阐述他对中国新文化历史看法的著作。全书分六部分:一、文化反应的类型,二、排拒、热情欣赏和新怀疑,三、中国文艺复兴,四、知识分子的生活:过去与现状,五、中国人生活中的宗教,六、社会瓦解与重新调整。其中在第三章"中国的文艺复兴"中,胡适如是评价新文化运动的意义:

> 该运动有三个突出特征,使人想起欧洲的文艺复兴。首先,它是一场自觉的、提倡用民众使用的活的语言创作的新文学取代用旧语言创作的古文学的运动。其次,它是一场自觉地反对传统文化中诸多观念、制度的运动,是一场自觉地把个人从传统力量的束缚中解放出来的运动。它是一场理性对传统、自由对权威、张扬生命和人的价值对压制生命和人的价值的运动。最后,很奇怪,这场运动是由既了解他们自己的文化遗产,又力图用现代新的、历史地批判与探索方法去研究他们的文化遗产的人领导的。在这个意义上,它又是一场人文主义的运动。在所有这些方面,这场肇始于1917年,有时亦被称为"新文化运动"、"新思想运动"、"新浪潮"的新运动,引起了中国青年一代的共鸣,被看成是预示着并指向一个古老民族和古老文明的新生的运动。①

这是胡适第一次全面、系统地向外界阐述他对新文化运动以及中国近代历史发展的看法。

1935年1月4日,胡适在接受香港大学颁给他的第一个荣誉博士学位时,也是以"中国文艺复兴"为题,这篇演讲我们现在看到的是署名为"景冬"者留下的中文纪录稿②。以香港大学采用英文教学的惯例而言,胡适演讲的原稿应为英文。

据胡适自述,1956年他应加利福尼亚大学之邀,在该校做了为期5个

---

① 中译文参见胡适著、欧阳哲生、刘红中编译:《中国的文艺复兴》,北京:外语教学与研究出版社,2001年2月版,第181页。
② 中文稿《胡适在港演讲》,载《大公报》1935年1月17日。收入《胡适文集》第12册,第41—43页。

月的讲学,"加里佛(福)尼亚大学请我做十次公开的讲演(用英文做十次公开的讲演)。他们要一个题目:近千年来的'中国文艺复兴运动'"①。可惜这次演讲的英文稿,我们在现有出版的《胡适英文文存》、《胡适全集》以及各种《胡适英文著作目录》中都未能找到②,故不得其详。

胡适第一次在中文世界使用"中国文艺复兴运动"这一题目来讲述五四运动史或新文化运动史,是迟至1958年5月4日在台北"中国文艺协会"作的题为"中国文艺复兴运动"的演讲。③ 这篇中文演讲的背景与前此胡适二三十年代发表的同题英文演讲的背景大相径庭。在国际上,此时世界已进入冷战状态,以苏联为首的社会主义国家与以美国为首的资本主义国家在意识形态上严重对立。在国内,国民党退缩台湾,共产党在大陆建立了统治政权,国、共两党的力量对比发生了根本性的变化。胡适这次演讲明显受到时代背景的制约,但就其对新文化运动的理解与前此的英文文章的内容可谓一脉相承。胡适吐露了自己为何多年来在国外"总是用 Chinese Renaissance 这个名词"介绍新文化运动的缘由:

> 在四十年前——四十多年前,提倡一种所谓中国文艺复兴的运动。那个时候,有许多的名辞,有人叫做"文学革命",也叫做"新文化思想运动",也叫做"新思潮运动"。不过我个人倒希望,在历史上——四十多年来的运动,叫它做"中国文艺复兴运动"。多年来在国外有人请我讲演,提起这个四十年前所发生的运动,我总是用 Chinese Renaissance 这个名词(中国文艺复兴运动)。Renaissance 这个字的意思就是再生,

---

① 胡适:《中国文艺复兴运动》,收入《胡适作品集》第24册,台北:远流出版公司,1988年9月第3版,第179页。
② 有关胡适这次在加州大学的讲学活动,现有胡颂平、耿云志、曹伯言三位先生的《胡适年谱》均未见记载,胡适本人的日记、书信中亦无记载。胡适仅在1958年5月4日在台北"中国文艺协会"以"中国文艺复兴运动"为题的演讲中提到此事。据张充和自述:"1956年秋季,胡适先生(1891—1962)在柏克莱的加州大学客座一学期。在那段期间,他常到充和家中写字。"可证胡适确有1956年在加州大学讲学一事。参见张充和口述、孙康宜撰写:《曲人鸿爪》,桂林:广西师范大学出版社,2010年版,第143页。胡适此次演讲详细情形仍待考。
③ 1956年9月3日胡适在日记中记道:"到'好世界',赴 Chicago 一带的'智识分子聚餐',到的有一百四十多人。我有演说,说'四十年来的中国文艺复兴运动'。王熙先生主席。"参见《胡适全集》第34册,第436页。此次演讲系用中文还是英文,因未留下文稿,不得其详,故暂可不计。

等于一个人害病死了再重新再生。更生运动再生运动,在西洋历史上,叫做文艺复兴运动。

胡适明确指出"中国文艺复兴"具有两重含义。广义的指唐代以来"古文复兴运动",宋代以后出现的新儒家,元明时期由民间兴起的戏曲、长篇小说创作,明末以后的考证学,近代的新文化运动。狭义的则指新文化运动。

> 从西历纪元一千年到现在,将近一千年,从北宋开始到现在,这个九百多年,广义的可以叫做"文艺复兴"。一次"文艺复兴"遭遇到一种旁的势力的挫折,又消灭了,又一次"文艺复兴",又消灭了。所以我们这个四十年前所提倡的文艺复兴运动,也不过是这个一千年当中,中国文艺复兴的历史当中,一个潮流,一部分,一个时代,一个大时代里面的一个小时代。①

在这次演讲中,胡适特别表彰了《新潮》杂志:

> 《新潮》杂志,在内容和见解两方面,都比他的先生们办的《新青年》,还成熟得多,内容也丰富得多,见解也成熟得多。在这个大学的学生刊物当中,在那个时候世界学生刊物当中,都可以说是个很重要的刊物。他们那个刊物,中文名字叫做"新潮",当时他们请我做一名顾问,要我参加他们定名字的会议——定一外国的英文名,印在《新潮》封面上。他们商量结果,决定采用一个不只限于"新潮"两个字义的字,他用了个 Renaissance。这个字的意义就是复活、再生、更生。②

从语义上来说,中文《新潮》的刊名与英文 Renaissance 并不对应。舍去中文原义,而另取一英文名称,反映了《新潮》同人对新文化运动在中西文化关系互换时的另一种理解。这一理解,可能主要来自他们的顾问胡适的影响。胡适晚年在口述自传中提示了这一点:"他们请我做新潮社的顾问。他们

---

① 胡适:《中国文艺复兴运动》,收入《胡适作品集》第24册,台北:远流出版公司,1988年9月版,第178—180页。

② 胡适:《中国文艺复兴运动》,收入《胡适作品集》第24册,第179页。唐德刚先生原译为"指导员",本文以为译为"顾问"为宜。

把这整个的运动叫做'文艺复兴'可能也是受我的影响。"①当然,当时章太炎派在北大文科占有很重的分量,也不排除这一名称与章太炎的思想影响有某种联系。思想的源泉可能是多元的,其中某种因素占有主导性的影响,胡适对《新潮》的影响可作如是观。某种因素也可能起有辅助性的作用,《新潮》英文名暗合章太炎的思想可忝为一例。

持有"中国文艺复兴"类似观点的并不只有胡适。20 世纪初以章太炎为首的"国粹学派"提出中国的"古学复兴"且不说,在新文化运动中蔡元培多次提到中国新文化运动类似于西方的"文艺复兴"②。梁启超为蒋方震《欧洲文艺复兴时代史》所作的序文最后独立成文是《清代学术概论》,梁氏以"复古解放"来概述有清一代学术的归趋,可见当时学界领袖不乏有人将中国新文化比附为西方的"文艺复兴"。胡适本人在其中文著作《中国哲学史大纲》导言中论及清代学术变迁大势时,也以"古学昌明的时代"称之:"自从有了那些汉学家考据、校勘、训诂的工夫,那些经书子书,方才勉强可以读得。这个时代,有点像欧洲的'再生时代'('再生时代';西名 Renaissance,旧译文艺复兴时代)。"③以"文艺复兴"类比清代学术发展趋势,可谓 20 世纪初以来中国学术界一种"时尚"说法。但随着新文化运动的蓬勃发展,人们逐渐摒弃"中国文艺复兴"这样一种提法,而更喜用新文化运动或新思潮运动来称呼当时正在进行的文化运动。"五四"以后,胡适在英文世界虽频频以"中国文艺复兴运动"为讲题诠释、宣传新文化运动,而在国内他也顺应了环境的变化,并不使用该词。为什么胡适在英文世界屡屡以"文艺复兴"来说明和阐释中国新文化运动,而在中文世界却长期不以该词语来说明新文化运动呢?这是值得探讨和追究的一个问题。

在"中国的文艺复兴"这一思想框架中,胡适对清代汉学、甚至宋明理学的肯定,很容易让人产生"复古"的联想,它既不被新文化阵营所认同,又极有可能被旧派势力所利用,胡适遂只能在中文世界里搁置这样一种提法。

---

① 唐德刚译注:《胡适口述自传》第八章"从文学革命到文艺复兴",收入《胡适文集》第 1 册,第 340 页。

② 参见蔡元培:《吾国文化运动之过去与将来》,高平叔编:《蔡元培全集》,第 6 卷,北京:中华书局,1988 年 8 月版,第 421—422 页。

③ 胡适:《中国哲学史大纲》第一篇"导言",收入《胡适文集》第 6 册,第 168 页。

1923年当胡适第一次以英文"中国的文艺复兴"为题著文时,同年他还在中文世界发表了极富影响力的《〈国学季刊〉发刊宣言》,开始启动一场颇具声势的"整理国故"运动。就胡适的本意来说,这场"整理国故"运动既是其规划的新文化运动的重要一环,亦是他内心深处"中国文艺复兴"思想的重要组成部分。胡适对新文化运动的建设性思路和其"中国的文艺复兴"历史构想相一致。但是,围绕是否应该开展"整理国故"运动,新文化阵营内部产生了极大的争议,陈独秀、鲁迅等人根本反对这样做。实际上,"整理国故"不过为胡适循依清代汉学的治学方法是科学方法这一思路,承继有清一代的考证学传统,以将新文化运动推进到历史学领域,1919年11月胡适开始发表的《清代汉学家的科学方法》一文①,即是这一思路的最初表现。没想到在这一环节,就遭遇了新文化阵营同志的抵触情绪。胡适如再将其"中国的文艺复兴"是从宋明理学开始这一思想和盘托出,发表在中文世界,其不同反响可想而知,它自然会被认为是与新文化运动的主流思想"背道而驰"。所以,胡适在《新思潮的意义》和《〈国学季刊〉发刊宣言》两文中对"整理国故"的提倡,实为其"中国文艺复兴"构想的一部分,而他在1923年发表的英文文章《中国的文艺复兴》才是他真实的、系统的思想阐释。当他的"整理国故"主张已产生争议,甚至被人非议时,胡适意识到"中国的文艺复兴"思想根本就不宜在中文世界发表。而在英文世界的语境里,胡适则不用担心类似情形的发生,所以他完全可以从容不迫地展现自己的思想。

"五四"以来中国新文化运动的发展主流是"革命文学"或"革命文化",这也使得胡适不得不谨慎回避使用"文艺复兴"这一明显带有资产阶级情调性质的词汇来描述或定位新文化运动,以避免在新文化阵营中产生不必要的争议。在胡适总结新文学运动的系列中文文字,如《五十年来中国之文学》(1922)、《新文学运动之意义》(1925)、《陈独秀与文学革命》(1933)、《逼上梁山——文学革命的开始》(1933)、《中国新文学大系》第一

---

① 胡适:《清代汉学家的科学方法》,原载《北京大学月刊》1919年11月至1921年4月第1卷第5、7、9期。收入《胡适文存》(上海:亚东图书馆,1921年12月版)卷二时改题为"清代学者的治学方法"。

集《建设理论集》导言(1935)等文中①,我们根本看不到"中国文艺复兴"这样的名词。胡适本人因被陈独秀推为"文学革命"第一人,从而暴得大名,他就历史地被推上了"文学革命"的舞台,他不得不扛着"文学革命"的旗帜往前走。如果在"文学革命"的浪潮中,他再冠以英文世界里那样的"中国文艺复兴之父"头衔来领袖群伦,显然不合时宜,或不免给人以软弱、退缩之感。由此不难看出,胡适在中文世界对"文艺复兴"的回避使用,一定程度上反映了他对中国现实环境和新文化阵营主流倾向的某种妥协。在20世纪新文化史上,各种文化流派对人文主义的态度殊不一致。"文学革命"对梅光迪、吴宓为代表的"新人文主义"的批判,本身亦说明其某种程度上带有反人文主义的倾向;后来"左翼"文化以批判资产阶级人性论为由,甚至出现了拒斥人文主义的现象;这一选择发展到十年"文革",更是产生了许多政治的、文化的悲剧性后果。因此,在中、英文世界胡适对新文化运动解释所出现的差异这一现象也一定程度上折射了中国新文化进程的复杂性和曲折性。

  胡适向往的"中国文艺复兴",始终是一套未能充分伸展的话语系统。在一个革命浪潮汹涌澎湃的时代,它也很难有机会发展成为一套成熟的理论系统,它只是初步表达了自己的价值取向:它注意到从中国人文传统自身的演变看中国新文化的产生及其发展,表现出开掘中国内在的人文主义传统资源的倾向。它提倡"为文化而文化",以有别于"为政治而文化"。早在1917年胡适留学归国之初,即向《新青年》同人建言:"我们这个运动既然被称为'文艺复兴运动',它就应撇开政治,有意识地为新中国打下一个非政治的(文化)基础。我们应致力于(研究和解决)我们所认为最基本的有关中国知识、文化和教育方面的问题。我并且特地指出我们要'二十年不谈

---

① 1935年1月12日胡适在广西梧州市中山纪念堂发表过一篇《中国再生时期》的演讲,原载《梧州日报》1935年1月22日至25日。收入《胡适文集》第12册,第115—127页。这篇文字所表述的基本思想与胡适在英文中所论述的"中国的文艺复兴"有接近之处,但影响极小。1927年5月13日,胡适发表过一篇类似题目的英文文章:Cultural Rebirth in China(《中国的文化再生》), Speech before Pan-Pacific Club, May 13, 1927. Transpacific . Vol. 14. No. 20. May 14, 1927. p. 13.

政治;二十年不干政治'。"①这样一种选择,显然不能为对政治抱有浓厚兴趣、对旧文化深恶痛绝的陈独秀等人所认同。由于各种力量的推动,胡适本人也很快改变了"不谈政治"的主张,创办《努力周报》,即是其评论时政的一个积极举动。"五四"以后,"革命话语"已成为主流选择。它不仅强调新、旧文化的决裂,而且强调文化服从政治,"为政治而文化"。在这样一种历史情境里,即使扮演"革命话语"修正角色的"启蒙话语"虽强调科学、民主的启蒙,强调对个人正当权利和人道主义的维护,实际上也处在边缘化的境地。这就不难想象以"中国文艺复兴"这样一种思路诠释新文化运动的价值取向遭受被冷落的命运,它在中国新文化进程中几乎没有可能成为一个可供操作的选项。胡适当年发出"中国文艺复兴"的呼喊,其影响力实际上也是微乎其微,以至于在一波又一波革命文化浪潮中,几乎被人们所忽略和淡忘。"五四"运动以后,话语权力的争夺主要是在"革命话语"与"启蒙话语"这两大话语系统之间展开。

三 中西文化观的前后演变

1954年胡适在《一个东方人对现代西方文明的看法》(An Oriental Looks at the Modern Western Civilization)一文中,总结自己的文化观,明确交代自己中西文化观的发展分前后两大阶段,为我们研究他的中西文化观提供了一条基本线索:

> 在我简短的六十多岁生涯中,我经历了两次不得不选择立场的文化冲突的关键时期。在我年青时期,我面对的是旧的东方文明与年青的、充满生机的、扩张的和侵略性的西方世界文明之间的大冲突。在那场斗争中,我公开地、毫不含糊地以一个东方文明的严厉批评者和西方文明的坚定捍卫者出现。
>
> 在我比较成熟的年纪,我不得不面对一个新的文化冲突的时代——极权主义制度反对西方自由人民的民主文明的战争。这场新的

---

① 唐德刚译注:《胡适口述自传》第九章"五四运动",收入《胡适文集》第1册,第358页。

冲突将我引向重新检视与反思我在这一主题上曾经说过、出版过的东西,我再次率直地以一个民主世界文明的捍卫者和支持者出现。

In my brief life of a little over sixty years, I have gone through two critical periods of cultural conflict in which I had to choose sides and take a stand. In my younger years, I was faced with the great conflict between the old civilizations of the East and the young, vigorous, expanding, and aggressive civilization of the Western world. In that struggle, I came out openly and unequivocally as a severe critic of the oriental civilization and steadfast of the occidental civilization.

In my more mature years, I had to face a new era of cultural conflict in the war of the totalitarian systems against the democratic civilization of the free people of the West. That new conflict led me to review and rethink what I had said and published on the subject, and I came out once more an unequivocal defender and supporter of the civilization of the democratic world. ①

在文中,胡适提到自己前期中西文化观的代表作是1926年发表的那篇著名文章——《我们对于西洋近代文明的态度》,这篇文章1928年被译成英文,收入查尔斯·A.比尔德编辑的《人类往何处去:现代文明概观》一书,由纽约朗曼公司出版②。随后世界形势发生了一系列重大变化,1929年资本主义世界发生经济危机,为应对危机,1931年美国出现了罗斯福"新政",实施国家资本主义;日本、德国、意大利法西斯分子掌权,开动了战争机器;1939年德国入侵波兰,第二次世界大战爆发;1941年日本袭击珍珠港,美国被迫对日宣战。这一系列的事件,逼使胡适调整自己的中西文化观及其思想视角,1941年7月胡适在密西根大学所作《意识形态之战》(The Conflict of Ideologies)的英文演讲,以及他在1941年、1942年发表的一系列有关诠释

---

① Hu Shih, An Oriental Looks at the Modern Western Civilization,收入《胡适全集·英文著述五》第39册,第426—427页。

② Hu Shih, Civilization of the East and West, *Whither Mankind*: *A Panorama of Modern Civilization*, ed. By Charles A. Beard. New York, Longmans, 1928. pp. 25—41. A revised text appears in the World's Best, ed. by whit Burnett. New York, Dial Press. pp. 1066—1077.

中国历史、中国思想的英文文章,即是其思想调整的一个显著标志。他后期的中西文化观与前期明显不同。胡适这篇《一个东方人对现代西方文明的看法》几不见海内外论者征引,这是一篇尚未被利用的重要文献。正因为如此,人们对胡适中西文化观的前后演变也就缺乏必要的认识。

胡适前期的中西文化观最初是在其中文作品中表达,然后在英文作品中得到进一步发挥,故易为人们所熟知;他后期的中西文化观则出现相反的情形,开始是在英文作品中展现,后来才在他的政论集《胡适的时论》第一集(1948)及其有关中国历史文化的中文文字中给予进一步表述。胡适对中日现代化的比较和苏俄模式的态度,是其中西文化观前后演变的典型表现。

近代日本的迅速崛起,促使国人思考日本成功背后的因素,许多中国学人在比较中、日现代化时,往往只注意到日本现代化的优点,忽略它隐含的负面因素,这几乎是1930年代以前一种比较普遍的倾向。胡适一生虽未曾在日本长期居住或留学,但他有过多次乘船途经日本,并作短期旅行的经历(1910年8、9月间,1917年7月,1927年4月24日至5月底,1933年10月,1936年7月),1950年代以后,胡适每次乘机从台湾去美国,或从美国返回台湾,都常常在日本东京作短暂停留(1953年1月17日至23日,1954年4月6、7日,1958年4月6日至8日,1960年10月19日至22日)。胡适利用每次在日本停留的机会,与日本各界人士接触,实地考察日本各地,调查当地风土人情,对日本有直观的了解。胡适关注中日现代化比较这一问题时,起初也有贬中扬日的倾向,随着中、日民族矛盾的激化,胡适越来越注意到日本现代化模式的两面性(特别是负面性)。他对这一问题的思考轨迹,颇值得我们回味[①]。

胡适对日本现代化的评价首次出现在其英文作品中,是在《1929年中国基督教年鉴》(*China Christian Year-book 1929*)第五章的"文化的冲突"(Conflict of Cultures),在该文中,他高度评价了日本现代化模式:"日本毫无保留地接受了西方文明,结果使日本的再生取得成功。由于极愿学习和锐

[①] 有关胡适对日本的思考和中日比较的论述,现有周质平:《胡适笔下的日本》,收入氏著:《胡适与中国现代思潮》,南京:南京大学出版社,2002年版,第349—368页。

意模仿,日本已成为世界上最强国家之一,而且她具备一个现代政府和一种现代化文化。日本的现代文明常常被批评为纯粹是西方进口货。但这种批评只不过是搔到事物的表面,如果我们以更多的同情态度来分析这个新文明,我们会发现它包含着许许多多必须称之为土生土长的东西。随着由技术和工业文明造成普遍的兴盛的程度日益提高,这个国家土生土长的艺术天才已在数十年间发展了一种和全国的物质进步相适应的新艺术与新文学。"①胡适列举中国对待西方文明的三种可能方式:"第一种态度是抗拒;第二种态度是全盘接受;第三种态度是有选择性的采纳。"其中第二种态度,胡适解释为"可以一心一意接受这个新文明"②。他把中、日现代化的差异看成是第二、三种态度之别。所以在文章结尾,胡适发出号召:"让我们希望中国也可能像日本那样实现文化复兴。让我们现在着手去做日本在五六十年前着手做的事情吧。"③胡适此文提出的观点与前此他在1926年发表的《我们对于西洋近代文明的态度》表现的中西文化观基本一致。

类似对日本现代化赞美的话语还出现在1930年胡适发表的另一篇英文作品——《东西文化之比较》(The Civilizations of the East and the West)中,胡适论及"东西文化之成败,就是看它们能够脱离中古时代那种传统思想制度到什么程度"这一问题时,对中、日作了比较,在批评中国文化束缚人们走向现代化的同时,他对日本文化发生的转变作了高度赞扬:

> 她很不客气地接受西方的机械文明,在很短的时期内,就造成了新式的文化。当培理(Perry)到日本的时候,她还是麻醉在中古文化里。对于西方文化,她起初还表示反抗,但不久就不得不开放门户而接受了。日人因着外人的凌辱蹂躏,于是奋起直追,制造枪炮,便利交通,极力生产,整顿政治;而对于中古的宗教封建制度等,都置之不理了。在

---

① Hu Shih, Conflict of Cultures, *China Christian Year-book 1929*, V. pp. 112—121 尤金·L. 德拉菲尔德和袁同礼编辑的《胡适西文著作目录》误将该文与1931年胡适在《太平洋问题》上发表的《中国的文化冲突》(The Cultural Conflict in China)当成一文,故《胡适全集·英文著述》未收入此文。从两文的内容看,文字出入较大,应算两文。中译文《文化的冲突》,收入《胡适文集》第11册,第173、174页。
② 参见中译文《文化的冲突》,收入《胡适文集》第11册,第167页。
③ 同上书,第174页。

> 五十年之中，日本不但一跃而为世界列强之一，而且解决了许多困难问题，为印度的佛教或中国的哲学所不能解决的。封建制度取消了，立宪政府起而代之，中古的宗教也立刻倒塌了。……国家既因着工业而富足兴盛，于是国内的文艺天才，乘机而起，产生了一种新的文学，与物质的进步并驾齐驱。日本现在有九十个专门科学的研究社；全国各工程师所组织的会社，共有三千会员。因着这许多人力与工具，东方就建筑了一个精神文明①。

对日本现代化，从物质文明到精神文明几乎亦是推崇备至。在这一贬一抑的比较中，胡适对中、日现代化模式的态度可以说是泾渭分明。

随着日本帝国主义将侵略魔爪伸向东北、华北，中日民族矛盾急剧上升，胡适对日的评价立场逐渐转变。显然，如果再继续沿承此前"西化"的思路，视日本现代化的成功为中国学习的"样板"，就正好迎合了日本帝国主义"大东亚共荣圈"或"日、中提携"理论的逻辑，无异于给日本侵略中国提供理据，故胡适开始调整自己的思想视角。1933年他在芝加哥大学发表的"中国的文艺复兴"演讲中，第一章"文化反应的类型"比较中、日现代化时指出"日本西化的成功，有三个因素起了最重要的作用。首先，它拥有一个强有力的统治阶层，几乎所有的改革与现代化运动的杰出领导人都出自其中。其二，这个统治阶层又是一个享有特权并受过高度军事训练的军事集团。这使日本很容易地适应其他东方民族感到最难学习的西方文明的一个特别方面，而这个特别方面对反抗属于新文明的强烈侵略、保证民族生存来说，又最为重要。这就是以西方科技文明和工业文明为后盾的陆军力量。其三，日本数千年来独特的政治发展方式，为其新的政治体制提供了适当而稳固的基础"②。而保证日本成功的这三个因素，中国都不具备。但胡适对中、日现代化不再作一低一高、一贬一抑的评价，而是归纳为两种不同类型："中央控制型"（Centralized control）、"发散渗透型"或"发散吸收型"（Dif-

---

① The Civilizations of the East and the West, In Charles A. Beard, ed, *Whither Mankind: A Panorama of Modern Civilization*. New York: Longmans, Green and Co, 1928. pp.25—41. 收入《胡适全集·英文著述二》第36册，第335—336页。中译文《东西文化之比较》，收入《胡适文集》第11册，第187、188页。

② 中译文参见《中国的文艺复兴》第156页。

fused penetration, Diffused assimilation），这是胡适以后在比较中日现代化时使用的两个关键概念。在这种类型比较中，日本"代表一种独特的类型，我们可称之为'中央控制型'"。"日本的文化调适显露了自身的优点，但它也并非没有任何重大缺陷。日本领导人开展这一迅速的转型时间过早，即便是他们当中最具远见卓识的人，也只能看到、理解西方文明的某些肤浅方面。其他的许多方面，他们都未注意到。而且为了保存其民族遗产，为了强化国家和朝廷对人们的控制，他们十分注意保护其传统免受西方文明的渗透。""受到保护的东西中，确实有许多瑰丽的、具有永久价值的好东西，但也有不少是原始的、孕育着火山爆发般严重危险的东西。"①胡适第一次指出日本模式蕴藏的负面因素。另一方面，他将中国现代化归类为"发散渗透型"或"发散吸收型"，其缺点很多，"它们缓慢、不连贯，有时是盲目、不加区别的，而且经常是费时费力的；因为任何东西在其变化前，都需经历许多破坏和腐蚀"。尽管如此，"中国也成功地带来了文化转型，虽然痛苦、缓慢而零碎。且常缺乏协调性、连贯性，但终能解决生活与文化中紧迫而基本的问题，并创建一种崭新的文明，一种与新世界精神水乳交融的文明"②。基于这样一种认识，胡适在接下来的第二章"抗拒、激赏与新的疑问——中国人之西方文明观念的变迁"中，介绍了自明末中西文化接触以来中国人的西方文明观念的变迁。胡适对中、日现代化的这种类型比较，成为他以后比较中、日现代化的基调，构成他中西文化观的重要内容。像胡适这样观察、评估中日现代化者，在近代中国学人中似很少见。

抗战爆发后，胡适赴欧美为中国抗战开展宣传活动。他上任驻美大使之初，日本方面即极为紧张，当时东京《日本评论》发表文章，认为"日本要派三个人同时使美才能挡得住胡适一人。那三个人是鹤见祐辅、石井菊次郎、松冈洋佑。鹤见是文学的，石井是经济的，松冈是雄辩的"③。足见当时日本方面对胡适出任大使的重视，并预感到胡适可能在宣传攻势方面的"威胁"。胡适担任驻美大使四年（1938年10月—1942年8月），足迹踏遍

---

① 中译文参见《中国的文艺复兴》第167—168页。
② 中译文参见《中国的文艺复兴》第168、169页。
③ 参见傅安明：《如沐春风二十年》，收入李又宁主编：《回忆胡适之先生》第1集，纽约：天外出版社，1997年5月印行，第18页。

全美各地,他的演说活动在美国朝野上下产生了极大的影响力,具有积极的宣传造势效应,他对中、日现代化的比较,对打破美国公众的"孤立主义"立场也有一定的转变作用。1942年《华盛顿邮报》对此发表评论:"中国驻美大使胡适,最近六个月来遍游美国各地,行程达三万五千里,造成外国使节在美国旅行之最高纪录。胡大使接受名誉学位之多,超过罗斯福总统;其发表演说次数之多,则超过罗斯福总统夫人;其被邀出席公共集会演说之纪录,亦为外交团所有人员所不及。"①

1938年12月4日胡适在纽约发表"日本在中国之侵略战"(The Present Situation in China)的英文演讲,首先说明了中日战争的情势及其性质:

> 以我个人用非历史专家的眼光来看,把我们这次的抗战,认为是一种革命战争,必须用美法俄土革命战争的历史去衬托他才能得到最确切的了解——这句话含有很大的真理。美国的听众对于这个历史的比喻当然最能了解;不久以前,有一位美国朋友写信给我说:"目前中国困在福奇山谷中,但我希望不久当可达到约克城。"
>
> 中国抵抗侵略战的最后成功,也得靠二种事,第一,中国必须继续抗战。事实上中国除抗战外,也没有别的选择。第二,在中国持久战争中,也许有一天国际情形转变到对中国有利而对日本不利。②

把刚刚进入相持阶段的中国抗日战争遭遇的艰难比喻为美国独立战争时期困在福奇山谷中的美军,但胡适坚信中国军民能走出这一低谷。"凡是革命战争,都是武器不全而为理想所激发的民众,和操有装备优越的正规军的压迫者或侵略者作战。结果最后的胜利总是归于笃信主义、勇敢牺牲而能征服一切困难的一方面。若果说这是一个幻想,那末也是一种使人非常兴奋使人非常感动的幻想,所以我国成千累万的人民决定拿血和生命来考验一下啊!"③一改几年前对抗战所持的"低调"姿态,胡适为中国人民的抗战

---

① 《胡大使在美之声望》,载重庆《大公报》1942年7月2日。

② The Present Situation in China, *China Monthly*, Jan 1940. Vol. 1. No. 2. pp. 4—5;12—13. 收入《胡适全集·英文著述三》第37册,第562—576页。中译文《日本在中国之侵略战》,收入《胡适文集》第12册,第741、744页。

③ 中译文《日本在中国之侵略战》,收入《胡适文集》第12册,第743页。

向西方发出激昂的呼喊。

抗战时期,胡适在演讲中多次涉及中、日现代化比较这一主题,沿承他在《中国的文艺复兴》一书的思路,他对日本的现代化模式提出了更多的批评和抨击。1938 年胡适发表《中国和日本的西化》(The Westernization of China and Japan)一文,借评介西方学者休斯(E. R. Hughes)的《西方对中国的侵略》和李德勒(Emil Lederer)、李德勒·塞德洛(Emy Lederer Seidler)合著《转变中的日本》的两书,来讨论和纠正西方学者有关中、日"西化"的观点。这两本书的文化立场大相径庭。前一书为一位在中国有过多年传教、旅游经历的传教士撰写,书中一些细节虽存错误,"但是这些细节的错误并不减少这本专写中国逐渐西化像一出雄壮戏剧的真实历史的价值"①。此书作者说"他们对一部分西方文化的特点表示欢迎,但拒绝接受另外一部分。他们对于他们所欢迎的是毫无犹豫地加以修改来适合他们的口味。换句话说,一种中国特有的思想正活动起来,包括中国特有的评判力、特有的道德与美学价值的判断力"。胡适认为:"这些话是一个一生献身于传道事业的人所写的,所以使这些话更加有分量,更加令人有深刻的印象,而我们认为大体上说来这些话是正确的。"胡适认为该书所展示的一切与他自己有关中西关系的观点相一致,这就是"中国趋向现代化是由于'长久暴露'于与西方思想与制度的接触下所引致的结果"②。对于后一部书,胡适给予了更多的批评,"其实不过是一位游方的哲学家,对一个民族所作深入的解释,有时候由于过分推理而没有足够的事实来支持,他们的理论难免有错误的地方"。胡适批评了该书"没有充分的证据"、"太喜欢推理"的种种表现。不过,胡适指出,"两位李德勒勉强但不可避免的达到一个结论,那就是日本虽然经过七十年戏剧性的现代化运动,但古老日本的基本因素还是继续存在,并且继续抗拒一切西化的危险"。"所以在日本其国民生活基本观点的抗拒现代化的力量只能解释为反对改革的人为保护传统的努力所致。"③

---

① The Westernization of China and Japan, *Amerasia*, 1938, Vol. 2. No. 5. pp. 243—247. 收入《胡适全集·英文著述三》第 37 册,第 454—467 页。中译文《中国和日本的西化》,收入《胡适文集》第 11 册,第 785 页。
② 中译文《中国和日本的西化》,收入《胡适文集》第 11 册,第 786 页。
③ 同上书,第 784、789、790 页。

这里,胡适继续发挥了自己此前已经形成的一个观点:中国的"西化"虽然缓慢,但它是自愿接受和逐渐积累的成果;日本虽然在工业化和军事现代化方面发展迅速,但"日本古代文化的持续力与有关的活力以及其文化形式所达成的完美状况成了一股外来因素而不肯轻易同化的力量"①。

1939年12月胡适在《中国与日本的现代化运动——文化冲突的比较研究》(The Modernization of China and Japan)一文中,再次申述、发挥了上述他对中、日现代化运动比较的看法。在胡适看来:"经过一世纪的犹豫和抗拒后,中国终于成为一个现代的国家,在物质方面,中国诚然不够西化,但是对于人生观和人生意识却完全是现代化了。换句话说,日本七十年的迅速现代化之后,却突然发现其国民生活的基本方面并没有改变。"胡适以《转变中的日本》为例证支持自己的看法:"日本式的现代化运动之优点是有秩序的、经济的、继续的、安定和有效的。但是我也看出其不利点来。日本为保护其传统的精神和对人民控制的严密,所以采用军事外壳来防止新文化侵入到日本传统的中古文化里面去。""中国式的逐渐普及和同化的文化变化不利之点很多,因为这种变化是缓慢的、零落的,并且往往是浪费精力的。""但是中国式的变化也有其不可否认的优点。因为从口红到文学革命,从鞋子到推翻帝制都是自愿的。广义的说,都是经过'推理'的结果。"②胡适认为"早期和迅速的明治维新是一个统治阶级有效的领导和有力的控制所促成的,这个统治阶级恰巧就是最渴望采用西方战术和军械的军国主义阶级"。"但是这个军国主义的阶级却并非是一个开明和智识阶级。"它造成了日本的军国主义,这是日本现代化运动最大的失败。"中国西化的失败,就是由于中国缺少使日本西化成功的因素。"中国通过三四十年的努力,推翻帝制,驱走满清,建立共和,完成"政治革命"。"这个政治革命从任何一方面来看都可说是社会和文化的解放。在一个没有统治阶级的国家,推翻帝制等于毁坏了社会与文化改变由中央集权统筹办理的可能性。但是也创造了一种自由接触、自由批判、自由评价、自由主张和志愿接受的气

---

① 中译文《中国和日本的西化》,收入《胡适文集》第11册,第789页。
② The Modernization of China and Japan,收入《胡适全集·英文著述四》第38册,第54—67页。中译文《中国与日本的现代化运动》,收入《胡适文集》第12册,第767—768页。

氛。"①胡适本着政治民主、思想自由的原则来比较中、日现代化运动的优劣,在当时不能不说是极高明的一着棋。这样做一方面符合西方人的价值观念,扭转、调整他们对中、日现代化运动的价值评判,一方面有利于促进美国人民对中国人民的生活方式、民国政治制度的理解和认同,从而增强西方世界对中国抗战的同情和支持。

  胡适对中、日现代化的改调,与他对中西文化观的重新检讨有关。胡适中西文化观的这一显著变化出现在1941—1942年,促使做出这一思想调整的重要原因是他面对国际形势的新变化,内心世界萌发的一系列疑问:"难道采取了西方技术的日本真正使她变成西方文明了吗?在希特勒消灭了德国共和制,建立了他的极权主义统治,德国这个最大的科学技术国家难道不是彻底变成了西方民主国家的敌人吗?苏联也确定无疑地使她采纳了西方的技术,但这使她成为'西方文明'的一部分了吗?"②带着这些疑问,胡适渐次形成一种新的国际观,1941年7月在密西根大学所作题为"意识形态之战"(The Conflict of Ideologies)的英文演讲,胡适指出正在进行的第二次世界大战"不仅是为了国家的权力,而是民主与极权的斗争。这次战争是有史以来两种生活方式之间的战争"。即民主政治与极权主义之间的战争。他认为:"真正的民主与极权的冲突,可以归纳为两种基本观念的冲突:第一,这种急进革命的方法,与渐进改善的方法之冲突;第二,这种企图强迫划一,与重视自由发展的冲突。为民主的生活方式和民主的制度辩护,须对于健全的个人主义的价值,具有清楚的了解,必须对于民主主义的迟缓渐进的改善的重要性,具有深刻的认识。"③在文中,胡适罕见地、也许是第一次公开批评苏俄的革命道路。这与他在此前发表的《我们对于西洋近代文明的态度》(1926)、《中国的文艺复兴》(The Chinese Renaissance,1933)等文中对

---

  ① 中译文《中国与日本的现代化运动》,收入《胡适文集》第12册,第769—771页。
  ② An Oriental Looks at the Modern Western Civilization,收入《胡适全集·英文著述五》第39册,第433页。
  ③ The Conflict of Ideologies,收入《胡适全集·英文著述四》第38册,第210—235页。中译文参见胡颂平:《胡适之先生年谱长编初稿》第5册,台北:联经出版公司,1984年版,第1732—1739页。

俄国革命和苏联社会主义建设成就的礼赞截然不同①。根据自己新的国际观,胡适改换了对中西文明思考的视角,对中国传统亦做出与此前不同的解释。

1941年3月12日胡适在伊利诺伊大学发表"民主中国的历史基础"(Historical Foundation for a Democratic China)的英文演讲,回答了"中国的共和主义或民主主义有没有什么历史的基础?"这一问题。他"意在说明几个历史因素。这些历史因素,使中国必然成为了亚洲第一个断然废除君主制,认真创立民主政府形式的国家。""也提供了一个民主的中国可以成功地建立其上的基础。"这些历史因素包括:"第一,一个彻底民主化的社会结构;第二,2000年客观的、竞争性的官吏考试甄选制度;第三,政府创立其自身"反对面"的制度和监察制度。"在胡适看来,"这些历史因素,而且单单这些历史因素,就可以解释辛亥革命、君主制的推翻、共和政府形式的确立,以及最近三十年与今后的宪法的发展。"②

同年10月胡适在《生活协会新闻》发表《中国历史上为自由而战》(The Fight for Freedom in Chinese History)一文,该文的目的是讲述中国在长达三千年的历史中为自由而战的故事,在这里"自由"意味着有权公开讲出生活、社会、道德、政府或者宗教的真情,甚至因为讲出真情可能是对已有的秩序有害或者损害,因而被国家的政治力量禁止。"中国历史上为自由而战"是指中国人民,特别是他们的教育领袖为了思想及其表达自由,为了批评和责难法案、政府政客的自由,为了怀疑和批评既定的思想、传统信仰、甚至神圣的制度的权利而进行长期的斗争。"简而言之,它有时是为思想而战,有

---

① 参见胡适:《我们对于西洋近代文明的态度》,收入《胡适文集》第4册,第11页。在文中,胡适说:"俄国的劳农阶级竟做了全国的专政阶级。这个社会主义的大运动现在正在进行的时期。但他的成绩已很可观了。"中译文参见《中国的文艺复兴》,第179—180页。在文中,胡适对苏联有正面的评价:"难道苏维埃俄国的领袖们不是科技进步的最热切的倡导者吗?尽管苏俄的工业化也许与西方不同,它是为着更广大的人民的,但他们不也是在充分借助科技实施着全国工业化的宏伟计划吗?最后,我们若把这些社会主义、共产主义运动看作是并非外在于西方文明的异己成分,而是其有机组成部分,是完善其民主理想的逻辑必然,只是对其早先有点过于个人主义民主理念的补充,不是更合理吗?"

② 中译文参见邹小站译:《民主中国的历史基础》,收入欧阳哲生、刘红中编:《中国的文艺复兴》,第315、326页。

时是为信仰而战,有时是为政治批评而战。"①胡适从先秦的"中国经典时代"开始讲起,一直讲到清代,回顾了中国古代的"批评精神"——"为自由而战的传统"的演变历史。

1942年3月23日胡适在华盛顿纳德立克俱乐部发表"中国抗战也是要保卫一种文化方式"(China Too Is Fighting to Defend a Way of Life)的英文演讲,对中日战争的性质做了明确的判断:"中日冲突的形态乃是和平自由反抗专制、压迫、帝国主义侵略的战争。"胡适论证了中国民主思想形成的哲学基础,包括"无为而治"的黄老治术,墨家的兼爱精神,儒家"人皆可教"、"有教无类"的思想,言论自由和政治上采纳坦诚谏奏的传统,人民反抗暴政的传统,均产的社会思想。以及在这些民主思想基础上产生的制度,诸如以"无为而治"来管理大一统帝国,宗法制的消失,使"有教无类"得以实现的科举制度,谏奏的监察制度,学术生活的思想自由与批评精神。从历史上看,日本"在政治组织上,一直是极权统治;在学术上,是愚民政策;在教育上,是军事化训练;其抱负则是帝国主义的思想"②。根据这一对比,胡适的结论是:"由于上述两种截然不同的历史背景,而产生了两种根本上对立的生活方式。今天,中国人民的自由、民主、和平的方式,正面临着日本独裁、压迫、黩武主义方式的严重威胁。"③中日战争孰是孰非,对于持有民主观念的西方听众或读者而言,一辨即清。

同年5月12日在华盛顿宇宙俱乐部(Cosmos Club)胡适发表了"中国历史上为争取思想自由的斗争"(The Struggle for Intellectual Freedom in Historical China)的演讲,在胡适看来,思想自由是一种讲出真实的自由,甚至是因为讲真话而触及神圣不可侵犯的传统捍卫者的感情、或者政治教条和社会公共财富的自由。换句话说,思想自由是一种特殊的言论自由、观点自由、出版自由、信仰自由。胡适首先从介绍先秦时代的孔子、墨子开始,然后

---

① Hu Shih, The Fight for Freedom in Chinese History, *Life Association News*, Vol. 36, No. 2. October 1941, pp. 136—138;213—215. 收入《胡适全集·英文著述四》第38册,第354—374页。

② China Too Is Fighting to Defend a Way of Life, 收入《胡适全集·英文著述四》第38册,第539—556页。中译文《中国抗战也是要保卫一种文化方式》,收入《胡适文集》第12册,第786页。

③ 中译文《中国抗战也是要保卫一种文化方式》,收入《胡适文集》第12册,第789页。

将秦朝以降的为思想自由斗争的历史划分为三个时期:第一时期从公元前1世纪至3世纪,这时勇敢的思想家们为寻求批评和推翻汉朝的宗教信仰、哲学传统。伟大思想家王充的《论衡》是最具代表性的经典。第二时期覆盖了中古时期,这时中古佛教和道教的教条及其实施被当做严厉批评和勇敢怀疑的对象。第三时期包括从11世纪延续到19世纪的理学。在文末,胡适指出:"我国人民现正在艰苦奋战,因为视怀疑为一种德行、批评为一种权利的我国人民不希望被一个责备所有思想为危险的民族所统治。"①

同年胡适发表的《中国思想史纲要》(Chinese Thought)一文,亦将漫长的中国思想史分为上古、中古和近世三个时期:"耶稣纪元前的一千年为上古时期,伟大的中古佛教及道教时代,以及一直通过了纪元后一千年的全部时间,都为中古时期。而近世这一时期则为中国理智复兴期;这一时期,远从第十世纪大规模的刊印书籍,以及第十一世纪、第十二世纪新孔子学派起来的时代起,一直延长到我们这个时代,每一时期,都占了将近千年的光景。"②胡适特别赞扬了上古时代的人文主义(Humanism)、理性主义(Rationalism)、自由精神(Spirit of freedom),以及近世的"实事求是,莫作调人"的怀疑态度。"人文主义者的兴趣,与合理及唯理主义的方法论结合起来,这一结合,就给予古代中国思想以自由的精神。"③"以怀疑态度研究一切,实事求是,莫作调人。这就是那些中国思想家的精神,他们曾使中国理智自由的火炬,永远不熄。也就是这个精神,方使中国的思想家们,在这个新世界上,新时代中,还觉应完全的自如与合适。"④

从1941—1942年胡适发表的上述五篇英文文章、演讲稿可以看出,他对中国历史文化的评价与此前在国内发表的对中国传统文化评价的文字大

---

① Hu Shih, The Struggle for Intellectual Freedom in Historical China, *World Affairs*(Washington. D. C). Vol. 105. No. 3 September 1942. pp. 170—173. 收入《胡适全集·英文著述四》第38册,第603—610页。

② Hu Shih, Chinese Thought, *Asia Magazine*, Oct 1942. Vol. 42. No. 10. p. 582. 中译文参见《中国思想史纲要》,收入《胡适文集》第10册,第414页。

③ 中译文参见《中国思想史纲要》,收入《胡适文集》第10册,第414页。

④ 同上书,第419页。

相径庭,在 1934、1935 年他发表的三论《信心与反省》、《试评所谓"中国本位的文化建设"》等中文文章中,胡适对中国传统文化有过严厉的批评,奉劝国人对中国传统文化、中国历史要有一种彻底反省的精神。现在他却视自由、民主为西方现代化的最重要的指标,并以此大力挖掘中国历史文化中的自由、民主因素,理顺自由主义与传统文化之间的关系。胡适之所以这样做,与西方主流意识形态的变化、与二战时期的意识形态斗争有着密切关联。第二次世界大战爆发以后,美、英等民主国家在意识形态上迅速作出新的调整,由原来强调资本主义与共产主义的对抗转向强调民主与极权的对抗,即将它们与德、意、日之间的冲突和战争是民主的生活方式与法西斯的极权政治的对抗。胡适发表的《意识形态之战》(The Conflict of Ideologies)这篇演讲,即为对这一新的意识形态之战的呼应。他对中国历史文化的重新解释,实际上亦为适应这一变化了的形势需要,这是他作为一个具有国际视野的思想家的敏锐之处。

抗战时期,胡适对中日现代化的比较,对中国文化传统、中国思想史的重新解释,对于改变西方对中国历史文化的偏见,改善中国的国际形象,沟通中国文化与美、英主流意识形态,无疑会产生积极的影响。应当说明的是,胡适在抗战时期发表的这些言论,并不完全是为了宣传、应景的需要,还有基于他自己理性思考和文化反省的一面。正因为如此,他在抗战以后的中、英文演讲或著述中,如《谈谈中国思想史》(载 1947 年 6 月《学风》第 1 卷第 6 期)、《儒家的人文主义传统》(The Humanist Tradition in Confucianism,1953 年在 Vermont 大学的英文演讲)、《在古代中国思想中的怀疑权利》(The Right to Doubt in Ancient Chinese Thought,1954 年撰写)、《中国古代政治思想史的一个看法》(载 1954 年 3 月 13 日台北《中央日报》)、《中国哲学》(Chinese Philosophy,1955 年 1 月 31 日在纽约库柏联合会的演讲)、《中国传统与将来》(The Chinese Tradition and the Future,1960 年 7 月 10 日在美国西雅图中美学术会议的英文演讲)等文,继续发挥这些观点,成为他晚年思想的重要组成部分。有的论者强调胡适中西文化观在中、英文语境中的表述差异,以显现胡适的文化民族主义情怀,其实这种差异只是构成胡适中西文化观的一个侧面,更大的差异主要显现在前后期思想重心的变化,这是我们在研究胡适中西文化观时须要注意的一条线索。

中西文化观是中国近现代文化史上的核心问题。几乎这一时期所有的思想家都面临这一问题的困扰和拷问,都不得不做出自己的选择。胡适在前期是一个西方近代文明的辩护者——"西化"派的代表,他认同西方近代文明,是与确认现代性、现代化的正当性联结在一起,这时他心中的"西方"是一个泛化的概念,它并没有明确区别美英模式、苏俄模式甚至日本模式,尽管他内心世界的理想模式是"美国经验";他心中的"西化"模式,指一切完成现代化过程的国家(包括不在欧美的日本),它们对中国来说都具有示范的意义。只是由于 20 世纪二三十年代中文还未曾流行使用"现代化"一词,"西化"、"欧化"才成为"现代化"的代名。所谓"全盘西化"或"充分世界化"实际上也是表达对现代化的一种诉求,这一点以胡适 1931 年发表的英文文章《中国的文化冲突》(The Cultural Conflict in China)所使用的 Wholehearted modernization("一心一意的现代化"、"全力的现代化")一词表述最为恰当,也较易为人所接受①。后期他是一个"民主世界文明"的捍卫者,他选择的"民主世界文明",主要是以个人主义、市场经济和民主政治为其核心价值,这些要素只有美国、英国才具备,因此他理想的"民主国家"其实就是美国、英国,他否定了德国、日本、意大利这些法西斯国家,也排除了苏俄模式。胡适的这一倾向——他对美国民主政治模式的强烈认同感,他在《独立评论》上与丁文江、蒋廷黻就"民主与独裁"问题辩论时已初露端倪。也就是说,随着法西斯主义者在德、日、意等国家掌控政权,随着苏俄社

---

① The Cultural Conflict in China,收入《胡适全集·英文著述二》第 36 册,第 383—393 页。有关这一篇文章的评论,参见胡适:《充分世界化与全盘西化》,收入《胡适文存四集》卷四。《胡适文集》第 5 册,第 453—455 页。胡适在文中谈到潘光旦在《中国评论周报》(The China Critic)刊文赞成他使用 Wholehearted modernization("一心一意的现代化"、"全力的现代化")一词,而不能赞成 Wholesale westernization("全盘西化"),即为一例。作为一个社会学家、民族学家,潘光旦对二者的区别表现出特有的敏感。胡适本人似不在意这二词的区别,而注重于二词所表达的内容同质。在英文里,两词的意义基本相同。在中文里,两词则有一定区别:"全盘西化"强调西方模式对后现代化国家的示范意义。而"一心一意的现代化"并不包含现代化就要"西方化"这一层含义。胡适使用"充分世界化"或"全盘西化"主要是强调现代化应有的"世界化"或"国际化"意义。胡适对现代化的这种理解与他的"美国经验"密切相关。潘光旦的另一篇批评文章《科学与"新宗教新道德"——评胡适〈我们对于西洋近代文明的态度〉》,原载 1927 年 5 月 1、2、3 日《时事新报·学灯》。收入《潘光旦文集》第 8 册,北京:北京大学出版社,2000 年 12 月版,第 212—221 页。对胡适前期中西文化观的批评亦有补正的性质。

会主义建设取得巨大成就,国际上开始呈现德、日、意法西斯国家、苏俄社会主义与美英民主政治三种模式竞争的局面,胡适心中的西方世界、西方文明一分为三、三足鼎立,这时他不得不面临选择立场的问题。由此不难看出,胡适后期的中西文化观实际上是其前期中西文化观的深化和细化。胡适中西文化观的合理性在于他确认了现代性、现代化的正当性,在于他确认了民主、自由、个人主义的合法性,从而为国人走向未来提供了一种富有期望值的文化想象,这些在近代中国这样一个后现代化国家当然具有进步意义。作为一个具有国际视野的思想家,胡适中西文化观演变的内在根据,是他始终与美英的主流意识形态保持一致,他的中西文化观在这一点上不能不说又具有一定的依附性。在胡适中西文化观的世界,我们看到的主要是胡适"对西方的态度"——一个"西方化的中国",或者按照美国思想处理的中国传统——一个按照美国理想塑造的中国未来,这与他"中国的文艺复兴"的理想多少又有些矛盾。在胡适的"美国经验"里,我们看不到对歧视有色人种、排华法案和麦卡锡主义等负面因素的任何说明,这不免让人感到有美化之嫌。

四　与西方汉学家对话

与西方汉学界对话,澄清西方学术界对中国文化历史一些流行的误解和偏见,以求得对中国人文传统客观、公正的评估,这是胡适在与西方汉学界接触过程中关注的一个课题。

胡适对西方汉学的评论最早见于其留美日记中。1916 年 4 月 5 日他在日记中写道:"西人之治汉学者,名 Sinologists or Sinologues,其用功甚苦,而成效殊微。然其人多不为吾国古代成见陋说所拘束,故其所著书往往有启发吾人思想之处,不可一笔抹煞也。今日吾国人能以中文著书立说者尚不多见,即有之,亦无余力及于国外。然此学(Sinology)终须吾国人为之,以其事半功倍,非如西方汉学家之有种种艰阻不易摧陷,不易入手也。"[①]可见,当时胡适对西方汉学抱有可依可违的双重态度,"成效甚微"一语则更显其

---

① 《胡适留学日记》卷十二,收入《胡适全集·日记(1915—1917)》第 28 册,第 332 页。

内心之轻视。留学时代的胡适除了与哥大汉学教授夏德接触外,基本上没有机会与其他西方汉学家直接交流,他主要是通过阅读汉学刊物了解西方汉学界的动态。实际上,当时美国汉学研究学术力量相对薄弱,远不如欧洲的法、英、德、俄等国。

随着胡适在新文化运动中的声名鹊起,西方汉学家来华访问时,常常慕名前往拜访他,在华的西方人士也乐与胡适结交,胡适因此结识了一批西方汉学家和"中国通",如俄国的钢和泰(Alexander von Stael-Holstein)、英国的庄士敦(R. F. Johnston)、德国的卫礼贤(R. Wilhelm)、瑞士的戴密微(P. H. Demieville)、王克私(Philippe de Vargas)、瑞典的喜仁龙(O. Siren)、安特生(J. G. Andersson)、高本汉(Bernhard Karlgren)诸多名家,胡适对西方汉学界的了解随之也渐渐增多。1926年下半年,胡适赴欧洲访问时,又与苏俄、德国、法国、英国的一些汉学界大师级人物,如阿列克(V. M. Alekseev)、伯希和(Paul Pelliot)、苏熙洵(W. E. Soothill)、维列(Arthur Waley)等有过交往,此行对拓展他的西方汉学视野亦大有助益①。1926年10月27日胡适在法兰克福中国学社主办的"东方和西方"学术报告会上发表"中国的小说艺术"的演讲②。令人费解的是,素以尊敬师长著称的胡适此次德国之行,却未去拜访自己的老师夏德,这是否有其博士学位问题的"心结"在起作用,不免让人产生联想。

1925年6月12日,胡适在华北协和华语学校(North China Union Language School)发表了题为《当代的汉学研究》(Sinology Research at the Present Time)的演讲,这篇演讲现在保存的是英文摘要。尽管如此,我们也可看出胡适汉学观的基本概貌。胡适在这里探讨的"汉学",既包括中国近三百年的汉学即考证学,也包括西方的"汉学"(实为"中国学")研究。文中提到汉学研究的两种态度:一种是宣传的态度(propagandist attitude),它从成见出发,力图证明中国文化在许多方面优越于西方文化;一种是科学的、客

---

① 有关这方面的详细情形,参见桑兵:《国学与汉学——近代中外学界交往录》第五章"胡适与国际汉学界",杭州:浙江人民出版社,1999年11月版,第149—200页。桑文主要是依据胡适日记、书信提供的线索,梳理胡适与国际汉学界的交往关系。

② 此文原载德国 Sinical,1927年11、12月号。中译文参见胡适著、范劲译:《中国的小说》,载《文艺理论研究》2005年第3期。

观的态度(Scientific or objective attitude),它仅仅以事实为依据,不管因此研究得出的结论如何。在胡适看来,第二种态度是任何严肃学者所取的态度①。文章第二节论述"近三百年本国学者的成就"、第三节"本国学者的缺点",指出清代"汉学"的缺点,一是研究的范围太窄,主要局限于儒家经典。二是缺乏系统的工作组织。三是学者为比较研究的校勘材料过于贫乏。这些观点在1923年他发表的《〈国学季刊〉发刊宣言》中实已表述过。第四节"西方汉学的成就"是该文最值得注意之处,胡适提到西方汉学的成就主要表现在:首先是拓展了研究范围,他特别提到了安特生和桑志华(Pere Licent)有关新石器时代的研究、高本汉的比较语言学研究。其次是西方汉学家的显著成就在于系统的材料建构,如李希霍芬(Ferdinand von Richthofen)在中国的地质学研究、劳弗尔(Berthold Laufer)的考古学、高本汉(Klas Bernhard Karlgren)的语言学、安特生(J. G. Andersson)的石器时代文化研究、多尔(Dore)的神话研究、翟理思(Herbert Allen Giles)的文学研究等。第三是西方汉学家经常引入新的材料进行比较研究,诸如在方言、佛教等领域的研究尤显这一长处。胡适提醒人们,在现今的汉学研究中,人们常常以为只有中国人在中国文化领域的研究可能真正富有价值,其实令人惊奇的是西方学者不管在材料方面,还是在工作方法上都已做出了贡献②。从胡适这篇文章引据的材料和提出的观点看,他当时因比较全面地掌握西方汉学的前沿动态,从而大大改变留美时期所存对西方汉学的轻蔑态度,对中西方"汉学"研究的差距亦有了新的认识。

胡适在与西方人士或西方汉学家交往过程中,如果说那些汉学大师或名家的研究工作及其成就给他留下了深刻影响,对他的学术研究有所制导的话,那么,西方学术界对中国历史文化所抱持的某些偏见也刺激了他的民族自尊心,促使他起而为中国文化、历史辩护,在英文世界里,胡适俨然成为中国文化的一个代言人和辩护者,这方面也不乏事例。

西方学术界长期流行关于中国近一千年来历史发展"停滞不前"的观

---

① Hu Shih, Sinology Research at the Present Time,收入《胡适全集·英文著述二》第36册,第53—54页。
② 同上书,第54—62页。

点,这一偏见很容易将西方人士引向对中国文明的鄙夷,胡适深感不能接受这样一种对中国历史的诠释。1921年7月3日胡适、丁文江等在与英国使馆参赞哈丁(H. M. Harding)会谈时触及到这一问题,他在日记中记载了这次会谈经过:

> 我们谈的[得]很久,后来谈到一个大问题上:"中国这几千年来何以退步到这个样子?"我与在君都主张,这两千年来,中国的进步实在很多,退步很少。这句话自然骇坏了哈丁、毕善功一般人。哈丁说,难道唐朝的文化不如后来吗?我说,自然。唐朝的诗一变而为宋词,再变而为元明的曲,都是进步。即以诗论,宋朝的大家实在不让唐朝的大家。南宋的陆、杨、范的自然诗,唐朝确没有。文更不消说了,……至于学问,唐人的经学远不如宋,更不用比清朝了。在君说,"别的且不说,只看印刷术一事,便可见唐远不如宋。"此话极是。①

中国历史"停滞不前"的观点在西方学术界由来已久。早在18世纪来华的西方传教士、外交家就在他们的旅行记和书信中就表达了这样一种看法。19世纪中期以后伴随西方对华侵略战争的步步升级和胜利,西方思想家、历史学家的著述也不断强化这样一种观点。英国著名历史学家韦尔士在《世界史纲》一书中认定中国文明在唐朝已达到顶点,近一千年停滞不前,即是这一观点的经典表述②。所以,胡适在这次会谈中遇到的问题,实际上是哈丁不经意流露出的一个西方人的成见。

1926年11月11日胡适在英国剑桥大学以"中国近一千年是停滞不进步吗?"(Has China Remained Stationary During the Last Thousand Years?)为题发表演讲,详举事实说明唐以后中国的历史进步:在印刷方面,7世纪没有印刷的书籍,雕版印刷是9世纪开始,大规模印书要到10世纪才开始。在艺术方面,唐代虽然极受人赞美,"若与宋朝和晚明的艺术作品相比只能算是不成熟的艺术"。在文学方面,"唐代出了一些真正伟大的诗人和几个优

---

① 《胡适全集·日记(1919—1922)》第29册,第342页。
② 参见〔英〕赫·乔·韦尔斯著,吴文藻、谢冰心、费孝通等译:《世界史纲》"中国智慧的束缚"一节,北京:人民出版社,1982年10月版,第629—636页。此书英文原版初版于1920年。

美的散文作家。但是没有史诗,没有戏曲,没有长篇小说,这一切都要在唐代以后很久才发展起来"。最大的进步是宗教和哲学领域,佛教在唐朝以前已"完全支配全国",但到唐朝时"中国人的民族心理渐渐又恢复过来了,渐渐对佛教的支配起了反抗",出现了禅宗;宋明以后又出现了理学、心学,他们摆脱佛教的神秘主义,"把注意力重新用到人生与社会与国家的实在问题上"。在列举诸种事实后,胡适表示:"我所说的话已经够表示中国在近一千年里不是停滞不进步的了。我们很高兴而且诚心诚意地承认,中国在这些世纪里的成就比不上近代欧美在近二百年里所做到的奇迹一般迅速的进步。""然而这种差别只是程度的差别,不是种类的差别。而且,如果我所提出的历史事实都是真实的,——我相信都是真实的——我们便还有希望,便不必灰心。"①

同样的问题在胡适访问美国时也被提出来,1927年2月26日美国外交政策协会就中国问题主办了一次题为"中国是前进还是倒退?"(Forward or Backward in China.)的午餐讨论会,主席詹姆斯·G.麦克唐纳(James G. McDonald)和胡适、格罗弗·克拉克(Grover Clark)、斯坦利·K.霍恩贝克博士(Dr. Stanley K. Hornbeck)分别作了讲演,聚集了1500多位饶有兴趣的听众,这是该协会有史以来最大的一次聚会。胡适在演讲中,介绍了五四时期的文学革命、白话文运动和思想革命,并认为"这场在中国的思想信仰革命与1911年的革命相比是一场更为根本性的革命",辛亥革命"不过是一个政府的更换,一个朝代的更换",新文化运动却是一场广泛的知识改革,它影响了人们的思想信仰、社会生活、家庭习俗和学者们的基本态度②。胡适还介绍了孙中山领导的国民党和孙中山先生的基本思想——知难行易的哲学、三民主义、四大民权、五权宪法,并认为中国的国民革命受到了俄国

---

① Hu Shih, Has China Remained Stationary During the Last Thousand Years? *Cambridge Review*, Vol. 48. No. 1176. November 19,1926. pp. 112—113. 收入《胡适全集·英文著述二》第36册,第132—139页。中译文参见《中国近一千年是停滞不进步吗?》,收入《胡适文集》第12册,第98—101页。

② Hu Shih, Forward or Backward in China. Peking: Peking Leader Press, 1927. 收入《胡适全集·英文著述二》第36册,第215页。

布尔什维克影响力的支配①。

中国文化历史另一个常被西人讨论的问题,是中国哲学与近代科学的关系,这一问题导源于近代科学为什么没有首先在中国产生?这是一个中西文化比较和科学哲学的问题。西方学者有薛尔顿教授(Prof. W. H. Sheldon)在《东西哲学的主要不同》一文中直指:"西方产生了自然科学,东方没有产生。"诺斯罗普(Prof. Filmer S. C. Northrop)在《东方直觉哲学与西方科学哲学互相补充的重点》一文中则认定:东方"很少有超过最浅近最初步的自然史式的知识的科学"。针对这些观点,尤其是诺斯罗普教授的观点,1959年7月胡适在夏威夷大学第三届东西方哲学家会议上发表了题为"中国哲学里的科学精神与方法"(The Scientific Spirit and Method in Chinese Philosophy)的演讲,反驳了上述看法。他认为:"第一,并没有一个种族或文化'只容纳由直觉得来的概念'。老实说,也并没有一个个人'只容纳直觉得来的概念'。"第二,"为着尝试了解东方和西方,所需要的是一种历史的看法(a historical approach),一种历史的态度,不是一套'比较哲学上的专门名词'"②。胡适根据前哈佛大学校长康南特博士(Dr James B. Conant)在《懂得科学》(On Understanding Science)演讲集中所举科学探索的精神与方法的特征,即"对于冷静追求真理的爱好"、"尽力抱评判态度而排除成见去运用人类的理智,尽力深入追求,没有恐惧也没有偏好"、"有严格的智识探索上的勇气"、"给精确而不受成见影响的探索立下标准"。胡适以为"古代中国的知识遗产里确有一个'苏格拉底传统'。自由问答、自由讨论、独立思想、怀疑、热心而冷静的求知,都是儒家的传统"。还有考据学中"严格的靠证据思想,靠证据研究的传统,大胆的怀疑与小心的求证的传统"③。这些都是中国知识史、哲学史上可以找出来的"科学精神与方法的特征"、"一个伟大的科学精神与方法的传统"④。

---

① Hu Shih, Forward or Backward in China. Peking: Peking Leader Press,1927. 收入《胡适全集·英文著述二》第36册,第216—222页。

② 中译文参见胡适:《中国哲学里的科学精神与方法》,收入《胡适文集》第12册,第396—398页。

③ 同上书,第401、421页。

④ 同上。

有趣的是,在中文语境里,与胡适意见相左的冯友兰1947年在美国宾夕法尼亚大学讲授"中国哲学史"课程时,对诺斯罗普同一文的哲学观点却基本赞同,冯氏如是评及诺斯罗普的观点:"诺思罗普(Northrop)教授说过,概念的主要类型有两种,一种是用直觉得到的,一种是用假设得到的。他说:'用直觉得到的概念,是这样一种概念,它表示某种直接领悟的东西,它的全部意义是某种直接领悟的东西给予的。'""诺思罗普还说,用直觉得到的概念又有三种可能的类型:'已区分的审美连续体的概念。不定的或未区分的审美连续体的概念。区分的概念。'……照他说,儒家学说可以定义为一种心灵状态,在其中,不定的直觉到的多方面的概念移入思想背景了,而具体区分其相对的、人道的、短暂的'来来往往'则构成了哲学内容。但是在道家学说中,'则是不定的或未区分的审美连续体的概念构成了哲学内容。'"冯友兰表示:"诺思罗普在他这篇论文中所说的,我并不全部十分同意。但是我认为他在这里已经抓住了中国哲学和西方哲学之间的根本区别。""这一点也可以解释,为什么在中国哲学里,知识论从来没有发展起来。""为什么中国哲学所用的语言,富于暗示而不很明晰。"①冯友兰在这里表达的观点与他1927年发表的《中国哲学中之神秘主义》一文的观点相一致。在前一文中,冯氏已认定,道、儒两家"在中国哲学中,此两家之势力最大。此两家皆以神秘底境界为最高境界,以神秘经验为个人修养之最高成就"②。所以,胡适对诺斯罗普观点的反驳,其实也是对冯友兰观点的批驳。甚至我们还可以推测,胡适之所以产生撰写《中国哲学里的科学精神与方法》一文的冲动,很可能与冯友兰《中国哲学简史》观点的刺激以及该书在西方的"走红"有关,这一点与他早年撰写《先秦名学史》时遇到的情形有类似之处。1950年1月5日,胡适在日记中写道:"我颇想借一栖身之地,把《中国思想史》的英文简本写定付印。前些时曾见冯友兰 A Short History of Chinese Philosophy,实在太糟了。我应该赶快把《中国思想史》写完。"③反映了他对冯友兰英文著作《中国哲学简史》的先行问世的极为不满以及

---

① 冯友兰:《中国哲学简史》,收入《三松堂全集》第6卷,郑州:河南人民出版社,2000年12月版,第24—25页。
② 冯友兰:《中国哲学中之神秘主义》,收入《三松堂全集》第11卷,第109页。
③ 《胡适全集·日记(1950—1962)》第34册,第5页。

自己未能完成《中国思想史》英文简本的焦虑。在中文语境里，冯友兰是带有浓厚新儒家色彩的文化保守主义代表，胡适是"西化"派的代表。在英文语境里，冯友兰、胡适对诺斯罗普观点的遵与违，却出现了错位，胡适走到了作为西方代言人——诺斯罗普的对立面，这种格局的形成颇耐人寻味。

近代科学与中国哲学、中国思想、中国文化的关系是伴随在胡适各个时期的英文作品中的一个重要话题，也是他反复无常、犹疑不定的一个问题。早年在撰写《先秦名学史》一书时，他批评宋明时期的哲学家"对自然客体的研究提不出科学的方法，也把自己局限于伦理与政治哲学的问题之中"①。1920年9月1日法国人莫纳斯蒂(Monestier)请胡适吃饭，胡适在当日日记中记载："Monestier问我一个大问题：中国没有科学，是否由于国民性与西洋人不同？我痛驳他。他要我写出来，译成法文发表，我答应了。"② 1934年胡适在芝加哥大学演讲"孔教与现代科学思想"(Confucianism and Modern Scientific Thinking)时，又认为："孔教，如果能得到正确的阐释，绝无任何与现代科学思想相冲突的地方。我不但认为孔教能为现代科学思想提供一片沃壤，而且相信，孔教的许多传统对现代科学的精神与态度是有利的。"③1959年他虽然发表了《中国哲学里的科学精神与方法》一文，认定中国哲学内存有"苏格拉底传统"、"严格的靠证据思想、靠证据研究的传统"。但他1961年11月16日在东亚区科学教育会议上发表的那篇语惊四座、且引发极大争议的最后一篇英文演讲——"科学发展所需要的社会改革"(Social Changes Necessary for the Development of Science)，大声呼吁："为了给科学的发展铺路，为了准备接受、欢迎近代的科学和技术的文明，我们东方人也许必须经过某种智识上的变化或革命。""我们应当学习了解、赏识科学和技术决不是唯物的，乃是高度理想主义的(idealistic)，乃是高度精神的(spiritual)；科学和技术确然代表我们东方文明中不幸不够发达的一种真

---

① 胡适：《先秦名学史》，收入《胡适文集》第6册，第8页。
② 《胡适全集·日记(1917—1922)》第29册，第200页。
③ 中译文转引自周质平：《胡适英文著作中的中国文化》，收入氏著《胡适与中国现代思潮》，第256页。周质平主编：《胡适英文文存》和《胡适全集·英文著述》未收此文。

正的理想主义,真正的'精神'。"①又将东方传统与近代科学截然对立起来,并表现出改革东方传统的立场。胡适的这种思想起伏,反映了中西方文化关系的不确定、不稳定的现状。近代以来中西文化冲突的最后一道防线是文化精神或哲学精神,胡适在这道防线的"弃"与"守"之间的确是经历了长时间的痛苦抉择和徘徊不定的疑虑!这种心态是他直接面对欧美列强的强盛和西方知识界对中国根深蒂固的偏见,而对自我文化身份极度焦虑的一种反映。

胡适晚年在美国做寓公时,与美国汉学界的关系淡薄。20世纪二三十年代美国大学多次邀请胡适访问、讲学。胡适驻美大使卸任后,他应邀在哈佛大学、哥伦比亚大学等处讲授"中国思想史"课程②。1950年代胡适旅居美国纽约时,却尝尽被"冷落"的滋味。除了在普林斯顿大学葛思德东方图书馆有过两年被聘任为该馆馆长的经历(1951年7月—1952年6月)外,胡适再没有被其他大学聘任过。1949年8月16日胡适致信赵元任夫妇曾表示:"你们劝我在外读书,把家眷接来。此事我也仔细想过,但我不愿意久居外国。读了 White Book 之后,更不愿留在国外做教书生活。"③说是自己"不愿",其实美国人未必想请。看重实力和时势的美国人对胡适所表现出的"势利",令胡适感到炎凉。1952年12月17日他在台北"北大同学会"欢迎会上的那番"青山真正是我们的国家"的讲话,实为这种情绪的发泄④。1955年12月19日他在给赵元任的信中说到:"我这几年所以故意不教书,也不热心向人要教书讲演的机会,实在是因为一种避嫌的心理,一面是这种人在政治上又往往是'前进'分子,气味也不合,所以我总有点神经过敏的

---

① Social Changes Necessary for the Development of Science,收入《胡适全集·英文著述五》,第671—678页。中译文参见《科学发展所需要的社会改革》,收入《胡适文集》第12册,第703—704页。
② 有关这方面的情形,参见拙作《欧阳哲生讲胡适》第三章"哥伦比亚大学的世界——胡适与哥伦比亚大学",北京:北京大学出版社,2008年1月版,第110—124页。
③ 《致赵元任夫妇》,收入耿云志、欧阳哲生编:《胡适书信集》中册,北京:北京大学出版社,1996年9月版,第1181页。
④ 胡适:《北大同学会欢迎会讲话》,收入《胡适言论集》(乙编),台北:自由中国社,1953年版,第60页。另载1952年12月18日台北《中央日报》。

感觉,觉得还是'敬而远之'为上策,切不可同他们抢饭吃。"①终于道出了他与美国汉学界"气味不合"的心曲。1956年11月18日他致信赵元任夫妇时再次倾吐自己的不快和以后的打算:"第一,外国学者弄中国学术的,总不免有点怕我们,我们大可以不必在他们手里讨饭吃或抢饭吃。第二,在许多大学里主持东方大学的人,他们的政治倾向往往同我有点'隔教',他们虽然不便明白说,我自己应该'知趣'一点,不要叫他们为难。第三,我老了,已到了'退休'年纪,我有一点积蓄,在美国的只够坐吃两三年,在台北或台中可以够我坐吃十年有余。第四,我诚心感觉我有在台湾居住工作的必要。"②正是因在美国与汉学界有"隔教"、"应该知趣"的痛苦感觉,胡适才打定主意,希望去台北"中研院"度过自己的余生,完成自己的"两三部大书"。

1960年7月胡适在美国西雅图举行的中美学术会议发表以"中国传统与将来"(The Chinese Tradition and the Future)为题的英文演讲,回答了西方学者关心的"中国传统与将来"这样一个大问题,此前他有关中国文化史(思想史)意见的精粹尽显其中,因而这篇演讲可以视为胡适对自己有关中国文化历史的思想的一个总结。内中所蕴藏的信息值得我们解读。第一,胡适坚持"不要把中国传统当作一个一成不变的东西看,要把这个传统当作一长串重大的历史变动进化的最高结果看"。这反映了他的历史观——进化论,他是从进化的观点看待中国传统文化的变迁,他把中国历史的演变看成是一个不断向前发展和不断进化的过程,不存在一个西方学者所谓有一段"停滞不进步"的历史时期。第二,胡适将中国文化传统的发展分为六个阶段:一、上古的"中国教时代";二、中国固有哲学思想的"经典时代";三、秦朝以后的历史的大进化;四、佛教传入引起的一场革命;五、对佛教的一连串反抗;六、中国的文艺复兴。这种对中国文化史(思想史)的"六阶段"分期法,可能1927年2月他在哥伦比亚大学演讲"中国哲学中的六个时期"时已经表述,但以后在《中国思想史纲要》(1942)、《谈谈中国思想史》(1947)他又简化为上古、中古和近世三段说。他的这种分期法,既与梁

---

① 《复赵元任》,收入耿云志、欧阳哲生编:《胡适书信集》下册,第1256—1257页。
② 《致赵元任夫妇》,收入耿云志、欧阳哲生编:《胡适书信集》下册,第1291页。

启超在《论中国学术思想变迁之大势》(1902)一文提出的"胚胎时代"(春秋以前)、"全盛时代"(春秋末至战国)、"儒学统一时代"(两汉)、"老学时代"(魏晋)、"佛学时代"(南北朝)、"儒佛混合时代"(宋元明)、"衰落时代"(近250年)、"复兴时代"(今日)"八时代"说有别,也与冯友兰在《中国哲学史》中所分的"子学时代"(春秋战国时期)和"经学时代"(汉至清朝)两阶段说不同。梁启超、冯友兰是胡适一生在中国思想史(哲学史)研究圈内先后最为关注的两个国内同行。梁氏对胡适的早年学术道路有莫大的影响,胡适的分期法仍保留着对梁氏的中国学术史分期法修正的痕迹。冯氏后来居上,是胡适成名后的竞争对手,他对中国哲学史的叙事方式被胡适视为"正统"观点的代表,当冯友兰的代表作《中国哲学史》被译成英文时,胡适撰写英文书评毫不客气地给予严厉批评①。第三,胡适对中国"经典时代"(也就是老子、孔子、墨子和他们弟子们的时代)所产生的文化及其遗产评价甚高。这些遗产包括:"这个时代留给后世的伟大遗产有老子的自然主义的宇宙观,他的无为主义的政治哲学;有孔子的人本主义,他的看重人的尊严,看重人的价值观念,他的爱知识,看重知识上的诚实的教训,他的'有教无类'的教育哲学;还有大宗教领袖墨子的思想,那就是反对一切战争,鼓吹和平,表扬一个他心目中的重'兼爱'的'天志',想凭表扬这个'天志'来维护并且抬高民间宗教的地位。"②胡适以为这些构成中国文化的根柢。这些话语在他1940年代以后发表的诸多中、英文文章中,均已表达。第四,胡适所谓"中国的文艺复兴"实际上是针对第四阶段佛教传入中国,"中国已经印度化"以及第五阶段"中古道教的开创和推广"这一历史背景而言。把佛教在中国的传播及其影响过程,看成是中国的"印度化"过程,这是胡适的一个学术发明。这在1936年他参加哈佛大学校庆三百周年发表的《中国的印度化:文化借鉴的一个事例研究》(The Indianization of Chi-

---

① Hu Shih's Review on Fung Yu-lan's *History of Chinese Philosophy*, 2 vols. (Princeton,NJ: Princeton University Press, 2nd ed,1952), tr. By Derk Boddde. In *The American Historical Review* Vol LX. No. 4. July, 1955. pp. 898—900. 收入周质平主编:《胡适英文文存》第三册,第1471—1476页。中译文参见周质平:《胡适与冯友兰》,收入氏著《胡适与中国现代思潮》,南京:南京大学出版社,2002年9月版,第60—63页。

② 中译文《中国传统与将来》,收入《胡适文集》第12册,第198页。

na:A Case Study in Cultural Borrowing)一文中已有系统、精当的阐述①。在胡适看来,这个"印度化"过程,"差不多整一千年,中国几乎接受了印度输入的每一样东西,中国的文化生活大体上是'印度化'了。但是中国很快地又觉醒过来,开始反抗佛教"②。韩愈作为反抗佛教的最大代表和宋代以后兴起的理学,在胡适的中国思想史框架里获得了高度肯定③,他们被尊为"中国文艺复兴"的先行者。"理学是一个有意使佛教进来以前的中国固有文化复兴起来,代替中古的佛教与道教的运动。这个运动的主要目的只是恢复孔子、孟子的道德哲学和政治哲学,并且重新解释,用来替代那个为己的、反社会的、出世的佛教哲学。"④正是从这个意义上,胡适将被大多数新文化人攻击的理学也纳入他的"中国文艺复兴"的范围。第五,胡适所谓的"中国的文艺复兴"包括"中国的文学复兴"、"中国哲学的复兴"和"学术复兴"三个方面。文学复兴"从八、九世纪"已经蓬蓬勃勃地开始,一直继续发展到我们当代"。哲学复兴"到十一、十二世纪入了成熟期,产生了理学的几个派别,几个运动"。学术复兴"是在一种科学方法——考据方法——刺激之下发生的"。"整三百年的一个时代(1600—1900)往往被称做考据的时代。"在整个中国文化史上,"中国的文艺复兴"实为最后、也是最高的一个阶段。显然,胡适是从大历史观的角度界定"中国的文艺复兴",并不是局限于"五四"时期的新文化运动这一短时段。第六,胡适认为要预估中国文化的未来,需要对近150年以来的中西文化冲突及其交融带来的历史进步有一估价。胡适认为,从19世纪以来,"中国传统才真正经过了一次力量的测验,这是中国文化史上一次最严重的力量的测验,生存能力的测验"。他提出:"我想我们要推论中国传统的将来,应当先给这个传统在与西方有了一百五十年的对照之后的状况开一份清单"。"我们应当先大致估量一下:中国传统在与西方有了这样的接触之后,有多少成分确是被破坏或丢弃了?西方文化又有多少成分确是被中国接受了?最后,中国传统还有多少

---

① The Indianization of China:a Case Study in Cultural Borrowing,收入《胡适全集》(英文著述三)第37册,第328—364页。
② 中译文《中国传统与将来》,收入《胡适文集》第12册,第205页。
③ 参见胡适:《中国思想史纲要》,收入《胡适文集》第10册,第418—419页。
④ 中译文《中国传统与将来》,《胡适文集》第12册,第203页。

成分保存下来？中国传统有多少成分可算禁得住这个对照还能存在?"胡适以为,"短短几十年里,中国已经废除了几千年的酷刑,一千年以上的小脚,五百年的八股"。"中国是欧洲以外第一个废除君主世袭的民族",这些都是很大的进步,这些都是"中国自动采取的东西"。胡适充分肯定中国文化在中西文化交流过程中所获得的进步。第七,胡适重新提到自己1933年在"中国的文艺复兴"那篇演讲中对中、日现代化模式所作的"类型比较",再次强烈地肯定了不同于日本"中央统制型"的中国现代化运动。中国的现代化似乎较慢,但"那许多缓慢的,但是自动的变化,正好构成一个可以算是民主而又可取的文化变动的型态,——一个长期曝露,自动吸收的型态。我的意思也是要说,那种种自动的革除淘汰,那种种数不清的采纳吸收,都不会破坏这个站在受方的文明的性格与价值。正好相反,革除淘汰掉那些要不得的成分,倒有一个大解放的作用;采纳吸收进来新文化的成分,会使那个老文化格外发挥光大。我决不担忧站在受方的中国文明因为抛弃了许多东西,又采纳了许多东西,而蚀坏、毁灭"①。胡适对中、日现代化的这种类型比较不单纯是出于自身本能的民族感情,更是基于自己对现代化价值取向的认识,即现代化不仅是物质的、军事的现代化,而且还应包含民主化和文化革新。第八,胡适强调中国传统文化的根柢是"人文主义"(humanism)和"理性主义"(rationalism),这是中国文艺之所以能够复兴的关键所在。所以在文末,胡适得出的结论,表达了他的坚定信念:"那个'人本主义与理智主义的中国'的传统没有毁灭,而且无论如何没有人能毁灭。"②这一话语可以视为胡适探索中国文化前途的最后嘱托。从整个文章的基调看,胡适对中国文化的历史及其现状都表现了一种乐观、积极的看法,这是其作为一个"不可救药的乐观主义者"的本性使然。胡适发表这篇演讲正是中国新文化处在步履艰难的年代,为保存中国文化的体面和尊严,他在西方人士面前的确仍在极尽全力做自己最后的努力。

---

① 中译文《中国传统与将来》,收入《胡适文集》第12册,第206—209页。
② 中译文《中国传统与将来》,收入《胡适文集》第12册,第210页。该文译者将"humanism"译为"人本主义"、"rationalism"译为"理智主义",亦通。

结　语

　　胡适以为对中西文化处理的理想方式是"中西互释"。这种态度在《先秦名学史》的"导论"里得到经典表述："如果用现代哲学去重新解释中国古代哲学，又用中国固有的哲学去解释现代哲学，这样，也只有这样，才能使中国的哲学家和哲学研究在运用思考与研究的新方法与工具时感到心安理得。"①正是基于这一认识，胡适英文作品处处表露出比较意识和比附现象。从他在《先秦名学史》所表现的主旨看，从他对"中国的文艺复兴"的历史诠释看，从他对中国历史文化中的自由、民主因素的解释看，从他撰写《中国哲学里的科学精神与方法》、《中国传统与将来》等文的立意看，他在其英文作品里倾注的核心主题是"中国的文艺复兴"。他所扮演的则是一个竭尽全力宣传中国新文化、毅然充当中国文化历史的辩护律师的角色。但他处理中西文化的方式，却只能说是以现代哲学解释中国古代哲学，或者说以西方思想处理中国思想。出现这一现象的原因，并不仅仅是胡适个人的学术背景和治学倾向使然，而主要是由近代以来的中西文化关系所决定。在西方文化处于强势地位的时代，中国的现代化过程的确伴随着"西方化"的过程，中国人的思维方式和科学方法的确不可避免地受到外来的西方思想（哲学）的重塑。这一点为近代以来包括蔡元培、冯友兰等在内的许多哲学家所明确承认。胡适这位被陈寅恪当年视为大闹天宫的"孙行者"，不能跳出西方文化（思想）这尊如来佛的掌心，其实也是近代中国中西文化实力对比相差悬殊的一种反映。

　　胡适作为一个诞生在近代中国的文化巨子，他的特殊贡献在于他自觉地运用了西方思想（哲学），包括以实验主义、自由主义对中国历史、中国哲学重新做出解释。他对西方（特别是美国）近代以来的生活方式，如个人主义、民主政治、思想自由有一真切的了解，并将之传播给自己的同胞。同时，他凭借自己优质的西学素养和超强的英语语言表达能力，向西方世界展示了中国传统文化蕴含的精神财富和正面价值，他的解释考虑到符合西方人

---

① 中译文《先秦名学史》，收入《胡适文集》第6册，第11页。

士的口味,虽然不免比附和牵强,但却具有极大的说服力和感染力。胡适真正是一位身跨中西文化的大师级学者,就其在西方世界产生的文化影响看,除了林语堂外,殆无其他人可以与之比肩。林语堂主要是以他的英文文学作品驰骋于西方文坛,并于1975年9月在维也纳召开的第40届国际笔会荣膺副会长一职;而胡适则是以他的英文作品解释中国思想、中国哲学,在西方世界获取重要影响。从中国文化走向世界这一视角来看,不管是西方报刊对胡适"中国文艺复兴之父"的称谓,还是中国人给予他的"文化大使"之头衔,都恰当地说明了胡适在中西文化交流中所扮演的重要角色。

本文为2009年5月6—7日参加北京大学主办的"五四的历史与历史中的五四——纪念五四运动九十周年"国际学术研讨会提交的论文,载《近代史研究》2009年第4期。

附录一　重评胡适

胡适是驰骋于20世纪中国文坛著名的思想家、教育家和学者。但与同时代产生的一批新文化人物,诸如鲁迅、郭沫若、茅盾等人相比,学术界对胡适的研究和评价却大相径庭。鲁迅、郭沫若、茅盾被视为里程碑式的文化巨匠,有难以计数的论著专题研究他们,胡适则因"盛名之累"迭招物议,只是由于他与新文化运动的密切关系,给他保留了压至最低限度的小小一席之地。关于他的历史作用,仅肯定他不过是用资产阶级改良主义思想同封建主义进行过软弱无力的斗争——这是在一个时期中一位新文化人物获得认可的最低条件。然而,胡适研究在海外长盛不衰,一直是人们议论和关注的重要课题。其研究规模之大,拓展之深,涉及之广,真可谓蔚为大观。胡适研究中所出现的这种强烈的反差,本身就说明胡适是一个值得重视的历史人物。近年来,国内的胡适研究渐次深入,学者们围绕胡适在"五四"前后的历史表现及其作用等局部问题提出了一些突破性的意见,但对胡适的整体认识还很不够。胡适到底是一个什么样的人?他的历史地位如何?本文拟对此试作回答。

一

自1954年"胡适大批判"运动以来,胡适就被戴上"美帝国主义豢养的文化买办"、"与封建主义沆瀣一气的反动文人"、"反苏、反共、反人民的资产阶级右翼政治代表"等几顶政治帽子,定性的阶级分析使胡适成了中国历史上最受人冷落的文化人物。全面批判和彻底否定胡适一直囿于这样一个成文的流行公式:凡是敌人反对的,我们就要拥护;凡是敌人拥护的,我们就要反对。这种简单的历史逻辑把政治领域内复杂的斗争现象一律简化为两个阶级、两条路线的斗争,由此类推,百家争鸣的文化园地也被导演成敌我两大阵营。这就很自然地使人产生一种看来毋庸置疑的观念:胡适是由解放前占统治地位的帝国主义和封建主义一手扶植的反动文人,对他进行彻头彻尾的批判,不仅为适应无产阶级革命斗争之必需,而且是建设社会主义文化之必要。我们暂且不论上述历史逻辑是否符合马克思主义的历史辩证法,仅就胡适本人的遭遇而言,它也未必与历史事实一致。从胡适留美期间试用白话作诗,招致其同学梅光迪、任鸿隽一伙的冷言嘲弄而"逼上梁山";到新文化运动中胡适因提倡新文学,反对文言文,遭到林纾等"桐城末流"的谩骂。从北洋政府施展专制淫威,罗织"赤化青年"罪名查禁《胡适文存》;到1929年,胡适因宣传"人权",引起国民党人的极大不满,国民党上海市党部做出决议,称:"中国公学校长胡适,公然侮辱本党总理,并诋毁本党主义,背叛政府,煽惑民众,应请中央转令国府,严予惩办案。"①结果,胡适被迫去职离沪。从右翼文人叶青1930年代撰写《胡适批判》一书,清算胡适的学术观点和文化思想,宣称胡适不必"盖棺论定",其思想已告枯竭;到1960年代,围绕"中西文化论战"和"新文化运动"两大问题,海外学者对胡适评价所展开的一场激烈争辩。胡适在受到进步的革命的力量批评的同时,亦颇招致了右翼,甚至极端反动势力的非难和攻讦。胡适评价中这种褒贬不一、莫衷一是的情况说明,如果简单地搬用"路线斗争"的理论逻辑去套用和否定胡适,不仅无助于我们真正贯彻马克思主义的历史辩证法,而且也妨碍了我们对胡适复杂一生的全面剖析,这种非历史主义的方法确应为我们摒弃。

马克思主义的诞生是人类思想史上的一场伟大革命。这一革命不仅表现在马克思、恩格斯以前人未有的理论勇气,深刻批判了形形色色资产阶级理论所存在的思想局限,而且表现在他们以旷古未有的博大胸怀,吸收、包容和继承人类历史上包括资产阶级在内的各个阶级和思想流派创造、提供的优秀文化成果。他们从来没有表现出褊狭的思想个性,因为自己的政治立场而排斥资产阶级的文化遗产,或抓住资产阶级文化人物因阶级局限所带来的政治缺陷而对之采取全盘否定的态度。马克思主义经典作家对某些

---

① 《中公校长胡适反动有据 市党部决议请中央拿办》,载《大公报》1929年8月29日。

资产阶级文化代表的具体评述,可给我们以极大的启迪。例如,黑格尔是为人类认识发展做出巨大贡献的辩证法大师,马克思、恩格斯对这位大思想家表示了极大的尊崇,他们没有因黑格尔哲学成为普鲁士王国的"国家学说"这一历史现象和他本身的严重缺陷,即"拖着一条庸人的辫子"、"没有完全脱去德国的庸人气味",否定黑格尔哲学中所包含的"合理内核"和思想价值,而把黑格尔称为哲学领域中"奥林帕斯山的宙斯",把他在德国思想界的巨大影响看做是"一次胜利进军",并告诉人们,只要深入到他的思想"大厦"之中,"就会发现无数的珍宝"。① 又如,恩格斯论及法国批判现实主义作家巴尔扎克时,一方面承认"巴尔扎克在政治上是一个正统派;他的伟大作品是对上流社会必然崩溃的一曲无尽的挽歌;他的全部同情都在注定要灭亡的那个阶级方面";另一方面,他又肯定"巴尔扎克,我认为他是比过去、现在和未来的一切左拉都要伟大得多的现实主义大师,他在《人间喜剧》里给我们提供了一部法国'社会'特别是巴黎'上流社会'的卓越的现实主义历史,他用编年史的方式几乎逐年地把上升的资产阶级在 1816 年至 1848 年这一时期对贵族社会日甚一日的冲击描写出来……在这幅中心图画的四周,他汇集了法国社会的全部历史,我从这里,甚至在经济细节方面所学到的东西,也要比从当时所有职业的历史学家、经济学家和统计学家那里学到的全部东西还要多"②。恩格斯没有忌讳巴尔扎克的保皇派观点,对其大张挞伐,而是高度赞扬了他的伟大文学成就。列宁笔下的俄国文学巨匠列夫·托尔斯泰亦是一例。"托尔斯泰的作品、观点、学说、学派中的矛盾是显著的。一方面,是一个天才的艺术家,不仅创作了无与伦比的俄国生活的图画,而且创作了世界文学中第一流的作品;另一方面,是一个发狂地笃信基督的地主。一方面他对社会上的撒谎和虚伪作了非常有力的、直率的、真诚的抗议;另一方面,是一个'托尔斯泰主义者',即是一个颓唐的、歇斯底里的可怜虫……一方面,无情地批判了资本主义的剥削,揭露了政府的暴虐以及法庭和国家管理机关的滑稽剧,暴露了财富的增加和文明的成就

---

① 恩格斯:《路德维希·费尔巴哈和德国古典哲学的终结》,收入《马克思恩格斯选集》第 4 卷,北京:人民出版社,1972 年 5 月版,第 214—216 页。
② 《恩格斯致玛·哈克奈斯》,收入《马克思恩格斯选集》第 4 卷,第 462—463 页。

同工人群众的穷困、野蛮和痛苦的加剧之间极其深刻的矛盾;另一方面,狂热地鼓吹'不用暴力抵抗邪恶'。一方面,是最清醒的现实主义,撕下了一切假面具;另一方面,鼓吹世界上最卑鄙龌龊的东西之一,即宗教,力求让有道德信念的僧侣代替有官职的僧侣,这就是说,培养一种最精巧的因而是特别恶劣的僧侣主义。"①在深刻地揭示了托尔斯泰的内在矛盾后,列宁的结论是:"列夫·托尔斯泰是俄国革命的镜子。"

上述马列经典作家的具体论述说明,他们从不单纯以政治态度作为评判、估价资产阶级文化人物的唯一标准,相反,他们采取了一种以肯定其文化成就为主,揭示其政治局限为辅的不同于旧阶级的狭隘偏见的新方法。因而我们在评价像胡适这样一类瑕瑜互见、文化成就与政治局限并存的文化人物时,既不能以其文化成就掩盖其政治局限,更不能因其政治局限而否定其文化成就,而应遵循马克思主义的思想方法,在客观地分析其文化成果的前提下,不回避对其政治局限的历史检讨。

二

胡适作为一个新文化人,在中国进入新民主主义革命的"五四"时期,未能像他的同侪李大钊、陈独秀等为代表的一部分新文化人那样,适应时代的发展趋势,迅速向初步的共产主义者转变,而是逐步演化成为一名资产阶级改良主义者,并顺着这条道路,在政治上渐渐蜕化,最后依附于反动阵营,成为蒋介石为代表的官僚资产阶级集团的"文化班头",这是胡适一生不可否认的政治失足。但是,具体分析胡适的政治活动及全面探讨他的政治思想,我们又可看到,其政治面貌决非一两顶政治帽子能够简单扣住的。

纵览胡适政治思想的演变历程,他在被蒋介石收揽为"官方学者"前有一个过程。辛亥革命前,胡适编撰《竞业旬报》,不惮其烦地向人们宣传"革除从前种种野蛮思想"、"要爱我们的祖国","要讲道德","要有独立的精

---

① 《列甫·托尔斯泰是俄国革命的一面镜子》,收入《列宁选集》第 2 卷,北京:人民出版社,1972 年 10 月版,第 370—371 页。

神"①，紧密配合风起云涌的资产阶级反清革命；参加中国公学的"闹学"风潮，反对旧势力和立宪人士破坏公学的"共和制"，胡适以自己的言行顺应了当时资产阶级民主革命的进步潮流，是小有名气的"革命报人"。②

留美七年，胡适一方面认真探索欧美资本主义政治制度，领悟西方资产阶级经典文献的民主精神，参与和学习美国资本主义现实政治；另一方面，他又满怀爱国激情，时刻思虑着祖国的命运和前途，坚决反对民国初年袁世凯为代表的封建守旧势力尊孔复古和复辟帝制的倒行逆施，警醒国人不忘"国耻"，严防日本帝国主义之侵华野心，表现出强烈的资产阶级民主主义和爱国主义思想倾向。在新文化运动的洪流中，胡适高举资产阶级的"民主"和"科学"两面大旗，积极展开资产阶级的思想启蒙活动，猛烈抨击封建时代的旧道德、旧伦理、旧文化，呐喊"打孔家店"③的战斗口号，大胆开拓现代新文化领域，从理论规范到实际创作对中国文学进行全面的革新，不愧为新文化运动的一员大将，是一代新青年崇拜的"偶像"。第一次国内革命战争期间，胡适愤慨于北洋军阀"登峰造极"的反动统治，多次挺身而出，撰文揭露走马灯似的北洋政府鱼肉人民、戕贼民主的黑暗统治和曹锟贿选的丑闻，并与蔡元培、李大钊等人领衔提出"好人政府"的政治主张作为改造社会最低要求，他认同中国共产党关于"民主主义革命"④的最低纲领，多次与共产党人合作，相互视为盟友。惟其如此，胡适才是"社会上公认的民治主义者"⑤。

大革命失败后，胡适不满于国民党政府钳制言路、践踏人权、推行"党治"的专制政策，公开发表《人权与约法》、《我们什么时候才可有宪法？》、《知难，行亦不易》、《新文化运动与国民党》等政论文，直言不讳地指出蒋介石为首的国民党背逆民主政治，"在思想言论自由的一点上"，"是反动的"⑥大声疾呼保护"人权"，重建"约法"。他是中国第三政治势力——自

---

① 胡适：《本报周年之大纪念》，载《竞业旬报》1908年12月23日第37期。
② 冯自由：《革命逸史》第4册，北京：中华书局，1981年版，第241页。
③ 《吴虞文录》序，收入《胡适文存》卷四。
④ 《国际的中国》，收入《胡适文存》二集卷三。
⑤ 瞿秋白：《胡适之与善后会议》，载《向导》1925年3月14日第106期。
⑥ 胡适：《新文化运动与国民党》，载《新月》1929年9月10日第2卷第6、7号合刊。

由主义阵营的主要代言人。

"九一八"事变的发生，胡适惮于日本军国主义的嚣张气焰，提出对内作五年或十年的自救计划，在军事、政治、经济、教育等方面做好准备，如军事上要求统一，扫平割据势力等，对外采取"不抵抗主义"，容忍妥协。这正好与蒋介石推行的"先安内后攘外"的政策不谋而合，结果被蒋介石、汪精卫之流所利用，罗致为"座上客"，成了"只好拚命向前"的"过河卒子"。

抗战军兴，促使胡适一改先前的"容忍"思想，他弃教从政，积极投身拯救祖国的抗日斗争。他先与钱端升、张忠绂作为非正式使节派赴欧美，说明日本侵华暴行，力争国际支援；继而胡适又被派任驻美大使，为争取罗斯福政府明辨是非，果断放弃对日"绥靖"政策，支援中国抗战，他奔走全美，多方联络在美友人，到处演说宣讲，以至忧心忡忡、积劳成疾，其工作成就可嘉。在祖国危难时期，胡适不顾个人利益，勇赴国难，效命异域，鞠躬尽瘁，精忠报国的爱国主义精神是不应为后人所遗忘的。

然而，抗战胜利后，胡适的资产阶级改良主义思想恶性膨胀，公然要求共产党"放弃武力，准备为中国建立一个不靠武装的第二大党"，在国共两党决战的关键时刻，他又参加伪"国大"，支持国民党，为蒋介石"做面子"；阻挠青年参加政治运动，反对学生爱国抗美游行活动。他终于"从杜威走向蒋介石"，成了历史的绊脚石。

横剖胡适政治思想的内在结构，他一方面深受西方资产阶级自由主义、人道主义和民主主义的浸染，积极追寻建立一个自由、平等、博爱的欧美式的资本主义理想王国，这一理想在中国半殖民地、半封建社会的历史条件下，在世界进入无产阶级革命和帝国主义时代，虽已带有空想的性质，但它毕竟有进步的意义。它否定封建制度，从而使胡适从骨子里产生了对国内旧势力、旧思想、旧制度的隔阂和痛恨，汇入反对清王朝、反对袁世凯、反对北洋军阀、反对国民党的专制政策的进步潮流。另一方面，胡适那套欧美式的资产阶级政治思想，在国内缺乏滋生的土壤，它所依托的中国资产阶级尚处在经济基础薄弱、政治实力不足的困境中，这就使得胡适的政治思想带有改良的悲剧色彩。他反对封建主义，抨击反动的专制统治，唯恐封建势力卷土重来，束缚资本主义的发展，又极端害怕新兴的无产阶级登上政治舞台取代自身的历史地位，故坚决反对无产阶级领导的武装斗争，反对马克思主义指导中国革命。他有追求本阶级政治思想的强烈意向,但他没有实现这一理想的现实力量,只好寄希望于实用主义的那种"一点一滴"的改良办法,不可能与传统的封建势力彻底决裂。这就造成了胡适政治思想的双重性格,它是中国近代资产阶级的革命性和软弱性这一群体人格的一个缩影。

胡适政治道路发展的阶段性和政治思想内含的双重性表明:他与反动政治势力还存在一定差异,不可一概而论。因而从单纯政治的角度,对胡适采取全盘否定的态度显然是值得商榷的。现在的问题是,胡适并非一位政治家,他与政治的关系用他自己的话来说是"disinterested—interest"(译为"不感兴趣的兴趣"),他认为"这种兴趣是一个知识分子对社会应有的责任"①。因而胡适鼓吹"民主"和"人权"固然值得表彰,他蜕变为时代的退伍者,抛却"民权"说"王权"的历史教训也需总结,但总的来说,胡适在历史上的地位和作用主要不在政治方面,我们评价他的主要依据自然也不宜是他的政治行为和政治思想,以"唯政治决定论"的尺度去衡量胡适自然也不符合辩证唯物主义关于实事求是的原则。

三

综观胡适的一生,他的主要事业是在文化思想和学术研究方面,他对中华民族的主要贡献亦在此。从1917年初胡适在《新青年》杂志发表《文学改良刍议》一文而"暴得大名"后,其盛名历久不衰,其地位显赫一时,其成就卓然超群,这在中国文化界是人所皆知的。正因为这样,我们才有必要重新审定胡适在中国新文化史上的地位和作用。

首先,胡适在诸多文化领域创造的成就,是前无古人的,可谓中国新文化事业的开拓者之一。在文学创作方面,胡适开启了一条"用白话文作新文学"②的路子,他最早尝试用白话文创作新诗,其白话诗《尝试集》于1920

---

① 唐德刚译注:《胡适口述自传》第三章"初到美国:康乃尔大学的学生生活",台北:传记文学出版社,1986年12月版,第36页。

② 《介绍我自己的思想》,收入《胡适论学近著》第一集,卷五。

年出版,不到两年,就重版四次,这是我国"五四"时期影响空前的第一部新诗集。这部诗集,从内容到形式,都作了新的探索和尝试,正如文艺评论家陈子展所说:"《尝试集》的真价值,不在建立新诗的规范,不在与人以陶醉于其欣赏里的快感,而在与人放胆创造的勇气",胡适"对于'文学革命'、'诗体解放'的提倡,和他那种'前空千古,下开百世'的先驱者的精神,是不会在一时的反对者的舌锋笔锋之下死灭的"①。胡适创作的《终身大事》,也是新文学运动中第一个问世的独幕话剧,它以别开生面的戏剧形式批判了"父母之命,媒妁之言"的包办婚姻,抨击封建宗法制度,在追求自由恋爱的青年男女中引起了积极的反响,鲁迅对此曾有过高度评价:"这时有伊孛生的剧本的绍介和胡适之先生的《终身大事》的别一形式的出现,虽然并不是故意的,然而鸳鸯蝴蝶派作为命根的那婚姻问题,却也因而诺拉(Nora)似的跑掉了。"②胡适还翻译了一些外国短篇小说和易卜生的戏剧《娜拉》,其译作《短篇小说》(第一集)打破以往用文言文翻译外文的惯例,采用白话文译介外国作品,在当时也颇受人们的欢迎,1919年初版后,到1940年已重印21次,由此也不难窥探胡适翻译之功和影响之大。在哲学领域,胡适的主要功绩,一是写作《中国哲学史大纲》,开辟了用现代方法研究中国哲学史的先例;一是宣传实验主义,倡导"大胆的假设,小心的求证"的研究方法。《中国哲学史大纲》(卷上)于1919年出版,它第一次突破了千百年来中国传统的历史和思想史的原有观念、标准、规范和通则,成为一次范式性的变革,它在当时最使人感到耳目一新之处已由蔡元培在"序"中扼要指出,即:一、"证明的方法",包括考订时代,辨别真伪,和揭出各家方法论的立场;二、"扼要的手段",也就是"截断源流,从老子、孔子讲起";三、"平等的眼光",对儒、墨、孟、荀一律以平等眼光看待;四、"系统的研究",即排比时代,以见思想演进的脉络。关于实验主义,胡适有过一段精辟的论述:"实验主义只是一种方法,只是研究问题的方法。它的方法是:细心搜求事实,大胆提出假设,再细心求证。"③胡适运用这一思想方法,提倡"存疑",主

---

① 陈子展:《最近三十年中国文学史》"十 文学革命运动(上)"。
② 鲁迅:《二心集·上海文艺一瞥》,收入《鲁迅全集》第4卷,北京:人民文学出版社,1982年版,第294—295页。
③ 《我的歧路》,收入《胡适文存》二集卷三。

张"天下没有永恒不变的真理",提出"重新估定一切价值",这对破除一切迷信,打破传统的权威,动摇封建思想的统治秩序,无疑是具有极大的冲击作用。

在史学研究领域,在胡适的"疑古"思想的直接指导和推动下,出现了以顾颉刚为代表的"古史辨"派。1921年,胡适致信顾颉刚说:"大概我的古史观是:现在先把古史缩短二、三千年,从诗三百篇做起。将来等到金石学、考古学发达上了轨道以后,然后用地底下掘出的史料,慢慢地拉长东周以前的古史。至于东周以下的史料,亦须严密评判,'宁疑古而失之,不可信古而失之'。"①1923年,胡适在《〈国学季刊〉发刊宣言》中进一步提出"整理国学"的方法:"第一,用历史的眼光来扩大国学研究的范围。第二,用系统的整理来部勒国学研究的资料。第三,用比较的研究来帮助国学材料的整理与解释。"②顾颉刚等人受上述思想的影响,开始大规模展开古史辨伪工作,洋洋七大册《古史辨》成绩斐然,提出了一系列中国古代史的重要问题,尽管许多具体结论,观点今天都已过时,但它毕竟替中国现代史学脱开旧模式观念打下了基础。至于胡适提出的"疑古"思想,在历史典籍极其丰富的中国,要开始新的近代科学研究,首先采取怀疑的态度和方法,来仔细甄别史料,并辅以地下文物印证,这在当时不但是崭新的思想见解,而且也不失为平实的学术态度,具有一定的学术价值。胡适本人亦身体力行,他认为:"发明一个字的古义,与发现一颗恒星是一大功绩。"他对中国禅宗源流的考证,对《水经注》的研究,他撰写的《说儒》一文,发表的一系列历史问题的翻案文章,都体现了其精湛的考证技巧和深厚的史学功底。在古典文学方面,他先后写作了《〈红楼梦〉考证》、《〈西游记〉考证》、《〈醒世姻缘〉考证》等多种研究著作,考证的内容几乎遍及中国古典小说名著。他自称,考证的目的"并不是教导读者如何读小说,我所要传播的只是一种科学方法和科学精神"。的确,他的考证不仅澄清了许多前人的疑误,而且为后人探索这一领域开辟了道路。他对《红楼梦》一书的考证尤为后人推崇。1920年代,胡适曾为《红楼梦》写过五篇考证文章,他一反以往索隐派、附会派、影射派

---

① 顾颉刚编著:《古史辨》第1册,上海古籍出版社,1982年3月版,第22—23页。
② 《胡适文存》二集卷一。

等"旧红学"派的观点,创立了以自叙传说为特点的"新红学"。他认为《红楼梦》一书系个别作家创作的自传体小说,前80回出自曹雪芹手笔,后40回是高鹗之续貂,并对《红楼梦》版本进行了精细的考证,因此引起了他和蔡元培的一场争论。1964年,毛泽东在一次"关于哲学问题的讲话"中肯定了胡适的观点,他说:"蔡元培对《红楼梦》的观点是不对的,胡适的看法比较对一点。"胡适还根据自己的古典文学研究,写作了一部《白话文学史》,这部较早系统研究中国通俗文学的探索著作,"供给了一种根据于历史事实的中国文学演变论,使人明了国语是古文的进化,使人明了白话文学在中国文学史上占什么地位"①。从而对我国的白话文学进行了一次全面的总结,为蓬勃发展的白话文运动提供了历史依据。

其次,胡适积极传播新文化观念,坚持民族文化的近代化路线,坚定不移地同一切旧的文化势力进行针锋相对的斗争,不愧为中国新文化战线的一员健将。中国新文化萌动于"欧风美雨"的侵袭之中,产生于19世纪末20世纪初,但真正作为一股历史潮流,确定其反传统主义的趋势,则是在新文化运动后。

胡适早年即开始接受新文化的洗礼,自觉地探索中国新文化的前进方向,他着手编撰的《竞业旬报》,其主要宗旨就是:"一振兴教育,二提倡民气,三改良社会,四主张自治。"②该刊所载主要内容及胡适撰写的大部分文章都是致力于提倡科学,反对迷信,主张妇女解放和婚姻制度的改革,反对包办婚姻,鼓吹发展实业和教育,提倡新道德,扫除种种非人性的恶习,宣传爱国主义和革命民主主义等。新文化运动初兴之时,胡适与陈独秀、钱玄同、刘半农被誉为《新青年》的"四大笔",他们摇旗呐喊、推波助澜、相互呼应,共同将一场反对封建旧文化的运动推向了前所未有的高潮。胡适作为这一运动的主要代表,除了进行文学创作的尝试外,其主要贡献在于提出了一套完整的新文学理论和宣传了一种以个人为本位的新的资产阶级人生观,二者在新文学代替旧文学、新道德代替旧道德方面发挥了显著的作用,为运动增添了异彩。

---

① 《介绍我自己的思想》,《胡适论学近著》第一集,卷五。
② 胡适:《四十自述·在上海(二)》。

1917年初，胡适刊布《文学改良刍议》，被陈独秀誉为中国新文学的"高举义旗之急先锋"，从此他"一发即不可收"。他写作了一系列阐述新文学理论的论文，内容涉及从文学理论的一般原则到具体文学体裁的创作特征，从文学内容到文学形式。翻阅一遍《中国新文化大系》（1917—1927）中的《建设理论集》和《文学论争集》所选收的胡适论文，从其文章所占的篇幅，我们就不难想象胡适在当时在那场狂飙式的新文学运动中所起的理论先导作用。正是在胡适这些精辟而新颖的新文学理论启发下，一代新青年走上了追求和创造新文学的道路。如果说，鲁迅的《狂人日记》等小说作品从创作角度显示了中国现代新文学的"实绩"，胡适的《文学改良刍议》等有关新文学的论文则从理论的角度为中国新文学奠定了坚实的基础。

　　在用资产阶级新道德规范取代旧的陈规陋习上，胡适一方面大力介绍"易卜生主义"，提倡一种健全的个人主义精神。他说："把自己铸造成器，方才可以希望有益于社会。真正的为我，便是最有益的为人。把自己铸造成了自由独立的人格，你自然会不知足，不满意于现状，敢说老实话，敢攻击社会上的腐败情形，做一个'贫贱不能移，富贵不能淫，威武不能屈'的斯铎曼先生。"①他对个人主义的辩护词是："争你们个人的自由，便是为国家争自由！争你们自己的人格，便是为国家争人格！自由平等的国家不是一群奴才建造得起来的。"②另一方面，胡适提倡一种"社会不朽论"。他指出："根据于生物学及社会学的知识，叫人知道个人——'小我'——是要死灭的，而人类——'大我'——是不死的，不朽的；叫人知道'为全种万世而生活'就是宗教，就是最高的宗教；而那些替个人谋死后的'天堂''净土'的宗教，乃是自私自利的宗教。"③无论是"易卜生主义"，还是"社会不朽论"，在"五四"时期"确是最新鲜又最需要的一针注射"，因而在新青年界确实产生了"最大的兴奋作用和解放作用"。广大新青年受启于胡适的教导，解放思想，打破传统的以家庭、国家为本位的社会价值观念秩序，砸碎旧的牢笼，走上了个性解放、寻找自我的道路。胡适虽然说不上是一个革命家，但他在新

---

① 《介绍我自己的思想》，收入《胡适论学近著》第一集，卷五。
② 同上。
③ 《科学与人生观》序，《胡适文存》二集卷二。

文化运动中所发挥的思想启蒙作用是永彪史册的。

近代中国的一个突出议题就是如何处理中西文化的冲突,对这一问题是正视还是回避,是检验一个新文化人的试金石。1926年6月,胡适发表《我们对于西洋近代文明的态度》一文,比较系统地阐述了自己对西方文化的认识。他批驳了当时流行的那种视西方文明为物质文明,东方文明是精神文明的陈词滥调,指出"没有一种文明是精神的,也没有一种文明单是物质的"①,西方文明不仅物质文明高,而且精神文明也超过东方民族,沉重地打击了文化上的复古势力。1929年,胡适又写作了《中国今日的文化冲突》一文,针对社会上对西方文化的三种看法,即抵制西洋文明、选择折中、充分西化,重申了自己"全盘西化","一心一意走上世界化的路"②的立场。1935年,文化界曾出现"中国本位文化"与"全盘西化"之争,胡适不顾当时政治背景,又作《试评所谓"中国本位的文化建设"》一文,批评陶希圣、萨孟武、何炳松等十位教授发表的《中国本位的文化建设宣言》是过去"中体西用"在新形势下的翻版,他呼吁"应该虚心接受这个科学工艺的世界文化和它背后的精神文明,让那个世界文化充分和我们的老文化自由接触,自由切磋琢磨,借它的朝气锐气来打掉一点我们的老文化的惰性和暮气"③。胡适上述关于中国文化面向世界,"充分的世界化"的文化观点,对新文化理论的发展和丰富无疑是一大贡献,它对于推动民族文化的近代化不无一定的积极意义,而他那种敢于面对文化界的惰性力量的大无畏的求实精神,在当时也是难能可贵的。英国著名哲学家罗素曾高度评价了胡适在中国文化近代化过程中所起的独特作用:"谈到中国现存人物中具有必要的才智者,就我亲自接触到的而论,我愿意举胡适博士为例。他具有广博的学识,充沛的精力,对于致力中国之改革则抱有无畏的热望,他所写的白话文鼓舞着中国进步分子的热情,他愿意吸收西方文化的一切优点,但他却不是西方文化之盲目的崇拜者。"④过去片面地将胡适的"全盘西化"的文化观理解为政治上

---

① 胡适:《我们对于西洋近代文明的态度》,《胡适文存》三集卷一。
② 胡适:《充分世界化与全盘西化》,载《独立评论》1935年3月17日第142号。收入《胡适论学近著》第一集,卷四。
③ 《试评所谓"中国本位的文化建设"》,《胡适论学近著》第一集,卷四。
④ Bertrand Russell, *The Problem of China*, New York: Century Co., 1922. p.264.

"洋奴买办思想",并加以否定,忽视了这一思想的近代化意义和反封建性质,应该说是不足为训的。

最后,胡适毕生从事文教活动,为培养一大批新型知识分子,推动中国新文化事业及其他事业的发展,浇出了辛勤汗水,"其功不可没也"。胡适从 26 岁登上北京大学讲台,到晚年位居台湾"中央研究院"院长,除了抗战年间从政弃教的 4 年外,基本上未脱离讲坛。他先后出任的教职、文职有:北京大学英文部教授会主任、教务长兼英文系主任,文学院长兼国文系主任、校长,中国公学校长兼文理学院院长,北平图书馆委员会书记,中华教育文化基金会董事会董事及干事长,普林斯顿大学葛思德东方图书馆馆长,联合国文教组织"世界人类科学文化编辑委员会"委员,台湾"中央研究院"院长等。经他亲手主编或编辑的著名刊物有:《竞业旬报》、《学生英文月报》、《新青年》、《新教育》、《每周评论》、《努力周报》、《读书》、《国学季刊》、《现代评论》、《新月》、《独立评论》、《申报·文史》等。他一生绝意仕进,不参加任何党派,只以一个知识分子的身份发言,这在"文学运动与政治上官僚合流"入时成风的旧中国,是不可多见的。难怪著名文学家沈从文 1944 年致信胡适说:"二十年中死的死去,变的变质,能守住本来立场的,老将中竟只剩先生一人,还近于半放逐流落国外,真不免使人感慨!"① 胡适对朋友同事忠厚诚恳,对青年学生热心培育,他的个人品质无可指责,多为时人交口称赞,可谓一代师表。与其同学、共事并结为深厚情谊的有《新青年》同人陈独秀、李大钊、高一涵、钱玄同、周作人,中国民权保障同盟总干事杨杏佛,人民教育家陶行知,著名语言学家赵元任,中国现代地质学的开创者丁文江,著名诗人徐志摩等。受其直接影响和亲手扶植的青年学子有后来成为共产党领导人的毛泽东、恽代英、赵世炎等,成为著名学者的顾颉刚、吴晗、罗尔纲、俞平伯等,成为著名文学家的林语堂、梁实秋、沈从文等,闻名中外的国画大师徐悲鸿也曾受过其接济。胡适临终前还自豪地向人提及一件趣事:"我是一个对物理学一窍不通的人物,但我却有两个学生是物理学家:

---

① 中国社会科学院近代史研究所中华民国史组:《胡适来往书信选》中册,北京:中华书局,1979 年 5 月版,第 574—575 页。

一个是北京大学的物理系主任饶毓泰、一个是曾与李政道、杨振宁合作证验'对等律之不可靠性'的吴健雄女士。而吴大猷却是饶毓泰的学生,杨振宁、李政道又是吴大猷的学生。排行起来,饶毓泰、吴健雄是第二代,吴大猷是第三代,杨振宁、李政道是第四代了。"①胡适著作等身,"桃李满天下",其一生写作达两千多万字,创世纪之最;他获取了35个名誉博士学位,在国内外享有极高的声誉,称得起是一代宗师。他在中国近代新文化史上的地位如此重要,可以说,他个人的历史构成了中国新文化史不可或缺的一部分,没有他,我们就不可能写出一部完整的新文化史。

给胡适以应有的历史地位,肯定他在中国新文化史上曾经做出过的卓越贡献,并非说胡适就是一个完美无缺的历史人物。他自称是"但开风气不为师",但在哲学理论上建树甚微,在文艺创作上收效也不大,他自己也发出"提倡有心,创造无力"的叹息。他的思想既不如鲁迅那样深刻,又不如陈独秀那样激昂,更欠缺革命的气势。在历史风云瞬息万变、时代思潮跌宕多姿的20世纪,一些优秀的思想家(如鲁迅)都经历了肯定与否定,认同与叛逆的痛苦和挣扎的思想冶铸过程,进而在漫长的人生道路上,始能确保高度的拼搏精神,站立于时代的前列。胡适缺乏这种革命的洗礼和斗争的经验,他从杜威那里获得思想生命而终身奉行不渝;他一踏上美国资本主义社会这块"新大陆",便和资产阶级自由主义结下了终生不解之缘;这就极大地局限了他的思想眼光和学术眼光。严格地来说,胡适的主要学术贡献是在历史学方面。从他早年的《尔汝篇》、《吾我篇》,到他晚年的《水经注》考证,他围绕着一些细小琐碎的史事进行了大量考证,但他在整体宏观把握上,在提出理论阐释上,在主题的深入分析上,他又远远逊色于郭沫若等后起的马克思主义史学家。历史考证消耗了胡适年青的生命力,正如政治上的资产阶级改良主义把胡适带上了走向反动阵营的歧途,学术上的历史"考据癖"把胡适引进了毫无思想活力的"国学"故纸堆里,这是胡适一生最可悲可叹之处。也是在政治权力高度发达,思想自由严格限制的旧中国,那

---

① 胡颂平编著:《胡适之先生年谱长编初稿》第10册,台北:联经出版公司,1984年版,第3898—3899页。

种文化功能的政治化倾向和文化内容的历史化倾向所构成的时代局限,在胡适这个特定的新文化人身上的必然浸染和塑造。

本文为 1987 年 12 月 18—23 日参加在长沙召开的"纪念魏源逝世 130 周年暨中国近代文化史学术研讨会"提交的论文,原载《湖南师大社会科学学报》1988 年第 2 期,《新华文摘》1988 年第 5 期,中、日合办《明日》1989 年创刊号等十余家报刊转载或转摘。

附录二　自由主义之累
——胡适思想之现代意义阐释

> 在一个非理性的时代，真正的思想成就不可能由狂热分子完成，思想只属于镇静、冷沉、忍受孤独、保持独立人格和超越精神的自由人。
>
> ——作者手记

一

认识伟大人物的精神需要时间。对胡适这位"誉满天下，谤亦随之"的文坛巨匠的评价，正是应验了这一历史法则。胡适的毕生事业成就可归纳为二：一是开创了现代新文化运动。它是中国人文传统的更新和变革，胡适称之为"中国文艺复兴运动"，他早期围绕这一运动，在诸多文化领域留下的著述，都是前无古人的；二是在中国传播自由主义的真谛，它是近世西方文明菁华的吸取和引进，胡适认定它为"世界文化的趋势"和"中国应采取的方向"，胡适一生，特别是在晚期，为实现这一目标，不遗余力地奔走呼号，成为中国自由民主运动的精神脊梁。

胡适的"暴得大名"建立在他的早期新文化成就的基础之上，胡适的"盛名之累"却不得不归咎于他终身对自由主义的不倦探求。长期以来，对胡适的自由主义思想，国内学者怯于政治禁忌，讳莫如深；海外学者基于对胡适思想前后一致的认识，亦忽视了胡适晚年自由主义思想的发展。这就在胡适评价中出现了强烈反差：重早期轻晚期，扬文化成就贬思想意义。

站在今天的历史高度，排除以往的历史偏见和现实的政治干扰，我们再平心静气地重新评估胡适,还他一个本来面目。作为一个历史人物,胡适确已尽了自己的本分,他作为中国新文化实绩的体现者已无需置辩,他对现代中国文化的巨大贡献亦不容抹杀。然若以现实的眼光立论,作为叱咤文坛风云的胡适又毕竟已成为历史。他的诗歌,名噪一时的《尝试集》几无审美价值可言;他的学术著作,异军突起的《中国哲学史大纲》(卷上)、《〈红楼梦〉考证》和《白话文学史》诸著,作为学术思想史上的一种"范式"亦已过时;他曾大力宣扬过的实验主义哲学也已退出了历史舞台,因此,我们今天来评估胡适,应该谈的主要不是确认胡适的文化学术地位,而应该理解、阐释胡适思想的现代意义,再现胡适作为一个自由思想启蒙者的历史价值,重新评价现代中国屡起屡仆的自由主义运动,把湮没的半个胡适挖掘出来。诚如 L. 维特根斯坦所说:"早期的文化将变成一堆瓦砾,最后变成一堆灰土,但精神将萦绕着灰土。"①胡适的精神,亦即贯穿于胡适文化学术和社会政治活动中的"开风气"的启蒙精神,胡适思想里无处不在的自由意识,胡适晚期一再申张的自由主义大义,理应成为我们据以惠泽炎黄子孙,高扬民族精神的不竭思想源泉。

二

胡适并非最先表述现代自由意识的思想家,在这个思想体系发展的过程中,他只是一个环节。早在 1903 年,严复将英国著名思想家约翰·穆勒的《论自由》一书翻译出版,首次发出"以自由为体,以民主为用"的呼喊,开中国自由主义之先河。踵起者是晚清舆论界的骄子梁启超,他以生动、鲜明、犀利的笔调写下了《新民说》,将自由意识传播于一代学人,使之成为追求民主革命青年的共识。胡适早年深受严、梁二位思想大师的影响,他在《四十自述》中有过明白的交代,在此无须赘言。

自由主义在中国衍化为一场富有影响力的思想运动,浸浸然大倡,主要得力于胡适。严复、梁启超作为中国自由主义第一代布道人,思想摇摆、言

---

① 〔英〕L. 维特根斯坦著,黄正东、唐少杰译:《文化与价值》,北京:清华大学出版社,1988 年 6 月版,第 5 页。

行相背,经历了一个从离异传统到复归传统的过程。胡适超越了他们,他不仅介绍了一整套自由主义思想,而且身体力行,以自由知识分子的独立人格相标榜,批判社会政治,成为一个从早期到晚期,从思想到实践,一以贯之的自由主义者。作为中国自由主义运动一个承先启后的关键人物,胡适的主要贡献在于:把自由主义由一种朦胧意向的文化探索推向自觉意识的思想建构;谋求在社会政治层面,而不仅仅是在文化学术的范围,展现自由主义的性格;进而在思想理论和行为规范上,为自由主义提供了一套范型。

胡适自由主义思想形成于留美时期。当时他接受了严格的现代民主政治训练,深受新大陆自由主义气氛的熏陶;在杜威(John Dewey)、罗素(Bertrand Russell)、安吉尔(Norman Angell)等国际知名思想家的影响下,胡适参加了反战运动,并确立了对自由主义、和平主义和世界主义的思想信仰。这一思想抉择,既暗示了胡适思想发展内含的世界性眼光和强烈的自我开放意识,又决定了胡适与中国实际社会背景的巨大冲突。

胡适自由主义思想登上历史舞台是在"五四"前后。以实验主义为指导,胡适提出,中国社会变革不能走"根本解决"的路子,而只能靠日积月累的自然演化和循序渐进;新文明是一点一滴而不是笼统造成的。以易卜生主义为张本,他发出"一个国家的拯救须始于自我的拯救"的呼吁,要求人们真实的为我,养成自由独立的人格,把自己铸造成器。以"重新估定一切价值"为武器,胡适把新思潮的意义理解为一种新态度——"评判的态度"。这种态度,就是用怀疑的眼光重新估价一切固有的文化。据此,胡适把中国新文化运动分成四步:研究问题,输入学理,整理国故,再造文明。胡适的这些思想言论,为方兴未艾的新文化运动增添了新的兴奋剂,同时又带有反潮流的性质。显而易见,他的改良主张与流行的"根本解决"的政治观点大相径庭,他的个人主义与传统的"社会本位论"截然对立,他的"新思潮的意义"与激进主义的全盘性批判传统甚至抛弃传统的做法迥然不同。这种矛盾预示了现代中国在传统秩序崩溃后所走的两条路向。不幸的是,胡适的声音乍响之时,就被政治革命的激进热潮淹没了,新文化的启蒙火花稍纵即逝。对这一悲剧性的历史转折,胡适只能用"一场不幸的政治干扰"来表示自己的遗憾和悲凉。

20世纪二三十年代的中国,裹挟在一片阶级斗争的血雨腥风中。胡适特立独行,中流砥柱,为自由民主摇旗呐喊,推波助澜。他以"好政府主义"搏击北洋军阀,以"人权"、"思想自由"原则与国民党钳制言路的倒行逆施相抗争,以"充分的世界化"驳斥"本位文化论"是"中体西用"的翻版。胡适面对黑暗势力大无畏的抗争精神,反映了一个自由知识分子"诤言"的本性和真诚。

胡适自由主义思想的真正发挥和系统表述是在 1940 年代中期以后,他晚期思想不仅未改初衷,而且变得浑厚、深沉、圆熟。这期间胡适思想的进展表现在:他着力于自由主义基本内涵和行为规范的思辨,不再使自由主义沦为一种宣传性的口号,奠定了其学理的基础和理论的构架。胡适注意到"东方自由主义运动始终没有抓住政治自由的特殊重要性,所以始终没有走上建设民主政治的路子"①。故他特别属意建立自由主义的政治哲学。他明确提出自由主义的意义在于争取思想自由,建立捍卫人民基本自由的民主政治;容忍反对党,保障少数人的权利;实行立法的方法,以推动和平渐进的改革。他反对那种"必以吾辈所主张者为绝对之是"的偏执态度,特别提出"容忍是一切自由的根本","容忍(tolerance)比自由更重要"②。把容忍纳入自由主义的行为规范。作为新文化运动的历史见证人,胡适认为,民主是一种生活方式,民主的生活方式就是承认人人各有其价值,人人都应该可以自由发展的方式;科学则是一种思想和知识的法则,一种注重事实、尊重证据的方法,一种"无证不信"和为真理而真理的精神。不难看出,胡适对民主和科学的诠释,深深地打上了自由主义的烙印。

胡适晚年对传统文化的思考,构成他自由主义思想中富有特色的一部分。一方面他寻找自由主义植根的文化土壤,肯定中国传统文化中包含有"自由问答、自由讨论、独立思想、怀疑、热心而冷静的求知"的"苏格拉底传统";有像方孝孺这样为主张、为信仰杀身成仁的思想家;有经学大师重证据的考据精神和科学方法;有使用白话文的下层文学,它是新文化运动的基础;现代新文化运动不过是宋代以来"中国文艺复兴运动"的一部分,一个大时代里的小时代。一方面,他对传统文化桎梏人性、阻碍科学发展的种种

---

① 胡适:《自由主义》,原载北平《世界日报》1948 年 9 月 5 日。
② 胡适:《容忍与自由》,原载台北《自由中国》1959 年 3 月 16 日第 20 卷第 6 期。

劣迹给予猛烈抨击,告诫人们:"为了给科学的发展铺路,为了准备接受、欢迎近代的科学和技术的文明,我们东方人也许必须经过某种智识上的变化或革命。"①只有扫除传统文化的偏见,改革落后的价值观念,科学才能在中国生根。胡适的激越之词,曾一度招人物议,其实正表明了他对中国人文传统的关切之深。

把握时代的脉搏,理清近现代世界文明的总趋势与中国前途的关系,这是胡适晚年倾注的思想主题。通过透视近两三百年人类历史进步的诸种表象,他看到了"科学与工业的进步"和"自由民主制度的发展"是当代世界文明的趋向;逆历史潮流而动的极权政治和铁幕文化只能逞狂一时;无论如何,由新文化运动造就的那个"人本主义与理智主义的中国"不可能被毁灭。中国向何处去?胡适的回答是:"只有自由可以解放我们民族的精神,只有民主政治可以团结全民族的力量来解决全民族的困难,只有自由民主可以给我们培养成一个有人味的文明社会。"②

胡适晚年在他的演讲和政论中,声嘶力竭地一再重复上述话语,这在自由之潮跌入低谷的年代里,不啻是悲壮的奋斗和苍劲的呐喊,犹如空谷足音,洪钟巨响,今天回味起来,仍觉力量无穷,意蕴深远。

"知难,行亦不易"。胡适生活的年代,对一个自由主义思想家来说,完全是敌对的。他不像文化保守主义那样有着深厚的传统根基作为依托,亦有别于文化激进主义可借助前现代社会变革的非理性力量躁动疯长,他只能诉诸思想的启蒙,理性的拓展和科学的增长。这在一个专制主义如此漫长,传统势力如此根深蒂固,又如此缺乏现代意识的国度,谈何容易!胡适深深理解这一切,他坚信:"我们要救国,应该从思想学问下手,无论如何迂缓,总是逃不了的。"③因此,胡适的奋斗充满了孤独、悲怆的色彩。从他留学归来打定主意"在思想文艺上替中国政治建筑一个革新的基础"④;至

---

① 胡适:《科学发展所需要的社会改革》,原载台北《文星》杂志1961年12月1日第9卷第2期。
② 胡适:《我们必须选择我们的方向》,收入《独立时论一集》,北平:独立出版社,1948年8月版。
③ 胡适:《致徐志摩》1926年10月4日,《胡适文存》三集卷一。
④ 胡适:《我的歧路》,原载《努力周报》1922年5月28日第4号。

1920年代，他警醒国人不要被五花八门的主义牵着鼻子走，要只认得事实，跟着证据走，"努力做一个不惑的人"①；1930年代，他不倚傍任何党派，不迷信任何成见，以负责任的态度发表"独立评论"；终至四五十年代，他奋力追求言论自由和反对党的生存权利。胡适终身持行自由主义的理想，他以一个自由知识分子的独立人格同整个黑暗、暴乱、急躁的社会相抗衡。《努力》谈政治"止了壁"；《新月》为"人权"惹出了风波；《独立评论》揭露"华北自治"的阴谋，被遭查禁；《自由中国》因鼓吹民主自由、针砭时政而被查封；胡适可谓"沉而再升，败而再战"②。他倾其一生捍卫理性、科学、文明、自由、民主和人权这些自由主义的基本精神，同各种非理性、伪科学、反文化、宗教迷信、极权主义展开激烈的搏斗。胡适自诩："狮子与虎永远是独来独往，只有狐狸与狗才成群结队。"③其实他自己就是时代的狮子和猛虎，是自由、科学、理性的象征。

三

真正的知识分子都是悲剧命运的承担者。胡适如此，与他同路的自由知识分子也是如此，他们要提前预告一个时代的真理，就必须承担时代落差造成的悲剧命运。

作为现代中国的启蒙者，胡适既然是时代的产儿，就不可能摆脱时代局限给他命运的规定。从中国的历史条件出发，胡适及其执著追求的自由主义的受挫是必然的，但这只能说明先驱者因袭的负担多么沉重，说明中国多么需要自由意识的不断启蒙。在经历了几十年毫无止息、残酷无情的阶级斗争风浪，在中国知识分子遭受重重磨难屈辱和整肃之后，我们再体味一下独立人格、思想自由、社会民主、人道主义和法治这些理想精神的历史命运

---

① 胡适：《介绍我自己的思想》，收入《胡适文选》，上海：亚东图书馆，1930年12月版。
② 此语出自胡适所译勃朗宁的一节诗，参见《我的信仰》，收入《胡适来往书信选》下册，香港：中华书局，1983年11月版，第562页。
③ 此语出自胡适，参见梁实秋：《〈新月〉前后》，原载台北《联合报》副刊1977年10月14日。收入《梁实秋文学回忆录》，长沙：岳麓书社，1989年1月版，第125页。

到底是什么,不能不承认逝去的那位智慧老人"劝世良言"的用心良苦和远见卓识。他所高扬的人权、自由和科学精神,对中国新文化建设是多么急需!他所反对的偏执、盲从、激进、浮躁,对纠正时代的"左倾"浪漫病又何尝不是一副良药!他所寄望的理性、容忍、博爱、重事实、大胆怀疑,对中国人的现代化,是多么富有建设性意义!该是猛醒的时刻了,如果我们对胡适的思想探索没有真正的理解和彻底的觉悟,我们又如何走出历史的迷津呢?!

唐德刚先生称胡适是"照远不照近的一代文宗"[①]。的确,胡适的精神生命不是以几十年来衡量的,胡适的思想价值也不是由片断的历史所决定的,不管胡适是他自己信仰的祭品,还是时代的牺牲品,他所奋力开拓的自由民主运动,实已成为中国现代化事业的重要组成部分。正是基于这样的理解,值此胡适诞辰百岁之际,我想借用胡适暮年最喜吟诵的顾炎武的两句诗,与深切关怀中国命运与前途的海内外知识分子和青年朋友共勉:

>　　远路不须愁日暮,
>　　老年终至望河清。

1990 年 7 月 25 日作于长沙岳麓山下

收入《解析胡适》,北京:社科文献出版社,2000 年 9 月版。

[①] 唐德刚:《胡适杂忆》,台北:传记文学出版社,1987 年 8 月版,第 56 页。

附录三　中国哲学史研究范式回顾

中国哲学史研究作为一门学科能够成立，是与胡适、冯友兰的典范性的工作分不开。胡适所作的《中国哲学史大纲》于1919年2月出版，冯友兰的《中国哲学史》（上、下册）分别于1930年、1933年出版，此两书出版以后，在学术界一直有不同评论，而这些评论实际上又是围绕究竟如何建设中国哲学史这门学科而展开的，因此梳理这些意见，对于帮助我们建设中国哲学史这门学科，无疑会提供某种启示。

中国哲学史这门学科的建立，主要面临三大问题。一是如何确立中国哲学史的研究对象问题，二是应如何处理材料的问题，三是如何处理中国哲学史的实质与形式的关系。解决这三个问题，是这门学科能否确立和走向成熟的关键。胡适、冯友兰的中国哲学史研究实际上是在这三个问题上取得突破，从而完成了这一学科的建立过程。

胡适的《中国哲学史大纲》出版时，蔡元培先生为该书所作序言中，谈到了写作中国哲学史的两大难处：一是材料的处理，即考证材料的真伪；二是写作的形式，"中国古代学术从没有编成系统的记载"。"我们要编成系统，古人的著作没有可依傍的，不能不依傍西洋人的哲学史。所以非研究过西洋哲学史的人不能构成适当的形式。"①这里所说的"形式"，不仅仅指方法，而且包括研究架构、使用概念、术语、甚至包括写作方式、语言，蔡先生列举了该书的四点长处，"第一是证明的方法"，包括考订时代，辨别真伪和揭示各家方法论的立场；"第二是扼要的手段"，也就是"截断源流，从老子、孔子讲起"；"第三是平等的眼光"，对儒、墨、孟、荀一律以平等眼光看待；"第

---

① 蔡元培：《中国古代哲学史》序，《胡适文集》第6册，北京：北京大学出版社，1998年11月版，第155页。

四是系统的研究",即排比时代,比较论点,以见思想演进的脉络。① 其中第一、二条与处理材料有关,第三条是从内容上来讨论、把握的,第四条涉及的是写作的形式。实际上,胡适的《中国哲学史大纲》的示范性意义并不仅仅局限于这四点。我以为,胡适的《中国哲学史大纲》(以下简称大纲)所标示的典范意义还有两点值得肯定:

一是确立了中国哲学史的研究对象。研究对象的确定是一个学科得以成立的基本前提。《大纲》前的中国哲学史尚未摆脱传统经学注疏的阴影,分不清哲学与经学,哲学与哲学史的区别。胡适写作的《中国哲学史大纲》,开首就明确指出:"凡研究人生切要的问题,从根本上着想,要寻一个根本的解决,这种学问叫做哲学。"据此,他对哲学的门类进行概括,包括宇宙论、知识论、方法论、人生哲学、教育哲学、政治哲学、宗教哲学诸科。接着对哲学史又加以界说:"这种种人生切要问题,自古以来,经过了许多哲学家的研究。往往有一个问题发生以后,各人有各人的见解,各人有各人的解决方法,遂致互相辩论……若有人把种种哲学问题的种种研究法和种种解决方法,都依着年代的先后和学派的系统一一记叙下来,便成了哲学史。"② 这就在中国历史上第一次把哲学史明确地从传统学术史中划分出来,把各种非哲学的问题全部剔出哲学史的范围,并按自己对哲学的理解划分界定哲学史的对象和范围,对于哲学成为一门独立的学科具有筚路蓝缕之功。

二是在写作方式上,《大纲》也进行了大胆的创试,"在中国封建社会中,哲学家们的哲学思想,无论有没有新的东西,基本上都是用注释古代经典的形式表达出来,所以都把经典的原文作为正文用大字顶格写下来。胡适的这部书,把自己的话作为正文,用大字顶格写下来,而把引用古人的话,用小字低一格写下来,这表明,封建时代的著作,是以古人为主。而五四时期的著作是以自己为主。这也是五四时代的革命精神在无意中的流露"③。《大纲》写作的另一特色就是用白话文写作,用新式的标点符号,这在中国学术史上也是第一次,这就从行文格式和使用语言上对中国传统学术进行

---

① 蔡元培:《中国古代哲学史》序,《胡适文集》第6册,第155—156页。
② 《中国古代哲学史》第一篇"导言",《胡适文集》第6册,第163—164页。
③ 冯友兰:《三松堂全集》第1卷,第201页。

革新,可以说是当时的白话文运动向学术领域推进的标志。

《大纲》对传统学术从内容到形式进行全面的变革,它所提供的系统性方法和整体性思维为新学科的创建提供了一个具有普遍性意义的范式。冯友兰誉之为"一部具有划时代意义的书",的确是不虚之言。以《大纲》为界标,中国学术划分为两个时代,在此之前是传统经学占统治地位的旧学术时代,在这之后是以现代思维统摄各个学科的新学术时代。

值得一提的是,在《中国哲学史大纲》出版以后,亦有各种不同意见甚至批评的言论。最引人注目的是梁启超先生所写的《评胡适之〈中国哲学史大纲〉》一文①和章太炎1919年3月27日回复胡适的信,②不过,梁、章二人的批评主要是涉及具体史事问题的商榷和批评,并不涉及胡著的上述诸点。真正从写作形式到处理方式对《大纲》提出批评的是在冯友兰先生的《中国哲学史》上册出版以后,最为人们所常引用的批评意见是陈寅恪、金岳霖两位先生为冯友兰先生的《中国哲学史》上册一书出版时所写的审查报告,两文虽明为审查冯著,却都共同表达了一种扬冯抑胡的倾向,为冯著的特色所辩护,显然代表了对胡著批评的另一种声音。由于出自陈、金两位大家之手,与胡适分庭抗礼的另一刊物——《学衡》将之作为重磅炸弹登之于该刊。因此,这里我们有必要特别讨论陈、金两位先生的审查报告书。

陈寅恪先生的报告主要谈了两点意见:一是"凡著中国古代哲学史者,其对于古人之学说,应具了解之同情,方可下笔"。"盖古人著书立说,皆有所为而发;故其所处之环境,所受之背景,非完全明了,则其学说不易评论。而古代哲学家去今数千年,其时代之真相,极难推知。""而对于其持论所以不得不如是之苦心孤诣,表一种同情,始能批评其学说之是非得失,而无隔阂肤廓之论。否则数千年前之陈言旧说,与今日之情势迥殊,何一不可以可笑可怪目之乎?但此种同情之态度,最易流于穿凿附会之恶习;因今日所见之古代材料,或散佚而仅存,或晦涩而难解,非经过解释及排比之程序,绝无哲学史之可言。"二是关于伪材料的使用问题,"以中国今日之考据学,已足

---

① 梁启超:《评胡适之〈中国哲学史大纲〉》,收入《饮冰室合集·文集》第三十八册,上海:中华书局,1936年版。
② 耿云志主编:《胡适遗稿及秘藏书信》第33册,合肥:黄山书社,1994年12月版,第221—223页。

辨别古书之真伪；然真伪者，不过相对问题，而最要在能审定伪材料之时代及作者而利用之。盖伪材料亦有时与真材料同一可贵。如某种伪材料，若迳认为其所依托之时代及作者之真产物，固不可也；但能考出其作伪时代及作者，即据以说明此时代及作者之思想，则变为一真材料矣"①。陈寅恪所表彰的这两点，虽未点名批评胡适，但他明扬冯友兰的《中国哲学史》，实则有贬胡适的《中国哲学史大纲》之意。

陈寅恪所谓"同情之了解"在"古史辨"讨论中实已涉及，刘掞藜在就顾颉刚所持古史态度的商榷中，明确表示："我对于古史只采取'察传'的态度，参之以情，验之以理，断之以证。"②他还说："我对于经书或任何子书不敢妄信，但也不敢闭着眼睛，一笔抹杀；总须度之以情，验之以理，决之以证。经过严密的考量印证，不可信的便不信了。但不能因一事不可信，便随便说他事俱不可信；因一书一篇不可信，便随便说他书他篇皆不可信。"③胡适在《古史讨论的读后感》中对刘文的观点予以了反驳，显然素受"宋学"影响的冯友兰、陈寅恪先生对于胡适的观点不表赞成，而对刘掞藜的观点作了进一步发挥。关于材料使用的问题，胡适的《中国哲学史大纲》在导言中对"哲学史的史料"、"史料的审定"、"审定史料之法"作了系统的论述，并花了很大气力对其所使用的史料作了考证。胡适强调："哲学史最重学说的真相，先后的次序和沿革的线索，若把那些不可靠的材料信为真书，必致（一）失了各家学说的真相；（二）乱了学说先后的次序；（三）乱了学派相承的系统。"④故其在材料使用上，不使用伪书或者不可靠的史料。而冯友兰先生的看法则迥异，"对于哲学史的资料，流传下来，号称是某子某人的著作，首先要看它有没有内容。如果没有内容，即使是真的，也没有多大的价值。如果有内容，即使是伪的，也是有价值的。所谓真伪的问题，不过是时间上的

---

① 陈寅恪：《审查报告一》，收入《三松堂全集》第2卷，郑州：河南人民出版社，1988年5月版，第373—374页。
② 刘掞藜：《讨论古史再质顾先生》，收入《古史辨》第1册，北平：朴社，1931年8月第6版，第161页。
③ 同上书，第164页。
④ 胡适：《中国古代哲学史》第一篇"导言"，《胡适文集》第6册，第172页。

先后问题"①。显然,冯友兰并不在意史料的真伪,而是看重其内容的有无。

金岳霖先生在谈到写作中国哲学史的态度至少有两点:"一个态度是把中国哲学当作中国国学中之一种特别的学问,与普遍哲学不必发生异同的程度问题;另一态度是把中国哲学当作发现于中国的哲学。"金先生以为第一种态度在现代中国已不可能,而如取第二种态度,"我们可以根据一种哲学的主张来写中国哲学史,我们也可以不根据任何一种主张而仅仅以普通哲学形式来写中国哲学史。胡适之先生的《中国哲学史大纲》就是根据于一种哲学的主张而写出来的。我们看那本书的时候,难免一种奇怪的印象,有的时候简直觉得那本书的作者是一个研究中国思想的美国人;胡先生于不知不觉间流露出来的成见,是多数美国人的成见"。"冯先生的态度也是以中国哲学史为在中国的哲学史;但他没有以一种哲学的成见来写中国哲学史。""他说哲学是说出一个道理来的道理,这也可以说是他主见之一;但这种意见是一种普遍哲学的形式问题而不是一种哲学主张的问题。冯先生既以哲学为说出一个道理来的道理,则他所注重的不仅是道而且是理,不仅是实质而且是形式,不仅是问题而且是方法。"②金岳霖这段话语中所提以一种普遍哲学的形式研究中国哲学,实际上提出了中国哲学研究的一个方向。但在当时的历史条件下,这种普遍哲学的形式也非取法西方哲学不可,1930年代,冯友兰发表了类似蔡元培的观点,"中国哲学,没有形式上的系统,若不研究西洋哲学,则我们整理中国哲学,便无所取法;中国过去没有成文的哲学史,若不研究西洋哲学史(写的西洋哲学史),则我们著述中国哲学史,便无所矜式。据此,可见西洋哲学之形式上的系统,实是整理中国哲学之模范"③。冯先生认定现在只有"西洋哲学之形式上的系统"可供人们效法。而金岳霖所提到的冯著"没有以一种哲学的成见来写中国哲学史"这一点,似也很难成立。50年代胡适仍不屈服金岳霖等人的意见,他重提当年关于老子年代问题的考证,以为在冯友兰那里"原来不是一个考据

---

① 冯友兰:《三松堂自序》第五章"三十年代",《三松堂全集》第1卷,第189—190页。
② 金岳霖:《审查报告二》,《三松堂全集》第2卷,郑州:河南人民出版社,1988年5月版,第379—380页。
③ 冯友兰:《怎样研究中国哲学史?》,《三松堂全集》第11卷,郑州:河南人民出版社,2001年1月第2版,第403页。

方法的问题,原来只是一个宗教信仰的问题"①。实际上是在标明冯友兰所持的是正统派的立场,而他写作哲学史的态度是历史的、科学的、非正统的。

胡适与冯友兰、陈寅恪、金岳霖的区别,实际上是"汉学"与"宋学"在中国哲学史研究两军对垒上的具体表现。对此,胡、冯二人在后来多少有所体悟。胡适在《中国古代哲学史》台北版自记中提到"推翻'六家'、'九流'的旧说","而直接回到可靠的史料,依据史料重新寻出古代思想的渊源流变:这是我四十年前的一个目标。我的成绩也许没有做到我的期望,但这个治思想史的方法是在今天还值得学人考虑的"②。而冯友兰先生则更明确地点明他与胡适的区别是"汉学"与"宋学"的不同。他说:"蔡元培说,胡适是汉学家,这是真的。他的书既有汉学的长处又有汉学的短处。长处是,对于文字的考证、训诂比较详细;短处是,对于文字所表示的义理的了解、体会比较肤浅。宋学正是相反。它不注重文字的考证、训诂,而注重于文字所表示的义理的了解、体会。""胡适的《中国哲学史大纲》对于资料的真伪,文字的考证,占了很大的篇幅,而对于哲学家们的哲学思想,则讲得不够透,不够细。金岳霖说,西洋哲学与名学非其所长,大概也是就这一点说的。我的《中国哲学史》在对于各家的哲学思想的了解和体会这一方面讲得比较多。这就是所谓'汉学'与'宋学'两种方法的不同。"③

在现代中国写作中国哲学史,是一件艰巨的工作。胡适、冯友兰作为先行者,他们的研究工作,不仅为我们提供了中国哲学史研究的典范,而且也在实践上给我们提出了诸多问题。

关于哲学史的研究对象。胡适提到哲学的门类包括:宇宙论、名学及知识论、人生哲学、教育哲学、政治哲学、宗教哲学。④ 而冯友兰则明确指出一般意义上的哲学仅仅包含三大部:宇宙论、人生论、知识论。而将教育哲学、政治哲学、宗教哲学作为专门性的哲学来处理。⑤ 冯的这一区别,为写作通论性的中国哲学史提供了理论依据。

---

① 胡适:《中国古代哲学史》台北版自记,《胡适文集》第6册,第162页。
② 同上书,第160页。
③ 冯友兰:《三松堂自序》第五章"三十年代",《三松堂全集》第1卷,第190—191页。
④ 胡适:《中国古代哲学史》第一篇"导言",《胡适文集》第6册,第163页。
⑤ 冯友兰:《中国哲学史》第一章"绪论",《三松堂全集》第2卷,第5页。

关于材料的处理问题,胡适强调考证材料的真伪,在此基础上,采用可信的史料;而冯友兰则以为伪史、伪书如有内容,亦可为利用,可有研究的价值,不能弃置不用。现在看来,胡、冯两者的意见应该说是可互为补充,但胡适的意见应为前提。换句话说,不论真书伪书,虽可利用,但如不弄清其时代、作者及版本源流,则在叙述哲学家的思想时不免产生错乱。

关于如何处理中国哲学的形式与内容问题,这是中国哲学史这门学科从创建以来就已提出的一个难题。早在写作《先秦名学史》时,胡适提出以"中西互释"之法来研究中国哲学:"如果用现代哲学去重新解释中国古代哲学,又用中国固有的哲学去解释现代哲学,这样,也只有这样,才能使中国的哲学家和哲学研究在运用思考与研究的新方法与工具时感到心安理得。"①冯友兰指出:"西洋所谓哲学,与中国魏晋人所谓玄学,宋明人所谓道学,及清人所谓义理之学,其所研究之对象,颇可谓约略相当。"②故处理中国哲学有两种办法:一是按照西洋所谓哲学之标准,取中国义理学中可与之相对应者,写作中国哲学史。二是以中国义理之学本身的体系为主体,作中国义理学史;甚至可就西洋历史上各种学问中,将其可以义理之学名之者,选出而叙述之,以成西洋义理学史。在这两种选择中,冯友兰以为后者不可行。因为"就原则上言,此本无不可之处。不过就事实言,则近代学问,起于西洋,科学其尤著者。若指中国或西洋历史上种种学问之某部分,而谓为义理之学,则其在近代学问中之地位,与其与各种近代学问之关系,未易知也。若指而谓为哲学,则无此困难。此所以近来只有中国哲学史之作,而无西洋义理之学史之作也。以此之故,吾人以下即竟用中国哲学及中国哲学家之名词。所谓中国哲学者,即中国之某种学问或某种学问之某部分之可以西洋所谓哲学名之者也。所谓中国哲学家者,即中国某学者,可以西洋所谓哲学家名之者也"③。近来亦有学者提出第三种选择:"我们可以把中国义理之学即作为'中国哲学',而不必按照西洋所谓哲学严格限定之。可以说,自冯友兰以后,中国哲学史的研究者都是以此种方法研究中国哲学史,

---

① 胡适:《先秦名学史》导论"逻辑与哲学",《胡适文集》第6册,第11页。
② 冯友兰:《中国哲学史》第一章"绪论",收入《三松堂全集》第2卷,郑州:河南人民出版社,1988年5月版,第9页。
③ 同上书,第9—10页。

即一方面在理论上认定以西方哲学的内容为标准,另一方面在实际上以中国义理学为范围。"①

综上所述,胡适的《中国哲学史大纲》的功绩是依傍西方哲学形式初步建立了中国哲学史学科,冯友兰的《中国哲学史》的优长是展现了中国哲学实质系统的独立性、民族性,但在西方文化居有强势文化地位的时代,冯友兰的研究也只能适可而止。他所理想的"讲哲学史之一要义,即是要在形式上无系统之哲学中,找出其实质的系统"②,仍是我们这一代学人应该努力的目标。如何合理地解决中国哲学研究中的形式与实质两大系统之间的矛盾,可以说是新世纪中国哲学能否突破的一个瓶颈。

收入《新哲学》第 2 辑,郑州:大象出版社,2004 年 7 月出版。

---

① 陈来:《世纪末"中国哲学"研究的挑战》,收入氏著《现代中国哲学的追寻》,北京:人民出版社,2001 年 10 月版,第 355 页。
② 冯友兰:《中国哲学史》第一章"绪论",《三松堂全集》第 2 卷,郑州:河南人民出版社,1988 年 5 月版,第 14 页。

附录四　胡适的人际世界

　　人是历史的创造者,亦是历史研究的中心。研究历史人物,古人创传记、年谱体裁,其叙述方式自然以传主、谱主为中心,以其著述活动为线索。司马迁的《史记》即是第一部以人物研究为中心的纪传体史学著作,以后历代的正史著作,皆循此一体裁传史。年谱撰述则晚,肇始于宋代。据梁启超考定,最早的年谱当推宋元丰七年(公元1084年)吕大防所作《韩文年谱》、《杜诗年谱》。传记撰述分自传、他传;经过数千年的史学实践,这一体裁又发展出列传、专传、合传、墓志铭、碑传、行状等多种形式。年谱亦有自订、他订。传记、年谱的优长是能为人们了解传主、谱主提供一简便的捷径,然其局限则因以传主、谱主为中心,不免有将传主、谱主放大之嫌,故作传记、年谱之通病往往是以传主、谱主之是非为是非,作者对之投入其相当的热情,这一传统影响迄今,并非作者不自觉,而是此一体裁的内在限制使然。

　　人毕竟是社会的人,要评介历史人物自然应该了解他的社会人际关系。一个人有一个人的交往圈,普通人如此,名人更是如此。一个在历史上发挥重要历史作用的人物,因其在历史舞台上的显赫地位,他的周围常常聚集、簇拥着一大批人,他们联谊交恶,互相影响,故对历史人物的研究不能局限于个体的研究。对群体的研究,对人际关系的研究也就成为史家着墨的所在。明末清初的思想家黄宗羲研究学术史,创学案体例,著《明儒学案》、《宋元学案》。近人研究湘学的渊源,又特别抓住几个关键的人物,如王船山、魏源、曾国藩,重视他们在湖湘学派崛起中所发挥的重要作用;《船山师友记》、《魏源师友记》、《曾国藩及其幕府人物》一类书籍应运而生。这类著作将人物研究拓展到群体研究或人际关系研究,但它们又仅限于同一类群、同一学派。受比较史学的影响,今人将这一体裁扩大到一种人物比较研究,即不仅对同类人物的交往进行研究,而且对异类人物的关系加以探讨,进而使人物的研究呈现出多面的色彩,这对深化人物研究自然大有裨益。

胡适是20世纪中国最具影响力的文化历史人物。对胡适人际关系的研究,早在民国时期即有谭天的《胡适与郭沫若》、夏康农的《论胡适与张君劢》两书问世;1980年代以后海内外又先后有周质平先生的《胡适与鲁迅》、《胡适丛论》,张忠栋先生的《胡适、雷震、殷海光》,黄艾仁先生的《胡适与中国名人》、《胡适与著名作家》等专著。而最具规模且最富影响的当推美籍华裔学者李又宁教授主持的《胡适研究会丛书》,此套书集大陆、台湾、美国等地学者之力,以胡适为中心,对他与各类人物、各个政治派别的关系展开具有一定规模的研究,现已出版《胡适与他的朋友》(2集)、《回忆胡适之先生文集》(2集)、《胡适与民主人士》、《胡适与国民党》、《胡适与他的家乡》(均为纽约天外出版社出版),这是迄今为止海内外最具规模影响的一套研究胡适的丛书,也是目前研究胡适人际关系最有成就的一套书系。至于散落在各种报章杂志上的相关文章亦复不少,台北天一出版社影印出版的21册《胡适传记资料》,内中就搜集了许多在港台报刊上发表的这方面的文章。在中国大陆近十余年出版的近现代重要历史人物中,相关的研究文章亦时常出现;而研究有关陈独秀、毛泽东、鲁迅、郭沫若、瞿秋白等重要近现代人物的人际关系方面的论著,胡适也往往是其中的一个要角,其角度虽有所不同,但也可以见出他们之间关系的面相。应当说,现有的文章在讨论胡适的人际世界这一专题上已有一定基础,至少已可使我们看到胡适人际关系的大致轮廓。

胡适是一个复杂的历史人物。这种复杂性不仅表现在他思想内容的复杂、社会活动的复杂,而且还表现在他人际关系的复杂,也许胡适人际关系的复杂性远远超过其思想与活动的复杂。这里所说的"复杂"并不是说胡适本人在处理人际关系方面多么工于心计,而是说由于胡适活动的方面很广,因而他接触、结交的人物成分就比较复杂。且不说在知识界,哲学、文学、历史学、法学、经济学甚至自然科学许多专业领域都有他的朋友和学生,或者他的论敌;而且在政界的各大政党中,无论是执政还是在野,也有与他相遇、相知、相交的一大批人;至于在其他社会阶层,知名与无名的人物,与胡适有过交往的更是难以胜数。

胡适的人际世界可谓三教九流,五光十色,无所不有。如果人们以文化人物来定位胡适的历史地位的话,那么他的人际世界则比通常意义上的文化名人的确要复杂得多。从胡适1949年离开大陆遗留在北平的私人档案看,与他曾书信往来者就有数千人,其中内存一封信颇能说明胡适当时在社会上的声誉,信中如是写道:"胡老先生:《史(记)》、《汉(书)·季布传》中有句话说'得黄金百斤,不如得季布一诺'。李白《上韩朝宗书》也说过:'生不用封万户侯,但愿一识韩荆州。'如今中国的先生,真是学界的季布和韩荆州呀!而我既得一识先生,并得先生一诺,也就不止于封万户侯和得百斤了!这是何等的荣幸。"(中国社科院近代史所藏:《胡适存件》第1435号)写信的人虽说是一个不知名的人,但他将胡适在学界的地位类比于韩荆公,这并非过誉之词。在胡适的来往书信中,我们可以看到,从政治派系来分,既有国民党的党政军要人,如蒋介石、汪精卫、蔡元培、吴稚晖、胡汉民、廖仲恺、李宗仁、张学良等人;也有共产党的领导人,如陈独秀、李大钊、毛泽东、周恩来、恽代英、瞿秋白诸人;还有一大批社会知名人士和中间派代表,如梁启超、马君武、林长民、章士钊、张君劢、张东荪、梁漱溟、杨杏佛、丁文江等。至于学界人士如排列一份名单,几乎可以说包括了当时活跃在各个专门领域比较有影响力的人物。这不过是1949年以前胡适的通信来往对象(许多信有目无信),此后流落海外的尚不在其内。至于与胡适英文通信的外国人尚不在其中。笔者在北大图书馆见到的一批1942年胡适收到的英文书信,内中就有包括罗斯福总统在内的一批美国政要的书信。现有的几种胡适年谱和传记对胡适卸任大使后在美国的活动所述甚略,笔者原也以为他在纽约赋闲时,只是醉心于《水经注》考证,闭门造车。但从这批书信可以看出,其实胡适当时仍与美国各界人士保持密切联系,社交活动也极为频繁。1958年胡适去台北任"中研院"院长,其所交往的对象几乎包括了台湾各界的头面人物,许多青年学生也没放过这个难得的机会,拜访的人趋之若鹜。现今在台湾的第一"狂人"李敖先生,当年也是一个"胡适迷",迄今乐此不疲;他以一篇《播种者胡适》初试锋芒,并发愿要写一部十卷本的《胡适评传》,没想到当年吃胡适这块唐僧"肉"的青年学子,今天也成了一个大师级的文化人物。

当然,并不是与胡适书信往来者都为胡适的朋友,或者说要好的朋友,其中也不乏构怨的"敌"者,无论是友是敌,他们都构成胡适的人际世界。

胡适的交往人士如此之多,以至我们开列出一份完整的胡适交往名单,是一件很不容易的事,我们只可能择要而行。如要确定谁是胡适的朋友,谁是胡适的敌人,甚至谁是胡适的真正朋友,谁是胡适的酒肉朋友,不下一定的研究功夫,则更是一件难以办到的事。

胡适的人际世界是一个有趣的话题。他的人际交往圈,随着他年岁的增长和知名度的升高,可以说在迅速地扩大。胡适的人际世界从其一生走过的路程来看,在地域上主要有三个圈:安徽、北京大学、美国。

安徽是胡适的家乡,胡适儿童时代在绩溪生活了九年,这里有一大帮他的亲戚乡友,他娶的妻子江冬秀是旌德的名门闺秀,江家也有不少沾亲带故的社会关系。胡适讲国语带徽州腔,喜欢吃"徽州锅",等到他成名时,他周围的亲戚老乡前来攀附的人自然不少,或登门求学,或要求介绍工作,或慕名拜访;加上江冬秀本人没有职业,接待亲戚同乡几乎成了她的一大爱好。来者不拒,访客自然越来越多。在北京的"胡公馆"几乎成了安徽会馆。胡适是一个重乡情的人,从他口述自传第一章述说"故乡和家庭"的"夫子自道"中也可看出这一点。

北大是胡适的发祥之地,在这里他工作了近18年(1917年9月—1925年11月,1930年12月—1937年7月,1946年8月—1948年12月),他与北大的关系可以说既长且深。北大有他的一大批同事、学生和朋友。北大作为中国的最高学府,在教育学术界有着十分重要的地位,胡适又是"重中之重",属于北大的核心人物,校内外来访的人常常是车水马龙、川流不息。身在深宫的废帝溥仪受到胡适世俗盛名的吸引,也忍耐不住要求一见胡适。石原皋先生回忆说,胡适"当年在北大时,少年成名,许多青年学生及学校中的教职员都愿登门拜访,大有一识韩荆州、身价十倍之势。可是他非常忙碌,不能所有的客人都接见,难免有时也有挡驾的举动。因此,惹起了一些人恼怒,他也觉得不安。不过,他特别喜欢同青年人交朋友,发掘他们,鼓励他们,直到晚年都是如此"[1]。石先生所说完全是实话,在北大胡适因来访者太多,不得不统筹安排,以保证自己的教学研究工作能正常进行。胡适每周周末特别腾出一天出来接待客人,他戏称为"做礼拜"。钱穆先生对此也

---

[1] 石原皋:《闲话胡适》,合肥:安徽人民出版社,1990年第2版,第199页。

记忆深刻,忆及一次他与顾颉刚同去拜访胡适,胡对他们说:"今日适无人来,可得半日之谈,他日君来,幸勿在星期日,乃我公开见客之日,学生来者亦不少,君务以他日来,乃可有畅谈之缘。"①

美国是胡适的留学之地,他先后赴美九次,在美时间近25年,其中三次居美时间较长。在民国时期,中国知识界有一批留学欧美的学生,他们在中国教育学术界乃至政界拥有很大的势力和举足轻重的影响,胡适可以说是这一群人中的佼佼者和最有代表性的人物。不仅如此,胡适也是他们中间最具国际影响的一个人物,在美国尤其如此。笔者以为胡适在中美文化交流关系史上的地位可以和玄奘在中印文化交流史上的地位,及鉴真在中日文化交流史上的地位相媲美。在美国,胡适有着广泛的交往,上至总统议长,下至平民百姓,他都能利用可能的接触机会,与之结交成友,胡适是美国社会普遍认为可以信赖的朋友。人们都知道,宋子文、宋美龄对美国政界有着很大的影响,国民政府与美国的关系很大程度上有赖于他俩。而胡适以一介书生的身份,在中美关系的折冲樽俎中,扮演重要的角色,被美国各界视为中国自由主义的一个代表。这也是国民政府要求胡适出使美国,美国几度期望胡适"出山",在中国推行、落实美国式民主的一个原因。唐德刚先生忆起当年纽约"胡公馆"的盛况,说:"胡适之在纽约做寓公期间,好多人都笑他是纽约的中国'地保'。纽约又是世界旅游必经之地。途过纽约的中国名流、学者、官僚、政客、立、监、国大代表……一定要到胡家登门拜访。过纽约未看到胡适,那就等于游西湖未看到'三潭印月'、'雷峰夕照'一样,西湖算是白游了。胡适之也就是纽约市的'三潭印月'、'雷峰夕照'……是纽约的八景之一。路过纽约的中国名流,如果未见到胡适,那回家去,真要妻不下织,嫂不为饮,无面目见江东父老了!""所以他底纽约寓所,简直是个熊猫馆,终日'观光之客'不绝。"②其实50年代流落纽约的胡适,不过是数千"难民"中的一员,身份虽比较特殊,但已潦倒难堪,与昔日在北大那种门庭若市的兴旺景象相比,已是等而下之了。不过,在一个穷苦低微的留学生看来,胡公馆还是一处令人羡慕、人气旺盛的名宅。

---

① 钱穆:《八十忆双亲·师友杂忆》,长沙:岳麓书社,1986年7月版,第135页。
② 唐德刚:《胡适杂忆》,台北:传记文学出版社,1987年8月第2版,第158—159页。

胡适交友有方。这个方子以笔者多年研究胡适的心得言之,则是其本身具有一种吸引人的磁力、魅力、亲和力,这种能力并不是每一个名人或大人物所拥有的。有些名家个性落落寡欢,在现实生活中不用说吸引人,就是与之相处也不容易。有些大人物威严有余,人们则只能是敬而远之。胡适的魅力在于他的温情与亲切,在于他给人以陶醉的学养,让你感到温馨,与之在一起,套用一句中国成语:如沐春风。

唐德刚先生在《胡适杂忆》一书"我的朋友胡适之"一节中提到胡适的交友之道。他说:"胡氏生前真可说是交游遍及海内外。上至总统、主席,下至企枱、司厨、贩夫、走卒、担菜、卖浆……行列之中都有胡适之底'朋友'!"①他总结胡适的交友要术为:一、胡适具有一种西方人所说的"磁性人格"(Magnetic Personality),这种性格实非俗话"平易近人"、"和蔼可亲"一类成语所能概括,这是一种与生俱来的禀赋,是一种"上帝的礼物"(Gift from God)。胡适的这种性格,这种秉赋不用是修养功夫修养出来的,而是天生和化育的结果。胡适深得此道而为人们所普遍敬爱。二、胡适注意个人为人处世之修养,"他治学交友虽深具门户之见,但是他为人处世则断无害人之心"。这一点是世人能与之相交甚至他的敌人也能与他保持最低限度的"合作"的一个重要原因。三、胡适的交往层次高,"而他在各行各业里所交游的都是些尖端人物",因而嫉妒他的也就不会太多。四、胡适从不卷入"害人"、"防人"的环境,这也是他在一个复杂的社会环境中维持一生最大清白的重要原因。唐先生的总结可谓深得胡适三昧。除了唐先生所说的这几点外,我以为胡适还有一个重要特点使他深得人缘,这就是他乐于帮助人,受其接济、施惠的人不少。林语堂先生曾回忆说:"在北平,胡适家里每星期六都高朋满座,各界人士——包括商人和贩夫,都一律欢迎。对穷人,他接济金钱;对狂热分子,他晓以大义。我们这些跟他相熟的人都叫他'大哥',因为他总是随时愿意帮忙或提供意见。他对寄给他的稿件都仔细阅读,详尽答复。他的朋友,或是自称他朋友的人,实在太多了,因此我有一次在我主编的幽默杂志《论语》上宣布:这本杂志的作者谁也不许开口'我

---

① 唐德刚:《胡适杂忆》,台北:传记文学出版社,1987年8月第2版,第154页。

的朋友胡适之',闭口'我的朋友胡适之'。"①对于有困难的人尽其所能给予帮助,对于与自己意见相左的人能和善待之,这样的人岂能不深受人们的敬重和爱戴!

　　胡适的人缘虽有天然偶成的成分,但与他谙通中国的人情世故也不无关联。如再加深究,与他的西方文化背景也有密切的关系。依笔者看来,胡适可以说是一个深具西方人所谓"公共关系"(Public Relation)意识和要领的人物。人们从法国著名作家巴尔扎克的小说中,常常能看到巴黎上流社交界的经典描述,其实不独法国如此,也不限于上流社会如此,整个西方社会都是一个由各种人际圈构成的网络社会。每个人能力的伸展,机会的寻找,常常不得不受制于他的人际交往关系,故学会与人交际成为西方社会训练一个人的社会活动能力必不可少的手段。胡适留美七年,耳濡目染,深受西方文化的影响,他的这种技能也在这一时期逐渐训练而成。从人们流传的他在北大上课时怕女学生惊风感冒,主动为她们关窗户的传说;到"胡适做礼拜"、广结善缘的故事;再到他在纽约做寓公时充当中国人的"地保"的笑话,我们都可见到这种西方文化传统影响的印迹。具有这有种意识和技能的大学者自然要比那些在书院里正襟危坐、论学讲道的"村学究"要"现代化",这实际上是胡适深得人缘并远播声名的秘诀所在。也只有具备这种意识和技能才可能在国际社会应付自如。试想,如果胡适不能谙熟于西方的人际交往之道,即使他具有磁性人格的天赋,他怎么可能在国际学术界和外交场合应付自如。胡适的学问是中西兼具,他的交友之道也可以说是中西合璧。

　　一个人一旦成名,他的私生活也会随之进入公共领域,接受世人的检视。过去,胡适人际关系中被人们称道的是他对家庭关系的处理,这点被唐德刚先生所称的"较好的一半"最近也出了问题。从他与曹诚英恋情的曝光,到他与美国女友韦莲司来往书信的披露,人们也开始注意到胡适私人生活的另一面——富有情趣、浪漫、诗意甚至冲动的一面。一时间,有关胡适与其他异性之间的关系,也引起了人们考证的兴趣,陈衡哲、曹诚英、徐芳、苏雪林、吴健雄……还有一位在胡适任驻美大使期间病重时看护他的护士——哈德曼夫人,这些女性与胡适的交往构成胡适个人情感生活隐秘的

---

① 林语堂:《我最难忘的人物——胡适博士》,载台北《读者文摘》1963 年 10 月号。

一面。自古以来就有才子佳人的传说，胡适的个人情感经历又为这一悠久的传统增添了新的更具光彩和神秘的一章。

"我的朋友胡适之"，这是30年代知识界流行的一句口头禅。这句话一方面说明天下无人不识君（胡适），时人以之为友者多多，胡适之的朋友遍天下。一方面也带有讥讽的意味，嘲讽那些动辄就把自己与胡适的大名联在一起，打着胡适的招牌或招摇撞骗、或招摇过市。以传统的眼光来看，胡适是一个很得人缘的名士。以现代的话语来说，胡适是一个擅长处理公共关系和人际交往而又不露痕迹的高手。在处理学问和人事方面，胡适有一句名言："做学问要于不疑处有疑，待人要于有疑处不疑。"这是他坦荡、可爱的一面。传统伦理要求学人"道德文章"两面俱全，胡适自觉于这一点。但正因为此，他也付出了很大的代价，交往面广，应酬太多，就不免耗费时间和精力，作为"正业"的研究工作和著述自然就要受到影响，40岁以后的胡适在学术事业上没有多大进展，与这一点不能说没有关系。

人际关系是人类最复杂的一种关系，胡适背负的"盛名之累"即渊源于此。胡适的人际关系面相呈现出一种复杂的情形，有人是先敌后友，有人是先友后敌，有人是亦敌亦友，有人是假友真敌，有人是真友假敌。五四时期，胡适在北大时有人送其对联："誉满天下，谤亦随之"，以至胡适本人常常以"暴得大名，不祥"一语作自我警示。到了晚年，他身在台湾，也难敌人事纠纷，李敖将胡适周围的人分为"捧胡""骂胡"八派，其中"捧胡"派有文章派（毛子水是也）、诗歌派（劳榦是也）、行动派（某校长夫人是也），"骂胡"派有叫骂派（徐复观是也）、栽赃派（《胡适与国运》作者是也）、翻案派（任卓宣、郑学稼是也），另外还有叛胡派、阳捧阴抑派，真是不一而足。这里所谓的"八派"其实也不过是胡适在台湾岛上人际世界的方方面面的一个概述，或许胡适的人际世界比李敖概括得还要复杂。可见，胡适虽贵为"国宝"，面对这种复杂的人际关系，日子也不好过，他那平和、温情的性格也难以撑持这样的局面，胡适最后的一席演讲和那明显憔悴的面部表情，给人一种身心交瘁之感。他最终以心脏病猝逝，多少反映了他那书生本色在复杂的现实生活中抗争的无奈。

载《南方都市报》2008年9月23日。

附录五　胡适：1917

引　子

这位风度翩翩、温文尔雅的青年教授,他的名字在五四时期的知识分子中曾无人不晓,被当时的青年学生奉为偶像。在国际上他是最知名的中国人文学者,一生得了35个名誉博士学位。他像明星一般照耀过中国文化的天空,又一度从我们的视野里消失。今天他被我们重新记忆,是因为他不可磨灭的文化成就。

一　文　学　革　命

历史上一场革命性的变化常常是从一件微末小事开始,五四时期的那场"文学革命"就是如此。作为一名庚款留美学生,胡适每月可收到一笔从华盛顿中国公使馆寄来的生活津贴,负责邮寄津贴支票的公使馆秘书是一位性情苛严的基督徒,每次他都在信封内塞进一些宣传社会改革的传单,如"不满25岁不娶妻"、"多种树,种树有益"等诸如此类的道德箴言。1915年初的一天,胡适收到的宣传单是劝说中国改用字母拼音,以求教育普及。起初胡适对这张宣传单颇为反感,认为像这种不通汉文的人没有资格谈论这件事,但随后他就意识到自己的不对,觉得自己有必要用心思研究这个问题。他找来对语言问题极有天赋的同学赵元任一起商量,决定将"中国文字的问题"列为当年留美学生会文学股年会上的议题,两人在会上各自提交了论文,赵君的论题是"吾国文字能否采用字母制及其进行方法",胡适的论题是"如何可使吾国文言易于教授",胡适文中表达了一个新鲜的命题:文言是半死的语言,白话是活的语言。

文言是传统士人使用的书面语言,白话是百姓日常使用的口语。胡适对文言的贬义在与会留美的中国学生中引起了轩然大波。以梅光迪为代表的大部分同学不同意胡适的观点,绝不承认文言是半死或全死的文字。双方展开了辩论,问题从中国文字到中国文学,胡适越辩越激烈,梅光迪则越驳越守旧。这年秋天,胡适要离开在绮色佳的康乃尔大学,转学到哥伦比亚大学攻读哲学博士学位;而梅光迪取道绮色佳,由西北大学转往哈佛大学学习文学。分手时,胡适做了一首长诗送给梅君,诗中胡适第一次提出了"文学革命",这是一个大胆的宣言:

(字幕)梅君梅君毋自鄙!
神州文学久枯馁,
百年未有健者起。
新潮之来不可止,
文学革命其时矣。
吾辈势不容坐视,
且复号召二三子,
革命军前杖马箠,
鞭笞驱除一车鬼,
再拜迎入新世纪!
以此报国未云菲,
缩地截无差可儗。
梅君梅君毋自鄙!

——胡适《送梅觐庄往哈佛大学》

同学们觉得胡适的狂言有点不可思议。胡适原诗四百多个字,全篇用了11个外国人名、地名的译音。一个与胡适很要好的留学生——任鸿隽把诗里的一些外国字连缀起来,做了一首游戏诗回赠胡适,诗的末行颇带挖苦之意:

(字幕)牛敦爱迭孙,培根客尔文。
索虏与霍桑,"烟士披里纯"。

> 鞭笞一车鬼，为君生琼英。
> 文学今革命，作歌送胡生。
>
> ——任鸿隽《送胡生往哥伦比亚大学》

胡适自然不能把这首诗当做游戏看。他觉得自己是经过深思熟虑才提出这样一个严肃命题。于是他写了一首很庄重的答词寄给绮色佳的朋友们，又喊出了"诗国革命"，提出"要须作诗如作文"。

> （字幕）诗国革命何自始，要须作诗如作文。
>
> ——胡适《依韵和叔永戏赠诗》

正统的文学观将诗与文截然分离为两途，它不屑于白话化的诗。胡适反叛这样一种传统。他的观点在康乃尔、哥伦比亚、哈佛、瓦夏、华盛顿这五所大学的中国留学生宿舍里广泛流传，被大家争议、讨论。这种情形延续了一年多的光景。一天一张明信片，三天一封长信，中间还出现了一个有意思的插曲。

1916年夏的一天，一群中国留学生在康乃尔大学校园内的凯约嘉湖划船。这里山水相连，瀑布飞溅，风景优美。忽然湖面刮起了大风，一场大雨倾泻而下，大家急忙靠岸，在上岸时不小心，把船弄翻了，虽没出什么危险，大家的衣服却全湿了。任鸿隽做了一首《泛湖即事》诗寄给胡适。胡适又就诗中的一些句子回信与任讨论。梅光迪出来为任打抱不平。这是一个创作诗歌例案的争论，焦点是白话能否入诗。梅、任反对的意见把胡适逼上梁山，逼迫他将自己关于文学革命的思想作一个系统的整理和更充分的表达。

在留美学生群中，胡适只得到一个名叫陈衡哲的女生的支持。她热爱诗歌创作，任鸿隽情系这位才华出众的女生，可陈衡哲似乎被胡适的思想所吸引，她被胡适引为新文学路上的第一位女同志。

在这种孤军奋战的环境里，胡适感触到一种思想的寂寞，他写下了这样的诗句：

> （字幕）两个黄蝴蝶，双双飞上天。
> 不知为什么，一个忽飞还。
> 剩下那一个，孤单怪可怜；
> 也无心上天，天上太孤单。

——胡适《蝴蝶》

革新是一件轰轰烈烈的事业。但先驱者却往往是孤独的。正在国内主编《新青年》杂志的陈独秀,也有一种势单力薄的孤独感。他编刊物,常常找不到自己满意的稿子,有时候他不得不自己来包揽一期的稿子。他到处寻找知音,物色作者,经人介绍他与胡适联系上了,他慨叹地对胡适说:"中国社会可与共事之人,实不易得。"他写信催促胡适将关于文学革命的意见写出来。

(字幕)文学改革,为吾国目前切要之事。此非戏言,更非空言,如何如何?《青年》文艺栏意在改革文艺,而实无办法。吾国无写实诗文以为模范,译西文又未能直接唤起国人写实主义之观念,此事务求足下赐以所作写实文字,切实作一改良文学论文,寄登《青年》,均所至盼。

——1916 年月 10 月 5 日陈独秀致胡适

梅、任两君的反对与陈独秀的力邀,形成了一个强烈对比。胡适将自己几年的思考系统铺陈一篇长文——《文学改良刍议》。1917 年 1 月 1 日出刊的《新青年》,引人注目地登出了这篇文章。身在美国的胡适考虑到国内环境更为保守,他的文章措词相对温和,但它提出的"八事"却表达了一场"文学革命"的基本诉求。

(字幕)一曰须言之有物。
二曰不摹仿古人。
三曰须讲求方法。
四曰不作无病之呻吟。
五曰务去烂调套语。
六曰不用典。
七曰不讲对仗。
八曰不避俗字俗语。

——胡适《文学改良刍议》

陈独秀是一位敏锐的革命家,文中所包含的革命性内容,被他一眼洞穿,在接下来的一期《新青年》中他发表了一篇《文学革命论》,大力推荐胡适的文章：

> （字幕）文学革命之气运，酝酿已非一日，其首举义旗之急先锋，则为吾友胡适。余甘冒全国学究之敌，高张"文学革命军"大旗，以为吾友之声援。旗上大书特书吾革命军三大主义：曰，推倒雕琢的阿谀的贵族文学，建设平易的抒情的国民文学；曰，推倒陈腐的铺张的古典文学建设新鲜的立诚的写实文学；曰，推倒迂晦的艰涩的山林文学，建设明了的通俗的社会文学。
>
> ——陈独秀《文学革命论》

态度比胡适来得更坚决，语气也更激烈。北大的另一位教授钱玄同也站出来为胡、陈助阵。这位国学大师章太炎的高足颇有高阳酒徒的气概，他写信给陈独秀，斥责在文坛居主流地位的一大批古文宗师为"选学妖孽"、"桐城谬种"。

"文学革命"的呼声对文坛形成一种冲击。康有为、严复、辜鸿铭这些文坛宿老不以为然，著名的翻译家林纾感到有必要出面一搏，这位不懂西文的翻译家曾以文言翻译了180多种西洋小说。他在上海《民国日报》发表了一篇《论古文之不当废》。在《申报》上他又发表了一篇小说《荆生》，在小说中创作了三个小丑似的人物影射攻击陈独秀、胡适和钱玄同。但他说："吾固知古文之不当废，然吾不知其所以然。"这样一个糟糕的反对派自然不堪一击。

胡适在《新青年》上第一次公开发表自己创作的白话诗词。这是一首题为《人力车夫》的新诗，它充满了对人力车夫这一下层劳动人民的同情和悲悯：

> （字幕）警察法令，十八岁以下，五十岁以上，皆不得为人力车夫。
>
> "车子！车子！"车来如飞。
>
> 客看车夫，忽然中心酸悲。
>
> 客问车夫，"你今年几岁？拉车拉了多少时？"
>
> 车夫答道："今年十六，拉过三年车了，你老别多疑。"
>
> 客告车夫，"你年纪太小，我不坐你车。我坐你车，我心惨凄。"
>
> 车夫告客，"我半日没有生意，我又寒又饥。

你老的好心肠,饱不了我的饿肚皮,
我年纪小拉车,警察还不管,你老又是谁?"……

——胡适《人力车夫》

胡适初期尝试创作的白话诗词,还带有明显的旧诗痕迹。用他自己的话说,就像一个缠过脚的女人,不免还带有缠脚时代的血腥气。但他打破自古以来"尝试成功自古无"的观念,坚信"自古成功在尝试",大胆地向前探索。

二 新文化运动的理想

那时的中国虽然已挂起了民国的招牌,但政治失序,社会动荡。旧派摇头,新派不满。国内许多知识分子在这座沉闷的铁屋里为国家、民族痛苦地焦虑,但他们找不到出路。在留美的那些峥嵘岁月,胡适耳濡目染美国的民主政治,思考改造中国之道。1915年他在日记中写下了这么一段话:

(字幕)适以为今日造因之道,首在树人,树人之道,端赖教育,故适近来别无奢望,但求归国后能以一张苦口,一支秃笔,从事于社会教育,以为百年树人之计:如是而已。

——《胡适留学日记》(三)卷十二

1917年5月22日,胡适参加博士学位考试后,就匆匆踏上了归国的路程,他感受到一种使命。在日记上他记下了《伊利亚特》中的一句话:"如果我们已经回来,你们请看分晓吧!"

胡适归国的船到了日本横滨,就听到了张勋复辟的消息,这是民国以来演出的第二幕复辟帝制丑剧。到了上海,一位朋友领他去大舞台看京戏,没想到演戏的人还是他十年前见过的赵如泉、沈韵秋、万盏灯、何家声、何金寿这些老角色在台上撑场面。胡适又去逛书店,令他失望的是,书摊上摆满了玩扑克、算命卜卦一类的书,没有几部有价值的中外文书籍可读。胡适回到阔别七年、梦回萦绕的家乡——徽州,没想到"三炮台"的纸烟也已流行到这里,乡村的学堂残破不堪。人们整天打扑克,打麻雀,泡茶馆,时间不值钱。一个曾经为人类文明创造辉煌的民族,精神衰竭到这种地步! 不禁令胡适想放声大哭。他说:"如今的中国人,肚子饿了,还有些施粥的厂把粥给他们吃。只是那些脑子叫饿的人可真没有东西吃了。难道可以把些《九尾龟》、《十尾龟》来充饥吗?"

胡适对自己看到的这一幕幕情景刻骨铭心。四年以后他语重心长地对朋友说:"1917年7月我回国时,船到横滨,便听见张勋复辟的消息;到了上海,看了出版界的孤陋,教育界的沉寂,我方才知道张勋复辟乃是极自然的现象,我方才打定二十年不谈政治的决心,要想在思想文艺上替中国政治建筑一个革新的基础。"

三 北大与《新青年》

这年秋天,胡适被聘任为北大教授,时年26岁,正是风华正茂,大展才华的年头。当时北大人才济济,尤其是在文科,新旧两派的力量都很强壮。旧派一方有黄侃、辜鸿铭、刘师培这批人;新派一方以《新青年》的作者为主。胡适的到来无疑是给新派增添了一员大将。校长蔡元培是一位德高望重、锐意革新的教育家;文科学长陈独秀是一位意志坚定的革命家。有趣的是,蔡先生长陈独秀12岁,陈独秀大胡适12岁,三人都属兔。

胡适进北大之初,在哲学门担任中国哲学史大纲、西洋哲学史大纲两门课;在英国文学门担任英文学、英文修辞学、英诗、欧洲文学名著等课。西洋哲学史、英文这类与欧美有关的课程,对这位"镀金"归来的留学生来说并不为难,胡适在美留学的七年,接受了系统的西方人文社会科学教育,接触了欧美最新流行的各种思潮。唯独中国哲学史这门课,对他来说是一个考验。

那时北大的学生对教师十分挑剔,据当时在北大读书的冯友兰先生回忆,曾经有一位名不见经传的先生接替马叙伦先生的"宋学"一课,因为讲义有误,被学生轰下讲台。现在胡适接受的这门课,原由年近古稀的老先生陈汉章担任,老先生的国学根基深厚,他讲课从三皇五帝讲起,讲了半年才讲到周公。胡适接任后,发下他的讲义《中国哲学史大纲》,讲义丢开唐、虞、夏、商,直接从周宣王以后讲起。这一改对学生们充满三皇五帝神话传说的脑筋,不啻是一个巨大的冲击,学生哗然。有些学生以为胡适此举是思想造反,不配登台讲课,他们找来在学生中颇有威望而国学基础甚厚的傅斯年来听课,结果傅听课后的评价是:"这个人,中国古书虽然读得不多,但他走的这一条路是对的。你们不能闹。"经他这么一说,这场风波才平息下去。多年以后,胡适回忆起这件事,幽默地称傅斯年是他来北大后的"保护人"。

对北大学生思想造成震撼性效应的这门中国哲学史大纲课程,究竟讲的是什么呢?我们可以从一年以后出版的《中国哲学史大纲》一书看出它的痕迹。在传统的思想观念中,儒家学说被树为正统,置于其他学说之上;而胡适则将儒家与其他诸子平等地对待,还它一个历史的本来面目。传统的学术,哲学家的思想,无论有没有新的东西,基本上都是用注释经典的形式表达出来,所以把经典的原文作为正文用大字顶格写下来;胡适的这部书把自己的话作为正文,用大字顶格写下来,而把引用古人的话,用小字低一格写下来。传统的学术著作用文言写作,而胡适的这部书改用白话写作。这一切,都意味着一场学术范式的革命,它反映了五四这一代学者对民主、科学精神的追求。

北大集结了一批新派教授。《新青年》改组为同人刊物,由陈独秀、胡适、李大钊、钱玄同、高一涵、沈尹默六人轮流主持。一批受新文化影响的北大学生,傅斯年、罗家伦、康白情、俞平伯等开始聚集在《新青年》的周围,他们也办了一个刊物——《新潮》,它的英文意思是"文艺复兴"(Renaissance),胡适是他们的顾问。《新青年》与《新潮》彼此呼应,成了新文化运动的核心刊物。

四 个性解放

这是一个个性解放的时代。中国传统刻板的家庭制度所显示的非人道束缚,使无数青年的个性根本无从伸张。五四时期,一位叫李超的女子求学心切,受到兄长的百般阻碍,不得已出家,最后被折磨至死。胡适被这一触目惊心的事迹所震动,他破例为这位无名女子立传。胡适在《新青年》上设立"易卜生主义"专号,向世人宣传"健全的个人主义精神"。

(字幕)我所最期望于你的是一种真益纯粹的为我主义。要使你有时觉得天下只有关于我的事最要紧,其余的都算不得什么。……你要想有益于社会,最好的法子莫如把你自己这块材料铸造成器。……有时候我真觉得全世界都像海上撞沉了船,最要紧的还是救出自己。

——胡适《易卜生主义》

胡适开始对传统礼教进行改革。他最敬爱的母亲去世,他打破"三年丧制"的陈规,只穿了五个月零十几天的丧服,丧葬事宜从简。他做了父亲,却告诫儿子要做一个堂堂的人,不要做自己的孝顺儿子。他发表《贞操问题》,指责北洋政府的《褒扬条例》鼓励女子自杀殉夫,是"野蛮残忍的法律"。他演讲《大学开女禁的问题》,呼吁大学招收女生、延聘女教授,蔡元培先生采纳他的建议,北大率先招收了第一批女生,聘请了中国第一位女教授。北大成立进德会,胡适自列为甲种会员,它要求不嫖、不赌、不纳妾。

无数青年是旧家庭制度的牺牲品。胡适自己的婚姻也是媒妁之言,母亲之命。母亲很早就为他订下与江冬秀的亲事。出于对母亲的尊重,胡适接受了这份礼品,洞房花烛夜他才第一次见到相思13年的新娘。从此以后,胡适与她相敬相爱,这位不识字的小脚夫人伴随了胡适的一生。历史的缺陷有时也需要以一种妥协的方式来弥补。

五　新文化运动的果实

新文化运动像一匹不羁的狂马向前奔跑。各种白话报纸杂志如雨后春笋般成长,"文学革命"终于由几个同志的酝酿、发动形成一种文化运动。北洋政府的教育部也不得不承认既成的现实,1920年教育部通令全国把小学一、二年级国文改为国语,1923年中学国文课本改为国语科。白话文公然叫做国语了。

胡适归国回到老家时,他的母亲对他说:"你出国前种的茅竹,现在已经成林了。"胡适走进菜园一看,果然是一片碧绿的新竹。现在想不到由他插下的第一根文学革命新竹,没过六七年的功夫就绿遍了全国。

受到新文学、新思潮影响的青年学生开始激奋起来,他们对社会生活各方面的改革抱有极大的参与热情,胡适成了他们的导师。胡适居住的南池子缎库后街8号成了来自各地的青年学生拜访的场所,在这些青年学生中,有一位身材瘦高,操着浓厚湖南口音的青年,他就是后来名震中外的毛泽东。毛泽东当时多次登门拜访,或写信向胡适求教。

长征胜利后,毛泽东在延安与美国记者埃德加·斯诺谈话时,说五四前后,他"非常钦佩胡适和陈独秀的文章",胡适、陈独秀代替从前的梁启超、康有为,成为他崇拜的新的偶像。这是今天在胡适档案中还保存的一张1920年1月15日毛泽东给胡适的明信片。(手迹照片)

短短三四年的努力终于创造了奇迹。面对这场空前的文化震撼,南方的一位老革命家——孙中山先生将热切的眼光投向北京,他肯定了这"一二觉悟者"所引起的"思想界空前之大变化"。他写信给北大的同志:"率领三千子弟,助我革命。"新文化运动开始超出文学的范围,将它的革新锋芒指向更为广阔的历史舞台。

1999年11月12日第1稿
2000年3月12日第2稿

《胡适:1917》系应中央电视台之约,为拍摄该片所写的电视纪录片脚本。

跋　语

胡适研究是近二十年来海峡两岸学术界相互交流的"热点",对胡适的认识经历了一个从重新评价到重新发现的过程。自从1986年我进入胡适研究这块园地,胡适研究遂成为我学术事业中最重要、也是最引人注目的一个课题,本书即是我二十多年来在这一研究领域的精粹之作结集,2011年10月曾由台北秀威资讯科技股份有限公司出版繁体版,现由北大出版社出版简体版,增收了《胡适在现代中国》、《胡适与中国传统文化》、《胡适与西方近世思潮》和附录《重评胡适》、《胡适的人际世界》五篇。将这些前后跨度达二十余年,撰文风格不尽一致的论文缀合成集,大体展现了迄今我参与胡适研究的基本过程。这些论文在收入本集时,又小作了文字订正和引文核校。

今年是胡适逝世50周年,本书的出版是对这位中国新文化大师的一个纪念。

杨书澜老师为本书的出版做了安排,责编魏冬峰为本书编辑付出了辛勤劳动,在此深致谢忱。

欧阳哲生2012年2月9日于北京海淀蓝旗营